POSSIBILIDADES E LIMITES DO CONTROLE JUDICIAL DAS POLÍTICAS PÚBLICAS DE SAÚDE

Um contributo para a dogmática do direito à saúde

Luciana Gaspar Melquíades Duarte

Revisão, atualização e ampliação
Victor Luna Vidal

Prefácio
Cláudia Toledo

POSSIBILIDADES E LIMITES DO CONTROLE JUDICIAL DAS POLÍTICAS PÚBLICAS DE SAÚDE

Um contributo para a dogmática do direito à saúde

2ª edição

Belo Horizonte

FÓRUM
CONHECIMENTO JURÍDICO
2020

© 2011 Editora Fórum Ltda.
2019 2ª edição

É proibida a reprodução total ou parcial desta obra, por qualquer meio eletrônico, inclusive por processos xerográficos, sem autorização expressa do Editor.

Conselho Editorial

Adilson Abreu Dallari
Alécia Paolucci Nogueira Bicalho
Alexandre Coutinho Pagliarini
André Ramos Tavares
Carlos Ayres Britto
Carlos Mário da Silva Velloso
Cármen Lúcia Antunes Rocha
Cesar Augusto Guimarães Pereira
Clovis Beznos
Cristiana Fortini
Dinorá Adelaide Musetti Grotti
Diogo de Figueiredo Moreira Neto (*in memoriam*)
Egon Bockmann Moreira
Emerson Gabardo
Fabrício Motta
Fernando Rossi
Flávio Henrique Unes Pereira

Floriano de Azevedo Marques Neto
Gustavo Justino de Oliveira
Inês Virgínia Prado Soares
Jorge Ulisses Jacoby Fernandes
Juarez Freitas
Luciano Ferraz
Lúcio Delfino
Marcia Carla Pereira Ribeiro
Márcio Cammarosano
Marcos Ehrhardt Jr.
Maria Sylvia Zanella Di Pietro
Ney José de Freitas
Oswaldo Othon de Pontes Saraiva Filho
Paulo Modesto
Romeu Felipe Bacellar Filho
Sérgio Guerra
Walber de Moura Agra

CONHECIMENTO JURÍDICO

Luís Cláudio Rodrigues Ferreira
Presidente e Editor

Coordenação editorial: Leonardo Eustáquio Siqueira Araújo
Aline Sobreira de Oliveira

Imagem de capa: Freepik

Av. Afonso Pena, 2770 – 15º andar – Savassi – CEP 30130-012
Belo Horizonte – Minas Gerais – Tel.: (31) 2121.4900 / 2121.4949
www.editoraforum.com.br – editoraforum@editoraforum.com.br

Técnica. Empenho. Zelo. Esses foram alguns dos cuidados aplicados na edição desta obra. No entanto, podem ocorrer erros de impressão, digitação ou mesmo restar alguma dúvida conceitual. Caso se constate algo assim, solicitamos a gentileza de nos comunicar através do *e-mail* editorial@editoraforum.com.br para que possamos esclarecer, no que couber. A sua contribuição é muito importante para mantermos a excelência editorial. A Editora Fórum agradece a sua contribuição.

Dados Internacionais de Catalogação na Publicação (CIP) de acordo com a AACR2

D812p	Duarte, Luciana Gaspar Melquíades Possibilidades e limites do controle judicial das políticas públicas de saúde: um contributo para a dogmática do direito a saúde / Luciana Gaspar Melquíades Duarte; revisão, atualização e ampliação por Victor Luna Vidal. 2. ed. – Belo Horizonte : Fórum, 2020. 410p.; 14,5cm x 21,5cm ISBN: 978-85-450-0734-0 1. Direito à Saúde. 2. Direito Constitucional. 3. Vidal, Victor Luna. I. Título. CDD: 341.27 CDU: 342

Elaborado por Daniela Lopes Duarte – CRB-6/3500

Informação bibliográfica deste livro, conforme a NBR 6023:2018 da Associação Brasileira de Normas Técnicas (ABNT):

DUARTE, Luciana Gaspar Melquíades. *Possibilidades e limites do controle judicial das políticas públicas de saúde*: um contributo para a dogmática do direito a saúde. 2. ed. Revisão, atualização e ampliação Victor Luna Vidal. Belo Horizonte: Fórum, 2020. 410p. ISBN 978-85-450-0734-0.

Dedico este trabalho aos meus familiares, que apoiam meu trabalho por reconhecerem sua importância para minha realização, e a todos os cidadãos brasileiros que, não atendidos pelos serviços públicos de saúde, procuram o Judiciário como guardião de sua dignidade.

Agradeço a todos os orientandos que, com suas pesquisas sobre a judicialização da saúde, contribuíram para a renovação dos entendimentos revisitados nesta edição, em especial ao Victor Luna Vidal, pela cuidadosa e criteriosa revisão, atualização e ampliação.

Todas as verdades são fáceis de ser compreendidas depois de descobertas. A questão é, pois, descobri-las.
(Galileu Galilei)

SUMÁRIO

PREFÁCIO DA SEGUNDA EDIÇÃO
Cláudia Toledo 15

PREFÁCIO DA PRIMEIRA EDIÇÃO
Vicente de Paula Mendes 17

INTRODUÇÃO 19

CAPÍTULO 1
OS DIREITOS FUNDAMENTAIS SOCIAIS 33

1.1	Direitos fundamentais e direitos humanos	33
1.2	A institucionalização dos direitos fundamentais	34
1.3	Dimensões dos direitos fundamentais	35
1.4	Teoria objetiva dos direitos fundamentais e interpretação	41
1.5	Conceito e estrutura normativa dos direitos fundamentais	44
1.5.1	Conceito de direitos fundamentais	44
1.5.2	O conceito de norma de direito fundamental	46
1.5.3	A estrutura das normas de direito fundamental	47
1.5.3.1	Critérios tradicionais de distinção entre regras e princípios	48
1.5.3.2	Os princípios como mandados de otimização	48
1.5.3.3	Colisões de princípios e conflitos de regras	50
1.5.3.4	A colisão de princípios	52
1.5.3.5	Objeções à teoria dos princípios	54
1.5.3.6	A reconciliação entre o Direito e a Moral no Pós-Positivismo Jurídico	57
1.5.3.7	O modelo regra/princípio	60
1.6	Os direitos fundamentais sociais	62
1.6.1	Os direitos a prestações em sentido amplo	62
1.6.2	Os direitos a prestações em sentido estrito	62
1.7	Políticas públicas	69
1.7.1	Conceito de política e de função política	69
1.7.2	Política pública	72

CAPÍTULO 2
RESTRIÇÃO DOS DIREITOS FUNDAMENTAIS 79

2.1	Restrição dos direitos fundamentais e teoria dos princípios	79
2.2	A colisão entre direitos fundamentais	86
2.3	A colisão entre direitos individuais e bens coletivos	90
2.3.1	A desconstrução do mito da supremacia do interesse público sobre o privado	94
2.4	Restrições a direitos fundamentais sociais	100
2.4.1	Escassez de recursos e teoria dos custos dos direitos	101
2.4.2	Consequências da escassez de recursos financeiros perante a teoria dos princípios	110
2.5	A teoria da argumentação jurídica	114
2.5.1	Teoria da argumentação jurídica de Alexy	118

CAPÍTULO 3
O DIREITO SOCIAL À SAÚDE 133

3.1	O direito à saúde na Constituição de 1988 e na legislação ordinária	139
3.2	O direito à saúde e a teoria dos princípios	165
3.2.1	O núcleo essencial do direito à saúde	168
3.2.1.1	Considerações jurídico-filosóficas sobre o direito à vida	169
3.2.1.2	A vida como um dos elementos do núcleo essencial do direito à saúde	174
3.2.1.3	Mínimo vital, mínimo existencial e novas considerações acerca do núcleo essencial do direito fundamental à saúde	184
3.2.2	Os conflitos protagonizados pelo direito à saúde	187
3.2.2.1	Direito à saúde de uns *versus* direito à saúde de outros	188
3.2.2.2	Direito à saúde *versus* outros direitos sociais	196
3.2.2.3	Direito à saúde *versus* princípios financeiros	202
3.3	Escassez de recursos perante o direito à saúde	207
3.3.1	Concepção utilitarista	209
3.3.2	Concepção da autora	212
3.4	Critérios éticos para a alocação de recursos severamente escassos	216
3.4.1	Critérios estudados por Kilner (1990)	221
3.4.1.1	O critério do valor social	222
3.4.1.2	O critério do grupo favorecido	226
3.4.1.3	O critério dos recursos requeridos	230

3.4.1.4	O critério das responsabilidades especiais	232
3.4.1.5	O critério da idade	234
3.4.1.6	O critério do benefício médico	238
3.4.1.7	O critério da morte iminente	241
3.4.1.8	O critério da disposição e da responsabilidade	247
3.4.1.9	O critério randomizado	254
3.4.1.10	O critério da capacidade de pagar	258
3.4.1.11	Recursos experimentais e o critério do progresso científico	264
3.4.2	Conclusões sobre a alocação ética diante da escassez natural severa	278

CAPÍTULO 4
FUNDAMENTOS DO CONTROLE JUDICIAL SOBRE AS POLÍTICAS PÚBLICAS 281

4.1	Teoria da separação de poderes e controle mútuo dos poderes	283
4.1.1	A separação de poderes no Estado Liberal e no Estado Social	292
4.2	O caráter normativo dos direitos sociais	301
4.3	A inafastabilidade da jurisdição	306
4.4	Perspectivas democráticas do controle judicial das políticas públicas	309

CAPÍTULO 5
POSSIBILIDADES E LIMITES DO CONTROLE JUDICIAL SOBRE AS POLÍTICAS PÚBLICAS 317

5.1	Controle da elaboração das políticas públicas de saúde	318
5.2	Controle da execução das políticas públicas de saúde	327
5.3	Ações próprias para o controle judicial das políticas públicas de saúde	330
5.3.1	Ação ordinária	331
5.3.1.1	Tutela antecipada	335
5.4	Mandado de segurança individual	341
5.4.1	Mandado de segurança coletivo	348
5.5	Ação civil pública	352
5.6	Ação popular	362
5.6.1	Responsabilidade civil do Estado em relação ao serviço de saúde	366
5.6.1.1	Responsabilidade civil do Estado	366
5.6.1.2	Responsabilidade civil do Estado por omissão	370

CONCLUSÕES 375

REFERÊNCIAS 385

PREFÁCIO DA SEGUNDA EDIÇÃO

A relevância e a qualidade desta obra ficam já denotadas por sua apresentação em segunda edição. Trata-se de estudo sério e aprofundado sobre o tema, que traz, talvez como maior contributo, a exposição científica de *critérios* para o controle judicial sobre políticas públicas de saúde.

Em virtude do sistema de freios e contrapesos do Estado Democrático de Direito, os poderes públicos têm o dever de controle recíproco de suas ações e omissões. Assim, à liberdade do legislador e à discricionariedade do poder executivo, contrapõe-se a inafastabilidade do controle jurisdicional. Ao mesmo tempo, no entanto, a revisão judicial deve se fundar em parâmetros que assegurem sua conformidade ao princípio da separação de poderes, de forma a não se apresentar como ingerência indevida na competência dos poderes públicos representativos.

A busca de tais parâmetros fica manifesta na proposta da autora de distinção entre *demandas de saúde de primeira e de segunda necessidade*, conforme o grau de sua essencialidade para a manutenção da vida humana e sua fruição com condições mínimas de dignidade. Ao expor as demandas de primeira necessidade como o núcleo essencial do direito à saúde – o qual deve ser garantido obrigatoriamente pelo Estado –, a autora traz balizas para a atuação do poder judiciário, que deve agir no sentido da proteção do núcleo essencial desse direito fundamental social, ordenando sua satisfação. Já as demandas de segunda necessidade exigem a aplicação da máxima da proporcionalidade ao caso concreto, pois conduzem à ponderação do direito à saúde com direitos fundamentais de terceiros e com bens coletivos. Na solução dessa colisão, o princípio da reserva do possível desempenha relevante papel.

Para chegar àquela distinção entre as demandas de saúde, a autora procede ao estudo de pensamentos com marcada densidade teórica, como o de Robert Alexy e Ronald Dworkin, preocupando-se em trazer, ao longo de toda sua obra, decisões judiciais de diferentes tribunais brasileiros, ilustrativas do tópico em exposição. Essa referência à jurisprudência proporciona a aproximação entre as dimensões teórica e prática do Direito, proporcionando a contextualização da obra na realidade nacional.

Finalmente, em demonstração de que o conhecimento científico avança dialeticamente, com a constante verificação das conclusões alcançadas (do que, muitas vezes, resulta sua reformulação visando à superação de contradições e lacunas), nesta segunda edição a autora atualiza seu trabalho, com a inserção de conclusões obtidas do desenvolvimento de pesquisas e estudos posteriores à obra, como ocorreu no maior enfoque dado ao conceito de mínimo existencial e questões com ele relacionadas. Atualizadas foram também as citações ao tratamento jurisprudencial de vários dos tópicos abordados pelo trabalho.

Assim, com essa riqueza de informações, esta obra apresenta-se como destacada contribuição doutrinária não apenas à construção da Ciência do Direito, mas à sua aplicação pelo poder judiciário, atuando como importante fonte esclarecedora para o devido controle judicial a ser exercido sobre os demais poderes públicos.

Cláudia Toledo
Doutora em Direito pela UFMG. Pós-doutorado pela Universidade de Kiel, Alemanha e pela UFSC. Professora dos cursos de graduação e pós-graduação em Direito da UFJF.

PREFÁCIO DA PRIMEIRA EDIÇÃO

Esta obra é, antes de tudo, fruto da pesquisa científica honesta e cuidadosa. A autora, Professora de Direito, oferece ao leitor parâmetros jurídicos para o controle judicial dos atos da Administração relacionados com as políticas públicas de saúde. Nos caminhos que trilhou, seu único compromisso foi com o Direito.

A obra é inédita, indispensável em qualquer biblioteca jurídica. Analisa toda a legislação nacional pertinente, a jurisprudência dos tribunais superiores e a doutrina nacional e estrangeira. Busca fundamentos na filosofia e até na bioética. É tão rica e variada que não pode ser resumida em poucas linhas.

Sob as luzes da teoria dos direitos fundamentais de Alexy, a autora destacou, entre todos, o direito à vida. Mas reconheceu a possibilidade de limites ao controle jurisdicional, a partir da percepção de que existem "demandas de saúde de primeira necessidade", indispensáveis à proteção da vida, mas também "demandas de saúde de segunda necessidade", que devem ser compatibilizadas com outros valores jurídicos merecedores de proteção, mediante "ponderação de princípios colidentes". [...] "o direito à vida precede a todos os outros, uma vez que é condição para a fruição dos demais [...]". Advertiu, com prudência e razoabilidade, que, em face da escassez permanente de recursos públicos, o atendimento de todas as demandas, indistintamente, pode comprometer o núcleo essencial de proteção às demandas de primeira necessidade.

A obra se aprofunda na questão da responsabilidade civil do Estado por omissão, nos serviços de saúde, lembrando que, se a responsabilidade é do tipo objetiva, nem sempre a omissão poderá ser considerada antijurídica, a ensejar o controle judicial, em face do princípio da "reserva do possível", como no velho brocardo latino *"ad impossibilia nemo tenetur"*.

O livro, tese de doutorado aprovada com louvor em 2009 no Programa de Pós-Graduação em Direito da Universidade Federal de Minas Gerais, é roteiro indispensável de quantos, na advocacia pública e privada, no Judiciário, no governo e até no Parlamento, preocupam-se, cada vez mais, com os apelos dramáticos dos cidadãos, em geral os socialmente menos favorecidos, pela efetividade das políticas públicas de saúde.

Vicente de Paula Mendes
Mestre e Doutor em Direito pela UFMG. Professor dos cursos de graduação e pós-graduação em Direito da UFMG. Advogado publicista.

INTRODUÇÃO

A saúde consiste em um direito social e, portanto, em um direito fundamental de segunda dimensão. Os direitos fundamentais sociais são veiculados por normas de duas espécies, regras ou princípios, definidas por Alexy (2015), respectivamente, como comandos para serem cumpridos em definitivo, salvo hipóteses de exceção, e como mandados de otimização de um estado ideal de coisas, a ser materializado de acordo com as possibilidades fáticas e jurídicas. Enquanto regras, os direitos sociais implicam vinculação plena do Estado à sua disponibilização, e enquanto princípios, podem ser concretizados em diversos graus, dependendo, pois, da disponibilidade dos meios necessários para a sua implementação.

Os direitos sociais encontram-se em constante conflito, disputando continuamente os limitados recursos públicos. Dessa forma, a elaboração das políticas que viabilizam a sua concreção material deve ser antecedida do processo de ponderação entre eles, mediante o emprego da metodologia jurídica adequada.

O direito à saúde, entretanto, apresenta, muitas vezes, implicações inafastáveis da preservação da vida, direito individual consagrado na cúspide dos direitos humanos. Esta posição hegemônica do bem jurídico vida impinge ao direito à saúde, nas hipóteses em que existe coincidência entre eles (direito à vida e direito à saúde), uma singularidade na concorrência pelos recursos públicos. Em outras oportunidades, constata-se a elevada imbricação das demandas de saúde com a dignidade.

O problema que instigou a pesquisa relatada nesta obra consiste na indefinida postura do Poder Judiciário perante as políticas públicas que visam a implementar o direito à saúde. Tem sido grande a procura pelo Judiciário para solucionar o problema da baixa eficácia social do direito à saúde. Com frequência, os indivíduos vão a juízo para pleitear o acesso às prestações estatais, bem como ações coletivas são propostas para requerer medidas relativas a esse direito. Este fenômeno, ladeado do incremento da provocação do Poder Judiciário para proceder ao controle da constitucionalidade das leis, para sumular seu entendimento sobre celeumas jurídicas e para controlar os atos institucionais dos outros dois poderes estatais, vem sendo denominado *judicialização da política* ou *ativismo judicial*. Porém, tem-se percebido grande divergência nas decisões judiciais sobre a temática do controle das políticas públicas, colocando às claras a dificuldade da comunidade jurídica, fruto de sua formação liberal, para lidar com problemas típicos do Estado Social.

Percebe-se uma exacerbada complacência do Judiciário com pleitos desarrazoados, desconexos da realidade dos custos dos direitos, contrastar com indeferimentos de pedidos de importância vital para o requerente ou para a população. A ausência de um paradigma fulcrado numa argumentação consistente tem sido a causa da falta de coesão dos tribunais em torno de um parâmetro decisional, sendo este o problema jurídico a que este trabalho pretende oferecer sua contribuição.

Questiona-se, outrossim, qual é a extensão do direito social à saúde, já que é sabido que os recursos, financeiros ou não, para a sua implementação são limitados e as demandas a ele pertinentes são infinitas. Indaga-se, ainda, qual o seu núcleo essencial, já que sua delimitação muito contribui para a certeza do direito material. Lado outro, permeia o problema a questão ética, porquanto a insuficiência dos meios necessários para a concretização plena do direito à saúde exige, muitas vezes, a tomada de decisões trágicas. Procura-se, contudo, encontrar os critérios juridicamente mais adequados para o deslinde dos conflitos entre a vida e a saúde daqueles que disputam recursos severamente escassos. Instiga, ademais, esta pesquisa, a dúvida referente às limitações financeiras do Estado diante da infinidade das demandas públicas de saúde.

Antes da primeira edição deste trabalho, a controvérsia em torno da discussão acerca da efetividade do direito à saúde foi objeto de amplo debate promovido em audiência pública no ano de 2009.

Mesmo após sua realização, a jurisprudência permaneceu oscilante, demonstrando que, de fato, a matéria é objeto de celeuma no cenário jurídico nacional,[1] conforme indicam alguns dos julgados

---

[1] Duarte e Carvalho (2013) dedicaram-se ao exame da audiência pública que discutiu as políticas públicas de saúde em abril de 2009, que contou com seis quesitos expostos a debate. As autoras procederam a leitura de todas as manifestações dos participantes da audiência, e tabulados os posicionamentos por eles exarados em relação a cada quesito, com

selecionados – e ainda não decididos pelo Supremo Tribunal Federal – como representativos da controvérsia jurídica em sede de repercussão geral. Exemplificativamente, o Recurso Extraordinário nº 657718/MG, julgado em 22 de maio de 2019, discute a responsabilidade dos entes públicos quanto ao fornecimento de medicamentos não registrados pela Agência Nacional de Vigilância Sanitária. Já o Recurso Extraordinário nº 566471/RN trata do fornecimento de medicamentos de alto custo pelo Estado, o que suscita debates quanto à limitação dos recursos orçamentários e ao princípio da separação dos poderes.

---

o escopo de se extrair qual a concepção preponderante no que tocava a cada um deles. Após, examinaram as decisões do STF e do STJ acerca das questões relativas às políticas públicas de saúde e comparadas as conclusões obtidas na audiência pública analisada, oportunidade em que se verificou pouca preocupação dos julgadores com os resultados desse processo. Nesse estudo, constataram, que, na experiência analisada, os tribunais superiores nem sempre aderiam aos argumentos que preponderaram na audiência pública e, quando não os acatavam, nem mesmo os rebatiam nas decisões que a sucederam. No caso analisado, além de se averiguar quais argumentos preponderaram em relação a cada quesito colocado para debate, ficou demonstrado que o emprego do instituto da audiência pública não contribuiu para o enriquecimento do processo de legitimação da decisão judicial pela argumentação. Estas, as conclusões das autoras: "Apenas houve coincidência das decisões posteriores das cortes superiores do país em relação à manifestação preponderante na audiência no que tange a dois quesitos; no que tange ao último, não foram discutidas propriamente questões jurídicas; no que concerne aos outros três, os argumentos que angariaram maior adesão na audiência pública não foram abarcados na disposição das decisões posteriores do Supremo Tribunal Federal nem do Superior Tribunal de Justiça, tampouco foram refutados, enquanto oriundos de um instituto de participação popular no processo decisório do Judiciário, na fundamentação de tais decisões.
Essa conclusão permite que seja questionada a eficácia da audiência pública para a legitimação das decisões judiciais da forma como vem disciplinada na experiência brasileira. Como visto em linhas passadas, ela é um instrumento que se propõe a viabilizar a aplicação da teoria interpretação aberta e dialógica da Constituição e da argumentação jurídica em larga escala, possibilitando aos juízes a tomada de decisões embasadas numa conclusão fundamentada na manifestação de diversos atores da sociedade.
Entretanto, os resultados obtidos na presente pesquisa demonstram que o instituto não tem sido capaz de orientar as decisões posteriores dos tribunais ou de exigir-lhes maior ônus argumentativo para discreparem de suas conclusões principais, ou seja, constata-se a frustração dos propósitos de melhor legitimar as decisões judiciais e otimizar os anseios da democracia a que o instituto se dispõe.
Dessa forma, os pressupostos teóricos que inicialmente se veem festejados pela instauração de um espaço para o debate público de questões constitucionais deve ser questionado. De fato, entre os julgados analisados, não houve a menção às manifestações preponderantes na audiência pública em estudo, a despeito de não ter sido viável, em virtude do propósito deste trabalho, trazer a lume toda a fundamentação utilizada pelos Ministros nos julgados examinados. Tais fundamentos, contudo, foram lidos e examinados pelas pesquisadoras para supostamente permitir a consideração de concepções individuais e também de valores de toda a coletividade e, assim, estabelecer normas legítimas (assim concebidas aquelas que tenham como destinatários seus próprios autores), terminam sepultados por uma prática judicial que ainda demonstra fechamento para a penetração pelas percepções da sociedade civil." (DUARTE; CARVALHO, 2013, p. 21 e 22).

No início dos estudos referentes a este tema, considerava-se que o direito à saúde, qualquer que fosse sua correlação com a manutenção da vida, bem como com a garantia da dignidade, era vazado tão somente em norma-princípio, e, então, deveria ser efetivado no maior grau possível mediante adoção de políticas públicas dependentes, porém, das disponibilidades dos recursos (humanos, financeiros, tecnológicos, etc.) existentes, bem como do resultado de sua ponderação com outros direitos consagrados em princípios. Dessa forma, assim como ocorre com os demais direitos sociais, a existência *prima facie* do direito à saúde não implicaria, em hipótese alguma, vinculação plena do Poder Público à sua oferta; deveria, sim, haver o correto dimensionamento de sua existência para se definirem as possibilidades e os limites do controle judicial sobre os atos e omissões estatais a ele referentes, quer nas ações individuais, quer nas ações coletivas. Antes disso, chegou-se a cogitar, até mesmo, ser descabida a ingerência do Poder Judiciário sobre as políticas públicas, inclusive sobre as de saúde, supondo-se, inicialmente, que a mesma implicava ofensa aos princípios da separação de poderes e da democracia. Essa postura inicial da autora transparecia, portanto, incisiva repulsa ao ativismo judicial, considerando-o como pernicioso mecanismo de ludíbrio da democracia representativa, que permitiria melhores decisões sobre a alocação de recursos públicos para a satisfação das necessidades sociais.

Com fundamento neste posicionamento primitivo, as frequentes decisões judiciais que determinam aos entes federativos a aquisição de medicamentos não contemplados nas listagens oficiais e sua disponibilização a pacientes carentes, a internação de doentes em hospitais particulares a expensas do ente público e o custeio de tratamentos caríssimos, inclusive no exterior, por parte do Estado, eram consideradas equivocadas e padeceriam de antijuridicidade. Redundavam, conforme primeiramente se pensava, não apenas em ofensa aos princípios acima aludidos, mas, outrossim, em vilipêndio aos princípios financeiros (planejamento orçamentário, legalidade da despesa, limitações ao poder estatal de tributar) e ao princípio da economicidade. De fato, as ordens judiciais são cumpridas, normalmente, com urgência, o que inviabiliza a deflagração do certame licitatório. Ademais, as decisões em ações individuais interpelam as políticas universais e igualitárias.

Sustentava esta proposta inicial a teoria dos direitos fundamentais de Alexy (2015), que os trata como um sistema de normas que se diferenciam em regras e princípios e apresenta, ademais, técnicas jurídicas para a solução do conflito entre elas, ladeadas de uma argumentação metodologicamente adequada para tanto. Extraía-se dessa doutrina a possibilidade de conflito entre os direitos fundamentais, que resultava na necessidade de restrição de um deles e denotava, assim, que, por não serem absolutos, não poderiam ser exigidos em sua plenitude da Administração Pública. Sendo o Executivo e o Legislativo detentores da legitimidade democrática para a formulação das políticas públicas, a prolação de uma ordem judicial mandamental contra o Poder Público era considerada indevida.

O estudo detido, entretanto, desta teoria induziu algumas alterações na concepção inicial. É certo que os direitos fundamentais sociais podem sofrer restrições em virtude da colisão com outros; não obstante, ainda que vazados em normas-princípios, os direitos sociais possuem um núcleo essencial ou conteúdo mínimo veiculado por uma norma-regra, que vincula integralmente o Poder Público à sua concreção.

Percebeu-se, outrossim, que, da eficácia do direito à vida dependem todos os direitos fundamentais, de forma que se constatou que, enquanto condição para a sua fruição, o bem jurídico vida precede-lhes lógica e juridicamente. Em virtude de sua necessária prevalência sobre os demais direitos, o direito à vida foi descortinado como uma regra, e, assim, como o núcleo essencial do direito à saúde, ao lado das prestações estreitamente vinculadas à dignidade humana,[2] contrariamente ao que se afirmava até então, quando recebiam este enquadramento a proteção da saúde básica ou a satisfação das demandas de urgência. Como conteúdo mínimo do direito à saúde, percebeu-se que o direito à promoção e proteção da vida é veiculado por uma regra. Enquanto tal, pode albergar exceções, como nos casos da pena de morte por deserção, da legítima defesa e do

---

[2] Como a investigação científica é uma tarefa sujeita a constantes formulações e reformulações teóricas, a concepção desenvolvida na primeira edição deste trabalho, passados alguns anos da sua publicação, sofreu alterações. As recentes contribuições da doutrina e da jurisprudência em matéria de direitos fundamentais atentam para a necessária distinção entre os conceitos de mínimo vital e de mínimo existencial. De acordo com a primeira expressão, a garantia da vida, como pressuposto para o exercício dos demais direitos tutelados pela ordem jurídica, é dever inafastável a cargo do Estado e dos cidadãos. Por sua vez, a segunda expressão expande o significado da primeira, conferindo-lhe uma perspectiva qualitativa. Destarte, embora a proteção da vida seja indispensável, ela deve estar também atrelada a um mínimo de condições para o seu exercício com dignidade, o que caracteriza um conjunto de prestações de saúde de elevada essencialidade. Destaque-se, nesse contexto, que a noção de dignidade não pode ser mensurada de modo que se abarque qualquer prestação no conceito de mínimo existencial. A escala triádica proposta por Alexy (2015) quanto ao nível de afetação dos princípios consagradores de direitos fundamentais possibilita definir níveis do mandamento insculpido no artigo 1º, inciso III, da Constituição (BRASIL, 1988). Assim, de forma aproximada, na medida em que não é possível determinar com precisão matemática quais prestações de saúde são reputadas como mais valorosas em meio às opções existentes, a argumentação desenvolvida neste trabalho permite identificar prestações de saúde que contribuem para o implemento da dignidade de forma leve, moderada ou intensa.

estado de necessidade (situação na qual se inclui o aborto para salvar a vida da mãe). Este argumento revestiu-se dos predicados exigidos pela teoria da argumentação de Alexy (2005) para angariar respaldo e sustentação. Percebe-se, outrossim, sua natureza ética, que requer respeito à vida, o que vai integralmente ao encontro da convergência entre o Direito e a Moral postulados no Pós-Positivismo. Dessa forma, concluiu-se que se pode exigir a eficácia plena do direito fundamental à saúde, no que for imperativo para a preservação da vida com condições mínimas de dignidade, sendo as demandas deste jaez qualificadas, no presente trabalho, como *demandas de saúde de primeira necessidade*. Para se alcançar um patamar mínimo de dignidade, faz-se necessário o atendimento das demandas de saúde que intensamente a promovam. Portanto, a ingerência do Poder Judiciário seria possível sempre que a Administração Pública deixasse de satisfazê-las, salvo nas hipóteses de escassez natural severa (que não pode ser afastada pelo homem). Já as medidas inerentes à saúde, mas que não se apresentarem imperiosas para a manutenção da vida e que contribuírem tão somente para o incremento da dignidade em nível médio ou baixo, são identificadas como *demandas de segunda necessidade* e deixam de apresentar o atributo da precedência aos demais direitos sociais; antes, contribuem com eles para a promoção da dignidade humana de forma não essencial e, portanto, concorrem com os mesmos pelos recursos públicos remanescentes dos gastos com as demandas de saúde de *primeira necessidade*. Diante delas, o Judiciário poderá manifestar-se, mas para o provimento do pedido será necessária prova cabal de que a prestação requerida precede outras (direito à saúde dos demais, outros direitos sociais) e de que existe disponibilidade de recursos financeiros para provê-la não somente ao demandante, mas em virtude do princípio da igualdade, a todos aqueles que se encontrarem na mesma situação jurídica.

Assim, o estudo partirá da concepção de que o direito à saúde contempla medidas imperativas para a preservação da vida e para a garantia de sua fruição com condições mínimas de dignidade, o que caracteriza as prestações de saúde de elevada essencialidade, e medidas que apenas incrementam a qualidade devida ou a dignidade de forma moderada ou leve. Como se percebe, a fruição do direito à vida com condições mínimas de dignidade será o divisor de águas da diversidade de soluções jurídicas que serão apontadas para o controle judicial de uma e outra espécie de prestação estatal. O apontamento deste critério (em substituição a outros – da saúde básica, da emergência – cogitados até então e que, em virtude de suas falhas, eram incapazes de angariar o convencimento dos tribunais) como norte para as decisões judiciais acerca dos pedidos de acesso às prestações estatais de saúde consiste na maior contribuição trazida a lume por este estudo. Pretende-se demonstrar sua validade à luz das teorias de Alexy (2005-2015) sobre os direitos fundamentais e da argumentação jurídica, da concepção de Direito como integridade de Dworkin (2002-2003) e da teoria da justiça como equidade de Rawls (2008).

Ademais, auferiu-se que a judicialização da política é fenômeno inerente à socialidade do Estado e que, antes de consistir em um desprestígio dos princípios democráticos e da separação de poderes, o controle do Poder Judiciário sobre a eficácia dos direitos sociais representa uma possibilidade de fortalecimento dos valores inerentes à cidadania e um instrumento de balanceamento dos outros dois poderes, integralmente afeito aos preceitos republicanos.

Percebeu-se, outrossim, que os princípios financeiros que militam contra a ingerência judicial nas políticas públicas podem ser sopesados, em caso de conflito, com as normas que veiculam direitos fundamentais, de forma a se diluir a colisão com base nos parâmetros metodológicos estudados.

Ainda que a solução aponte para a possibilidade da intervenção do Poder Judiciário nas políticas públicas, quando esta se mostra excessivamente frequente, como se tem constatado, atualmente, no Brasil, faz-se necessário o estudo de outras propostas que enfrentem o problema sociopolítico que estará sendo denunciado, qual seja, a ineficácia das instituições competentes para a formulação e implementação das políticas públicas. Este estudo político-científico, a despeito de sua elevada relevância, não será o escopo deste trabalho, que se destinará, tão somente, a demarcar, diante do quadro – ainda que de crise – existente, e perante o Direito posto, a postura juridicamente adequada do Poder Judiciário diante das demandas alusivas ao direito social à saúde.

Alexy (2015) afirma que o problema da eficácia dos direitos sociais deve ser solucionado com a mesma técnica que dissolve a colisão entre princípios, ou seja, através do processo de ponderação, orientado por condições de precedência. Deixa, todavia, o autor de apontá-las, sendo o escopo deste trabalho, portanto, estabelecer as pautas axiológico-jurídicas que devem nortear o sopesamento em cotejo, de forma a determinar sob quais condições o direito à saúde prevalecerá sobre os demais.

Diante da demarcação do seu conteúdo jurídico e da definição de vetores para a solução do conflito com outros direitos fundamentais sociais, serão, enfim, estudadas as possibilidades e os limites do controle judicial sobre as políticas públicas a ele referentes. Primeiramente, serão analisadas as ações próprias para o controle individualizado do serviço público de saúde, como o mandado de segurança e as ações ordinárias, que serão apresentadas como vias de proteção jurídica do respectivo direito. Será, outrossim, proposto um incremento no ônus probatório do demandante (salvo quando a prestação pleiteada for urgente e disser respeito à manutenção de sua vida e garantia de prestações de elevada essencialidade destinadas à garantia da dignidade), já que ele poderá fruir, com prioridade, um recurso escasso e necessário para a efetivação do direito a saúde dos demais e de muitos outros direitos sociais. Será apresentada, outrossim, a possibilidade de o controle judicial incidir sobre o orçamento público e prestações indivisíveis do serviço público de saúde, como as obras de saneamento básico e de tratamento do lixo, quando se farão adequadas as ações que viabilizem decisões com eficácia *erga omnes*, como a ação civil pública e a ação popular, apresentadas dentro do contexto da litigância coletiva que, contribuindo para a facilitação do acesso à justiça e o exercício da cidadania, também favoreceu o aumento da participação do Poder Judiciário nas relações sociais e a consequente judicialização da política.

A eficácia dos direitos fundamentais sociais depende da implementação de prestações positivas do ente público e, por essa razão, implica custos. Conhecendo-se a escassez dos recursos financeiros disponíveis do Estado, será demonstrado que inexiste o direito subjetivo do administrado a toda e qualquer satisfação de suas *demandas de segunda necessidade* na seara da saúde, pois as ações estatais são limitadas pelo princípio da reserva do possível, o que levaria à ilação de que nem toda pretensão individual a serviços públicos merece provimento em juízo. Esta lógica persistirá para as *demandas de primeira necessidade* perante a escassez natural severa, assim entendida como a restrição de recursos que não pode ser mitigada pela ação humana, como é o caso da limitação dos órgãos para transplante. Não será possível ao Judiciário, de fato, exigir do Estado aquilo que ele não tem condições fáticas nem jurídicas de oferecer. Tal noção contribuirá, também, para a exclusão de sua responsabilidade civil perante as omissões condicionadas pela escassez natural severa de recursos necessários para as prestações estatais positivas. As decisões judiciais alheias à realidade dos custos dos direitos serão apresentadas não apenas como antijurídicas, mas, igualmente, como maléficas para a construção de uma sociedade norteada pela justiça distributiva.

Entretanto, será também demonstrado que o princípio da reserva do possível não operará efeitos diante das *demandas de saúde de primeira necessidade* em face das situações de escassez natural suave, quase natural ou artificial, consideradas como aquelas que podem ser abrandadas ou mitigadas pela intervenção positiva do homem. Os haveres financeiros públicos serão referidos como recursos sujeitos à ingerência humana, e, portanto, sua distribuição na lei orçamentária é passível de reorganização, ao mesmo tempo em que a precedência da vida e das prestações de elevada essencialidade sobre os demais direitos fundamentais exigirá a alocação de verbas suficientes para a sua satisfação plena, ainda que mediante sacrifício dos demais direitos e dos princípios financeiros. Dessa forma, diante de uma *demanda de saúde de primeira necessidade* não resguardada pelo Estado, caberá a intervenção judicial, em ações coletivas ou individuais.

Será destacado, outrossim, que, mesmo diante da escassez natural severa (por exemplo, a de órgãos para transplante), caberá o controle judicial sobre os critérios utilizados para a alocação dos recursos limitados. Assim, a teoria da argumentação jurídica de Alexy (2005) e a teoria da justiça como equidade de Rawls (2008) contribuirão para o exame de alguns parâmetros decisionais discutidos pela deontologia médica, de forma a permitir sua apreciação, em juízo, à luz de parâmetros jurídicos.

Reservados os recursos para a satisfação das *demandas de saúde de primeira necessidade*, será consignado que as verbas orçamentárias remanescentes deverão ser repartidas para o custeio das *demandas de saúde de segunda necessidade* e dos demais direitos fundamentais, consoante critérios jurídico-políticos também passíveis de contraste pelo Judiciário através do emprego da teoria dos direitos fundamentais de Alexy (2015) e da respectiva teoria da argumentação jurídica (2005).

O controle judicial sobre os atos político-administrativos referentes à saúde será sustentado após o exame da teoria da separação de poderes, não sob a perspectiva clássico-liberal, mas após as incursões do Estado Social, que impingiram profundas transformações na estrutura do Estado e na divisão de poderes. Ademais, será destacado que, desde a sua estruturação, a doutrina da separação dos poderes preconizou o controle mútuo entre eles, de forma que o controle judicial sobre as políticas públicas de saúde revela-se integralmente possível à sua luz. Demais disso, com a assunção dos direitos sociais ao plano da normatividade constitucional, o controle a ser efetuado sobre a eficácia dos mesmos possui natureza jurídica, e não política. Acrescenta-se a isto o princípio da inafastabilidade da tutela jurisdicional, que preconiza a possibilidade de amplo acesso ao Judiciário por parte de todos que se sentirem lesados ou ameaçados de sofrer lesão em qualquer direito, inclusive nos direitos sociais.

Nesse contexto, a judicialização da política será concebida não como um fenômeno capaz de promover o estanque das iniciativas democráticas populares ou dos poderes detentores de representatividade, mas, antes, como um instrumento de realização dos valores maiores de uma comunidade política sacrificada pela desigualdade de condições de acesso ao poder e de influência nas decisões acerca dos assuntos públicos. Não se promoverá uma ode ao ativismo judicial, que será criticado sempre que se manifestar uma deturpação da elevada função de controle reservada ao Judiciário, mas se resgatará a importância dessa arena para a defesa dos interesses dos marginalizados.

Serão analisadas, ainda, as correntes filosóficas que estudam o direito à vida sob a perspectiva da bioética médica e jurídica, que convergem, todas elas, para o respeito e a proteção incondicional deste bem pelos demais, quando assim for da vontade de seu titular. Este estudo evidenciará a ausência de legitimidade do Estado, por qualquer de seus poderes, de negligenciar a vida humana, de retirar dela condições de sua preservação à revelia do paciente. Paralelamente ao estudo do direito à vida, serão analisadas as contribuições jusfilosóficas construídas pela doutrina e pela jurisprudência no tocante ao mínimo existencial. Dessa forma, será demonstrado que, quando as decisões orçamentárias referentes às políticas públicas de saúde deixarem de prever formas de sustento desses valores, padecerão de vício jurídico, que deverá ser corrigido pela intervenção judicial.

A metodologia preponderantemente utilizada para o desenvolvimento dos estudos que resultam nesta obra foi a dedutiva, uma vez que a problemática foi discutida abstratamente para a formulação de propostas igualmente genéricas. Não obstante, também foram estudados julgados vários, de cuja análise foram extraídas ilações que nortearam a formulação de propostas genéricas, conduzidas pela metodologia indutiva. As fontes deste trabalho foram indiretas, porquanto ele foi calcado eminentemente no exame de referências bibliográficas e dados previamente coletados e sistematizados.

Para a solução da problemática apresentada, foi dedicado o primeiro capítulo deste livro à teoria dos direitos fundamentais, entre os quais se encontra o direito à saúde. Para tanto, analisou-se o conceito dos direitos fundamentais enquanto direitos humanos, a sua institucionalização ou assunção ao plano da normatividade, a sua evolução histórica, que resultou em diversas dimensões de direitos, e a teoria objetiva e suas importantes conquistas na seara da jusfundamentalidade. Logo após, procedeu-se ao exame das normas de direito fundamental à luz da teoria de Alexy (2015), adentrando, assim, a definição das regras e dos princípios e de seu importante papel para a compreensão da natureza jurídica do direito à saúde. Foram estudadas, outrossim, a técnica da solução do conflito entre normas e a teoria dos direitos sociais sob esta ótica. Por fim, foram analisadas a função política do Estado e as políticas públicas como instrumentos de concretização dos direitos sociais.

Em seguida, no Capítulo 2, foram estudadas, ainda sob a luz da teoria do mesmo autor, as restrições possíveis aos direitos fundamentais e seus limites. Foram analisados, também, os conflitos entre os direitos individuais e os bens coletivos, quando se constatou a prevalência *prima facie* daqueles sobre estes, o que, de acordo com a teoria *sub oculis*, contribuiu para a derrocada do mito da teoria da supremacia do interesse público sobre o privado, justificativa eventual para a preterição de direitos individuais, como o direito à vida, em nome do bem comum. Adentrou-se, outrossim, o exame da escassez e da teoria dos custos dos direitos, que dão ensejo ao surgimento do princípio da reserva do possível, revelando seu papel na limitação dos direitos sociais. Então, analisou-se a teoria da argumentação como necessário instrumento de racionalização das decisões sobre o conflito entre direitos, aqui estudado.

O Capítulo 3 foi dedicado ao estudo do direito à saúde como direito social, na Constituição de 1988 e, logo após, à demarcação de seu núcleo essencial e ao exame das consequências da escassez perante ele. A constatação da limitação das condições de concretização do direito à saúde revela a necessidade de estudo das condições de precedência dos direitos eventualmente conflitantes e de emprego de critérios ético-jurídicos para a alocação de recursos, quando, então, foram analisadas várias propostas estudadas por Kilner (1990) à luz da teoria da argumentação jurídica. Este estudo permitiu a elaboração de uma proposta para a solução do conflito entre o direito individual à saúde de uns e o direito individual à saúde de outros, bem como entre os demais direitos sociais. Foram estudados, nesta oportunidade, os mais importantes julgados, sobre a temática em cotejo, do Supremo Tribunal Federal, do Superior Tribunal de Justiça e de outros Tribunais de Justiça do país, ao escopo de ser aferida, à luz da teoria do Direito como integridade, a valoração que os direitos colidentes têm recebido das Cortes brasileiras e de ser analisada a coerência das ponderações levadas a cabo por elas. Tornou-se possível, então, a demarcação da existência jurídica do direito à saúde, imprescindível para a definição de sua justiciabilidade.

Em seguida, no Capítulo 4, foram estudados os fundamentos que permitem e exigem o controle judicial das políticas públicas.

Estudou-se, inicialmente, a teoria da separação de poderes sob a égide do Estado Social, que, ao lado da normatividade dos direitos sociais, demonstra a necessidade do controle do Poder Judiciário sobre a atividade da materialização do direito à saúde pela Administração. Ademais, o princípio da inafastabilidade da jurisdição impõe a ingerência do Poder Judiciário perante a lesão ou ameaça de lesão aos direitos sociais. Frisou-se, entretanto, ser o Judiciário uma importante instância de controle das ações político-administrativas, cuja ineficácia revela problemas merecedores de atenção e estudo também por outras searas científicas. Analisou-se, assim, o ativismo judicial como uma resposta à crise institucional dos outros poderes.

No Capítulo 5, foram estudadas as especificidades do controle judicial da elaboração e da execução das políticas públicas de saúde; demais disso, analisaram-se as ações próprias para este controle diante das peculiaridades do direito à saúde, quando se destacou o relevo das ações coletivas ou que permitem decisões com eficácia *erga omnes*, aptas à promoção de uma ingerência universal e, por isso, igualitária e mais eficiente para a promoção dos direitos sociais. Procedeu-se, então, ao exame do mandado de segurança, individual e coletivo, da ação civil pública e da ação popular, oportunidade em que se sobressaiu a necessidade de robustez probatória para se ensejar a determinação ao Poder de Público de oferecer determinada prestação de saúde e a mitigação da mesma quando se tratar de *demandas de saúde de primeira necessidade* urgentes. Também neste capítulo, foram analisadas diversas decisões judiciais proferidas nas ações respectivamente estudadas, ao escopo de demonstrar seus importantes préstimos à defesa dos direitos em questão. Examinou-se, por fim, a responsabilidade civil da Administração em relação ao direito à saúde, demarcando sua existência perante as ações positivas causadoras de dano aos usuários e diante da omissão estatal na satisfação de *demandas de saúde de primeira necessidade*. No que concerne, porém, às *demandas de saúde de segunda necessidade*, não se concebe a responsabilidade civil do Estado perante toda e qualquer omissão, impondo-se, previamente, a solução do conflito dos princípios colidentes.

As conclusões desta pesquisa convergiram no sentido da relatividade dos direitos sociais, de forma que sua concretização dependerá das possibilidades fáticas (disponibilidade dos recursos necessários para tanto) e jurídicas (resultado da ponderação com outros direitos sociais e com princípios financeiros), preservados, entretanto, o seu núcleo essencial e o princípio da igualdade. No que tange ao direito à saúde, seu conteúdo essencial consiste, inevitavelmente, na preservação da vida dotada de condições mínimas de dignidade, bens jurídicos que ocupam o ápice axiológico do sistema normativo, por razões éticas e lógicas, estas últimas decorrentes do fato de serem eles pressupostos para a fruição de todos os outros direitos. Assim, em decorrência do princípio da igualdade, os tratamentos necessários para a preservação da vida devem ser, necessariamente, providos pelo Estado a todos que carecerem deles, qualquer que seja o seu custo, estejam ou não contemplados nas leis definidoras das respectivas políticas públicas, salvo se sujeitos à escassez natural severa. Do mesmo modo, a garantia de condições mínimas de dignidade torna-se indispensável ante o imperativo do inciso III do artigo 1º da Constituição (BRASIL, 1988). Portanto, diante da omissão do Poder Público, será devida a ingerência do Judiciário para a garantia de tais bens jurídicos. Não se farão possíveis restrições decorrentes da limitação orçamentária, visto que tais valores, ao lume da máxima da proporcionalidade, sobrepõem-se aos princípios constitucionais financeiros. Dessa forma, poderão ser manejadas tanto ações individuais como coletivas para garantir a sua implementação, sempre que necessário.

Lado outro, as prestações estatais de saúde que não forem marcadas pelo signo da imprescindibilidade para a vida e para a sua fruição com condições mínimas de dignidade estarão sujeitas à relatividade própria dos direitos sociais, com as respectivas consequências restritivas do controle judicial. Nestes casos, para a ingerência judicial, será necessária a prova de que a prestação de saúde demandada supera o direito à saúde dos demais, os outros direitos sociais e os princípios financeiros do Estado, bem como a demonstração da existência de condições de sua oferta a todos que se encontrarem na mesma situação jurídica. Não se fará suficiente a mera comprovação da necessidade da prestação estatal pleiteada pelo indivíduo, costumeiramente a única prova apresentada nos autos e utilizada como fundamento para o deferimento de *demandas de saúde de segunda necessidade*.

A existência definitiva, e não apenas *prima facie*, do direito à saúde, portanto, foi concebida como pressuposto inafastável para a sua justiciabilidade, ao mesmo tempo em que esta foi exaltada como uma conquista social e jurídica, uma vez que o Judiciário se apresenta como a instância capaz de salvar da condenação à morte os marginalizados a quem as necessárias prestações estatais de saúde são negadas.

CAPÍTULO 1

OS DIREITOS FUNDAMENTAIS SOCIAIS

1.1 Direitos fundamentais e direitos humanos

Os direitos fundamentais consistem na coluna vertebral do Estado Constitucional, que edifica a sua estrutura de ação e inação para que os indivíduos possam fruí-los na maior medida possível.

Várias expressões são utilizadas para designá-los, como direitos do homem, liberdades fundamentais, liberdades públicas, direitos humanos fundamentais, entre outras. A própria Constituição de 1988 caracteriza-se por uma diversidade semântica ao referir-se a eles como direitos humanos (art. 4º, inc. II), direitos e garantias fundamentais (epígrafe do Título II e art. 5º, §1º), direitos e liberdades constitucionais (art. 5º, inc. LXXI) e direitos e garantias individuais (art. 60, §4º, inc. IV).[3] Sarlet (2004, p. 34) consigna que a expressão "direitos fundamentais", além de encontrar-se em sintonia com a opção feita pelo Constituinte, apresenta a vantagem de englobar todas as espécies de direitos deste gênero, como os individuais, políticos, sociais e os direitos à nacionalidade, intento este não logrado pelas demais expressões, que deixam de traduzir com clareza todos os direitos afetos ao Estado Democrático de Direito Social. Por essa razão, optou-se pelo emprego da expressão "direitos fundamentais" neste trabalho.

Os direitos fundamentais encontram-se umbilicalmente ligados aos direitos humanos, desde as suas raízes, na história das ideias políticas, mormente no que diz respeito ao valor imanente dos homens e à igualdade entre eles; consistem, assim, em sua vertente positivada constitucionalmente, mediante atribuição da dimensão normativa da jusfundamentalidade.

---

[3] Bonavides (2003) registra a distinção entre direitos e garantias, apontando que estas são assecuratórias e protetoras de um direito, possuindo, desta feita, caráter instrumental em relação a ele.

Segundo Alexy (2003, p. 30), a institucionalização dos direitos humanos como fundamentais é um exemplo paradigmático do intercâmbio entre as ideias e a realidade e, portanto, entre a teoria e a prática. Já Sarlet (2004, p. 42) consigna que sua perspectiva histórica reputa-se relevante como mecanismo hermenêutico do Estado constitucional, "cuja essência e razão de ser residem justamente no reconhecimento e na proteção da dignidade humana". Importa, portanto, a compreensão dos atributos peculiares que lhes são conferidos dentro do sistema normativo para a análise do controle judicial que deverá incidir sobre o direito social à saúde.

1.2 A institucionalização dos direitos fundamentais

Alexy (2003, p. 30) cita como exemplos antigos da vinculação dos direitos fundamentais aos direitos humanos a concepção albergada em *Gênesis*, 1, 27, segundo a qual o homem é feito à imagem e semelhança de Deus, bem como a acepção de igualdade cosmopolita da escola estoica abrigada no Novo Testamento, na Carta de Paulo aos *Gálatas*, 3, 28.

Na Antiguidade Clássica, já se tinha alguma percepção dos direitos fundamentais, com o desenvolvimento da ideia de igualdade universal entre os homens também no pensamento grego[4] e romano.

A Carta Magna de 1215 já veiculava liberdades permanentes; a *Petition of Rights* de 1628, as *Leis do Habeas Corpus* de 1979 e a *Bill of Rights* de 1689 são outros exemplos destacados de passos na tipificação positiva dos direitos de liberdade do cidadão inglês. Sob a influência desses primeiros passos institucionalizantes e à luz da doutrina moderna do Direito Natural racional, em 12 de junho de 1776, com a Declaração dos Direitos de Virgínia, chegou-se à primeira tipificação positiva completa dos direitos fundamentais com força constitucional. Acrescente-se que até 1791 já se havia introduzido na Constituição dos Estados Unidos, por meio de dez emendas, um catálogo de direitos fundamentais. Dois anos antes, na França, em 26 de agosto de 1789, havia surgido a Declaração dos Direitos do Homem e do Cidadão, marcando, assim, os passos mais importantes da história dos direitos fundamentais liberais (ALEXY, 2003, p. 32-33).

---

[4] Apesar de Platão (2004) e Aristóteles (2004) ainda considerarem a escravidão como algo natural, eles próprios levantavam suas vozes contra outras espécies de desigualdade entre os homens, como a diferença na distribuição da riqueza.

À tradição liberal dos direitos fundamentais se contrapuseram as concepções socialistas e do Estado Social. A concepção socialista ingressou na história do reino das ideias com a declaração de direitos do proletariado explorado, na Constituição da União Federativa de Repúblicas Socialistas Soviéticas, de 10 de junho de 1918, enquanto os países ocidentais, a partir, sobretudo, da década de trinta do século XX, reformularam seu modelo capitalista para albergar os direitos sociais e superar a crise econômica então vivida.

Certo é, entretanto, que, com a constitucionalização, os direitos humanos galgaram o predicado da fundamentalidade, com as diversas consequências jurídicas, materiais e formais daí advindas. Canotilho (2002, p. 379) sintetiza os desdobramentos dessa noção, elencando, no plano formal, quatro dimensões relevantes:

> (1) as normas consagradoras de direitos fundamentais, enquanto normas fundamentais, são normas colocadas no grau superior da ordem jurídica; (2) como normas constitucionais, encontram-se submetidas aos procedimentos agravados de revisão; (3) como normas incorporadoras de direitos fundamentais, passam, muitas vezes, a constituir limites materiais da própria revisão [...]; (4) como normas dotadas de vinculatividade imediata dos poderes públicos constituem parâmetros materiais de escolhas, decisões, acções e controlo, dos órgãos legislativos, administrativos e jurisdicionais [...].

Já no plano material, o autor destaca o conteúdo da noção de fundamentalidade como constitutivo das normas básicas do Estado e da sociedade.

Desde o seu reconhecimento nos primeiros documentos e nas primeiras Constituições, os direitos fundamentais sofreram diversas transformações, tanto no que tange ao seu conteúdo, quanto no que diz respeito a sua titularidade e eficácia, dando ensejo ao que a doutrina denomina de "gerações" ou "dimensões". O emprego da expressão "dimensões" tem sido preferido em relação ao termo "gerações", em relação aos direitos fundamentais, em virtude do *processo cumulativo e de complementaridade* que os mesmos sofrem, em detrimento da ideia de *substituição* de uma geração de direitos por outra.

1.3 Dimensões dos direitos fundamentais

A primeira dimensão dos direitos fundamentais reflete o pensamento individualista do liberalismo burguês, demarcando uma esfera de autonomia individual e de ausência de intervenção do Estado. São, por isso, apresentados como direitos "negativos" ou de defesa, que se concretizam, na maior parte das vezes, com uma abstenção ou com um *non facere* estatal.[5] Apresentam-se como tais os direitos à vida, à liberdade, à propriedade e à igualdade, complementados pelas liberdades de expressão e pelos direitos de participação política, corolários e fundamentos da democracia, bem como pelas garantias processuais.

Tais direitos, tão somente, não se fizeram suficientes para garantir a fruição de fato da igualdade e da liberdade, uma vez que o liberalismo ocasionou a exploração demasiada do proletariado, e, como consequência, grandes mazelas sociais. Para minimizar a degradação dos vitimados pelo sistema, surgiram os direitos chamados sociais ou positivos, que preconizam uma ação estatal de prestação de serviços públicos essenciais para a dignidade humana com olhos na realização da justiça social e na fruição da liberdade através do Estado. No rol destes direitos, encontram-se os direitos à educação, moradia, lazer, trabalho, assistência social e, como se vê do art. 6º da Constituição de 1988, inclusive o direito à saúde, cujo controle judicial consiste no objeto desta pesquisa. Insta registrar que estes direitos, na feliz expressão de Bonavides (2003a, p. 564), "nasceram abraçados ao princípio da igualdade, do qual não se podem separar, pois fazê-lo equivaleria a desmembrá-lo da razão de ser que os ampara e estimula", qual seja, a melhor distribuição da riqueza e a viabilização de condições mínimas de vida digna a todos.

Incluem-se, ainda, entre os direitos sociais ou de segunda dimensão, as denominadas *liberdades sociais* ou direitos dos trabalhadores, como a liberdade de sindicalização, o direito a greve, a férias, a repouso semanal remunerado, garantia do salário mínimo, limitação à jornada de trabalho, etc.

Os direitos sociais representam, entre outras coisas, uma resposta do Estado capitalista à ameaça socialista da estatização dos meios

---

[5] Holmes e Sunstein (1999) apontam, entretanto, a necessidade do desenvolvimento de uma estrutura pública para a proteção dos chamados *direitos negativos*, caracterizando, assim, uma ação estatal positiva, bem como a constatação de que alguns *direitos sociais*, tidos como *positivos*, como a greve e a sindicalização, não demandam nenhuma ação estatal intrinsecamente relacionada a eles. A despeito do acerto da percepção dos autores, as expressões dicotômicas *direitos negativos* e *direitos positivos* difundiram-se largamente pela doutrina, razão pela qual serão aqui utilizadas, com a importante ressalva apontada, para a alusão, respectivamente, aos direitos fundamentais individuais e sociais.

de produção.[6] O contexto histórico de seu surgimento, inclusive, denuncia que eles emergiram após a assunção do socialismo na União Soviética, fruto da extrema exploração da classe operária nos idos da Revolução Industrial. Para evitar semelhante consequência, grande parte dos Estados ocidentais procederam a retoques na proposta capitalista liberal, preconizando a ação estatal capaz de melhorar as condições de vida da classe proletária, estancando, assim, eventuais ânimos revolucionários e mantendo-a dependente do Estado e do salário recebido dos empregadores. Percebe-se, assim, sob este viés, que os direitos sociais podem ser interpretados como instrumentos de dominação, de manutenção do *status quo*, evitando, ao visar à satisfação das necessidades primárias e essenciais do indivíduo pelo Estado, uma indignação capaz de alterar substancialmente a organização societária (GALVÃO; MELQUÍADES DUARTE, 2017).

Entretanto, dentro de um modelo de Estado capitalista, os direitos sociais ainda se apresentam como importantes instrumentos de resgate da dignidade humana e de distribuição de renda. Com efeito, o capitalismo pressupõe concentração de renda nas mãos do detentor dos meios de produção, já que o lucro justifica a sua atividade. Para obtê-lo, necessariamente, o capitalista deixa de distribuir aos seus funcionários toda a riqueza que seu trabalho é capaz de produzir, concentrando-a. Por conseguinte, os direitos sociais, por serem custeados com o tributo arrecadado daqueles que apresentam signos presuntivos de riqueza, figuram como veículo imprescindível para a promoção da justiça social.

Diferem, com isso, dos direitos de solidariedade e fraternidade de terceira dimensão, que se caracterizam pela proteção de grupos humanos ou pela titularidade coletiva ou difusa. Enquadram-se neste âmbito os direitos à paz, ao meio ambiente saudável, ao patrimônio histórico e cultural, à defesa do consumidor, etc. Tais direitos exigem esforços conjugados, até mesmo em nível internacional, para a sua proteção, de forma que, muitas vezes, são vazados em tratados e consistem numa reação, sobretudo, à evolução tecnológica que, não raro, olvidou as liberdades individuais. Por isso, tais direitos têm,

---

[6] Não se pode olvidar que os direitos sociais apresentaram-se, também, como importante estratégia de superação dos abalos ocasionados pela crise ocidental de 1929. Ao preconizar maior ingerência estatal na vida da sociedade, o plano norte-americano do Presidente Roosevelt, conhecido como New Deal, contemplou, dentre outras coisas, a realização de obras públicas para estruturar a prestação de serviços que os concretizassem pelo Estado. Tais obras representaram incremento nas contratações públicas de bens e serviços, e, assim, um importante contributo para o aquecimento da economia fragilizada da época (FONTE, 2015, p. 36).

segundo Sarlet (2004, p. 58), "caráter preponderantemente defensivo" e "poderiam enquadrar-se, na verdade, na categoria dos direitos da primeira dimensão, evidenciando, assim, a permanente atualidade dos direitos de liberdade, ainda que com nova roupagem e adaptados às exigências do mundo contemporâneo".

De ver-se, portanto, que o direito à saúde consiste numa segunda dimensão ou num desdobramento do direito fundamental à vida, que o contempla e amplia. Verificou-se, na experiência histórica, que apenas impor ao Estado a abstenção ao vilipêndio à vida não seria suficiente para protegê-la; tornaram-se imperativas, também, as medidas positivas para a sua preservação, associada a elementos qualitativos para a sua fruição digna. Dessa forma, o direito social à saúde possui uma área de coincidência com o direito individual à vida (o que justifica a alusão frequente, neste trabalho, a este último, a despeito de o objeto de estudo ser o direito à saúde). As prestações estatais imprescindíveis para a preservação da vida serão, pois, denominadas de *demandas de saúde de primeira necessidade*. Medidas existem, porém, que podem ser exigidas do Estado em virtude da expansão operada pela segunda dimensão dos direitos fundamentais no conteúdo jurídico resguardado pela primeira. Estas serão, portanto, prestações estatais aptas à promoção da saúde, porém, não imprescindíveis para a proteção da vida de forma minimamente digna. Serão, aqui, tratadas como *demandas de saúde de segunda necessidade*.

Outros desdobramentos do direito fundamental à vida e da dignidade humana ensejaram a ampliação da tutela dos direitos fundamentais. Nesse sentido, destaca-se a terceira dimensão e um dos seus principais componentes, qual seja, a proteção do meio ambiente. Fruto da percepção de que apenas a ausência de agressão à vida e à dignidade por meio da implementação de ações terapêuticas e preventivas de saúde é insuficiente para resguardar a condição humana, a proteção da natureza ante o potencial de degradação resultante das ações antrópicas fundamenta-se na expansão da compreensão do conceito de saúde. Essa é a visão de Dallari (2008, p. 20), que reconhece que a saúde ostenta não somente um caráter individual, como também coletivo. Também no direito à preservação ambiental, de terceira dimensão, portanto, o direito à vida encontra-se resguardado, visto que muitas ações a ele pertinentes far-se-ão imperiosas para a sua manutenção; serão, também, qualificadas como *demandas de saúde de primeira necessidade*, representativas da interseção entre ambos os direitos fundamentais (à vida e à proteção ao meio ambiente).

É o caso, por exemplo, do fornecimento de serviços de saneamento básico. Nesse contexto, Botti (2018, p. 31) aponta os riscos do aparecimento de doenças e do agravamento dos índices de mortalidade pela prestação estatal insuficiente de tais serviços. Outras prestações estatais, porém, corresponderão ao alargamento conduzido pela terceira dimensão ao valor contemplado nos correlatos direitos de primeira e segunda dimensão, e serão aludidas, também, como *demandas de saúde de segunda necessidade*.

Bonavides (2003a, p. 570) sustenta, ainda, a existência de uma quarta dimensão de direitos fundamentais como resultado da globalização, composta por direitos como a democracia, o pluralismo e a informação.[7] O processo, entretanto, de desdobramento dos direitos fundamentais em novas dimensões sofre críticas no sentido de que poderia induzir a um desprestígio que colocaria em xeque a noção de fundamentalidade e, assim, sua cogência jurídica. A despeito de tais ressalvas, não se pode negligenciar a relevância dessa nova dimensão para o progresso humano, considerando, para tanto, que os direitos fundamentais inauguram possibilidades de mudanças para o futuro.

As diversas dimensões dos direitos fundamentais demonstram que o seu processo de institucionalização possui um caráter dinâmico e dialético, fruto de reivindicações concretas contra a agressão a valores elementares do ser humano e, por isso, definitivamente marcado pelo contexto histórico de cada época. A pluralidade de dimensões representa, como se viu em relação ao direito à vida, à saúde e à proteção ao meio ambiente, novas formas de proteção jurídica dos mesmos valores primordiais ou, como afirma Sarlet (2004, p. 64), "gravitam em torno dos três postulados básicos da Revolução Francesa, quais sejam, a liberdade, a igualdade e a fraternidade", revelando que seu ponto de partida foi a concepção jusnaturalista dos séculos XVII e XVIII. Com efeito, os direitos fundamentais nasceram como direitos naturais e inalienáveis do homem, situando-se numa posição pré-estatal, de onde se extrai, outrossim, a sua universalidade.

Em qualquer das suas dimensões, verifica-se que os direitos fundamentais consistem no núcleo material das Constituições, ao lado da definição da forma de Estado, do sistema de governo e da organização do poder, e preconizam, todas elas, a limitação jurídica do poder estatal e a determinação de parâmetros para a ação do ente

---

[7] Canotilho (2002, p. 386) classifica os direitos democráticos de participação política como direitos de segunda geração, enquanto os sociais seriam, para ele, de terceira geração e a quarta, composta pelo direito dos povos ou direitos de solidariedade.

público. São, portanto, uma condição material inafastável do Estado Democrático de Direito e um instrumento de sua legitimação, uma vez que o poder se justifica para a realização dos direitos fundamentais.

A ideia de democracia encontra-se, portanto, estreitamente imbricada com a de direitos fundamentais, que consagra, em cada indivíduo, as noções de igualdade, liberdade e conformação da comunidade ao processo político próprias do Estado Democrático, além da indispensável proteção das minorias contra o eventual arbítrio da maioria.[8]

Tais características fazem-se sentir na Constituição de 1988, que incorporou, em seu Título II, diversos direitos fundamentais, além de distribuir outros, de maneira esparsa, pelo restante de seu texto. A própria situação topográfica do catálogo de direitos fundamentais no início da Constituição traduz a sua função de parâmetro hermenêutico de toda a ordem constitucional. Ademais, a norma inserta no §1º do seu art. 5º, ao determinar a aplicabilidade imediata dos direitos e garantias fundamentais, excluindo, a princípio, seu cunho programático e reforçando a sua ideia de vinculação, bem como a sua inclusão nas cláusulas pétreas, refutam qualquer tentativa de erosão do seu significado de ápice normativo material no Estado Social Democrático de Direito instituído em 1988.

Das diversas dimensões de direitos fundamentais, ademais, são extraídas as suas várias funções, sistematizadas por Canotilho (2002, p. 407) como função de defesa ou liberdade, função de prestação social, função de proteção perante terceiros e função de não discriminação.

Neste diapasão, a primeira, função de defesa ou liberdade, protege a pessoa humana e sua dignidade perante os poderes do Estado e outros mecanismos políticos de coação, numa dupla perspectiva: proibindo ingerências destes na esfera jurídica individual e permitindo o exercício positivo e negativo destes perante o Poder Público.

A função de prestação social implica o direito do particular de obter algo por meio do Estado, que fica obrigado à formulação de políticas públicas socialmente ativas para viabilizar ao particular a fruição do direito. Remanesce, entretanto, a problemática, aqui enfrentada, sobre a possibilidade de o particular exigir, do Estado, uma prestação

---

[8] Canotilho (2002, p. 387) distingue o direito dos indivíduos pertencentes à minoria, considerado como o direito de exigir tratamento igual no que tange aos direitos fundamentais, dos direitos das minorias propriamente ditas, enquanto grupo, que equivale a direitos coletivos especiais, dada a sua identidade e forte sentimento de pertença e de partilha (língua, religião, família, escola, etc.).

material individualizada ou, do Legislativo, a elaboração de leis, que concretizem o direito fundamental.

A função de proteção contra terceiros impõe dever ao Estado de proteger o direito fundamental contra eventuais agressões dos mesmos, de forma que, diferentemente do que ocorre na função de prestação social, as relações aqui travadas dizem respeito ao titular e outros indivíduos.

Anote-se, por fim, a função de não discriminação, que impõe ao Estado o tratamento dos indivíduos como cidadãos fundamentalmente iguais diante de todos os direitos, liberais ou sociais. Sobre a igualdade, acrescenta Canotilho (2002, p. 426) que ela implica isonomia dos indivíduos tanto em relação à criação do direito quanto a sua aplicação, consistindo, ainda, num princípio de justiça social ao exigir a paridade de oportunidades e de condições reais de vida.

1.4 Teoria objetiva dos direitos fundamentais e interpretação

Um dos resultados mais importantes das discussões sobre os direitos fundamentais perpetrados no século passado consiste na ampliação de suas funções, além do clássico papel de defesa. Atualmente, já é cediço que eles também garantem ao cidadão, junto ao Estado, proteção contra intervenções ou ataques advindos de terceiros. Implicam, igualmente, a estruturação e procedimentalização adequadas ao seu desfrute, supondo o acesso ao mínimo existencial em relação aos direitos sociais.

A ampliação destes papéis é consequência da teoria objetiva dos direitos fundamentais, que preconiza sua efetivação mediante vínculos normativos e institucionais, de valores sociais que demandam realização concreta através da criação dos pressupostos necessários para tanto pelo Estado. Bonavides (2003a, p. 588) sintetiza, em trecho que vale transcrever, as importantes consequências da assunção de juridicidade dos direitos fundamentais, decorrente da teoria em questão:

> Resultaram já da dimensão jurídico-objetiva inovações constitucionais de extrema importância e alcance, tais como: a) a irradiação e a propagação dos direitos fundamentais a toda a esfera do Direito Privado; em rigor, a todas as províncias do Direito, sejam jusprivatistas, sejam juspublicistas; b); a elevação de tais direitos à categoria de princípios, de tal sorte que se convertem no mais importante pólo de eficácia normativa da

Constituição; c) a eficácia vinculante, cada vez mais enérgica e extensa, com respeito aos três Poderes, nomeadamente o Legislativo; d) a aplicabilidade direta e imediata dos direitos fundamentais com perda do caráter de normas programáticas; e) a dimensão axiológica, mediante a qual os direitos fundamentais aparecem como postulados sociais que exprimem uma determinada ordem de valores e ao mesmo passo servem de inspiração, impulso e diretriz para a legislação, a administração e a jurisdição; f) o desenvolvimento da eficácia *inter privatos*, ou seja, em relação a terceiros (*Drittwirkung*), com atuação no campo dos poderes sociais, fora, portanto, da órbita propriamente dita do Poder Público ou do Estado, dissolvendo, assim, a exclusividade do confronto subjetivo imediato entre o direito individual e a máquina estatal; confronto do qual, nessa qualificação, os direitos fundamentais se desataram; g) a aquisição de um 'duplo caráter' (*Doppelcharakter, Doppelgestalt ou Doppelqualifizierung*), ou seja, os direitos fundamentais conservam a dimensão subjetiva – da qual nunca se podem apartar, pois, se o fizessem, perderiam parte de sua essencialidade – e recebem um aditivo, uma nova qualidade, um novo feitio, que é a dimensão objetiva, dotada de conteúdo valorativo-decisório, e de função protetora tão excelentemente assinalada pelos publicistas e juízes constitucionais da Alemanha; h) a elaboração do conceito de *concretização*, de grau constitucional, de que se têm valido, com assiduidade, os tribunais constitucionais do Velho Mundo da sua construção jurisprudencial em matéria de direitos fundamentais; i) o emprego do princípio da proporcionalidade vinculado à hermenêutica *concretizante*, emprego não raro abusivo, de que derivam graves riscos para o equilíbrio dos Poderes, com os membros da judicatura constitucional desempenhando de fato e de maneira insólita o papel de legisladores constituintes paralelos, sem, todavia, possuírem, para tanto, o indeclinável título de legitimidade; e j) a introdução do conceito de pré-compreensão (*Vorverständnis*), sem o qual não há concretização.

Destacam-se como importantes conquistas da teoria objetiva dos direitos fundamentais a sua incidência sobre as relações particulares, denominada de eficácia horizontal, e sobre institutos classicamente civilísticos, reservados à satisfação de interesses privados; a vinculação dos três poderes constituídos aos direitos fundamentais e assunção de sua eficácia imediata, em substituição ao seu caráter programático de outrora. Assim, a despeito de a cláusula da eficácia imediata constar do §1º do art. 5º da Constituição de 1988, que contempla tão somente os direitos individuais, não olvida a doutrina[9] a sua abrangência de

---

[9] Bonavides (2003, p. 641) considera anacrônica a interpretação literal do inciso IV do §4º do art. 60 da Constituição de 1988, que, ao estabelecer os limites materiais às emendas

todas as dimensões dos direitos fundamentais, incluindo, portanto, também os direitos sociais.

Após exaltar as vitórias da dimensão objetiva dos direitos fundamentais, ressalta, ainda, Bonavides (2003a) a importância da Nova Hermenêutica, em contraposição ao positivismo lógico-formal, para a concretização de seus preceitos. Os métodos positivistas tradicionais – gramatical, lógico, sistemático e histórico –, enquanto neutros a valores, revelam-se insuficientes para a interpretação dos direitos fundamentais, que, em razão de suas especificidades, carecem de técnicas distintas. Também segundo Alexy (2003, p. 35), a interpretação dos direitos fundamentais se dá mediante algumas particularidades. Como as normas que os veiculam são, majoritariamente, muito abertas e indeterminadas, no marco da interpretação dos direitos fundamentais remanesce um amplo espaço para os argumentos até então articulados em relação aos direitos humanos. Como as decisões sobre direitos fundamentais representam, ao mesmo tempo, decisões sobre a estrutura da sociedade, a discussão sobre tais direitos tem, em ampla medida, implicações políticas.

Os direitos fundamentais impõem decisões de primazia, que exigem o emprego da máxima da proporcionalidade, apto para a contenção do arbítrio do poder e salvaguarda da liberdade.

Destaca-se, entre os critérios interpretativos, um desdobramento do princípio da efetividade dos direitos fundamentais, que aponta no sentido de que a norma que garantir maior eficácia jurídica a um direito fundamental deverá ter preferência. Corolário deste princípio é, ademais, a regra da interpretação restritiva das limitações porventura impostas aos mesmos direitos.

Há de se destacar, outrossim, que a interpretação dos direitos fundamentais sucede-se sob o lume do princípio da unidade constitucional,[10] que afasta a possibilidade de contradições, preservando seu espírito. A teoria material da Constituição, por si só, já determina que a afronta aos preceitos dos direitos fundamentais caracteriza

---

constitucionais, fala, apenas, em direitos e garantias individuais, uma vez que, para ele, é induvidosa a abrangência dos direitos sociais pela cláusula de aplicabilidade imediata.

[10] O princípio da unidade da Constituição é assim descrito em importante acórdão da Corte de Karlsruhe: "Não se pode considerar isoladamente uma estipulação singular da Constituição nem pode ser ela interpretada 'em si mesma', senão que deve manter 'conexão' de sentido com as demais prescrições da Constituição, formando uma unidade interna" (BONAVIDES, 2003a, p. 595). Hesse (1998, p. 38) explica-o apontando que os elementos que integram a Constituição dependem um do outro e repercutem um sobre o outro, de forma que somente o concerto de todos produz o todo da configuração concreta da coletividade pela Constituição.

uma inconstitucionalidade material, como ocorre, por exemplo, com a intrínseca inconstitucionalidade da lei injusta e com a afronta ao princípio da igualdade, pedestal de todos os valores sociais de justiça.

Registre-se, ainda, a tese de Hesse (*apud* BONAVIDES, 2003a, p. 604), para quem "interpretar significa concretizar". O autor fundamenta seu entendimento no caráter aberto e indeterminado das normas constitucionais, cujas cláusulas gerais e princípios apenas poderiam ser completados no ato de sua aplicação. Também Alexy (2015, p. 65-66) ressalta que a norma resulta da interpretação do enunciado normativo, de forma que, para ser aplicada, deve ser necessariamente antecedida de uma interpretação que lhe extraia o significado.

1.5 Conceito e estrutura normativa dos direitos fundamentais

1.5.1 Conceito de direitos fundamentais

Os direitos fundamentais representam relações normativas entre três elementos: o titular, o destinatário e o objeto. Conforme Alexy (2003, p. 20), os direitos fundamentais têm o cidadão como seu titular e o Estado como seu destinatário;[11] se o objeto da relação consistir em uma omissão de intervenção na vida, liberdade ou propriedade do indivíduo, estar-se-á diante de um direito de liberdade; lado outro, configurado ficará um direito social, se o objeto da relação implicar a garantia do mínimo existencial. Em ambos os casos, estar-se-á no âmbito do direito público.

Os direitos consistem, portanto, em obrigações relacionais extraídas das normas, de forma que entre eles, direitos e normas, existe uma relação de implicação necessária. Nem sempre diante de uma norma válida haverá um direito correlativo, mas é certo que, para que se erija um direito, deve-se corresponder uma norma válida que o garanta.

Resta verificar, então, que predicados deve ter um direito para ser qualificado como fundamental, havendo, para tanto, especificações no âmbito formal, material e procedimental.

A definição formal de direito fundamental é fulcrada na maneira como está disposta a sua normatividade. Segundo sua variável mais simples, os direitos fundamentais são os apontados como tais pela

---

[11] Anote-se, entretanto, que, conforme demonstra Sarmento (2006), a teoria da eficácia horizontal dos direitos fundamentais consigna que os mesmos vinculam também os indivíduos, nas relações entre particulares, no que tange ao seu conteúdo normativo.

própria Constituição. Esta definição apresenta a vantagem de sua simplicidade, mas consiste em uma acepção insuficiente à medida que, frequentemente, as Constituições os apresentam de maneira difusa, não catalogada. É o que acontece, por exemplo, na Constituição de 1988, quando as normas de proteção à propriedade frente o poder tributário do Estado encontram-se esparsas no seu texto. Daí se aufere a necessidade de um conceito material de direito fundamental para a sua precisa definição.

Schmitt (1970 *apud* ALEXY, 2003, p. 24) apresenta materialmente o direito fundamental como os direitos humanos liberais do indivíduo.[12] De acordo com ele, portanto, apenas os indivíduos podem ser considerados titulares dos direitos fundamentais, o Estado é o único destinatário dos mesmos e seu objeto apenas pode consistir na abstenção de intervir na esfera privada do indivíduo. Assim, para o autor, apenas os direitos de defesa são fundamentais. De acordo com Alexy (2003, p. 25), o conceito material de Schmitt encontra-se correto no que tange à concepção de que os direitos fundamentais, que são, essencialmente, direitos do indivíduo,[13] bem como no fato de que seu entendimento remonta à ideia de aproximação dos direitos fundamentais aos direitos humanos, apesar de aqueles poderem ter uma amplitude maior que a desses. Assim, se um catálogo de direitos fundamentais deixar de contemplar algum direito humano, será necessariamente deficiente, uma vez que ele é anterior e superior ao direito positivo. A discussão permanece, entretanto, no fato de essa deficiência ser meramente moral ou também jurídica, bem como em relação à indeterminação do conceito de direitos humanos. Sarlet (2004, p. 39) considera que, faltando a positivação a um determinado direito humano e, portanto, carecendo-lhe a cogência, sua efetivação "encontra-se [...] na dependência da boa-vontade e da cooperação dos Estados individualmente considerados, salientando-se, neste particular, uma evolução progressiva na eficácia dos mecanismos jurídico-internacionais de controle".

---

[12] Senão, veja-se: "Os direitos fundamentais propriamente ditos são, na essência, entende ele, os direitos do homem livre e isolado, direitos que possui em face do Estado. [...] Numa acepção estrita, são unicamente os direitos de liberdade, em princípio ilimitada diante de um poder estatal de intervenção, em princípio, limitado, mensurável e controlável" (SCHMITT *apud* BONAVIDES, 2003a, p. 561).

[13] Segundo Sarlet (2004, p. 35), o homem será sempre o titular dos direitos humanos, ainda que representado por entidades coletivas, como grupos, povos, nações, Estado. Já Canotilho (2002, p. 420), com acerto e contrariamente à ideia de Schmitt e Alexy, considera, com amparo no próprio art. 12 da Constituição portuguesa, que as pessoas coletivas podem ser titulares de direitos e deveres compatíveis com a sua natureza.

O conceito procedimental de direitos fundamentais enlaça elementos materiais e formais. Enquanto tipificados constitucionalmente, os direitos fundamentais carecem de maioria qualificada no Legislativo para tomar decisões livres a seu respeito. Dessa forma, mediante a garantia das liberdades políticas, os direitos fundamentais asseguram, de um lado, as condições de funcionamento do processo democrático; lado outro, também o limitam, ao proclamar-se como direitos vinculantes igualmente para o legislador democraticamente legitimado. Esta última característica avulta de importância ao implicar a definição dos direitos fundamentais como tão significativos que não podem ser deixados nas mãos da maioria simples, sendo um assunto afeto apenas ao poder constituinte.

Esse conceito é formal à medida que não estabelece que cota é tão importante e que a decisão sobre os direitos fundamentais não pode deixar-se em mãos da maioria parlamentar simples, abrindo para o poder constituinte uma margem de ação. Este poder poderá, inclusive, considerar como direitos fundamentais alguns que não são direitos humanos, prevendo-os constitucionalmente em virtude da sua importância. Ademais, ao se falar em importância do direito, já se está atribuindo ao conceito procedimental uma natureza material. Dessa forma, a pretensão de correção acerca dos direitos fundamentais obriga os estudiosos a buscar constantemente uma melhor conceituação dos direitos humanos para se obter mais precisa definição dos direitos fundamentais.

1.5.2 O conceito de norma de direito fundamental

Para Alexy (2015, p. 33), a teoria jurídica e geral dos direitos fundamentais consiste em uma teoria dos direitos positivos ou da dogmática jurídica nas dimensões analítica, empírica e normativa. A dimensão analítica cuida da análise sistêmico-cultural do direito válido e do conceito fundamental, passando pela construção jurídica até a investigação da estrutura do sistema e do embasamento dos direitos fundamentais. A dimensão empírica dedica-se ao conhecimento do direito positivo válido, direito legislado e práxis jurisprudencial, com a utilização de premissas empíricas de argumentação. Já a dimensão normativa ocupa-se da orientação e crítica da práxis jurídica, sobretudo da jurisprudência.

Para a ciência do Direito cumprir sua tarefa prática, precisa vincular as três dimensões, ou seja, deve ser integrativa pluridimensional, uma vez que, segundo o autor, para se afirmar o que é juridicamente válido, deve-se conhecer o direito positivamente válido (dimensão empírica); recorrer a valorações adicionais (dimensão normativa); e conferir-lhe racionalidade, que abrange a claridade conceitual, ausência de contradição e coerência (dimensão analítica).

A teoria estrutural dos direitos fundamentais parte da dimensão analítica e estuda seus conceitos, sua influência no sistema jurídico e seu embasamento racional, visando a que os referidos direitos sejam passíveis, na maior medida possível, a controles intersubjetivos.

Partindo da concepção de direito fundamental como um direito humano positivado constitucionalmente, Alexy (2015, p. 50-51) registra que sua existência depende de uma norma que outorga este direito. O conceito de norma de direito fundamental decorre, portanto, do conceito de norma, que o autor formula como sendo o significado de um enunciado que ordena, permite, proíbe ou autoriza uma conduta; a norma será, portanto, um imperativo ou modelo de comportamento que, ou é realizado ou, em caso de sua não realização, tem como consequência uma reação social, uma expressão de determinada forma ou regra social.

Propõe o autor (ALEXY, 2015, p. 53) uma distinção entre enunciado normativo e norma. Uma norma é mais que seu texto literal; está determinada também por sua realidade social. Uma mesma norma pode ser veiculada por diferentes enunciados normativos ou independentemente deles, como no caso dos princípios implícitos de um ordenamento jurídico, ou um enunciado normativo pode não conter, sozinho, nenhuma norma, carecendo de ser interpretado em conjunto com outros para vir a tê-lo. Este conceito semântico de norma de Alexy (2015) aproxima-se do de Kelsen (2003b, p. 4), que a considera como esquema de interpretação. Assim, no que diz respeito às normas de direitos fundamentais, isto significa que são garantias de proteção objetivamente cunhadas, de complexos individuais e sociais concretos de ação, organização e matéria.

1.5.3 A estrutura das normas de direito fundamental

Para o estudo da estrutura das normas de direito fundamental, deve-se proceder, inicialmente, à distinção estrutural entre regras e princípios, que constitui a base da consolidação jusfundamental e é uma chave para a solução de problemas centrais da dogmática dos direitos fundamentais, como seu papel no ordenamento jurídico, seus limites e a solução das colisões. A análise da estrutura dos direitos fundamentais é significativa para que se possam estabelecer os limites da intervenção do Estado na liberdade e na propriedade dos indivíduos, bem como para que se determine que provisão do mínimo se pode esperar do Estado como uma consequência dos direitos sociais. A teoria que a seguir é apresentada revelou-se capaz de explicar a problemática dos direitos fundamentais e de oferecer uma resposta adequada a sua relatividade, sem retirar-lhes o necessário caráter vinculante, decorrente de sua normatividade. Justifica-se, assim, a sua escolha como marco teórico deste trabalho.

1.5.3.1 Critérios tradicionais de distinção entre regras e princípios

Importa destacar, desde já, que, para Alexy (2015, p. 87), regras e princípios são espécies do gênero "norma", uma vez que ambos ditam o "dever-ser"; ambos podem ser formulados com a ajuda das expressões deônticas básicas de mandato, permissão e proibição.

O autor cita vários critérios utilizados, com frequência, para a distinção de regras e princípios, iniciando pelo da generalidade, segundo o qual os princípios são normas de um grau de generalidade relativamente alto, ao contrário das regras, cujo grau de generalidade seria relativamente baixo. Um segundo critério de distinção é o da determinabilidade dos casos de aplicação, que distingue as normas criadas das normas desenvolvidas. Outro critério os difere considerando os princípios como fundamentos para as regras e estas como comandos deônticos propriamente ditos.

Considerando estes critérios, Alexy (2015, p. 89) coloca três possíveis conclusões: o intento de dividir as normas em duas classes, de regras e princípios, seria vão, devido à pluralidade realmente existente; a distinção que existe entre eles é apenas de grau de generalidade ou a diferença entre eles não é apenas de grau, mas também qualitativa. Para ele, a última proposta considera-se correta, uma vez que regras e princípios são normas que apresentam entre si uma diferença estrutural, como será demonstrado.

1.5.3.2 Os princípios como mandados de otimização

De acordo com Alexy (2015, p. 90), os princípios são "normas que ordenam que algo seja realizado na maior medida possível, dentro das possibilidades jurídicas e reais existentes". Os princípios são, portanto, "*mandamentos de otimização*, que são caracterizados por poderem ser satisfeitos em graus variados e pelo fato de que a medida devida de sua satisfação não depende somente das possibilidades fáticas, mas também das possibilidades jurídicas". O âmbito das possibilidades jurídicas de sua realização "é determinado pelos princípios e regras colidentes" (ALEXY, 2015, p. 90-91).

Ao revés, "as regras são normas que apenas podem ser cumpridas ou não; se uma regra for válida, dever-se-á fazer exatamente o que ela exige, nem mais nem menos. Portanto, as regras contêm determinações no âmbito do fática e juridicamente possível são normas que apenas podem ser cumpridas ou não; se uma regra for válida, dever-se-á fazer exatamente o que ela exige, nem mais nem menos. Portanto, as regras contêm determinações no âmbito do fática e juridicamente possível, são normas que são sempre ou satisfeitas ou não satisfeitas. Se uma regra vale, então, deve se fazer exatamente aquilo que ela exige; nem mais, nem menos. Regras contêm, portanto, determinações no âmbito daquilo que é fática e juridicamente possível" (ALEXY, 201502, p. 91).

Assim, as regras se aplicam na modalidade tudo ou nada: ocorrendo o fato descrito em seu relato, ela deverá incidir, produzindo o efeito previsto. Se não for aplicada à sua hipótese de incidência, a norma estará sendo violada. Não há maior margem para elaboração teórica ou valoração por parte do intérprete, ao qual caberá aplicar a regra mediante subsunção: enquadra-se o fato na norma e deduz-se uma conclusão objetiva. Por isso se diz que as regras são mandados ou comandos definitivos: uma regra somente deixará de ser aplicada se outra regra a excepcionar ou se for inválida. Como consequência, os direitos nela fundados também serão definitivos. Com estas distinções, o autor conclui que a diferença entre regras ou princípios é qualitativa e não apenas de grau.

Dworkin (2002) propõe ainda um modelo normativo composto de regras e princípios, cuja diferença é de natureza lógica. Também para ele, "as regras são aplicáveis à maneira do tudo-ou-nada. Dados os fatos que uma regra estipula, então, a regra é válida, e neste caso, a resposta que ela fornece deve ser aceita, ou não é válida, e neste caso em nada contribui para a decisão" (DWORKIN, 2002, p. 39). Já os princípios, segundo ele, não funcionam dessa forma. Para ele, "os princípios possuem uma dimensão que as regras não têm – a dimensão do peso ou importância. Quando os princípios se intercruzam [...], aquele que vai resolver o conflito tem de levar em conta a força relativa de cada um" (DWORKIN, 2002, p. 42). Dessa forma, afirma o autor que o Direito sempre oferece os padrões de decisão necessários, até mesmo para os casos difíceis, e que ao aplicador cabe, tão somente, descobrir, valendo-se de um instrumental técnico-teórico adequado, a solução correta para cada caso, e não criá-la. Com isso, Dworkin (2002, p. 54) refuta, com veemência, a concepção positivista de que "se um caso não for regido por uma regra estabelecida, o juiz deve decidi-lo exercendo seu poder discricionário".

Afirmação da ausência de discricionariedade do aplicador do Direito impõe o estudo da forma de solução do conflito entre as espécies normativas concebidas, como se procede a partir de então.

1.5.3.3 Colisões de princípios e conflitos de regras

Alexy (2015, p. 87) destaca que a distinção qualitativa entre princípios e regras se faz sentir, sobretudo, nas oportunidades das colisões, em virtude da diferença na forma da solução do conflito. O conflito ocorre quando a aplicação independentemente das duas normas conduz a resultados contraditórios.

O conflito entre regras, segundo Alexy (2015, p. 87), é solucionado com a introdução de uma cláusula de exceção em uma delas ou com a declaração da invalidade de uma das colidentes. Registre-se, por oportuno, que, ao revés do conceito de invalidade social, o conceito de invalidade jurídica não é graduável; assim, uma norma é válida juridicamente ou não.

Se uma regra for válida, imperativa será a aplicação de sua consequência jurídica, não podendo haver no ordenamento jurídico dois juízos de dever-ser contraditórios. Portanto, se um conflito de regras não puder ser solucionado com a introdução de uma cláusula de exceção em uma delas, alguma deverá ser declarada inválida.

A declaração de invalidade de uma regra apenas poderá ser feita com base nas regras *lex posterior derogat legi priori*, *lex specialis derogat legi generali*, ou ainda de acordo com a hierarquia das regras em conflito, assim como o fez o autor. Tais propostas para a solução do conflito entre regras também são formuladas por Dworkin (2002, p. 43),[14] que, porém, acrescenta que "um sistema jurídico também pode preferir a regra que é sustentada pelos princípios mais importantes". Com isso, o autor rememora que os princípios são razão para as regras e que, assim, quando duas conflitarem, deve-se extrair o princípio que a orienta,

---

[14] Veja-se excerto da obra de Dworkin (2002, p. 43) neste sentido: "Se duas regras entram em conflito, uma delas não pode ser válida. [...] Um sistema jurídico pode regular esses conflitos através de outras regras, que dão precedência à regra promulgada pela autoridade de grau superior, à regra promulgada mais recentemente; à regra mais específica ou outra coisa desse gênero".

para, então, sopesá-los. O princípio com maior peso determinará a prevalência da regra orientada por ele.

Bustamante (2005, p. 320), corroborando a proposta de Alexy (2015), afirma que o sopesamento de razões usadas na justificação de uma decisão difere-se do sopesamento de princípios, que podem ser concretizados de forma gradual, o que torna possível o cumprimento dos princípios também em intensidades diferentes.

Alexy (*apud* BUSTAMANTE, 2005, p. 323) consigna que o sopesamento de dois princípios conduz a uma regra e que, portanto, o raciocínio *a contrario sensu* é possível: as regras são o resultado de uma ponderação entre princípios. Dessa forma, quando o significado de uma regra for duvidoso, poder-se-á recorrer aos princípios que lhe deram gênese. Nesta oportunidade, a subsunção a uma regra poderá contemplar o sopesamento de princípios.

Assim, verifica-se que as regras são, como pretende Ávila (2004, p. 36), passíveis de ponderação entre elas à medida que suas razões podem ser sopesadas. Os casos em que uma regra parece afastar a aplicabilidade de outra contemplam, na verdade, exceções à primeira regra, o que não retira, conforme consigna Alexy (2015), a validade de nenhuma delas.

Esta, outrossim, a conclusão de Bustamante (2008, p. 243), sendo esclarecedoras suas palavras a respeito:

> Feitas estas considerações, fica claro que os princípios, assim como as regras, devem ser descritos como *normas "prima facie"*, embora seu caráter deontológico seja diferente, uma vez que o caráter *prima facie* é ainda mais acentuado e simplesmente não existe qualquer determinação de suas hipóteses normativas.
>
> A diferença no caráter *prima facie* dos princípios está no fato de que as regras, para deixarem de ser cumpridas, necessitam que se introduza uma *cláusula de exceção* (Alexy, 1986, p. 100), o que não acontece com os princípios. [...]
>
> Os princípios possuem uma *dimensão de peso*, e podem ser cumpridos em graus diferentes. Por isso, pode-se dizer que eles têm um caráter *prima facie* muito mais acentuado, pois sua superabilidade (em face dos princípios opostos) é natural e imanente às situações de aplicação, eis que a todo momento os princípios são restringidos ou maximizados, tanto pelo legislador quanto pelo juiz. As regras, por seu turno, não possuem essa dimensão de peso ou importância, mas descrevem hipóteses que, salvo situações excepcionais, levam a conseqüências certas e determinadas. Seu caráter *prima facie* é menos acentuado, pois sua superabilidade é

excepcional. Princípios são normas teleológicas – classe não originalmente vislumbrada por Kelsen; regras são normas hipotéticas.

Como se vê, os princípios e as regras são, de fato, espécies distintas de normas, no sentido semântico em que lhes atribuíram tanto Kelsen (2003b) quanto Alexy (2015). Registre-se, por oportuno, que a teoria das normas construídas por ambos os autores apresenta aspectos de estreita similitude,[15] apartando-se no momento que Alexy (2015) exclui de seu conceito de norma os elementos voluntaristas e à medida que a estrutura lógica dos princípios (normas que se propõem a buscar um "certo estado de coisas", deixando, entretanto, de prescrever a conduta necessária para tanto) não se enquadra nas únicas espécies normativas kelsenianas, "categóricas" ou "hipotéticas". As primeiras prescrevem um determinado comportamento sem fixar quaisquer pressupostos, ou seja, determinando o cumprimento de seu mandado em toda e qualquer circunstância, ao passo que as segundas, também denominadas condicionais, são prescritas para serem aplicadas sob determinada conjuntura.

1.5.3.4 A colisão de princípios

Já a solução das colisões entre princípios implica consequências distintas das resultantes do procedimento empregado em relação às regras, qual seja, a declaração da invalidade de uma delas. Quando dois princípios entram em colisão, um deles deve ceder, sem que com isto, entretanto, seja declarada a sua invalidade nem que tenha sido introduzida uma cláusula de exceção. O que ocorre é que, sob algumas

---

[15] O próprio Alexy (2002, p. 53), apesar de suscitar distinções, reconhece pontuais semelhanças de sua proposta normativa com a de Kelsen (2002), como se infere a seguir: "Kelsen emprega a expressão "norma" de forma diversa da aqui proposta. pois segundo ele só é norma aquilo que tem "objetivamente o sentido do dever-ser". O que para ele significa poder ser reconduzido a uma norma fundamental que fundamenta a validade objetiva (idem, p. 7-8). Mesmo que desconsiderado isso, é difícil integrar a concepção de Kelsen no modelo aqui utilizado. Segundo Kelsen a norma é o "sentido de uma vontade, um ato de vontade" (KELSEN, Hans. *Allgemeine Theorie der Nonnen*. Wein: Manz, 1979, p. 2; cf. também, do mesmo autor, *Reine Rechtslehre*, p. 4 e ss.), o que parece ser algo completamente distinto do sentido ou significado de um enunciado. O sentido de um ato de vontade é caracterizado por Kelsen pela seguinte forma: "que o outro deve se comportar de uma determinada maneira" (*idem, Allge1neine Theorie der Normen*, p. 31). Nesse sentido, ele afirma: "por 'norma' designa-se que algo deve ser ou acontecer, especialmente que uma pessoa *deve* se comportar de uma determinada maneira" (*idem, Reine Rechtslehre*. p. 4). Mas isso é exatamente o que aqui se entende por "norma". Se se desconsideram os elementos mentalísticos (vontade, ato ele vontade), parece haver relações estreitas entre o modelo aqui utilizado e a concepção de Kelsen".

circunstâncias, um dos princípios precede ao outro, sendo a solução calcada no critério do maior peso.

Os princípios em conflito, considerados isoladamente, também levam a soluções jurídicas diversas; neste caso, entretanto, a solução da colisão se dá considerando uma *relação de precedência condicionada*: sob umas condições, um princípio tem prevalência, sob outras, outro princípio a terá. A questão decisiva consiste, pois, na determinação de quais condições implicarão a precedência de um ou de outro princípio, que consistirá na *lei de colisão*. Tal fato significa que, como comandos abstratos em meio às circunstâncias específicas de cada caso, os princípios não têm seus pesos aferidos de forma pré-determinada.

Não sendo possível precisar exatamente o peso dos princípios, deve-se recorrer, segundo Toledo (2017, p. 287-288), a aproximações previstas em níveis, correspondentes a uma escala triádica – níveis leve, moderado e grave. A articulação dos princípios sob a lógica de precedência condicionada resulta na criação de uma regra aplicável ao caso concreto. Como se vê, a teoria dos princípios reflete o seu caráter de mandados de otimização e demonstra que, entre eles, não existem relações absolutas de precedência, bem como que se referem a ações e situações não quantificáveis.

Dworkin (2002, p. 46) apresenta a mesma concepção sobre a solução do conflito entre princípios; para ele, depois que os princípios incidem sobre uma situação que não contava com uma regra legislada para solucioná-la, terá sido descoberta (ou seja, extraída do ordenamento jurídico, e não criada) a regra para a solução do caso: "Mas a regra não existe antes de o caso ser decidido; o tribunal cita princípios para justificar a adoção e a aplicação de uma nova regra".

Para Alexy (2015), existem normas de direito fundamental com caráter de princípio e outras com caráter de regras, o que conduz, para o autor, à aplicação da teoria dos princípios aos direitos fundamentais.

Os princípios são razões para as regras, mas também são juízos imediatos de dever-ser, além de igualmente existirem regras que são razões para regras. Os princípios são sempre razões *prima facie*, a serem submetidas a normas de preferência, sendo que a determinação de uma relação de preferência implica, de acordo com a lei de colisão, o estabelecimento de uma regra. O autor explica que a relatividade dos princípios decorre de sua generalidade e que, quando são submetidos às possibilidades do mundo real e normativo, conduzem a um sistema de regras diferenciado.

1.5.3.5 Objeções à teoria dos princípios

Diversas críticas são dirigidas à teoria dos princípios formulada sob o amparo da tese de otimização. Alexy (2003) as elenca para, logo após, rebater os argumentos contra ela articulados, reforçando, assim, seu entendimento de que a lei de ponderação abriga um procedimento lógico e racional e, assim, dotado de toda a tecnicidade necessária para garantir sua validade.

A primeira objeção advém de Günther (*apud* ALEXY, 2003, p. 104), que aduz que a distinção entre regras e princípios não se radica na estrutura das normas, mas jaz, somente, em um diferente modo de tratamento. Para Alexy (2003), se uma norma consiste em uma regra, ela deverá ser aplicada sem que as características peculiares de uma situação sejam consideradas; se, porém, tratar-se de um princípio, todas as circunstâncias fáticas e jurídicas deverão ser analisadas quando de sua aplicação. Para o crítico, entretanto, toda norma deve ser aplicada de acordo com as possibilidades fáticas e jurídicas, ou seja, todas as circunstâncias de um caso devem ser analisadas.

Alexy (2003) refuta esta objeção, argumentando que a consideração das circunstâncias de cada caso difere do mandamento de otimização. Se é certo, entretanto, que a aplicação das normas exige que todas as condições do caso concreto sejam avaliadas, da consideração das mesmas não se extrai necessariamente a ordem de otimização. Além disso, não é apenas a possibilidade de cumprimento gradual que fala a favor de que o caráter dos princípios também se reproduz ao nível das normas; a teoria dos princípios é a única que pode esclarecer por que a norma que deve ceder na ponderação não é descumprida nem declarada inválida, parcial ou totalmente, mas permanece como norma válida no sistema. A ideia de otimização é necessária para a compreensão da dimensão de peso de uma norma, em contraposição com sua dimensão de validade, assunto que tem múltiplas implicações na dogmática jurídica. Para Alexy (2003), portanto, a crítica de Günther não se sustenta, apesar de reconhecer que sua teoria apresenta dificuldades de aplicação em virtude da necessidade de interpretação de uma norma para qualificá-la como regra ou princípio.[16]

---

[16] Como se vê, Alexy (2003) considera como tarefa do intérprete a qualificação de uma norma de direito fundamental como regra ou princípio. Portanto, uma das contribuições que se pretende oferecer à ciência jurídica com a presente obra consiste na definição do caráter deôntico do direito à saúde; para tanto, será desenvolvida a argumentação jurídica necessária para oferecer sustentação às conclusões que serão alcançadas. Semelhante mister remanesce para a dogmática de cada direito fundamental.

Outros críticos da teoria de Alexy foram Aarnio y Sieckmann (*apud* ALEXY, 2003, p. 107), que refutaram o conceito de mandado de otimização como idôneo para distinguir as regras e os princípios, uma vez que o consideram com caráter definitivo, determinando o cumprimento de seu preceito plenamente, o que os faz crer que a estrutura de ambos, princípios e regras, é semelhante. Alexy (2003, p. 108), não obstante, permanece considerando que os mandados que se otimizam são objetos de uma ponderação, resultando numa regra, que se distingue, portanto, do mandado de otimização, que consiste num princípio.

Bustamante (2008, p. 267) explica melhor o impasse, indicando a distinção entre *comandos para otimizar* e *comandos para serem otimizados*. Segundo ele, "os últimos são espécies de *dever-ser ideal* (*ideal oughts*) que devem ser otimizados, e assim, transformados em um *dever-ser real* (*real oughts*); são, portanto, objeto da otimização. Os primeiros, comandos para otimizar [...], determinam o que deve ser feito com aquilo que se encontra no nível-objeto". Feita esta distinção, o autor esclarece que "os princípios são, mais precisamente, definidos como comandos para serem otimizados [...], não como comandos para otimizar" (BUSTAMANTE, 2008, p. 267). Concluindo a apresentação de suas percepções, o autor analisa a *máxima da proporcionalidade,* cujas submáximas são comandos para otimizar e, portanto, melhor qualificadas como *regras.*

Sieckmann questiona como levar a cabo a otimização pretendida pelos princípios, propondo, como solução para o impasse, a teoria dos mandados de validade reiterados, que soluciona a questão através de três diferentes enunciados: as formulações normativas, os enunciados de validade e os mandados de validade. As formulações normativas expressam normas em sentido semântico, quer dizer, normas com meros conteúdos de significado, sem adentrar, porém, a problemática da sua validade. Já os enunciados de validade vão mais além, representando normas não apenas com conteúdos de significados ou ideias, mas também afirmando que as mesmas têm validade. Já os mandados de validade estabelecem que determinadas normas têm validade e conteúdo ordenatório. Estabelecidas estas distinções, Sieckmann (*apud* ALEXY, 2003) propõe que os princípios são veiculados por normas da terceira categoria, qual seja, a de que os princípios são mandados de validade, ou seja, que são uma norma em sentido semântico com conteúdo ordenatório que se repete ao infinito. Alexy (2003), entretanto, afirma que esta tese não soluciona o problema da definição do princípio, porque, na reiteração infinita, conectam-se duas coisas que os princípios não podem ser: normas sem validade e enunciados de validade sem conteúdo, demonstrando que a tese da reiteração em definitivo descreve de uma maneira complicada que os princípios são algo entre a validade definitiva e a plena carência de vinculação.

Outra interessante ressalva é levantada por Atienza e Manero (*apud* ALEXY, 2003, p. 118), que, à semelhança de Günther, aludem a alguns princípios que têm caráter de regra. Os autores formulam sua análise a partir da distinção entre princípios em sentido estrito, que devem veicular direitos fundamentais e apresentam a estrutura de regras, devendo cumprir-se ou não cumprir-se, caso não haja outra de maior peso para ser ponderada com ela, e princípios em sentido de fins políticos ou normas programáticas, estes sim, com o sentido de mandados de otimização, podendo concretizar-se em diferentes graus. Alexy (2003, p. 120) reconhece que, mesmo nos chamados princípios em sentido estrito, existe a possibilidade de seu cumprimento em graus diferentes, já que foi inserida a "cláusula de reserva", que conduz, novamente, ao dever da ponderação.

Habermas (*apud* ALEXY, 2003, p. 123) também apresenta seu contra-argumento à proposta de Alexy, alegando que, na definição de princípios como mandados de otimização, perde-se seu caráter deontológico, uma vez que eles seriam valores tratados num sentido teleológico. Sua crítica é calcada, sobretudo, num conceito deôntico de que as normas têm uma estrutura obrigatória estrita, vinculando seus destinatários sem exceções nem condições. Para Alexy (2003, p. 124), todavia, este entendimento apenas é válido para as regras, uma vez que os princípios consagram valores que expressam a preferência de uns bens sobre outros, que se podem realizar ou não de acordo com uma atuação teleológica. As normas têm validade ou não, ao contrário dos valores, que podem ser preteridos por outros, apresentando uma validade gradual. Ademais, as normas têm caráter absoluto; o que deve ser tem a pretensão de ser bom para todos em igual medida, expressando uma obrigação universal, enquanto os valores têm a sua vinculatividade relativa. Por fim, as normas não podem entrar em contradição, o que ocorre com os valores, que disputam a prevalência entre si. De ver-se, portanto, que a construção deôntica de Habermas também não é suficiente para desconstruir a teoria dos princípios.

Segundo Alexy (2003, p. 128), salta aos olhos que a ponderação, conduzida pela máxima da proporcionalidade, é um procedimento para fundamentar e justificar decisões judiciais e, portanto, uma técnica de argumentação jurídica, importante, sobretudo, para os casos de conflito entre os direitos fundamentais. As determinações dos graus de afetação dos direitos que estão em jogo são decisivas para os juízos de ponderação que se devem fazer, de forma que as razões que justifiquem a intervenção devem pesar mais quanto mais intensa for a intervenção.

Pontuem-se, por fim, as objeções à teoria dos princípios formuladas por Ávila (2004, p. 36), que considera que não apenas os princípios, mas também as regras podem ser ponderadas, uma vez que, para ele, a dimensão de peso não é um atributo de uma espécie de norma, mas uma característica das razões e objetivos a que as mesmas se referem. Ademais, concordando com a contraposição citada de Aarnio y Sieckmann (*apud* ALEXY, 2003, p. 107), Ávila (2004) considera que os princípios não podem ser cumpridos gradualmente, uma vez que eles sempre exigiriam um comportamento determinado, mesmo que este ainda não estivesse previamente definido.

1.5.3.6 A reconciliação entre o Direito e a Moral no Pós-Positivismo Jurídico

De ver-se, pois, que a teoria de Alexy (2015), concebida doutrinariamente como pós-positivista ou não positivista, não discrepa em muito da concepção positivista de Kelsen (2003b). Isto faz, inclusive, com que alguns autores contemporâneos (*v.g.* FIGUEROA, 1998, p. 330) reconheçam um "positivismo latente" na teoria pós-positivista. De fato, uma teoria não surge do nada, mas da reconstrução do conhecimento científico já existente até então. Esse o caminho perfilhado pelo Pós-Positivismo, que aproveitou os robustos alicerces do positivismo jurídico para erguer novas colunas teóricas para a compreensão e aplicação do fenômeno jurídico. Ambas, portanto, são concepções científicas sobre o Direito, apoiando-se na racionalidade – ainda que seu conteúdo apresente pontos de diferenciação – para a tratativa de suas questões.

O principal ponto de distinção entre elas situa-se na *tese da separação* entre o Direito e a Moral. Sustenta Kelsen (2003b, p. 70 *et seq.*) que eles se apartam em virtude do caráter coercitivo do Direito, do qual a Moral, segundo ele, é desprovida.

Assim, afirma o autor que o Direito, enquanto sistema de normas distinto da Moral, não é necessariamente justo, sendo este o grande ponto de combate do Pós-Positivismo. Para Kelsen (2003b, p. 71), "o Direito pode ser moral – no sentido que acabo de referir, isto é, justo –, mas não necessariamente deve o ser".

Para Kelsen (2003a), uma norma jurídica não pode ser objeto de valoração; sua validade não prescinde da correspondência com a justiça, sendo este o ponto a partir do qual se ergue a teoria positivista. Insta conferir suas palavras:

Abstrair da validade de toda e qualquer norma de justiça, tanto da validade daquela que está em contradição com uma norma jurídica positiva como daquela que está em harmonia com um norma jurídica positiva, ou seja, admitir que a validade de uma norma do direito positivo é independente da validade de uma norma de justiça – o que significa que as duas normas não são consideradas como simultaneamente válidas – é justamente o princípio do *positivismo jurídico*. (KELSEN, 2003a, p. 11)

A despeito de reconhecer como méritos do Positivismo a clareza e a precisão, o Pós-Positivismo ocupa-se preponderantemente da busca da justiça material, rechaçando como antijurídica qualquer solução oferecida pelo seu sistema que conduza a decisões contrárias a este preceito.

Para tanto, introduz uma nova perspectiva ao Direito, que permite que as regras, assim como os princípios, tenham sua aplicação conduzida por uma argumentação jurídica que a aproxime da correção, inclusive da correção moral. Bustamante (2008, p. 191) explica que o conteúdo moral do Direito é uma exigência do grau de evolução democrática que a humanidade alcançou e que, sob esta perspectiva, os direitos humanos não podem mais ser abolidos ou negligenciados, o que enseja a negação da "validade aos atos de poder que tentam destruí-los". De modo semelhante, Barroso (2015, p. 33) sustenta que o Direito é pautado "[...] pela busca de justiça, da solução constitucionalmente adequada. Essa ideia de justiça, em sentido amplo, é delimitada por coordenadas específicas, que incluem a justiça do caso concreto, a segurança jurídica e a dignidade humana. Vale dizer: juízes não fazem escolhas livres, pois são pautados por esses valores, todos eles com lastro constitucional".

Para garantir o conteúdo ético do Direito e permitir a correção de injustiças que possam resultar da aplicação de regras, o Pós-Positivismo reconhece força normativa aos princípios, deixando de concebê-los como meros vetores do ordenamento jurídico e/ou supressores de lacunas. Esta é a percepção de Habermas (2003a, p. 111), que concebe o Direito como um sistema de saber "trazido para um nível científico e interligado com uma moral conduzida por princípios".

Enquanto parâmetros ético-normativos, os princípios consistem em ferramentas jurídicas e, portanto, técnico-científicas, para a descoberta das soluções corretas para os casos concretos. Dessa forma, explica-se a crença na racionalidade, já existente no positivismo, comum ao Pós-Positivismo. Como já se afirmou, a racionalidade buscada pelo Pós-Positivismo reside na procura, no processo de produção e aplicação do Direito, da coincidência entre o Direito e a justiça, preocupação esta não encontrada no Positivismo jurídico, que se satisfaz com a aplicação do Direito posto e com o processo de criação do Direito pelo juiz, quando inexistir uma regra que oriente a solução de um caso concreto. Aufere-se, assim, que o Positivismo abre espaço para o subjetivismo que o Pós-Positivismo concebe como maléfico, como a gênese de insegurança jurídica e do arbítrio.

Diante da ausência de uma regra preestabelecida no ordenamento jurídico e da necessidade de descobri-la, como inerente ao sistema, o Pós-Positivismo socorre-se da teoria da argumentação jurídica (ALEXY, 2005) como procedimento técnico-discursivo que pretende oferecer parâmetros para a interpretação e a aplicação do Direito.

Já Dworkin (2002) apresenta sua concepção de Direito como integridade, revelando que este processo de descoberta da solução correta deve ser feito sob a luz dos precedentes. Estes, porém, não devem ser aplicados automaticamente aos novos casos análogos, mas analisados como fruto de um contexto social histórico, cuja evolução deve ser apreciada pelo intérprete para que a nova decisão possa guardar coerência com as anteriores, ainda que isto não corresponda à identidade, propriamente, com a decisão já proferida.[17] Como afirma o autor, "o direito como integridade, portanto, começa no presente e só se volta para o passado na medida em que seu enfoque contemporâneo assim o determine" (DWORKIN, 2003, p. 274).

O autor considera, ainda, que a comunidade é um agente moral, de forma que o princípio que, enquanto norma, irá orientar uma solução jurídica deverá ser extraído dela mesma e vincular o próprio Legislativo. Dessa forma, percebe-se que, ainda que não positivado, o princípio, enquanto norma, possui legitimidade democrática, uma vez que tem sua gênese no seio da comunidade política em que será aplicado. Analisando este fenômeno, Dworkin (2003, p. 228) afirma que "uma sociedade política que aceita a integridade como virtude política se transforma, desse modo, em uma forma especial de comunidade, especial num sentido que promove sua autoridade moral para assumir e mobilizar monopólio de força coercitiva". Esta concepção da integridade transcende a vida pública e abarca, também, a vida privada, infundindo nela princípios morais que devem nortear as relações entre os indivíduos.

---

[17] Vejam-se suas palavras a respeito (2003, p. 273): "A integridade não exige coerência de princípio em todas as etapas históricas do direito de uma comunidade; não exige que os juízes tentem entender as leis que aplicam como uma continuidade de princípio com o direito de um século antes, já em desuso, ou mesmo de uma geração anterior. Exige uma coerência de princípio mais horizontal do que vertical ao longo de toda a gama de normas jurídicas que a comunidade agora faz vigorar".

Explicando a proposta de Dworkin (2002), Vianna *et al.* (1999, p. 36) esclarecem que "a declaração de um princípio inato ao direito se verificaria na sua consistente coerência com alguma parte complexa da prática jurídica e na sua propriedade de poder justificá-la". Assim, o processo de produção do Direito pelo tribunal não deságua na discricionariedade positivista, "dado que sua interpretação deve estar constrangida pelo princípio da coerência normativa face à história do seu direito e da sua cultura política" (VIANNA *et al.*, 1999, p. 37).

Com isso, a ordem jurídica, para Dworkin (2002), é dotada da razão necessária para que os indivíduos possam se reconhecer como membros de uma comunidade que lhes garanta a oportunidade de autodeterminação justa e equânime.

1.5.3.7 O modelo regra/princípio

Segundo Alexy (2015, p. 122-123), um modelo de normas de direitos fundamentais que considere apenas a existência de regras não é correto, uma vez que os mesmos são veiculados por outras espécies de normas. O modelo puro de princípios também deve ser refutado porque não considera as regulações adotadas constitucionalmente mediante o emprego das regras. O modelo correto seria o de regras/princípios, que considera um nível de vinculação referente aos princípios e outro referente às regras.[18] Essa, outrossim, a concepção de Dworkin (2002), de cuja doutrina infere-se inevitável coexistência das regras e dos princípios.

O nível dos princípios congrega os princípios importantes para as decisões jusfundamentais, podendo esta relevância ser abstrata ou concreta. Um exemplo de relevância abstrata consiste na frase *in dubio pro libertate*, que indica um critério de preferência pelas liberdades

---

[18] Kelsen (2003) não chegou a conhecer a distinção entre obrigações absolutas e *prima facie*, de forma que seu modelo normativo não seria suficiente para contemplar o modelo regra/princípio tal como apresentado. Esta, a razão pela qual, por muito tempo, sob o império do Positivismo jurídico, não se concebiam os princípios como normas vinculantes, mas como meros supressores de lacunas, ou seja, como parâmetros que apenas teriam validade ou utilidade quando da ausência de outra norma suficiente para a solução de um caso concreto no ordenamento jurídico. Não obstante, a concepção do princípio como norma que consiste num mandado de otimização apresenta a importante função de garantir-lhe a cogência, ainda que não absoluta, em virtude da necessidade de ponderação com os princípios opostos. Entretanto, o reconhecimento da normatividade de um princípio impõe a apresentação de argumentos jurídicos, racionais e contundentes, para reduzir a sua eficácia num caso concreto.

individuais.[19] A relevância concreta encontra-se na discussão sobre a solução de casos individuais.

Entre os princípios relevantes para decisões jusfundamentais encontram-se não só os referentes a direitos individuais, mas também a bens coletivos. Para o autor, reputa-se mais fácil indicar os princípios que outorgam direitos fundamentais – que considera como aqueles que outorgam direitos subjetivos – do que os que tangem a bens coletivos, quando uns são adstritos a cláusulas restritivas qualificadas em uma interpretação institucional das disposições de direitos fundamentais e outros, como o princípio do Estado Social e da democracia, podem ser adstritos a disposições constitucionais que nada dizem respeito a direitos fundamentais.

No nível dos princípios, fazem-se presentes as colisões ou antinomias, sendo inevitável o procedimento da ponderação, quer dizer, o estabelecimento de relações de preferência.

As disposições de direito fundamental, entretanto, também são expressão das exigências de princípios contrapostos, resultando regras. Se a regra é aplicável sem ponderação prévia, então, enquanto regra, é incompleta. Sendo incompleta, carecerá, para sua aplicação, que se recorra ao nível dos princípios. Qualquer que seja a espécie de norma em que o direito fundamental é vazado, importa o seu caráter normativo e, portanto, vinculante. Assim, caso se esteja diante de um direito fundamental veiculado por um princípio ou uma regra, sua observância é imperativa, o que exige o estabelecimento de uma hierarquia entre o nível de princípios e o de regras, caso ocorra conflito.

Alexy (2015, p. 141) considera que há uma "regra de precedência, segundo a qual o nível das regras tem primazia em face do nível dos princípios", uma vez que, para ele, a decisão do Constituinte constante de um princípio comporta muitas determinações de preferência diferentes, é conciliável com diversas regras, enquanto a decisão vazada em uma regra é mais consistente e expressa melhor a concepção constitucional. Não obstante, ambos – princípios e regras – são espécies de normas e, assim, devem ser cumpridas, de forma que só se pode falar em precedência das regras sobre os princípios quando as prescrições de ambos não forem possíveis.

---

[19] Frise-se que a fórmula *in dubio pro libertate* não conduz a uma prevalência constante da liberdade individual sobre o interesse público albergado pela persecução penal, mas, tão somente, indica que, em caso de dúvida inafastável sobre a culpabilidade e a punibilidade do agente, deve-se priorizar o *status* de liberdade viabilizado pela absolvição.

1.6 Os direitos fundamentais sociais

1.6.1 Os direitos a prestações em sentido amplo

Resta, portanto, analisar os direitos fundamentais sociais, entre os quais se situa o direito à saúde, à luz da teoria dos princípios, que afirma existirem diversos níveis de vinculação referentes às suas normas, como as regras, que implicam direitos definitivos, e os princípios, que resultam em direitos *prima facie* a serem convertidos em direito subjetivo quando os princípios em contrário não exigirem outra coisa. Ao se sustentar, entretanto, a existência de um direito tão somente *prima facie*, não se exclui a possibilidade de caracterização do direito como definitivo.

Alexy (2015, p. 441) ressalta que a polêmica sobre os direitos sociais está caracterizada por diferenças de opinião sobre o caráter e as tarefas do Estado, do Direito e da Constituição, bem como sobre a valoração da situação atual da sociedade, englobando problemas de redistribuição de riqueza, com todas as controvérsias políticas que isto implica. Além disso, segundo ele, frequentemente se assiste a confusões conceituais, dogmáticas e terminológicas sobre os mesmos.

Para espancar as dúvidas, o autor conceitua os direitos a prestações em sentido amplo como direitos a uma ação do Estado, a um ato positivo, que pode ser desde a proteção de um cidadão perante outro através de normas de direito penal, até as normas de organização e procedimento ou mesmo prestações em dinheiro e bens. A expansão do conceito de direito a prestações justifica-se, segundo ele, porque considera que muitos direitos fundamentais sociais podem ser vistos como direitos a prestações fáticas ou direitos a prestações normativas. Assim ocorre, por exemplo, em relação ao direito à proteção ambiental. Além disso, sobre o direito a prestações positivas recaem problemas que não existem ou não pesam com a mesma intensidade sobre os direitos a ações negativas, que impõem ao Estado limites na persecução de seus objetivos. Os direitos positivos, ao revés, impõem-lhe determinados objetivos a serem perseguidos, restando a polêmica sobre se e em que medida isto deve ser feito mediante outorga de direitos subjetivos aos cidadãos.

Alexy (2015, p. 442) classifica os direitos à prestação em sentido amplo em direitos à proteção, direitos à organização e procedimento e direitos a prestações em sentido estrito. Estes serão direitos fundamentais apenas se tratarem de direitos subjetivos constitucionais.

1.6.2 Os direitos a prestações em sentido estrito

Os direitos a prestações em sentido estrito são, segundo Alexy (2015, p. 499) "direitos do indivíduo frente ao Estado a algo que – se o indivíduo possuir meios financeiros suficientes e se encontrar no mercado uma oferta suficiente – poderia obtê-lo também de particulares". Alguns são explicitamente estatuídos e outros são extraídos interpretativamente. Apesar das distinções que possuem, congregam as mesmas características e conteúdos. Leivas (2006, p. 88) ressalta, porém, a necessidade de se acrescentar o caráter "importância", já que nem tudo a ser encontrado no mercado pode ser objeto de um direito fundamental social. Segundo o autor, "os direitos fundamentais são posições tão importantes que sua outorga ou não-outorga não pode permanecer nas mãos da simples maioria parlamentar" (2006, p. 88).

Para diferenciar os direitos a prestações em sentido estrito dos direitos a prestações em sentido amplo, Leivas (2006) acresce o elemento fático, de forma que os segundos compreendem direitos à proteção, direitos à organização e procedimento e os primeiros são direitos a ações positivas fáticas.

Os direitos sociais são vazados em normas que, do ponto de vista teórico-estrutural, podem apresentar-se das seguintes formas: podem outorgar direitos subjetivos ou obrigar o Estado apenas objetivamente; podem ser vinculantes ou não vinculantes (programáticas); podem fundamentar direitos e deveres definitivos ou *prima facie*. Além disso, possuem uma diferença de conteúdo, que varia do mínimo ao máximo. Segundo Alexy (2015, p. 502), um conteúdo minimalista preocupa-se em assegurar ao indivíduo tão somente o indispensável à vida, ao passo que o conteúdo maximalista se preocupa com a realização plena de todos os direitos fundamentais.

Destas variedades, propõe o autor que os direitos sociais não podem ser tratados apenas do ponto de vista do "tudo ou nada", devendo a proposta de sua sustentação ser calcada no modelo regra/princípio.

Amaral (2001, p. 106) afirma que os direitos sociais se enquadram na categoria de direitos que não correspondem necessariamente a deveres, não se enquadrando, pois, nos postulados civilísticos, para os quais a todo dever corresponde uma obrigação. Explica, para tanto, que as obrigações civis são derivadas da autonomia da vontade (relações contratuais) ou de uma relação de responsabilidade (dolo, culpa ou responsabilidade objetiva), advindas de casos concretos que se amoldam às prescrições legais ou convencionadas. O mesmo não se aplica aos direitos humanos, como a liberdade de ir e vir e o próprio direito à saúde, que não decorrem de qualquer ato ou fato, mas da própria natureza humana. Destaca o autor, assim, a necessidade de abstração dos postulados civilísticos no que tange aos direitos fundamentais, deixando de aplicar os conceitos e concepções indevidos, após a necessária filtragem perante as características deste outro ramo do direito (AMARAL, 2001, p. 111).

Alguns argumentos são articulados a favor dos direitos fundamentais sociais ou contra eles. Um argumento favorável repousa na necessidade de sua concreção para o alcance da liberdade plena, que não prescindiria da realização dos bens materiais e espirituais para a autodeterminação. Nas modernas sociedades industriais, a liberdade depende essencialmente de prestações estatais. Esta tese é apenas um ponto de partida, já que os direitos fundamentais são consagrados constitucionalmente e a existência da própria Constituição já é um pressuposto de liberdade política.

Ao lado desse argumento, acrescenta-se o importante papel dos direitos sociais para a promoção da dignidade humana, para a melhor repartição da riqueza e, portanto, para a construção de uma sociedade mais justa e igualitária.

Contra, porém, os direitos sociais, encontram-se argumentos formais e materiais. O argumento formal aduz que, se os direitos fundamentais sociais são vinculantes, conduzem ao início da política social legislativa, obrigando até o Judiciário. O ponto de partida desse argumento é a constatação de que o conteúdo dos direitos sociais é muito impreciso, gerando dificuldades tanto para os tribunais quanto para a ciência do Direito.[20] Alexy (2015, p. 507) expõe que esta consideração impinge a conclusão de que "se o direito não fornece esses critérios suficientes, então, a decisão sobre o conteúdo dos direitos fundamentais sociais é uma tarefa da política". Como um desdobramento de seu apontamento, o autor indica que o argumento formal conduz à ilação de que, "[...] segundo os princípios da separação de poderes e da democracia, a decisão sobre o conteúdo dos direitos fundamentais sociais estaria inserida não na competência dos tribunais, mas na do 'legislador diretamente legitimado pelo povo'", de forma que "[...] os tribunais poderiam decidir somente após o legislador já haver decidido" (ALEXY, 2015, p. 508).

O autor reforça a importância do argumento da competência, destacando os efeitos financeiros dos direitos fundamentais sociais.

---

[20] Para ilustrar a assertiva de que os direitos sociais possuem um conteúdo impreciso, Alexy (2015, p. 507) questiona: "Qual é, por exemplo, o conteúdo de um direito fundamental ao trabalho? A escala de interpretações concebíveis estende-se dede um direito utópico de cada um a todo trabalho que deseje, em todo lugar e em todo tempo, até um direito compensatório a receber ajuda em caso de desemprego. Mas, qual deve ser o seu ponto? Também no caso de um direito fundamental mais simples, o direito a um mínimo vital, a determinação de seu conteúdo exato enseja algumas dificuldades".

Caso os tribunais possam deliberar sobre a abrangência dos direitos sociais, estarão decidindo sobre a gestão dos recursos públicos e, assim, tomando decisões políticas propriamente ditas, o que iria de encontro à Constituição. Não se pode, todavia, segundo ele, em virtude disso, sustentar a ausência de vinculação das normas que veiculam direitos sociais, uma vez que isto contraria a eficácia imediata que lhes confere a Constituição.

Perfilha essa concepção formalista Böckenförde (1993, p. 67-68), que reconhece a necessidade de recursos financeiros para a implementação dos direitos sociais e, com base nisso, conclui para sua condicionalidade. Assim, considera inevitáveis, em relação a eles, as decisões alocativas que traduzam as prioridades a serem contempladas com os recursos escassos, passando a ser, portanto, uma questão de discricionariedade política que se transloca para o Parlamento e o Executivo e, em última instância, para o Tribunal Constitucional Federal. Para o autor, a problemática da interpretação se aguça ainda mais porque os direitos fundamentais, de acordo com o Estado Social, não contêm em si mesmo, como afirmou Alexy (2015, p. 508), uma pauta definindo a sua extensão nem podem ser hierarquizados entre si, o que os impediria de serem definidos em juízo, diante de ações individuais. Também para Hesse (1994, p. 98), a estrutura distinta dos direitos fundamentais sociais faz com que "somente a partir de uma regulação concreta acometida pelo legislador podem nascer pretensões jurídicas bem determinadas e invocáveis ante o poder público".

Já o argumento material contrário aos direitos sociais considera que os mesmos colidem com normas constitucionais materiais de liberdade, já que, para que o Estado os concretize, deve tributar. Segundo o autor, em virtude "[...] dos grandes custos financeiros associados à sua realização, a existência de direitos fundamentais sociais abrangentes e exigíveis judicialmente conduziria a uma determinação jurídico-constitucional de grande parte da política orçamentária" (ALEXY, 2015, p. 508). Assim, a limitação no oferecimento dos direitos sociais pelo Estado resulta não apenas da escassez dos recursos financeiros, mas da própria limitação imposta ao Estado na obtenção dos meios necessários para oferecê-los sem lesionar os direitos fundamentais de seus proprietários. Percebe-se, portanto, a colisão entre os direitos fundamentais de uns e os direitos de liberdade de outros titulares de direitos fundamentais, bem como o conflito entre os direitos de liberdade e os direitos sociais do mesmo titular.

Registre-se, contudo, que, como para o autor os direitos fundamentais de segunda dimensão têm a importante tarefa assegurar mínimas condições de vida àqueles que se encontrarem flagelados diante de uma determinada organização social, os direitos de liberdade e de propriedade limitados pelos direitos sociais não devem impedir que este escopo seja alcançado, uma vez que ele é indissociável dos preceitos de justiça, equidade e humanismo.

Com base nestas constatações, o autor formula um modelo de direitos fundamentais sociais, partindo do pressuposto de que são direitos fundamentais e, portanto, vazados em normas constitucionais, visto que sua outorga não poderia ficar ao alvedrio do Legislativo.

Para Alexy (2015, p. 512), a definição de quais direitos sociais que o indivíduo possui "é uma questão de sopesamento entre princípios". Oferece, entretanto, parâmetros para esta ponderação, diante dos quais o direito social estaria garantido definitivamente. Isso se dará quando:

> (1) exigi-lo muito urgentemente o princípio da liberdade fática e;
> (2) o princípio da separação de poderes e da democracia (que inclui a competência pressuposta do parlamento) assim como
> (3) princípios materiais opostos (especialmente aqueles que apontam a liberdade jurídica de outros) são afetados de maneira relativamente reduzida através da garantia jusfundamental da posição de prestação jurídica e das decisões do Tribunal Constitucional que a levam em conta. (ALEXY, 2015, p. 512)

Serão ponderados, para tanto, o princípio da liberdade fática, que aponta no sentido de que o patrimônio do indivíduo deve ficar a sua disposição para que possa geri-lo livremente, de acordo com suas conveniências, os princípios formais da decisão do legislador democraticamente legitimado e o princípio da separação dos poderes, que permitem ao Legislativo a formulação de políticas públicas de demarcação do âmbito de existência dos direitos sociais e a instituição de tributos para o seu custeio. Outros princípios igualmente submetidos à ponderação são o da liberdade dos demais, o dos direitos fundamentais sociais e o dos bens coletivos.

De qualquer forma, a prestação jurídica estará definitivamente garantida quando o princípio da liberdade fática o exigir de forma veemente e os princípios materiais opostos (da separação de poderes e da democracia, mormente os que implicam a liberdade de outros) forem afetados numa medida relativamente baixa. Como já afirmado, em relação ao núcleo essencial do direito social, afirma-se a exigência do princípio da liberdade fática e sua existência definitiva, ainda que isto implique elevados gastos.

Holmes e Sunstein (1999) ratificam essa assertiva citando um julgado da Suprema Corte americana de 1976 que reconheceu que o interesse governamental de preservar recursos fiscais escassos deveria ser sopesado com o direito individual ao devido processo legal, argumentando que o benefício da garantia processual à pessoa afetada pela Administração para garantir uma ação justa possui valor maior que seu custo. O conteúdo mínimo dos direitos fundamentais limita a competência do legislador, chegando até mesmo, no caso de direitos de custo mais elevado, a afetar esta competência pressuposta.

Paradoxalmente, a demanda dos direitos sociais aumenta nas épocas de crise econômica, justamente quando há menos a distribuir, de forma que ela pode até conduzir a uma crise constitucional. Registra o autor, entretanto, que não são todos os direitos sociais que são exigidos como direitos fundamentais mínimos, assim como entende Häberle (*apud* ALEXY, 2015, p. 517), quando consigna que existem "tarefas constitucionais ('princípios') 'úteis aos direitos fundamentais', às quais (ainda) não corresponde qualquer direito subjetivo".

Bonavides (2003a, p. 644) também destaca que os direitos sociais carecem de fatores econômicos e objetivos reais para a sua efetivação, de forma que "quanto mais desfalcada de bens ou mais débil a ordem econômica de um país constitucional, mais vulnerável e frágil nele a proteção efetiva dos sobreditos direitos; em outros termos, mais programaticidade e menos juridicidade ostentam". Assim, diante da limitação ou escassez de recursos para a concretização dos comandos normativos constitucionais, impor-se-á o emprego da máxima da proporcionalidade, sendo que, todavia, jamais será admitido "o sacrifício, o desprezo e a destruição da medula normativa de nível constitucional que compõe a estrutura daqueles direitos" (BONAVIDES, 2003a, p. 644).

Anota Alexy (2015, p. 513-514), ainda, que se costuma argumentar contra sua proposta acerca dos direitos sociais que ela reduz sua justiciabilidade. Responde ele, entretanto, que esta limitação é a mesma que existe em relação aos demais direitos fundamentais à luz da teoria dos princípios. Entretanto, corrige o autor apontando, acertadamente, que a redução operada não é, propriamente, na justiciabilidade do direito, uma vez que, quando ele, de fato, existe, é justiciável. Sua teoria, assim, tem o escopo de demarcar quando o direito existirá, para, então, autorizar sua arguição em juízo.

O fato de que os direitos fundamentais *prima facie* não correspondem a direitos definitivos não lhes retira a vinculatividade, reconduzindo-os ao superado paradigma da programaticidade, já que sua validade normativa não depende das maiores ou menores possibilidades de sua realização. Porém, ressalta Alexy (2015, p. 515) que a cláusula da reserva do possível, enquanto restritiva deste direito, não tem como consequência sua ineficácia, mas, simplesmente, demonstra a necessidade de sua ponderação.

De acordo com o modelo proposto, então, existirá o direito definitivo à prestação quando o princípio da liberdade fática tiver um peso maior que os princípios formais e materiais opostos, como é o caso dos direitos mínimos. Já aos direitos *prima facie* correspondem deveres estatais apenas *prima facie*.

Para Alexy (2015, p. 518), "não pode ser objeto do controle saber se foi satisfeito tudo aquilo que o dever *prima facie* exige, mas tão-somente se foi satisfeito aquilo que lhe resta, como dever definitivo, em face de deveres *prima facie* colidentes". Dessa forma, não caberá a intervenção judicial quando os direitos sociais tiverem sido suficientemente satisfeitos, apenas havendo competência do Judiciário perante os direitos definitivos não implementados.

Esta, a teoria que norteará o controle judicial do direito social à saúde. Não se extrai do art. 196 da Constituição de 1988 um direito absoluto às prestações estatais de saúde, mas tão somente um direito *prima facie*, cuja densificação dependerá do resultado de sua ponderação, guiada pelo vetor da proporcionalidade,[21] com os outros direitos sociais

---

[21] Ilustra a aplicação da máxima da proporcionalidade para a demarcação da existência ou não do direito à saúde a decisão proferida pelo então Ministro Presidente do Supremo Tribunal Federal Gilmar Mendes, quando da apreciação da Tutela Antecipada nº 316 (BRASIL, 2010e): "Por ocasião da eleição dos medicamentos/tratamentos a serem fornecidos, diversos aspectos, à escolha do Executivo, devem ser sopesados, entre eles o custo do medicamento, o índice de incidência da patologia, e a comprovação do benefício no uso do tratamento/ medicamento. Assim, efetuada a ponderação entre o princípio da igualdade e do mínimo vital, é razoável que o Estado forneça medicamentos que proporcionem o atendimento do maior número de pessoas possível, com a maior efetividade (benefício comprovado). Sem embargo, há situações em que a garantia da dignidade da pessoa humana se sobrepõe. Ainda que haja programa de fornecimento gratuito de medicamentos na rede pública de saúde, e especificamente, somente é possível que se determine aos entes estatais a realização de tratamentos contra neoplasias que não sejam regularmente disponibilizados, porque não pode o Estado omitir-se no cumprimento da obrigação imposta pela Constituição Federal forte na afirmativa de que só o Executivo pode definir os critérios de promoção da saúde. A solução demanda a aplicação do princípio da proporcionalidade, com a verificação da presença dos requisitos a ele inerentes: a) necessidade, b) adequação e c) proporcionalidade em sentido estrito. A aferição da existência de tais condições evita a imposição ao Estado de obrigações desnecessárias, inadequadas ou desproporcionais ao resultado pretendido, desproporcionais na relação custo/bem-estar-saúde proporcionados pelo medicamento ou tratamento. Assim, o Estado deve estar desobrigado de fornecer medicamentos/tratamentos: a) cujos efeitos, senão idênticos, mas parecidos, possam ser obtidos com os remédios oferecidos gratuitamente; b) que não geram efeitos benéficos comprovados pela ciência, vale dizer, medicamentos ainda não aprovados pela ANVISA, ou que são inadequados para o caso do paciente postulante; c) cujos custos possam ser reduzidos mediante o fornecimento

igualmente consagrados pela Constituição (BRASIL, 1988) e com o princípio da propriedade. Ressalva-se, apenas, da afetação por esta consequência, o momento em que o direito social à saúde coincide com a proteção do direito à vida (*demandas de saúde de primeira necessidade*) e com a garantia da dignidade de forma intensa, quando será demonstrada a vinculatividade máxima do Poder Público.

Definidas as circunstâncias em que o direito social à saúde prevalecerá sobre os demais e, ao revés, as condições em que poderá ser preterido por outros, será demarcada a sua existência, condição para a sua justiciabilidade. Assim, serão estudados, mais à frente, os mecanismos de efetivação do controle judicial das políticas públicas que visam a concretizá-lo, importando, por ora, o seu exame material, ao qual se procede.

1.7 Políticas públicas

1.7.1 Conceito de política e de função política

Função política do Estado consiste na atividade atribuída a órgãos instituídos constitucionalmente para concretizar os valores maiores da nação e permitir a vida em comunidade. Tem por escopo preservar a sociedade política e promover o bem comum, através da determinação, mediante a interpretação de normas constitucionais, do que é o interesse público e de quais são os meios necessários à sua implementação.

Aristóteles (2004, p. 14) preconiza que a atividade política consiste na organização da vida em sociedade, que seria decorrente da própria natureza humana[22] e viabilizada pelo Estado.

Entre os autores contemporâneos, Dworkin (2002, p. 36) esclarece sua concepção sobre política como "aquele tipo de padrão que estabelece um objetivo a ser alcançado, em geral, uma melhoria em algum

---

de medicamentos mais baratos, com os mesmos efeitos; d) experimentais; e) cujos custos sejam desproporcionais aos benefícios que promove; f) para fins puramente estéticos; g) a pacientes que não tenham se submetidos aos tratamentos previstos pelo SUS, e que têm indicação médica para o caso.
Portanto, considerando que a pretensão, em especial pela generalidade dos beneficiários, não satisfaz os requisitos imprescindíveis para que sejam fornecidos os medicamentos solicitados na inicial, associado aos aspectos processuais antes perfilados, deve ser deferida a pretensão recursal da UNIÃO FEDERAL".

[22] "Fica evidente, portanto, que a cidade participa das coisas da natureza, que o homem é um animal político, por natureza, que deve viver em sociedade, e que aquele que, por instinto e não por inibição de qualquer circunstância, deixa de participar de uma cidade, é um ser vil ou superior ao homem" (ARISTÓTELES, 2004, p. 14).

aspecto econômico, político ou social da comunidade". Seguindo sua explanação com a conceituação de princípio, o autor o diferencia da política, definindo-o como "um padrão que deve ser observado, não porque vá promover ou assegurar uma situação econômica, política ou social considerada desejável, mas porque é uma exigência de justiça ou equidade ou alguma outra dimensão da moralidade" (DWORKIN, 2002, p. 36). Na categoria das normas, acrescenta, ainda, as regras, que define como comandos que devem ser cumpridos na medida do "tudo ou nada".

O conceito de política de Dworkin (2002) tem como pressupostos, portanto, dois elementos: a existência de uma comunidade política como entidade capaz de produzir padrões e a determinação de objetivos a serem alcançados por ela. Nas sociedades ocidentais, o gestor dos interesses comuns é o Estado, que carrega, portanto, a tarefa de identificação dos intentos sociais e a fixação dos meios para alcançá-los. Assim, a política consiste na atividade cuja essência é a distribuição dos recursos disponíveis na sociedade, de acordo com as escolhas realizadas pelo Estado, limitadas, entretanto, pelas normas constitucionais.

Mas as soluções de alguns casos difíceis que são levados para análise do Poder Judiciário podem demandar dos magistrados uma análise principiológica para resolver a contenda. Contudo, nas palavras de Dworkin (2002, p. 129), os juízes, nestas oportunidades, "[...] não são legisladores delegados quando vão além das decisões políticas já tomadas por outras pessoas", uma vez que, para ele, existe uma diferença conceitual entre "argumentos de princípio", que deverão ser utilizados na hipótese e conduzir ao reconhecimento judicial de algum direito não legislado, e "argumentos de política", que não devem ser utilizados com este escopo.

Segundo o autor, "os argumentos de política justificam uma decisão política, mostrando que a decisão fomenta ou protege algum objetivo coletivo da comunidade como um todo" (DWORKIN, 2002, p. 129). Nisto, distinguem-se dos argumentos de princípio, que "justificam uma decisão política, mostrando que a decisão respeita ou garante um direito de um indivíduo ou de um grupo" (DWORKIN, 2002, p. 129).[23]

---

[23] Analisando as pequenas divergências entre as concepções de Alexy (2015) e Dworkin (2002), Bonavides (2003a, p. 281) consigna que este último "entende de maneira restritiva os princípios, fazendo dos bens coletivos meras *policies*, ao contrário de Alexy, que alarga o conceito e insere neste os referidos bens. Em Dworkin, os princípios se entendem unicamente com os direitos individuais, o que já não acontece com Alexy, cujo conceito tem mais amplitude".

Afirma o autor que a atividade legislativa é conduzida por ambas as espécies de argumentos, mas a atividade judiciária se diferencia pelo fato de que os resultados das análises "[...] devem ser, de maneira característica, gerados por princípios, e não por políticas" (DWORKIN, 2002, p. 132). Isto porque, segundo ele, tratando-se de decisões políticas, tais devem ser elaboradas por um processo político que represente os diferentes interesses a serem levados em consideração. Já com o emprego dos argumentos de princípio, existindo uma relação de direitos e deveres entre os litigantes, tal dever não é fato novo criado pelo tribunal; por isso, é o dever existente (que pode ser decorrente de uma norma-princípio, e não de um argumento de política) que justifica a sentença contrária ao réu.

Portanto, de acordo com essa concepção dworkiana, sustenta-se o entendimento geral entre os autores norte-americanos e brasileiros de que o Judiciário não abarca, inicialmente, a função de formulação de políticas públicas, ou seja, que seu fórum de debate consiste nos órgãos em que o poder detém legitimidade democrática, a saber, os Poderes Legislativo e Executivo, que adotarão procedimentos próprios para a tomada de decisões pertinentes. Fica-lhe reservada, porém, a competência para a aferição da constitucionalidade das escolhas levadas a cabo pelos dois outros Poderes. Esta, a conclusão esposada no presente estudo. O Judiciário não será considerado elaborador de políticas públicas, mas, tão somente, uma instância de controle das mesmas, embasado no ordenamento jurídico. O que se denomina "função política do Judiciário" consiste, na verdade, na competência de controle das decisões políticas perpetradas pelos outros dois poderes, já que estas não se isentam do dever de revestir-se da devida juridicidade.

De fato, a determinação dos objetivos políticos a serem alcançados pelo Estado depende de um sistema de escolha que deve ser calcado nos valores e normas vazados na Constituição. Este, inclusive, o entendimento esposado por Mello no voto proferido no Recurso Extraordinário nº 150.764-1, ao refutar que as razões políticas se sobrepusessem às questões de Direito. Segundo ele, "razões de Estado, ainda que vinculadas a motivos de elevado interesse social, não podem legitimar o desrespeito e a afronta a princípios e valores sobre os quais tem assento o nosso sistema de direito constitucional positivo" (BRASIL, 1992c).

Portanto, a atividade política estatal tem seu conteúdo teleológico e axiológico extraído do Direito como sistema de normas, encontrando-se incorporada aos princípios nele afirmados. A Constituição, ao ocupar o cume deste sistema normativo, torna-se, assim, nos dizeres de Queiroz (1990, p. 207), "a *medida* da política", já que "as decisões políticas encontram nela seu *fundamento* e *limite*". Decorrência dessa aferição é, portanto, a juridicidade da política, que, ainda segundo Queiroz (1990, p. 207), torna-se "uma atividade previsível, mensurável e no limite controlável pelos órgãos jurisdicionais do Estado, *maxime* pelos tribunais de justiça constitucional".

1.7.2 Política pública

Definida a ação política estatal, cumpre analisar, ainda, o conceito de política pública. A política pública é, do ponto de vista da ciência política, um conjunto de ações e omissões que manifestam uma modalidade de intervenção do Estado como resultado do conflito de interesses divergentes, confrontos e negociações entre várias instâncias instituídas ou arenas e entre os atores que delas fazem parte, caracterizando formas de ação governamental aptas a alcançar finalidades públicas. Não por outro motivo, segundo Fonte (2015, p. 35-36), o termo em destaque vincula-se à ideia de intervenção do Estado na sociedade, o que, no âmbito histórico, coincide com o *New Deal* estadunidense, vinculado ao *Welfare State,* modelo jurídico e político que orientou a atuação estatal a partir do término da crise de 1929 e arrefeceu com a ascensão do projeto neoliberal do presidente Ronald Reagan, iniciado em 1981.

Sob o prisma jurídico, a política pública visa à proteção e promoção dos direitos fundamentais, inclusive dos direitos sociais; é um resultado da ponderação dos direitos conflitantes para a alocação de bens e recursos públicos limitados. Nesse sentido, Silva, S. (2007, p. 70) sustenta que "as políticas públicas são formuladas e concretizadas a partir da ponderação de princípios ou de valores, com vistas a determinar a prevalência de certos interesses". Assim, as decisões contempladas nas políticas públicas serão fruto da prévia atividade de ponderação das normas em tensão, contempladoras dos direitos sociais e de outros valores opostos, como os veiculados pelos princípios financeiros, nos quais se incluem aqueles que limitam a competência tributária do Estado, à luz da máxima da proporcionalidade. As escolhas públicas a elas referentes serão vazadas, entre outros diplomas normativos, nas leis orçamentárias, nas leis que contemplam suas diretrizes e nas leis referentes ao planejamento plurianual do Estado, aludidas no art. 165 da Constituição (BRASIL, 1988).

Dessa forma, assim como a função política, as políticas públicas não excluem o modelo das normas, mas convivem com elas. É, entre o de outros, o entendimento de Habermas (2003a) que consigna que a atividade política, em geral, visa à concretização de direitos, de forma que a lei é um instrumento da política, visto que estipula as condições procedimentais que viabilizam esta espécie de ação estatal.

A política pública, portanto, não se confunde com ato ou norma, mas é uma atividade que resulta de um conjunto de atos e normas. Esta obra dedica-se ao estudo do controle judicial dos atos administrativos que materializam as políticas públicas, não se destinando, portanto, ao controle das normas que as contemplam. Certo é, entretanto, que, caso estas alberguem juízos políticos equivocados, à luz dos parâmetros constitucionais e da teoria dos direitos fundamentais apresentada, os atos administrativos que as concretizam refletirão o erro jurídico e abrirão espaço, como será demonstrado, para a intervenção judicial.[24] Será apresentado, ainda, que a frequente provocação do Judiciário para que proceda ao controle das políticas públicas é sintoma de má elaboração das mesmas, ou seja, de que os juízos de ponderação entre os princípios colidentes estão sendo mal processados pelos poderes constituídos.

Existem diferenças entre decisões políticas e políticas públicas. Nem toda decisão política chega a ser uma política pública. Decisão política é uma escolha entre um leque de alternativas. Já política pública consiste numa espécie de decisão política e pode ser entendida como um nexo entre a teoria e a ação. Esta última está relacionada com questões de liberdade e igualdade, ao direito à satisfação das necessidades básicas, como emprego, educação, habitação, acesso à terra, meio ambiente, transporte e, outrossim, ao direito à saúde.

A noção de política pública aproxima-se à de plano, que frequentemente a alberga. Os planos são veiculados por lei, na qual se estabelecem os objetivos da política, os instrumentos institucionais de sua realização e outras condições de implementação. Já a acepção de política é mais ampla; consiste no processo de escolha dos meios para a realização dos objetivos do governo e transcende, assim, os instrumentos normativos do plano ou programa.

Nesse contexto, de acordo com Fonte (2015, p. 57-58), as políticas públicas vinculam-se à noção de procedimento, isto é, à existência de etapas que envolvem tanto o aspecto do planejamento quanto da execução. Essa visão é refletida na promoção de ações que se projetam

---

[24] Certo é que o conceito de ato administrativo abrange tanto os comissivos quanto os omissivos. Ressalte-se que, costumeiramente, o "erro jurídico" referente à materialização das políticas públicas repousa sobre os atos administrativos omissivos, que são, portanto, os principais provocadores da ingerência judicial sobre tais ações estatais.

em períodos de tempo que ultrapassam a duração de um mandato. Desse modo, devem as políticas públicas ser vazadas, preferencialmente, em programas consubstanciados em lei, de forma que o interesse público não fique exposto às oscilações do poder e tenha a estabilidade necessária para a sua manutenção.

Outro elemento importante a se acrescer ao conceito de política pública consiste no processo; ela, portanto, pode ser também definida como "processo ou conjunto de processos que culmina na escolha racional e coletiva de prioridades, para a definição dos interesses públicos reconhecidos pelo Direito" (BUCCI, 2002, p. 264-265), ou, simplesmente, "processo de formação do interesse público". Por processo, entende-se o espaço próprio para o desenrolar de um procedimento de contraposição de interesses, direitos e deveres dos administrados e da própria Administração.

Num processo político democrático, em que há pluralidade de posições, o conflito é inerente; portanto, torna-se necessário controlá-lo. No jogo de poder são fixadas regras a serem cumpridas, seja pela repressão, persuasão, autoridade ou carisma. Esse jogo consiste em regras que especificam os diferentes papéis a serem desempenhados pelos atores que fazem parte do *policy-making*, bem como a competência de cada um.

O processo de efetivação das políticas públicas desdobra-se em três momentos; o primeiro seria o da sua formulação, quando são apresentados os pressupostos materiais e jurídicos da ação, constatadas as necessidades sociais, contrapostos os interesses em conflito, fixados os objetivos para, enfim, ser definida uma estratégia de ação. O segundo momento é o da execução ou intervenção, quando são implementadas as medidas materiais e financeiras para sua consecução; e o terceiro, o da avaliação, oportunidade em que são analisados os efeitos sociais e jurídicos das escolhas efetuadas, considerando os fundamentos apresentados.

Insta reafirmar, neste momento, a competência dos Poderes Executivo e Legislativo para a formulação das políticas públicas. É que, como se viu do estudo dos direitos sociais, elas são fruto das decisões de prioridade levadas a cabo quando da apreciação do conflito entre os direitos sociais. A indefinição de seu conteúdo jurídico e a necessidade de ponderação dos direitos sociais que concorrem por recursos escassos impinge a necessidade de demarcação de seu conteúdo, a ser efetuado pelos órgãos legitimados democraticamente para tanto, a despeito de estar sujeita a um controle de juridicidade pelo Judiciário.²⁵ A este último poder caberá, portanto, não o papel de elaborador, mas de controlador das políticas públicas, sendo esta a sua função política.

A despeito da formulação prévia das políticas públicas, certo é que, quando de sua execução, poderá haver resistências que resultem em renegociações e inversão de posições, induzindo a resultados muitas vezes inesperados, de acordo com a mobilização dos atores sociais.

Segundo Silva, I. (2000), "quanto mais atores sociais ou institucionais fizerem parte do curso político, mais amplo ele será, sendo a política pública o resultado das relações estabelecidas entre eles". Assim, a política pública congrega um conjunto de atores ou grupos de interesses que se mobilizam em torno dela; instituições, cujas regras de procedimento impedem ou facilitam o acesso de atores às arenas decisórias; processo de decisão, em que os atores estabelecem coalizões e fazem escolhas para a ação; e produtos do processo decisório ou política resultante.

De acordo com a ciência política, os grupos são organizados de acordo com a afinidade entre os interesses que movem seus componentes e estes devem se arranjar de forma a mobilizar o Poder Público. As relações que o poder travará com tais grupos poderá ser variada, como de proibição, interdição, controle ou associação. Tais grupos poderão, portanto, ter um acesso facilitado ou dificultado ao poder político, de acordo com sua capacidade de articulação. Segundo Silva, I. (2000), "um grupo de interesse pode organizar-se não só para influenciar o poder mas também para participar da sua conquista e do seu exercício, devendo se transformar, no segundo caso, em partido político". Assim, os partidos políticos consistem em espécie qualificada de grupos de interesses, especialmente estruturados para a participação no processo eleitoral.

Os grupos de interesse exercem influência no curso decisório bem como cumprem função fiscalizadora. Buscam afetar as decisões, segundo seus objetivos, mediante o *lobby*, ou seja, constituem intermediários que transmitem os interesses dos seus grupos aos centros de decisão. Sua forma de atuação é variada, mas será determinada pelas estratégias perseguidas pelo grupo, pelos recursos que utilizam para alcançar seus objetivos e a possibilidade de acesso ao sistema, ou seja, aceitação de sua influência pelo sistema político e pela sociedade. Importante, sobretudo, que os atores demonstrem, com argumentos racionais, a

---

²⁵ Neste sentido, como já visto, o entendimento de Alexy (2015, p. 512-513), Böckenförde (1993, p. 67-68) e Canotilho (2002, p. 515).

proeminência de suas propostas e interesses sobre os demais, bem como a sua capacidade de atender a todos. Do sucesso da atuação do grupo de interesse dependerá a inclusão ou não de seus pleitos na agenda do governo, entendida como o conjunto de assuntos que chamam a atenção do poder constituído e dos cidadãos.

Importa, porém, ressaltar que as propostas engendradas por um grupo político poderão influenciar o Poder Público no momento de tomada da decisão política, desde que guardem estreita afinidade e consonância com as conclusões resultantes da ponderação entre os princípios colidentes.[26] Como visto, Alexy (2015, p. 94) sustenta que do conflito entre princípios surge a *lei de colisão*, formulada com base numa relação de precedência condicionada, a qual implica que, diante de determinadas condições, um princípio precederá ao outro. Assim, o princípio que prevalecer resultará na formulação de uma regra para sua efetivação, o que se dará sempre que a circunstância fática que a condicionou se reproduzir no mundo concreto.

As políticas públicas consistirão, portanto, nas regras oriundas da ponderação entre os valores colidentes, equivalendo, assim, à lei de colisão de Alexy (2015, p. 95). É o que resulta claro, conforme reconhece Silva, S. (2007, p. 74), da natureza também principiológica das normas dos direitos fundamentais, importando aqui, sobretudo, os direitos de segunda dimensão oponíveis ao Estado.

Estes, pois, os parâmetros sob os quais deverão ser avaliadas as políticas públicas de saúde e estudado o seu respectivo controle judicial. Trata-se, como se viu, de um objeto de estudo integralmente afeto ao Direito, uma vez que o direito à saúde tem sede normativo-constitucional, assim como o seu corolário direito à vida.

Certo é que este direito está em constante conflito com os demais direitos sociais que, de igual maneira, possuem sede constitucional. Assim, o direito à saúde concorre com o direito à educação, à moradia, ao trabalho, ao lazer, à segurança e à seguridade social, todos eles positivados no art. 6º da Carta de 1988 e disciplinados em vários de seus dispositivos, como o art. 144 e os constantes de seu Título VIII, "Da Ordem Social".

Matizados também em princípios, certo é que tais direitos devem ser concretizados na maior medida possível, mediante políticas públicas, reconhecidas, porém, as limitações fáticas e jurídicas para tanto. A

---

[26] Silva, S. (2007, p. 208) consigna que, "para a deliberação política, o mais importante é evitar a defesa de grupos privados bem organizados, o que seria garantido por um amplo processo de deliberação, discussão, consulta e persuasão".

determinação do nível de materialização de um determinado direito dependerá, íntima e inevitavelmente, do grau de solidificação do outro, sendo certo que todos eles serão concretizados relativamente, sempre que apresentarem o caráter de direito *prima facie*. Assim, as políticas públicas comportarão a prática de atos administrativos que visam a concretizar os direitos sociais, após o processo de ponderação com os demais, guiado pelo vetor jurídico da proporcionalidade.

Já se afigura, portanto, transparente, que as políticas públicas de saúde viabilizarão a realização desse direito dentro dos lindes da possibilidade, limitando-as à existência de outros direitos. Resta, entretanto, o exame das restrições que podem ser impostas aos direitos fundamentais, mormente àqueles estudados como *de segunda dimensão*, para, então, proceder-se à análise da disciplina jurídico-constitucional do direito à saúde e de suas possíveis restrições. Deverão ser determinadas as condições que implicarão a precedência do direito à saúde sobre os demais direitos sociais e, ao revés, as circunstâncias que farão com que outros se sobreponham a ele.

A demarcação abstrata do âmbito de existência do direito à saúde será a gênese dos liames a serem também gizados para o controle judicial das políticas públicas de saúde, objeto desta pesquisa. A ingerência do Judiciário, em ações individuais ou coletivas, possibilitará o controle almejado da ação político-administrativa, mediante, inclusive, a prolação de decisões mandamentais à Administração, que lhe impute obrigações de fazer ou não fazer, visando à real eficácia das normas constitucionais.

CAPÍTULO 2

RESTRIÇÃO DOS DIREITOS FUNDAMENTAIS

Ficou assentado, no capítulo anterior, que os direitos fundamentais, inclusive os direitos sociais, podem ser veiculados em normas de duas espécies: regras ou princípios, o que, de acordo com a teoria dos princípios de Alexy (2015), permite-lhes a concretização em diversos níveis.

Da definição dessa possibilidade de materialização gradual infere-se que, sempre que ela não estiver em seu nível máximo, estará sendo imposta uma restrição ao direito social. Insta, portanto, estudar como ela poderá ser oposta ao direito e quais seus respectivos limites, sendo esta a proposta deste capítulo. De fato, a ingerência judicial apenas será legítima caso a restrição imposta pela Administração Pública ao direito social à saúde for antijurídica. Diante, entretanto, de restrições condicionadas pela limitação dos meios disponíveis à sua concreção e da prevalência, no juízo de ponderação, de outros direitos sociais ou de outros princípios opostos, não será cabível a prolação, pelo Judiciário, de decisões mandamentais contra a Fazenda Pública.

Face à sua imprescindibilidade para o estudo do controle judicial sobre os atos administrativos referentes às políticas públicas de saúde, sucede o exame teórico das restrições aos direitos sociais.

2.1 Restrição dos direitos fundamentais e teoria dos princípios

Quando estiverem sob a forma de princípios, os direitos fundamentais não são absolutos; a restrição a eles, porém, só pode ser efetivada mediante a ponderação com princípios contrários, com o emprego da máxima da proporcionalidade e seus três subprincípios: o da adequação ou idoneidade; o da necessidade ou vedação do excesso e o da proporcionalidade em sentido estrito (que, como já visto, operam como regras). Para Alexy (2015, p. 116), a conexão entre a teoria dos princípios e a máxima da proporcionalidade não pode ser mais estreita: "a natureza dos princípios implica a máxima da proporcionalidade, e essa implica aquela".

Ávila (2002, p. 112) explica que a proporcionalidade aplica-se a situações em que há uma relação de causalidade entre meio e fim, de forma que se possa responder, respectivamente aos subprincípios apontados, às perguntas: O meio promove o fim? Entre os meios disponíveis e igualmente adequados para promover o fim, não há outro menos restritivo dos direitos fundamentais afetados? As vantagens trazidas pela promoção do fim superam as desvantagens provocadas pela adoção do meio?

Sendo os princípios mandados de otimização que exigem a realização máxima possível de seus preceitos, de acordo com as viabilidades fáticas e jurídicas, infere-se que a teoria dos princípios confunde-se com a própria teoria da proporcionalidade. De fato, para se verificarem as possibilidades fáticas da concreção de um princípio, deve-se passar pelo crivo da adequação e da necessidade e, para a avaliação de sua possibilidade jurídica, pelo exame da proporcionalidade em sentido estrito.

Para Ávila (2004, p. 88), a proporcionalidade não consiste em um princípio, definido por ele como dever de promover a realização de um estado de coisas, mas em postulado, que qualifica como uma metanorma, ou seja, como uma estrutura de aplicação de outras normas, como o modo mediante o qual o dever-ser precisa ser aplicado. De fato, a maior parte da doutrina refere-se a ela como princípio sem maiores digressões, mas resulta claro que ela não deve ser ponderada com outros, como exigiria o enquadramento nesta espécie normativa, mas, antes, consiste num critério formal de solução do conflito entre princípios. De modo semelhante, Toledo (2017) sustenta que a proporcionalidade não corresponde a um princípio. Originária do termo em alemão "Verhältnismässigkeitsgrundsatz", a proporcionalidade é adequadamente traduzida para a língua portuguesa pela expressão "máxima da proporcionalidade", que então se utiliza neste trabalho.

Estruturalmente concebida como uma regra, a máxima da proporcionalidade não pode ser aplicada à medida dos princípios, isto é, de forma gradual. Sua concepção como uma norma de natureza prescritiva para outras normas justifica, portanto, a utilização da expressão destacada por este trabalho.

Assim, no que tange ao direito social à saúde, seu caráter *prima facie* indica que seu conteúdo normativo – direito a um completo bem-estar físico, mental e social – deve ser realizado da forma mais ampla possível, admitindo, entretanto, graus variados de concreção, uma vez que ele pode ser deslocado por princípios jurídicos opostos, mediante um juízo de proporcionalidade. Portanto, para se identificar a existência de um direito definitivo a uma prestação estatal de saúde, deve-se, num primeiro momento, avaliar a adequação ou efetividade da medida. Supondo-se que se cogite do direito ao fornecimento de um medicamento pelo Estado, deve-se avaliar sua eficácia terapêutica para o problema de saúde do paciente. Logo após, deve-se examinar sua necessidade, quando a prestação reclamada pelo doente será cotejada com outras não requeridas, porém disponíveis. Remanesce, ainda, a análise da proporcionalidade em sentido estrito da medida, quando serão ponderados outros princípios e direitos opostos ao da saúde. Deve-se, então, analisar o grau de realização do direito social à saúde que o medicamento viabiliza e o impacto que seu fornecimento ocasiona nos direitos dos demais indivíduos e da coletividade. Caso o benefício que ele produza seja pequeno perante o impacto que ele ocasione, não haverá direito subjetivo de acesso a ele. Se, ao revés, o benefício superar seu impacto, existirá o direito definitivo de sua disponibilidade. Registre-se, por precípuo, que o impacto a ser analisado diz respeito não apenas ao fornecimento do medicamento a um demandante, mas a todos que, portadores da mesma necessidade, estiverem em idêntica situação jurídica. À luz do princípio da igualdade, todos devem ter acesso às mesmas prestações estatais, salvo se houver algum fator que justifique o tratamento diferente de uns em relação a outros.

Certo é que a proporcionalidade consiste no primeiro exame a ser efetuado pelo legislador ou pelo juiz, quando da restrição de qualquer direito fundamental.

Cumpre registrar, portanto, que o controle judicial calcado nessa máxima não se confunde com a sindicância do mérito da lei restritivista, da seara exclusiva dos Poderes Legislativo e Executivo. Enquanto limitadora do processo legislativo, a máxima da proporcionalidade enseja o surgimento do princípio da reserva legal proporcional para a imposição de restrições aos direitos fundamentais. No Brasil, o Supremo Tribunal Federal, por diversas oportunidades, já o empregou como limitador da atividade legiferante restritiva, por exemplo, dos direitos à propriedade,[27] à vida[28] e aos direitos políticos.[29]

---

[27] Vide, *verbi gratia*, RE nº 18.331, relator Ministro Orizombo Nonato, *RF* 145 (1953).

Não se olvide, outrossim, que, além da incidência da máxima da proporcionalidade sobre a atividade do legislador, condicionando o surgimento das leis a sua observância, o mesmo também opera no momento de sua aplicação pela Administração Pública e pelo Judiciário. De fato, a lei, guardando suas características de generalidade e abstração, não alberga uma valoração definitiva de todos os aspectos e circunstâncias de cada caso concreto, o que só pode ser levado a cabo pelo seu aplicador.

Outros limites também devem ser observados perante a necessidade de restrição dos direitos fundamentais, entre os quais avulta a importância do princípio da proteção do núcleo essencial, que chega até mesmo a ser positivado em alguns ordenamentos constitucionais.[30]

O princípio da proteção ao núcleo essencial tem como objetivo primeiro a proteção dos direitos fundamentais contra a ação do legislador naqueles casos em que existe autorização expressa para a restrição por lei, impedindo que, escorado no princípio da reserva legal, fosse efetivado verdadeiro esvaziamento do seu conteúdo mediante limitações desmesuradas. Mas milita o princípio, também, em relação aos direitos não submetidos à cláusula da restrição legal, como é o caso do direito social à saúde, produzindo, em seu favor, os mesmos efeitos.

O significado, entretanto, do núcleo essencial não é unívoco, surgindo teorias diversas para explicá-lo. A teoria absoluta o concebe como unidade substancial autônoma, que, em qualquer circunstância, estaria protegida contra restrições legislativas, apesar de reconhecer um espaço, no direito fundamental, em que a regulação seria possível. Já a teoria relativa considera o núcleo essencial como resultado de um processo de ponderação de bens ou como uma parte da máxima da proporcionalidade. Representa, assim, aquela esfera do direito fundamental que, em face de outros direitos ou bens constitucionalmente protegidos e com ele colidentes, é considerada prevalecente e, portanto, subtraída da disposição do legislador ou aplicador. Aqui surge, todavia, o risco da flexibilidade exagerada. Para Hesse (*apud* MENDES, 2002, p. 245), porém, este perigo inexiste, sendo a máxima da proporcionalidade

---

[28] Vide, *verbi gratia*, HC nº 45.232, relator Ministro Themístocles Cavalcanti, *RTJ* 44.
[29] Vide, *verbi gratia*, RE nº 86.297, relator Ministro Thompson Flores, *RTJ* 79.
[30] Vide, *verbi gratia*, o inciso II do art. 19 da Lei Fundamental Alemã de 1949 ("(2) In keinem Falle darf ein Grundrecht in seinem Wesensgehalt angetastet werden".) e o inciso III do art. 18 da Constituição Portuguesa de 1976 ("3. As leis restritivas de direitos, liberdades e garantias têm de revestir carácter geral e abstracto e não podem ter efeito retroactivo nem diminuir a extensão e o alcance do conteúdo essencial dos preceitos constitucionais").

um instrumento eficaz de proteção dos direitos fundamentais contra restrições desarrazoadas ou arbitrárias.

Importa ressaltar que o conteúdo essencial dos direitos fundamentais representa uma barreira para o legislador e o Judiciário, impondo um liame além do qual não será legítima qualquer atividade limitadora dos mesmos. Assinala, então, Biagi (2005, p. 77), com acerto, que "a garantia do conteúdo essencial visa ao fortalecimento dos direitos fundamentais, assegurando-lhes maior proteção na medida em que se está a preservar esses direitos contra uma ação legislativa desarrazoada".

Esse é o entendimento sufragado pelo Supremo Tribunal Federal, quando da apreciação da Ação Direta de Inconstitucionalidade nº 4717 (BRASIL, 2019), na qual se suscitou a inconstitucionalidade das alterações promovidas pela Medida Provisória nº 558 (BRASIL, 2012), posteriormente convertida na Lei nº 12.678 (BRASIL, 2012), na legislação ambiental, o que resultou na redução "[...] de espaços territoriais especialmente protegidos". De acordo com o entendimento da Corte Suprema, a alteração promovida viola princípio de vedação ao retrocesso ambiental e atinge "[...] o núcleo essencial do direito fundamental ao meio ambiente ecologicamente equilibrado previsto no art. 225 da Constituição da República" (BRASIL, 2019).

Insta, ainda, registrar que o núcleo essencial de um direito fundamental encontra-se integrado ao dos demais, numa relação de recíproco condicionamento. Assim, só será determinado considerando-se, também, o núcleo essencial dos outros que convivem com ele no mesmo sistema constitucional, conduzindo, novamente, a sua aferição à ponderação entre bens. Esse entendimento é extraído, outrossim, do princípio da unidade da constituição.

Deve-se ressaltar, contudo, que, à medida que os direitos fundamentais são tutelados de forma variável de acordo com as peculiaridades de cada ordenamento jurídico, será também variável a relação entre o núcleo essencial dos direitos fundamentais e o mínimo existencial. Conforme ressalta Toledo (2017, p. 104), "Dentre os direitos fundamentais sociais, poucos são os que compõem o mínimo existencial. Daí serem eles chamados de direitos fundamentais sociais mínimos. E, finalmente, apenas o núcleo essencial desses direitos forma o conteúdo do mínimo existencial". Apesar das diferenças relativas a cada ordenamento jurídico, há convergência quanto à vinculação dos direitos ao mínimo existencial, o que "abrange mais do que a garantia da mera sobrevivência física (que cobre o assim chamado mínimo vital e guarda relação direta com o direito à vida), situando-se, de resto, além do limite da pobreza absoluta" (SARLET; ROSA, 2015, p. 221).

Lição similar é conferida por Canotilho (2008, p. 11), que sustenta que a definição do núcleo essencial dos direitos fundamentais e, em especial, daqueles direitos de cunho social, permite manejar os argumentos relacionados às tradicionais reservas – reserva da lei e reserva econômica ou reserva do possível – de modo a se tutelar as "[...] dimensões constitutivas da *igual dignidade social* e da *justiça distributiva*". Desse modo, de modo a concretizar os preceitos constitucionais, a tarefa do jurista torna-se um compromisso com a solução do problema da aplicabilidade direta das normas garantidoras do núcleo dos direitos fundamentais (CANOTILHO, 2008, p. 11).

O conjunto do núcleo essencial dos direitos fundamentais impede que o indivíduo seja considerado um mero objeto da atividade estatal, confundindo-se, portanto, com a própria noção de dignidade da pessoa humana, que, ao mesmo tempo, também integra e determina o que se pode esperar como mínimo de cada direito fundamental.

A despeito de sua função limitadora da redução estatal a ser operada sobre os mesmos, Biagi (2005, p. 94) não olvida sua função positiva, que condiciona o Poder Público à potencialização de seu exercício. Assim, o núcleo essencial dos direitos fundamentais deve ser concebido como um mandado ao Estado de promoção daquele conteúdo do Direito. Serão, portanto, vinculantes, consistindo nas oportunidades reconhecidas por Alexy (2015, p. 501) em que as normas de direitos fundamentais sociais possuirão a natureza de regras e, assim, albergarão direitos definitivos, e não meramente *prima facie*, como na maioria das vezes.

Dessa forma, ponto relevante deste trabalho será a determinação do núcleo essencial do direito à saúde, que consistirá, a um só tempo, no limitador da restrição que pode ser operada pelo Estado como no âmbito em que a exigência de sua realização material será possível. Assim, diante da ausência de prestações estatais capazes de concretizar o seu conteúdo essencial, terá lugar o controle judicial, inclusive, mediante a imposição de obrigações de fazer.

Acrescente-se que as restrições aos direitos individuais devem ser estabelecidas por leis genéricas e abstratas, sob pena de afronta ao princípio da igualdade material. Ademais, tais leis, caso não guardassem as aludidas qualidades, caracterizar-se-iam como verdadeiros atos administrativos, demonstrando excesso do Poder Legislativo e invasão da seara de competência da Administração Pública, além de não conterem uma "normatização dos pressupostos da limitação, expressa de forma previsível e calculável e que, por isso, não garantem aos cidadãos nem a proteção a confiança nem alternativas de ação e racionalidade de atuação" (CANOTILHO, 2002, p. 452). Portanto, ainda que não prevista expressamente na Constituição de 1988, da vedação à lei restritiva de direitos de efeitos concretos extrai-se a proibição da sua contrariedade ao princípio da proteção à confiança, pressuposto do Estado Democrático de Direito.

Assim se contextualiza a advertência suscitada por Mendes (2002, p. 276) em relação à restrição de direitos fundamentais, no sentido de que consiste na vedação das leis restritivas de conteúdo casuístico ou discriminatório. Tais leis são identificadas por Canotilho (2002, p. 452) como aquelas que impõem restrições aos direitos, liberdades e garantias de uma pessoa ou de várias pessoas determinadas ou determináveis através da conformação intrínseca da lei e tendo em conta o momento de sua entrada em vigor. Acentua, ainda, que sua identificação deve ser procedida não em razão de seu enunciado linguístico, mas materialmente, ou seja, considerando seu conteúdo e efeitos, de forma a evitar leis individuais restritivas camufladas de gerais.

Acrescente-se, ainda, outra condição da lei restritiva de direitos fundamentais suscitada por Canotilho (2002, p. 454), qual seja, a sua não retroatividade. Uma lei é retroativa quando as consequências jurídicas atribuídas aos fatos por ela regulados se produzem no passado, ou seja, numa data anterior a sua entrada em vigor. Tratando de restrição de direitos, liberdades e garantias, uma lei deste jaez é, necessariamente, inconstitucional, por afronta aos princípios da proteção à confiança e da segurança jurídica.

Outro requisito para a restrição de direitos fundamentais possui cunho finalístico, de forma que ela só é admitida para a proteção de outro direito fundamental ou de bens coletivos que, num processo de ponderação, tenham maior peso. Para tanto, impostergável se revela o estudo da colisão de direitos fundamentais, assim caracterizado quando se identifica um conflito decorrente do exercício de direitos individuais por diversos titulares ou entre direitos individuais do titular e bens jurídicos da comunidade.

Ressalte-se, porém, que alguns supostos conflitos podem sê-lo apenas aparentemente, ou seja, algumas práticas controvertidas podem ser solucionadas pela demarcação do âmbito da proteção oferecida pelo direito fundamental. Mendes (2002, p. 280) elenca exemplos de condutas que se encontram fora do âmbito de proteção do direito fundamental, tornando despiciendo, portanto, o emprego da técnica da colisão:

> [...] o direito de manifestação de pensamento não autoriza o inquilino a colocar propaganda eleitoral na casa do senhorio. Da mesma forma,

parece inadmissível que a poligamia seja considerada com fundamento na liberdade de religião ou que a liberdade científica se exerça em detrimento do patrimônio alheio ou, ainda, que se pratique um assassinato no palco em nome da liberdade artística.

A colisão entre direitos fundamentais ocorre, então, apenas quando um direito individual afeta o âmbito de proteção de outro direito individual. Se for o caso de direitos submetidos à reserva legal expressa, gizar os lindes do espaço de proteção de cada direito será competência do legislador.

Ávila (2002, p. 125) consigna que a justificação para a restrição de um direito fundamental deverá ser tanto maior quanto maior for:

> (1) a condição para que o Poder Judiciário construa um juízo seguro a respeito da matéria tratada pelo Poder Legislativo; (2) a evidência de equívoco da premissa escolhida pelo Poder Legislativo como justificativa para a restrição do direito fundamental; (3) a restrição ao bem jurídico constitucionalmente protegido; (4) a importância do bem jurídico constitucionalmente protegido, a ser aferida pelo seu caráter fundante ou função de suporte relativamente a outros bens (por exemplo, vida e igualdade) e pela sua hierarquia sintática no ordenamento constitucional (por exemplo, princípios fundamentais).

Diante dessas condições, o autor sustenta que o controle a ser exercido pelo Judiciário deve ser mais intenso, mormente na hipótese de eleição de premissa errônea pelo Legislativo para efetuar a restrição. Ao revés, considera ele que o controle judicial deverá ser menos intenso quanto mais "(1) duvidoso for o efeito futuro da lei; (2) difícil e técnico for o juízo exigido para o tratamento da matéria; (3) aberta for a prerrogativa de ponderação atribuída ao Poder Legislativo pela Constituição" (ÁVILA, 2002, p. 126). Estas são, portanto, algumas diretrizes que devem ser observadas pelo Poder Judiciário quando da apreciação de leis restritivas do direito fundamental social à saúde. Exige-se maior ingerência judicial quando mais precária tiver sido a atuação do Poder Legislativo, reforçando, assim, o seu importante papel de controlador dos poderes constituídos do Estado.

2.2 A colisão entre direitos fundamentais

Mendes (2002, p. 281) registra a existência de colisão de direitos em sentido amplo e em sentido estrito. Em sentido estrito, trata-se da colisão apenas entre direitos fundamentais, podendo a mesma referir-se a direitos idênticos ou diversos; em sentido amplo, encontra-se o embate entre direitos fundamentais e bens coletivos.

Alexy (2015) aponta a existência de quatro espécies de colisão entre direitos fundamentais idênticos:

> a) colisão de direito fundamental enquanto direito liberal de defesa: por exemplo, decisão entre dois grupos políticos adversos de reunirem-se no mesmo local público, em mesmo dia e horário;
> b) colisão de direito de defesa de caráter liberal e de direito de proteção: por exemplo, a integridade física de um sequestrador e a vida da vítima;
> c) colisão do caráter negativo de um direito com o seu caráter positivo: por exemplo, a liberdade de religião e a instalação de crucifixo em salas de aula;
> d) colisão entre o aspecto jurídico e o aspecto fático de um direito fundamental: por exemplo, reserva de vagas para deficientes nos concursos públicos viola, segundo o autor, o aspecto jurídico-formal do princípio da igualdade para realizá-lo no plano fático.

Na problemática em questão neste trabalho, pode-se vislumbrar uma colisão entre direitos fundamentais idênticos da quarta espécie: entre o direito fundamental à saúde de uns e o direito fundamental à saúde de outros diante da escassez natural severa. A promoção da saúde de uns poderá consumir recursos imprescindíveis para o salvamento da vida de outros; tais recursos, por serem limitados, implicarão a ausência de satisfação do direito fundamental à saúde dos prejudicados.

Possível, ainda, a colisão entre direitos fundamentais diversos, como entre o direito à liberdade de expressão e imprensa e o direito à privacidade, à honra e à intimidade. Também esta espécie de conflito pode suceder com o direito à saúde, que poderá sacrificar a realização de outros direitos sociais, existindo, também, a hipótese contrária.

Entre as colisões em sentido amplo, igualmente se situa o conflito estudado neste trabalho entre o direito individual à vida e à saúde de uns e o bem coletivo da higidez financeira do Estado e do planejamento orçamentário.

Resta analisar, então, a forma de solução dos conflitos que se fazem presentes entre os direitos fundamentais. Mendes (2002, p. 283) considera impossível o estabelecimento de uma hierarquia entre os direitos fundamentais, considerando que isto os desnaturaria por completo, "desfigurando, também, a própria Constituição, enquanto complexo normativo unitário e harmônico". Segundo ele, "uma valoração hierárquica diferenciada de direitos individuais somente é admissível em casos especialíssimos" (MENDES, 2002, p. 283), como, para o autor, o direito à vida, que "tem precedência sobre os demais direitos individuais, uma vez que é pressuposto para o exercício de outros direitos".

Durig (*apud* MENDES, 2002, p. 283) estabelece, como norma geral, que os valores relativos às pessoas precedem aos de índole material.

Rufner (*apud* MENDES, 2002, p. 283) refuta a proposta de se atribuir mais peso aos direitos não submetidos à cláusula de reserva legal expressa, analisando que a reserva legal não pode ser considerada como um juízo prévio de desvalor e que este critério não adentra a natureza dos direitos.

Uma proposta pertinente para a solução de tais conflitos está na aplicação da máxima da concordância prática.[31] Corolário do princípio da unidade da constituição, ele determina a otimização entre os direitos e valores em jogo, viabilizando uma ordenação proporcional dos direitos fundamentais e/ou valores fundamentais em colisão, ou seja, buscando-se o melhor equilíbrio possível entre os princípios colidentes. Canotilho (2002, p. 1211) ressalta sua aplicabilidade sobre a colisão dos direitos fundamentais, "que impede, como solução, o sacrifício de uns em relação aos outros, e impõe o estabelecimento de limites e condicionamentos recíprocos de forma a conseguir uma harmonização ou concordância prática entre estes bens". Esta concepção, como se vê, afasta a possibilidade de hierarquia entre os princípios constitucionais, apenas se podendo falar na existência de princípios mais abstratos que outros, ou seja, de princípios com diferentes níveis de concretização e densidade semântica. O próprio Supremo Tribunal Federal já referendou esta concepção ao refutar, no julgamento da ADI nº 815/DF,[32] a tese de Bachof sobre normas constitucionais originárias

---

[31] A máxima da concordância prática foi assim explicada por Hesse (2002, p. 66): "bens jurídicos protegidos jurídico-constitucionalmente devem, na resolução do problema, ser coordenados um ao outro de tal modo que cada um deles ganhe realidade". Assim como a proporcionalidade, consiste numa metanorma, já que orienta a aplicação de outras.

[32] "Ação direta de inconstitucionalidade. Parágrafos 1. e 2. do artigo 45 da Constituição Federal. – A tese de que há hierarquia entre normas constitucionais originárias dando azo à declaração de inconstitucionalidade de umas em face de outras é incompossível com o sistema de Constituição rígida. – Na atual Constituição de 1988 "compete ao Supremo Tribunal Federal, precipuamente, a guarda da Constituição" (artigo 102, "caput"), o que implica dizer que essa jurisdição lhe é atribuída para impedir que se desrespeite a Constituição como um todo, e não para, com relação a ela, exercer o papel de fiscal do Poder Constituinte originário, a fim de verificar se este teria, ou não, violado os princípios de direito suprapositivo que ele próprio havia incluído no texto da mesma Constituição. – Por outro lado, as cláusulas pétreas não podem ser invocadas para sustentação da tese da inconstitucionalidade de

inconstitucionais, calcada, sobretudo, na concepção de hierarquia nas normas constitucionais originárias (BRASIL, 1996).

Se não se pode falar de escalonamento entre os princípios, certo é, entretanto, que entre eles ocorre uma tensão frequente. Não é raramente que os princípios constitucionais apresentam entre si algum aparente antagonismo, talvez pelo simples fato de eles permitirem uma compreensão fluida de ampla magnitude.

Aplicada a máxima da concordância prática, entretanto, e remanescendo o conflito pela impossibilidade de se sustentarem ambos os princípios concomitantemente, há que se valer de outro critério para se diluir a colisão, qual seja, a análise da dimensão de peso dos princípios, registrada por Dworkin (2002) como um atributo próprio dessa espécie de normas, diferente, portanto, do que ocorre com as regras. Assim, para Dworkin (2002) no dimensionamento do peso ou importância dos princípios, haveria única resposta correta, mesmo nos casos difíceis (*hard cases*).

Registre-se, por fim, a situação da concorrência entre direitos, configurada quando uma determinada situação ou conduta possa ser subsumida no âmbito de proteção de diversos direitos fundamentais, induzindo o problema de desvendar a que tipo de restrição estaria o indivíduo submetido. A doutrina aponta no sentido de que, "em se tratando de comportamento abrangido tanto por direito fundamental especial como por direito fundamental geral, como o direito amplo de liberdade, tem-se como regra assente que a proteção há de ser conferida pelo direito fundamental especial" (MENDES, 2002, p. 312).

Se, porém, a conduta estiver abrangida pelo âmbito de proteção de dois direitos individuais especiais, deve-se definir pela aplicação daquele que abarca características adicionais de conduta. De ver-se, pois, que, nestas hipóteses de concorrência entre os direitos fundamentais, deve-se observar a norma fundamental mais forte e, portanto, menos suscetível de restrição.

Por fim, se determinada conduta estiver ao abrigo do âmbito de proteção de direitos individuais diversos, sem que haja relação de

---

normas constitucionais inferiores em face de normas constitucionais superiores, porquanto a Constituição as prevê apenas como limites ao Poder Constituinte derivado ao rever ou ao emendar a Constituição elaborada pelo Poder Constituinte originário, e não como abarcando normas cuja observância se impôs ao próprio Poder Constituinte originário com relação as outras que não sejam consideradas como clausulas pétreas e, portanto, possam ser emendadas. Ação não conhecida por impossibilidade jurídica do pedido" (ADI nº 815/DF. Relator(a): Min. Moreira Alves. Julgamento: 28.03.1996. Órgão Julgador: Tribunal Pleno. Publicação *DJ*, 10.05.1996, PP-15131).

especialidade entre eles, a proteção deve ser feita com base nas duas garantias, devendo ser compatível com o direito que outorga proteção mais abrangente.

Tais parâmetros serão utilizados para a solução dos conflitos que podem suceder envolvendo o direito à saúde, quais sejam, o conflito entre o direito à saúde de uns e o direito à saúde de outros; o conflito entre o direito à saúde e outros direitos sociais e o conflito entre o direito à saúde de uns e o bem coletivo da higidez financeira do Estado e do planejamento orçamentário, analisado no item a seguir.

2.3 A colisão entre direitos individuais e bens coletivos

Alexy (2004, p. 179) afirma que não tem fim a discussão jusfilosófica sobre direitos individuais e bens coletivos, uma vez que requer decisões sobre a estrutura básica da sociedade e um consenso sobre justiça, além de supor conceitos sólidos acerca de cada um desses preceitos.

Na medida, entretanto, em que os direitos individuais têm também o caráter de princípios e, assim, de mandados de otimização, não se constituem em direitos definitivos, mas, tão somente, em direitos *prima facie*, que, como afirma Alexy (2004, p. 185), "quando entram em colisão com bens coletivos ou com direitos de outros, podem ser restringidos".

Necessário, neste ponto, adentrar a análise de bem coletivo, exemplificado por Alexy (2004, p. 186) como a segurança interna e segurança nacional, a prosperidade da economia, a integridade do meio ambiente e um alto nível cultural. Pode-se acrescentar, aqui, a higidez financeira do Estado e o planejamento orçamentário, bens coletivos que podem colidir com o direito individual à saúde. Para a formulação de seu conceito, o autor considera imperativa a distinção entre a estrutura não distributiva dos bens coletivos; seu *status* normativo e sua fundamentação.

Para a análise de sua estrutura não distributiva, devem ser considerados o caráter não excludente de seu uso e a rivalidade de seu consumo, de forma que nada pode ser excluído de seu uso e porque o fato de ser fruído por alguém não impede que seja fruído por outrem. Assim, um bem é considerado como coletivo de uma classe de indivíduos quando fática, jurídica e conceitualmente, não é possível dividi-lo em partes e outorgá-las aos indivíduos, ou seja, quando o bem é indivisível ou não distributivo.

Ademais, para ser considerado um bem, deve-se delimitar este conceito, afastando-o do que pode ser considerado um "mal" coletivo, como, por exemplo, uma alta taxa de criminalidade. Esta definição possui uma vertente antropológica, uma axiológica e uma deontológica. A variante antropológica diz que se deve ponderar, por exemplo, o interesse na segurança nacional frente a um direito individual. Já a axiológica tem lugar quando se fala no valor da segurança nacional. Finalmente, o caráter deontológico surge quando se diz que a criação e conservação da segurança nacional está ordenada. Do ponto de vista da jurisprudência, esta é a vertente mais utilizada: para que um bem coletivo seja considerado integrante de um sistema jurídico, é preciso que um interesse fático seja transformado num interesse juridicamente reconhecido, adquirindo um *status* normativo. Esta, a vertente necessária para que o bem coletivo possa ser considerado em conflito com o direito individual.

Assim, um bem pode ser considerado coletivo quando for indivisível e sua criação e conservação estiver ordenada *prima facie* ou definitivamente. Dessa forma, percebe-se que os bens coletivos, assim como os direitos individuais, podem ter o caráter de regras ou princípios.

É o que ocorre com a higidez financeira do Estado e o planejamento orçamentário, bens coletivos consagrados em princípios. Os princípios constitucionais que exigem o equilíbrio das contas públicas e o planejamento das despesas diante da estimativa da receita orçamentária o fazem em nome do bem comum e do ideal democrático. De fato, pretendem evitar que a ausência de programação dos gastos públicos possa resultar no endividamento e, assim, na falta de credibilidade do Estado e no consumo dos recursos públicos com o pagamento de encargos financeiros. Visam, ademais, a permitir a decisão democrática, quando da elaboração da lei orçamentária, acerca das prioridades a serem contempladas com os limitados recursos públicos. São, portanto, indissociáveis da ideia de interesse público.

A definição de Alexy (2004) mostra que a fundamentação de um bem coletivo consiste na fundamentação de uma norma. O autor utiliza, entre os numerosos tipos de fundamentação, dois que considera importantes para os bens coletivos: o da economia de bem-estar e o da teoria do consenso. A fundamentação com base na economia de bem-estar considera os bens coletivos como função de bens individuais (utilidades, preferências), tropeçando com problemas na aglomeração de utilidades individuais nas utilidades coletivas. Se estas utilidades individuais são medidas em escalas cardinais, surgem dificuldades insuperáveis de medida e comparação das utilidades, ou, pelo menos, quando se trata dos bens mencionados.

Certo é, para Alexy (2004, p. 190), que entre os direitos individuais e os bens coletivos não existem nem relações meio/fim nem relações de identidade, de forma que não será possível reduzir os direitos individuais a bens coletivos nem o contrário. Entretanto, surgem colisões entre eles, solucionadas a partir da ponderação.

Para que se possa falar, porém, de conflito entre ambos, devem ter a natureza de princípios, quer dizer, de mandados de otimização.[33] É o caso do conflito em questão, quando o direito individual à saúde, vazado em princípio constitucional,[34] e o bem coletivo do equilíbrio e programação financeira do Estado, também albergado em princípio constitucional. Ambos não se identificam nem podem ser reduzidos um ao conceito do outro, ensejando, ao revés, a colisão, em algumas oportunidades.

Como mandados de otimização, os princípios exigem a realização mais ampla possível, de acordo com as possibilidades fáticas e jurídicas. Disso resultam três consequências importantes: se uma ação for adequada para promover a realização de um princípio, mas não for adequada para promover a realização do outro, então haverá a preponderância de um sobre o outro; além disso, se houver uma alternativa que promova a realização de um dos dois princípios e iniba menos o outro, deverá, então, ser escolhida; por fim, quanto maior for o grau de afetação de um princípio, maior tem que ser a importância do cumprimento do outro. Tais regras correspondem à máxima da proporcionalidade.

Assim, em virtude da lei de ponderação, não se pode fazer valer nenhuma fórmula ou procedimento definitivo de decisão. Ao exigir a fundamentação de enunciados sobre o grau de realização ou afetação, como também de enunciados sobre o grau de importância, interessa a argumentação jurídica, que possui caráter formal, sendo neutra, portanto, em relação ao conteúdo. Assim, o conflito em cotejo deverá ser solucionado considerando as circunstâncias e peculiaridades que cada caso apresentar.

Todavia, Alexy (2004, p. 207) ensina que, em virtude de razões normativas, existe uma relação de precedência *prima facie* dos direitos individuais perante os bens coletivos, porque reconhece a necessidade de

---

[33] Se possuírem a natureza de regras, o conflito se resolverá de forma distinta em relação ao conflito entre princípios.

[34] O direito à saúde é vazado em norma-princípio, mas, em determinados momentos, apresenta um nível de vinculação equivalente ao de regra, como será demonstrado adiante.

uma organização social que leve o indivíduo a sério. Isto não implica a impossibilidade de se restringir direitos individuais em virtude de bens coletivos, mas exige uma justificação racional, adequada e suficiente para tanto. A precedência *prima facie*, então, dos direitos individuais consiste num argumento prévio a favor dos mesmos e contra os bens coletivos e exigirá que aqueles sejam sobrepostos a estes, em caso de dúvida sobre o resultado do conflito ou quando houver razões equiparadas para que ambos sejam protegidos. A sobreposição dos bens coletivos sobre os direitos individuais impõe, portanto, um ônus argumentativo maior.

Dworkin (2002) perfilha o mesmo entendimento, argumentando que a justiça pode, por vezes, distinguir-se da equidade, mormente quando exigir o reconhecimento de um direito que não estiver sendo garantido a todos da comunidade. Ainda que em sacrifício da equidade, a decisão do caso individual deve ser guiada, segundo ele, por parâmetros de justiça, o que pode conduzir à sobreposição pontual do interesse individual sobre o bem coletivo, concebido por ele como o vetor da política.

A prevalência *prima facie* dos direitos individuais é concentrada, por exemplo, na fórmula *in dubio pro libertate*. Pode-se questionar se esta fórmula não conduziria a uma ordem normativa individualista; não se trata, porém, de recondução a um individualismo anarquista e de um exagerado liberalismo econômico, nem se propugna, ao revés, uma teoria coletivista desmesurada. Propõe-se a ponderação dos valores colidentes para que, através de uma argumentação racional, proceda-se a uma decisão adequada às peculiaridades do caso concreto.

Disso resulta que, estando em conflito o direito individual à saúde e o bem coletivo de equilíbrio financeiro e planejamento público das despesas, haverá a precedência, *prima facie*, do direito individual à saúde. É certo, contudo, que esta prevalência poderá ser afastada mediante uma argumentação jurídica que conduza à proeminência do bem coletivo, devendo, entretanto, haver consistentes razões para tanto.

Infere-se, portanto, que não assiste razão a Habermas (*apud* ALEXY, 2003, p. 132) quando suscita, como empecilho material à teoria de Alexy (2003), o risco de que os direitos individuais sejam suplantados por bens coletivos. Para que os direitos individuais cedam perante bens coletivos, será necessária uma fundamentação, à luz dos princípios, de modo que a solução e precedência dependam, sempre, de uma argumentação desenvolvida sob o asilo da máxima da proporcionalidade e respaldada na jurisprudência constitucional e no consenso democrático.

2.3.1 A desconstrução do mito da supremacia do interesse público sobre o privado

O princípio da supremacia do interesse público sobre o privado é conhecido na literatura publicista brasileira como um dos grandes alicerces da estrutura do Direito Administrativo e como fundamento da intervenção do Estado nos direitos individuais e as demais medidas de império da Administração Pública. Bandeira de Mello (2013, p. 70) define-o como "[...] verdadeiro axioma reconhecível no moderno Direito Público. Proclama a superioridade do interesse da coletividade, afirmando a prevalência dele sobre o do particular, como condição, até mesmo, da sobrevivência e asseguramento deste último".

Dessa concepção decorrem diversas consequências sobre todo o Direito Público, uma vez que conduz ao entendimento de que o Estado sempre estará legitimado a sobrepor o interesse público quando o mesmo conflitar com o interesse de um indivíduo. Entretanto, foi demonstrada a ausência de supedâneo jurídico para a mantença desse entendimento.

O primeiro argumento que impede a conclusão de que existe uma supremacia do interesse público sobre o privado consiste na ausência do consenso sobre o conteúdo da expressão "interesse público". Justen Filho (2016, p. 51) afirma que o interesse público não é aquele tutelado apenas pelo Estado, visto que, por exemplo, também pode ser perseguido por entidades privadas, mormente as assistencialistas, que compõem o terceiro setor. A despeito disso, adverte ele, todo interesse estatal é público, não sendo lícito o desempenho, por um Estado Democrático, de nenhuma atividade que vise a atender objetivo outro. O interesse público não é, outrossim, segundo ele, o interesse do aparato administrativo estatal, ou seja, um interesse do Estado unicamente como pessoa jurídica, desvinculado de seus fins. Não se pode, assim, afirmar que a higidez financeira e o planejamento orçamentário correspondam imediatamente à noção de interesse público.

Ainda, o autor aparta o conceito de interesse público do interesse do agente público, que exerce função política ou administrativa. De fato, o princípio da impessoalidade e o da moralidade embargam, por inteiro, qualquer concepção nesse sentido. Logo após, refuta a proposta de que o interesse público seja o interesse privado comum a todos os cidadãos ou, na impossibilidade fática de se obter um consenso, de que ele seria o interesse privado da maioria da população. Verifica que esse entendimento não logra sustentação, uma vez que interesses de minorias também devem ser guarnecidos pelo Estado, sob pena de se caracterizar um regime de opressão. Não acata, outrossim, o entendimento de que o interesse público seria o interesse da sociedade, concebido como algo mais que o conjunto de indivíduos, mas como uma coletividade. Esta concepção afasta, também, tese utilitarista[35] da redução do conceito de interesse público, na seara da saúde, ao de formulação de políticas públicas que atendam à maioria da população, à revelia das necessidades da minoria.

Além da dificuldade de se extrair um conceito de interesse público, demonstra que nem sempre existe um único interesse público numa dada situação, que pode, ao revés, congregar vários interesses públicos a um só tempo. Essa é uma característica da sociedade plural em que se vive hoje, que comporta arranjos entre diversos grupos. Adverte o autor que não se podem desvincular os interesses individuais da concepção de interesse público, que seria, segundo ele, uma manifestação opressora e antidemocrática, "o germe do autoritarismo" (JUSTEN FILHO, 2016, p. 57), que culminou, por exemplo, nas lastimáveis experiências históricas do nacional-socialismo alemão e do stalinismo. Dessa forma, conclui que o interesse público é o interesse intransigível, indisponível, que demanda realização de valores fundamentais. Esses, segundo Melquíades Duarte (2016, p. 35), são traduzidos nos princípios consagradores de direitos fundamentais, não se podendo falar, por decorrência da sua aplicação, em supremacia *a priori* de valores. Destarte, para que haja a persecução do interesse público, devem os agentes públicos observar a máxima da proporcionalidade, instrumento responsável pela determinação daqueles valores que devem prevalecer no caso concreto.

---

[35] Sarmento (2006) e Binenbojm (2006, p. 82) denunciam que a concepção de supremacia incondicionada dos interesses coletivos sobre os interesses privados dos membros de uma comunidade política tem suas bases edificadas nas teorias organicista e utilitarista. O organicismo concebe o indivíduo como parte de um todo social, considerando, assim, que o bem de cada um só se realiza quando é alcançado o bem comum. Bourgeois (1999, p. 93) assim descreve o organicismo hegeliano: "Longe de ser pelo cidadão que o Estado é Estado, é pelo Estado que o cidadão é cidadão; o Estado é o universal que ultrapassa o indivíduo e lhe permite ultrapassar-se como cidadão, sem o que ele permaneceria encerrado em sua particularidade *natural*. Hegel compreende o Eu *humano* a partir do mundo *ético*, cuja efetivação é o Estado, e reencontra aqui os grandes pensadores gregos que afirmavam o primado orgânico do Todo sobre as partes: os cidadãos são, literalmente, *membros* do Estado". Já o utilitarismo considera como melhor solução para os problemas sociopolíticos aquela que promove, na maior escala, os interesses do maior número possível de membros da sociedade política. Binenbojm (2006, p. 83) coloca que a distinção entre ambas as concepções estaria na ausência, nesta última, de uma concepção de "'organismo coletivo', detentor de interesses diversos e superiores aos dos indivíduos; ao revés, o interesse público seria apenas a fórmula que, em cada caso, maximizasse racionalmente o bem-estar, o prazer, a felicidade ou o ganho econômico do maior número de pessoas". Os pressupostos do utilitarismo voltarão a ser discutidos mais à frente.

Desta concepção infere-se que da realização do direito à saúde resultará a satisfação do interesse público. Mormente quando se rememora que este consiste numa segunda dimensão do direito individual à vida, percebe-se a importância da sua proteção, enquanto valor máximo que uma sociedade pode almejar ver garantido pelo Estado.

Assevera Justen Filho (2016, online) que "somente seria possível aludir a 'interesse público' como resultado de um longo processo de produção e aplicação do Direito. Não há interesse público prévio ao direito ou à atividade decisória da Administração Pública". Dessa forma, para ele, "uma decisão produzida por meio de procedimento satisfatório e com respeito aos direitos fundamentais e aos interesses legítimos poderá traduzir o 'interesse público'".

De ver-se, pois, que não se pode afirmar a existência de interesse público senão no caso concreto, sendo que, não raro, o interesse público poderá corresponder à proteção do interesse individual carecedor de guarita pelo Estado. A ausência de um conceito unívoco de interesse público é, portanto, um primeiro fundamento para se espancar a suposta supremacia do interesse público sobre o privado.

Ávila (2001) acrescenta outras razões que robustecem essa conclusão. Primeiramente, demonstra que a supremacia do interesse público sobre o privado não pode ser considerada um princípio propriamente dito, uma vez que seu conteúdo não se coaduna com a definição dessa espécie de norma fornecida pela teoria geral do Direito, bem como porque, segundo ele, o ordenamento jurídico brasileiro não corrobora sua existência como tal. Demonstra que a análise sistêmica dos direitos fundamentais e das normas de competência feita à luz da atual metodologia jurídica não permite a descoberta do citado "princípio"; ao revés, demonstra o autor que a Constituição de 1988 confere relevo privilegiado aos interesses privados.

Abrigando uma determinação de priorizar o interesse público sobre o privado, o chamado "princípio da supremacia do interesse público sobre o privado" não pode, de fato, ser havido como uma norma-princípio: sua descrição abstrata não permite uma concretização em princípio gradual, pois a prevalência do interesse público é a única possibilidade (ou grau) normal de sua aplicação. Tal como é apresentado pela doutrina tradicional, independentemente das possibilidades fáticas e normativas, a abstrata aplicação do princípio em apreço exclui a possibilidade de ponderação dos interesses envolvidos, pois o interesse público deve ter sempre, segundo sua dicção, maior peso relativamente ao interesse particular, sem que diferentes opções de solução possam ser sopesadas e uma máxima realização das normas em conflito (e dos interesses que elas resguardam) possa ser vislumbrada.

Ademais, demonstra Ávila (2001) que inexiste contraposição necessária entre o interesse público e o privado. Segundo ele, de tal forma estão instituídos nas Constituições modernas que não podem ser separadamente descritos na análise da atividade estatal e de seus fins. Elementos privados estão incluídos nos próprios fins do Estado (*verbi gratia*, preâmbulo e direitos fundamentais). Por isso, afirma Häberle (1970 *apud* ÁVILA, 2001), referindo-se à Lei Fundamental Alemã, muito menos insistente, segundo ele, na proteção da esfera privada do que a brasileira: "o interesse privado é um ponto de vista que faz parte do conteúdo de bem comum da Constituição". A verificação de que a administração deve orientar-se sob o influxo de interesses públicos não significa, nem poderia significar, que se estabeleça uma relação de prevalência entre os interesses públicos e privados.

Nesse mesmo diapasão, ressoa o entendimento de Schmidt-Assmann (2003, p. 165), que propugna pela ausência de oposição entre o interesse público e o interesse privado. Ao avesso, textualiza o autor que parcelas se agregam para compor o interesse geral, que seria o interesse tocante a toda a massa da população. Por isso, afirma ele a impossibilidade da separação entre ambos os interesses, ficando, por mais forte razão, excluída a possibilidade do vilipêndio do interesse privado pelo Estado, já que esse também tem a missão de tutelá-los e respeitá-los.

Outro argumento trabalhado por Ávila (2001), o qual também exclui o fundamento de validade desse suposto princípio da supremacia, é sua parcial incompatibilidade com as máximas da proporcionalidade e da concordância prática.

Sendo o Direito o meio mediante o qual são estabelecidas proporções entre bens jurídicos exteriores e divisíveis, deve ser estabelecida uma medida limitada e orientada para sua máxima realização. Disso resulta, por exemplo, o entendimento de Ávila (2004), esposado nesta obra, de que a proporcionalidade não consiste em uma norma-princípio, já que não entra em conflito com outras normas-princípios, não é concretizada em vários graus ou aplicada mediante criação de regras de prevalência diante do caso concreto (e em virtude das quais ganharia, em alguns casos, a prevalência). Ao contrário, institui o dever de ponderação dos diversos interesses e princípios em conflito numa determinada situação fática, consubstanciando uma condição mesma da realização do Direito. Os interesses que estão (estaticamente) em contraposição devem ser ponderados de forma que a coordenação entre os bens jurídicos constitucionalmente protegidos possa atribuir máxima realização a cada um deles.

A instituição simultânea de direitos e garantias individuais e de normas de competência impinge, portanto, o dever de ponderação, mediante a obediência à proporcionalidade. Baptista (2003, p. 208) consigna que "a ponderação de interesses deve ser agregada como prática habitual de decisão pela própria Administração", excluindo desse procedimento apenas aquelas situações em que o legislador já tiver estabelecido, em lei, qual interesse deve preponderar sobre o outro com ele conflitante. Em face disso, resulta claro que não podem coexistir, no mesmo sistema jurídico, o chamado "princípio da supremacia do interesse público sobre o privado" e as referidas máximas da proporcionalidade e da concordância prática, que direcionam a interpretação para a máxima realização dos interesses envolvidos.

Se, portanto, a proporcionalidade e a concordância prática são consideradas máximas (como o são pela doutrina e pela jurisprudência com o nome de "princípios"), pode-se concluir que elas direcionam a interpretação de forma bem diversa em relação àquela que seria resultado do chamado "princípio da supremacia do interesse público sobre o privado".

Häberle (1970 *apud* ÁVILA, 2001) esclarece que não fica excluída a possibilidade de o interesse público preponderar sobre o interesse privado, num determinado caso concreto. Frisa, entretanto, que tal consequência não pode ser resultado de uma preconcepção, no sentido de que existe uma supremacia daquele sobre esse, devendo haver razões que fundamentem essa decisão.

Dessa forma, fica excluída, também pelas máximas constitucionais da proporcionalidade e da concordância prática, a possibilidade de se consagrar a existência do chamado princípio da supremacia do interesse público sobre o privado no ordenamento jurídico brasileiro. Se, portanto, a realização do direito à saúde vier a colidir com o equilíbrio das contas públicas, a realização de outros direitos sociais ou mesmo de políticas públicas referentes à saúde, não será possível enquadrá-los no conceito de interesse público e, assim, justificar sua precedência apriorística sobre o primeiro. O suposto princípio da supremacia do interesse público sobre o privado não será um argumento jurídico válido. Impor-se-á, porém, a análise ponderativa entre os interesses conflitantes.

Este, o entendimento que restou acatado por Freitas (2004, p. 36) ao substituir a difundida noção de supremacia do interesse público sobre o privado pela de mera persecução do interesse público, gizada pela "simultânea subordinação das ações administrativas à dignidade da pessoa humana e o fiel respeito dos direitos fundamentais".

Da mesma estirpe é a conclusão de Baptista (2003, p. 217), que consigna haver, no ordenamento jurídico brasileiro, como corolário dos princípios do contraditório e da dignidade da pessoa humana, inerentes ao Estado Democrático de Direito, o "princípio da justa ponderação de interesses", afastando, assim, a suposta existência do princípio da supremacia do interesse público sobre o privado.

A ausência de uma superioridade apriorística do interesse público sobre o privado decorre imediatamente, como matiza Binenbojm (2006, p. 84) "da concepção de direitos fundamentais adotada pelas democracias constitucionais". De fato, a lógica imanente a um sistema de direitos fundamentais não é a da maximização dos interesses do maior número possível de indivíduos, mas a da preservação e promoção dos valores morais sobre os quais se edifica a dignidade da pessoa humana.

Comprova a tese acima a ideia de que o sistema democrático, "[...] para além da dimensão procedimental de ser o governo da maioria, possui igualmente uma dimensão substantiva, que inclui igualdade, liberdade e justiça. É isso que a transforma, verdadeiramente, em um projeto coletivo de autogoverno, em que ninguém é deliberadamente deixado para trás. Mais do que o direito de participação igualitária, democracia significa que os vencidos no processo político, assim como os segmentos minoritários em geral, não estão desamparados e entregues à própria sorte" (BARROSO, 2015, p. 37).

Após cotejar todos os argumentos presentes no debate jurídico hodierno sobre a supremacia do interesse público, Duarte e Galil (2017, 376) concluem que:

> A reconstrução da supremacia do interesse público sobre o privado consistiria então no mandado de proporcionalidade da Administração. Primeiramente esta deve realizar um juízo de adequação, buscando as normas que abarcam os interesses públicos e privados que estão envolvidos no caso concreto. Em seguida, procurar-se-á o meio menos gravoso de atingir o escopo da atividade administrativa. E, por fim, a Administração deverá proceder ao juízo de proporcionalidade em sentido estrito. Logo, nota-se mais uma vez o caráter de intérprete da Administração Pública no marco Pós-Positivista. Nessa esteira, preleciona Alexy que "interpretar é argumentar"; assim, tem-se que todo o processo interpretativo por parte da Administração deve reger-se pela racionalidade da argumentação jurídica. A aplicação dessas regras do discurso prático em âmbito administrativo se sustenta pelo princípio do

Estado Democrático e pela necessidade de que as decisões sejam tomadas de forma passível de aferição pela população e livres de subjetivismo.

Assim, ainda que contraproducentes, do ponto de vista utilitarista, as decisões públicas devem atentar para os direitos fundamentais, entre os quais se encontra o direito à saúde e seu corolário direito à vida.

É certo que, na Constituição, encontram-se também fundamentos para a restrição de direitos individuais em prol de interesses da coletividade. Cumpre, portanto, ao agente administrativo, quando da tomada de decisões acerca do direito à saúde, a ponderação dos interesses conflitantes para encontrar a justa medida entre o interesse público e o privado.

2.4 Restrições a direitos fundamentais sociais

A teoria geral das restrições aos direitos fundamentais aplica-se integralmente aos direitos sociais. Assim, eles apenas poderão ser restringidos quando necessário para a realização de outro direito fundamental. Como, entretanto, eles carecem de empenho de recursos públicos para sua materialização e os mesmos são limitados, os direitos sociais encontram-se em constante tensão, de forma que a realização de um exige a restrição de outro. Fica satisfeito, sob estas circunstâncias, o requisito teleológico ou finalístico para a restrição de direitos fundamentais. Esta, entretanto, deverá ser operada mediante o emprego da técnica da proporcionalidade, preservado o núcleo essencial do direito e, caso a restrição seja materializada por lei, é imperativo que ela seja geral e abstrata e que não seja retroativa.

Além dos requisitos acima apontados para a restrição dos direitos sociais, que consistem nos limites às restrições de quaisquer direitos fundamentais, como foi exposto até então, o Tribunal Constitucional Federal Alemão pronunciou-se, quando apreciou um pedido de acesso ao ensino universitário gratuito, que tal direito estaria submetido "à reserva do possível, no sentido daquilo que o indivíduo pode razoavelmente exigir da sociedade" (ALEXY, 2015, p. 439), apresentando esta como a principal limitação aos direitos sociais. Este, o cume da problemática acerca do controle judicial do direito à saúde. Como os recursos necessários para a sua materialização são limitados, não será razoável que o Judiciário exija da Administração Pública sua realização plena.

Insta gizar, entretanto, que a reserva do possível, como cláusula ou princípio restritivo do direito *prima facie*, não significa a sua ineficácia ou não aplicabilidade imediata, típica da tese da programaticidade, mas denota, tão somente, a necessidade de sua ponderação. Como o princípio da reserva do possível é um consectário da escassez, insta estudá-la, devendo ser analisadas, primeiramente, as suas espécies, para, após, serem estudadas suas repercussões jurídicas perante a teoria dos princípios, que oferecerão subsídio para o controle judicial das políticas públicas de saúde.

2.4.1 Escassez de recursos e teoria dos custos dos direitos

Recursos são insumos necessários para a satisfação das necessidades humanas e trazem consigo a problemática da escassez, que consiste num dado inafastável da sua realidade.[36] Para Elster (1992, p. 21), "dizer que um bem é escasso significa que não há o suficiente para satisfazer a todos".

A análise da escassez reputa-se de elevada importância quando do estudo dos direitos fundamentais, que demandam o empenho de recursos públicos para a sua materialização, mormente no que tange aos direitos sociais, que, em sua maioria, exigirão elevados aportes, inclusive financeiros, para lograr eficácia.

Kilner (1990, p. 3) adverte que existe um verdadeiro mito popular de que há recursos suficientes para tudo e para todos, mas aponta que, se os recursos disponíveis podem eliminar muitas espécies de escassez, não o farão jamais em relação à totalidade das demandas. Há que se distinguir, entretanto, as espécies de escassez, para se analisarem as consequências jurídicas que se podem extrair delas.

De acordo com Elster (*apud* AMARAL, 2001, p. 134), a escassez pode ser em maior ou menor grau, natural, quase-natural, ou artificial. Quando nada puder ser feito para eliminá-la ou para aumentar a oferta do bem muito escasso, será considerada uma *escassez natural severa*, como é o caso, por exemplo, de obras de arte de artistas renomados. Será, entretanto, uma *escassez natural suave* quando nada puder ser feito para que o bem escasso seja disponível para todos, mas já o for para a maioria dos que precisam deles, como ocorre com as reservas de

---

[36] Azevedo (2005, p. 48) considera inadequada a expressão "escassez", uma vez que percebe que, nem sempre, os recursos disponíveis são poucos, mesmo que sejam insuficientes para satisfazer integralmente as demandas. O autor postula, com razão, que a alusão aos recursos como "limitados" traduziria melhor a realidade, mas também, como aqui será feito, continua a utilizar a expressão "escassez" porque reconhece sua consagração na literatura afeta à biotética.

petróleo. Já quando a oferta do bem puder ser incrementada, mesmo que ainda sem atingir a satisfação integral de todos, por condutas não coativas dos cidadãos, estar-se-á diante de uma *escassez quase natural*. Por fim, a *escassez* será *artificial* quando medidas puderem ser tomadas pelo Estado para deixar o bem disponível a todos, como a dispensa do serviço militar e as vagas no jardim de infância.

Porém, como afirmam Bobbitt e Calabresi (1978, p. 18), "apesar da escassez poder ser evitada em relação a alguns bens, tornando-os disponíveis sem custo para ninguém, não o pode ser em relação a todos os recursos".[37] Diante, portanto, da escassez natural, severa ou suave, ou da escassez quase natural, quando não existem possibilidades de que o bem possa vir a ser disponível para todos, tornam-se imperativas as decisões sobre alocação dos recursos. Tais decisões devem ser tomadas à luz de critérios ético-jurídicos e que otimizem os bens limitados; ainda assim, entretanto, resultarão em escolhas trágicas, assim definidas por Bobbitt e Calabresi (1978, p. 17) como "aquelas que cada um de nós considera estarrecedora".[38] Mais adiante, os autores concluem seu pensamento, gizando que "[...] são os valores aceitos por uma sociedade como fundamentais que marcam algumas escolhas como trágicas" (BOBBITT; CALABRESI, 1978, p. 17).[39]

Os recursos financeiros despontam como os primeiros a serem lembrados quando se alude à problemática da limitação de recursos para os direitos sociais, sobretudo no que toca ao direito à saúde, que tem seus custos cada vez mais incrementados em decorrência do avanço científico-tecnológico e do crescimento vegetativo da população. Não obstante, outros recursos igualmente o são, como os órgãos para transplante, sangue para transfusão, tempo para socorro, leitos hospitalares, profissionais especializados (médicos, enfermeiros, etc.), aparelhos tecnológicos, vacinas, remédios e outros insumos. A espécie de escassez a que se submetem, entretanto, é diferenciada.

Órgãos para transplante e sangue para transfusão são recursos submetidos, sob a perspectiva da oferta a ser viabilizada pelo Estado, à *escassez natural severa*, visto que, embora possa ele proceder a campanhas que incentivem a respectiva doação, não lhe será possível, por razões

---

[37] No original: "Tragic choices come about in this way. Though scarcity can often be avoided for some goods by making them available without cost to everyone, it cannot be evaded for all goods" (BOBBITT; CALABRESI, 1978, p. 18).

[38] No original: "[...] that tragic choices are those that each of us finds appalling" (BOBBITT; CALABRESI, 1978, p. 17).

[39] No original: "[...] it is the values accepted by a society as fundamental that mark some choices as tragic" (BOBBITT; CALABRESI, 1978, p. 17).

ético-jurídicas, torná-la coativa a ponto de suprir a demanda, que persistirá muito maior que a oferta. Já o tempo para socorro enquadra-se nos predicados da *escassez quase natural*, posto que estratégias podem ser articuladas pelo ente público para tornar o atendimento de urgência e emergência[40] mais célere e, assim, mais eficaz; não obstante, em muitos casos, nenhuma medida de aceleração do atendimento médico poderá evitar uma consequência trágica. Profissionais especializados seriam exemplos de recursos condicionados pela *escassez natural suave*, sendo certo que, em algumas partes do território nacional, o número de médicos especialistas é satisfatório perante os indicadores da Organização Mundial de Saúde.[41] Já os recursos financeiros, no que tange às demandas de atendimento de *primeira necessidade*, seriam classificados como sujeitos à *escassez artificial*, porquanto será possível, ao Estado, diante de sua capacidade arrecadatória, destinar recursos suficientes à satisfação plena desta demanda. O mesmo não ocorre, porém, no que diz respeito às demandas de *segunda necessidade*, quando, para serem totalmente satisfeitas, disputariam recursos insuficientes, sujeitos a uma escassez natural que varia entre os graus *severa*, *quase severa* e *suave*, dependendo da riqueza da nação.

Como já anotado, Holmes e Sunstein (1999) assinalaram que todos os direitos – inclusive os direitos negativos, classicamente concebidos como direitos a abstenções estatais e que, assim, não implicariam uma ação positiva que gerasse dispêndio de recursos – pressupõem o custeio de uma estrutura de fiscalização para garanti-los e implementá-los. Ilustrando suas conclusões, citam exemplos, como a manutenção da jurisdição para garantir que o credor possa demandar o devedor inadimplente; das corporações de polícia, que preservam a integridade

---

[40] Em resposta à Consulta nº 55.820/98, o CREMESP definiu emergência como "a constatação médica de condições de agravo à saúde que impliquem em risco iminente de vida ou sofrimento intenso, exigindo, portanto, tratamento médico imediato", e urgência como "a ocorrência imprevista de agravo à saúde com ou sem risco potencial à vida, cujo portador necessita de assistência médica imediata".

[41] De acordo com o Conselho Federal de Medicina, embora a média nacional de médicos por habitante seja satisfatória, há grandes disparidades na distribuição dos profissionais de saúde no território nacional: "Quando se compara as porcentagens de médicos e de população por região (ou estado) com os números do conjunto do País, as desigualdades são mais visíveis. Por exemplo, na região Sudeste, onde moram 41,9% dos brasileiros, estão 54,1% dos médicos, ou mais da metade dos profissionais de todo o País. Na região Norte ocorre o oposto: ali moram 8,6% da população brasileira e estão 4,6% dos médicos. No Nordeste vivem 27,6% dos habitantes do País – mais de 1/4 de toda a população – e 17,8% do conjunto de médicos. Nas regiões Sul e Centro-Oeste, a porcentagem de habitantes é bastante próxima da parcela de médicos" (CONSELHO FEDERAL DE MEDICINA, 2018).

física das pessoas e a ordem pública; das vias e rodovias públicas, para que as pessoas possam exercer seu direito de ir e vir, etc.

Partindo da constatação da escassez, os autores apontam as limitações a serem suportadas pelo Judiciário no que diz respeito ao controle da eficácia dos direitos. A clareza e a contundência de suas palavras tornam-nas indispensáveis:[42]

> Direitos costumam ser descritos como invioláveis, peremptórios e decisivos. Isto, contudo, é mero floreio retórico. Nada que custe dinheiro pode ser absoluto. Nenhum direito cuja efetividade pressupõe um gasto seletivo dos valores arrecadados dos contribuintes pode, enfim, ser protegido de maneira unilateral pelo Judiciário sem considerações às consequências orçamentárias, pelas quais, em última instância, os outros dois poderes são responsáveis. [...] Isto não significa que as decisões devam ser feitas por contadores, apenas que funcionários públicos e cidadãos democratas têm que levar em conta os custos orçamentários. As finanças públicas são uma ciência ética porque nos forçam a levar em conta, de modo público, os sacrifícios que nós, como comunidade, decidimos fazer, a explicar o que pretendemos abrir mão em favor de objetivos mais importantes. A teoria dos direitos, se espera capturar o modo pelo qual as estruturas do regime de direito e o governo atuam, deve levar essa realidade em conta. (HOLMES; SUNSTEIN, 1999, p. 97-98) (Tradução: AMARAL, 2001, p. 78)

Mais à frente, os autores, em virtude de sua preocupação com as limitações orçamentárias, afirmam que o administrador público deve, a todo o momento, ocupar-se de aplicar inteligentemente os recursos escassos, alocando-os de modo mais justo e de forma a otimizá-los.

Ao lado da limitação dos recursos, encontra-se a infinidade das demandas. No que tange ao direito à educação, pode-se reduzi-lo ao direito à alfabetização ou alargá-lo ao ensino fundamental, médio e superior. Pode-se, ainda, sempre pensar em incrementar a sua qualidade,

---

[42] "Rights are familiarly described as inviolable, preemptory, and conclusive. But these are plainly rhetorical flourishes. Nothing that costs money can be absolute. No right whose enforcement presupposes a selective expenditure of taxpayer contributions can, at the end of the day, be protected unilaterally by the judiciary without regard to budgetary consequences for which other branches of government bear the ultimate responsibility. [...] This does not mean that decisions should be made by accountants, only that public officials and democratic citizens must take budgetary costs in account. Public finance is an ethical science because it forces us to provide a public accounting for the sacrifices that we, as community, decide to make, to explain what we are willing to relinquish in pursuit of our more important aims. The theory of rights, if it hopes to capture the way a rights regime structures and governs actual behavior, should take this reality into account" (HOLMES; SUSTEIN, 1999, p. 97-98).

através de medidas várias, como a qualificação dos professores, o aumento dos seus salários, o investimento em material didático, a informatização, a melhora da merenda escolar, e assim por diante. O mesmo ocorre em relação ao direito à saúde. Sempre será possível provê-lo em níveis melhores ou mais adequados, por exemplo, com o aumento do número de leitos hospitalares, de postos de saúde, da oferta de um número maior de medicamentos ou do investimento na medicina preventiva, com a promoção de campanhas de vacinação ou de esclarecimento à população acerca de doenças endêmicas, de combate a agentes transmissores, de investimentos em sanitarismo ou na qualidade do meio ambiente, etc.

Kilner (1990, p. 3) afirma que o desenvolvimento de drogas que combatem a rejeição de órgãos vem fazendo dos transplantes uma opção terapêutica viável para um número maior de pacientes, ao passo que o número de órgãos disponíveis para transplante permanece restrito. Ademais, a ética médica exige dos médicos a prescrição de todas as ações possíveis para auxiliar o paciente. Tudo isso, aliado a um sistema de custeio público dos tratamentos, conduz à constatação de elevadas despesas com saúde, que se contrapõem com a realidade de um país cuja economia ainda se esforça em rumo do desenvolvimento.

Segundo Galdino (2005, p. 156), a economia dedica-se, sobretudo, ao estudo da escassez, analisando como produzir o máximo de bens econômicos com recursos restritos, diante da imperatividade das decisões alocativas. Alerta o autor que as modernas teorias da justiça visam, sobretudo, à distribuição equânime dos bens entre os homens, deslocando os estudos da justiça individual para a justiça na comunidade.

A questão avulta de importância no que tange aos bens públicos, assim definidos juridicamente como aqueles que se encontram sob o domínio público ou afetados a finalidades públicas. No sentido econômico, entretanto, bens públicos são apenas aqueles que podem ser fruídos por todos indistintamente, num regime de indivisibilidade e não exclusividade, que se aproxima à conceituação jurídica dos serviços públicos *uti universi*. Este conceito econômico demonstra, para Galdino (2005, p. 158), que o Estado deve agir como um agente econômico, catalisador da utilidade dos bens escassos para permitir a todos a sua máxima utilização.

Holmes e Sunstein (1999, p. 14) desmistificam a crença de que a escassez de recursos apenas opera seus efeitos diante dos chamados direitos sociais e não perante os direitos de liberdade, demonstrando que, ao contrário do que se pensa corriqueiramente, estes demandam prestações estatais positivas em sua defesa. Denunciam os autores que, na verdade, o Estado oculta a positividade desses direitos para mascarar as opções políticas que promove para defendê-los (sobretudo a propriedade privada) em detrimento dos direitos sociais, o que favorece a manutenção do *status quo*. Isto fica claro quando se analisa o modelo de Estado Liberal. A despeito de divulgar a ausência de ingerência pública na sociedade, a ideologia liberal preconizava esta intervenção para a proteção do capitalismo,[43] ocultando, entretanto, esta realidade sob o sofisma da abstenção. Assim, segundo Galdino (2005, p. 216), "a multiplicação das prestações no Estado do Bem-Estar Social apenas torna mais visível um fenômeno que existe [...] desde sempre, e continuamente".[44]

A aferição dos custos dos ditos direitos negativos, todavia, é de fundamental importância para transparência das escolhas alocativas a serem efetuadas pelo ente público, deixando às claras as reais opções políticas do governo e da sociedade.

No que tange à propriedade, os autores apontam que o Estado não apenas a protege, mas a cria, mediante um arsenal normativo continuamente produzido pelos agentes políticos, sobretudo juízes e legisladores. Ademais, sua proteção depende da ação perene de agentes públicos, como os bombeiros e os policiais, e de remédios jurídicos que garantam a sua preservação diante de tentativas de violação. Toda esta estrutura estatal que a promove e guarda é sustentada pela tributação, de forma que os custos dos direitos devem ser considerados na atividade jurídica de ponderação de valores.

Com base nisto, Holmes e Sunstein (1999, p. 123) formulam um conceito pragmático de direito subjetivo que inclui a perspectiva dos custos. Os direitos são, segundo eles, poderes de invocar os seletivos investimentos dos escassos recursos públicos de uma dada comunidade,

---

[43] Esta é a constatação de Gabardo (2003, p. 117): "[...] a realidade prática demonstrou uma dependência contundente do Estado por parte do capitalismo liberal. Foi imprescindível o papel do Estado na repressão ao operariado, na proibição dos sindicatos e das greves, na criação de condições para o funcionamento da economia e na abertura de fontes de matéria-prima e mercados consumidores mediante o colonialismo".

[44] Como se vê, o liberalismo político não existe, verdadeiramente. Com efeito, o Estado sempre intervém na sociedade em defesa de determinados interesses. Percebe-se que a doutrina liberal consiste numa tentativa de mascarar as escolhas procedidas pelo Estado para nortear sua ação protecionista. Tal fato explica, por exemplo, utilização de teorias de autores ditos liberais para o estudo de um direito fundamental social neste trabalho. Observa-se a integral pertinência de suas formulações doutrinárias liberais para a definição da forma de ação de um Estado Social.

o que repercute decisivamente sobre a sua exigibilidade e impinge aos indivíduos a responsabilidade social no seu exercício.[45]

Com esteio no pensamento desses autores, Galdino (2005, p. 227) conclui que todos os direitos são positivos e integram as opções dadas às escolhas trágicas, de forma que um direito pode "ser preterido em razão da tutela de outro direito, cuja tutela seja considerada mais importante em um dado momento" (GALDINO, 2005, p. 230).

Os custos, entretanto, não devem ser encarados como meros óbices dos direitos, senão como pressupostos, que se incluem na própria noção que se deve ter deles. Trabalhando com esta perspectiva dos custos, Galdino (2005, p. 02) destaca que "os direitos não nascem em árvores", antes, demandam empenho de recursos limitados para a sua materialização. O autor dedica severas críticas ao que denomina "modo de pensar tradicional dos estudiosos do Direito" (GALDINO, 2005, p. 332), que, segundo ele, encontra-se divorciado da realidade, pois trata os institutos jurídicos de maneira utópica, até mesmo "esquizofrênica", uma vez que refuta o necessário respeito às limitações fáticas e jurídicas para a concreção dos direitos. Isto implica um lamentável afastamento do Direito dos problemas sociais, de cuja solução ele, enquanto ciência social aplicada, deveria se ocupar. Os direitos acabam sendo tratados de forma irreal, segundo uma retórica pobre, muitas vezes eleitoreira e, frequentemente, pouco comprometida com seus propósitos éticos.

A despeito de sua concepção decorrente da aceitação da "teoria dos custos dos direitos", Galdino (2005, p. 234) alerta para as muitas oportunidades em que os custos são "maquiavelicamente" suscitados como óbices para a realização dos direitos com escusos objetivos ideológicos,[46] enquanto são obstáculos, em certa medida, passíveis de superação. Assim o autor refuta o argumento de que o orçamento pode não suportar determinada despesa, analisando que o fenômeno de captação de recursos é incessante e que, dessa forma, um orçamento posterior poderá absorver as despesas não pagas pelo primeiro. Delata o autor que o que frustra a efetivação de um determinado direito não

---

[45] Estas são as palavras dos autores: "To take account of this unstable reality, therefore, we ought not to conceive of rights as floating above time and place, or as absolute in character. It is more realistic and more productive to define rights as individual powers deriving from membership in, or affiliation with, a political community, and as selective investments of scarce collective resources, made to achieve common aims and to resolve what are generally perceived to be urgent common problems" (HOLMES; SUSTEIN, 1999, p. 123)

[46] À guisa de ilustração, o autor rememora exemplo na recente história do país, em que tentou-se impugnar "a instauração da Assembléia Nacional Constituinte (de 1986) em razão dos elevados custos que seriam por ela impostos à sociedade" (GALDINO, 2005, p. 234).

é a exaustão do orçamento, mas a opção política. Entretanto, esta constatação não deve servir de escólio para a "desenfreada gastança pública"; antes, apenas pretende pôr às claras que as decisões acerca da eficácia dos direitos podem ser trabalhadas no tempo, de acordo com os ajustes a serem feitos na tributação, que permite o seu custeio público, e o grau de concretização que se pretende atribuir a eles. Imperioso, para tanto, o constante sopesamento dos princípios materiais e formais colidentes, que conduzirão à análise de compensação ou não da restrição da propriedade pelo tributo, em virtude da promoção de valores outros consagrados pelos direitos.

Nessa esteira, Holmes e Sunstein (1999, p. 123) conduzem sua proposta de um "conceito pragmático de direito subjetivo fundamental", de forma que não se deve afirmar a existência de um direito fundamental determinado (o direito de uma pessoa receber uma determinada prestação quando seja absolutamente impossível, sob o prisma fático e financeiro, realizá-lo).

Isso em nada mais consiste, segundo Galdino (2005, p. 239), do que na correlação entre Direito e Economia, que encontrou seu espaço inicial nos Estados Unidos da América sob a concepção da análise econômica do Direito.[47] O ponto de partida dessa proposta é a ideia de que os indivíduos são maximizadores racionais de seus próprios interesses ou utilidades, de maneira que suas escolhas são feitas de forma que possam lograr o máximo proveito individual delas. A utilidade ou o interesse é, então, o elo entre o comportamento real dos indivíduos e as necessidades de racionalização da análise econômica. A questão central na análise econômica do Direito será a eficiência econômica ou a maximização da eficiência econômica das instituições sociais.

Na ótica da escassez, deve-se alcançar a maior eficiência possível nas alocações sociais, através da "maximização das utilidades individuais", que visa ao aumento da utilidade de uma pessoa sem reduzir a de outra, ou da "maximização da riqueza social", na qual a eficiência é medida pela capacidade que determinada medida de alocação de bens ou recursos tem para gerar a maximização da riqueza social. Neste prisma, o Direito seria mais um mecanismo na complexa engrenagem de alocação de recursos numa sociedade e a eficiência se tornaria sinônimo de justiça. Esta acepção, entretanto, induz a superioridade da Economia sobre o Direito, de forma que não pode prevalecer,

---

[47] Outros nomes já intitularam a mesma proposta, como "interpretação econômica do Direito" e "teoria econômica do Direito".

considerado o Direito como instrumento de mudança e conformação social e não mero objeto dela.

De fato, a análise econômica do Direito recebeu acirradas críticas. Pontuou Galdino (2005, p. 244) que a primazia do utilitarismo, que a orienta, sobre o juízo ético teria levado à assunção dos Estados totalitários do século XX e às lastimáveis transgressões aos direitos humanos nele vivenciada. Questionou, ademais, a visão puramente egoística do homem e da sociedade como sendo limitada e reducionista da personalidade humana, o que distorce a própria análise econômica do Direito. Um exame escorreito da realidade humana exige que seja considerada a rica dimensão moral do homem.

Assim, conclui Galdino (2005, p. 247) que o Direito é mais um entre os mecanismos de organização social e que não pode ser reduzido à análise de eficiência econômica. Ilustra sua inferência mostrando que, numa sociedade muito heterogênea, os miseráveis devem procurar incrementar suas utilidades ou interesses sem sacrificar os ricos que ostentam luxo, o que, do ponto de vista sociojurídico, não se sustenta. A ética deve nortear a organização das condições econômicas, apesar de também não ser o único vetor das mesmas.[48] Assim, o autor anota que o agente econômico não possui absoluta autonomia moral nem é uma máquina racional e completamente previsível, de modo que suas ações consistem na síntese de muitas variáveis, econômicas e não econômicas, e uma análise científica deve levá-las todas em conta.

Imprescindível, portanto, aliar à análise econômica a ética, sendo o Direito um importante instrumento para tanto, uma vez que possui um modelo orientado por valores, e seus juízos dirigem-se, em grande parte, à distribuição das riquezas e alocação de recursos, precisando, para isso, considerar pragmaticamente a noção de escassez.

De fato, antes de ser uma inimiga ou uma falsa escusa para a denegação de direitos, a concepção da escassez, ladeada da compreensão dos custos dos direitos, permite que o Direito seja transparentemente manobrado como instrumento de transformação social, exigindo escolhas capazes de promover a distribuição de riquezas consoante parâmetros de equidade. É forçoso reconhecer que a metodologia das ciências econômicas produz resultados mais factíveis, o que, agregado ao método abstrato de análise jurídica, pode levar à conciliação entre

---

[48] Para exemplificar as limitações da ética nas decisões econômicas, Galdino (2005, p. 250) comenta a situação de um pai, chefe de família, insatisfeito com seu emprego por convicções éticas, mas que tem pouca ou nenhuma ingerência sobre suas condições de trabalho e nenhuma autonomia para deixá-lo, em virtude de suas necessidades financeiras.

condições econômicas e pautas axiológicas que maximizem a eficiência das instituições sociais sem prejuízo dos valores envolvidos.

2.4.2 Consequências da escassez de recursos financeiros perante a teoria dos princípios

A escassez de recursos é incorporada pelo Direito sob a forma do princípio da reserva do possível, que opõe seus efeitos, sobretudo, aos direitos sociais, que demandam recursos para sua execução.

Os recursos submetidos à escassez natural severa restringem sobremaneira a possibilidade de efetivação dos serviços públicos, sem, entretanto, ensejar a responsabilidade do ente público, como será visto adiante.

Insta, neste momento, estudar as consequências da escassez de recursos financeiros e a competência orçamentária do legislador para decidir sobre a alocação das verbas públicas.

De fato, vige, no direito brasileiro, o princípio da legalidade da despesa, que aponta no sentido de que nenhuma despesa pública possa ser efetuada sem a prévia autorização na lei orçamentária, ficando gizada, portanto, a competência do Executivo e do Legislativo, partes ativas do processo legislativo para a definição acerca da alocação das escassas verbas públicas.[49] De acordo com Leivas (2006, p. 99), "este princípio restringe os direitos fundamentais sociais *prima facie* e, por conseguinte, frequentemente impede o reconhecimento de direitos fundamentais sociais definitivos".

---

[49] Os incisos I a VII do art. 167 da Constituição de 1988 traduzem o conteúdo jurídico do princípio da legalidade da despesa pública; senão, veja-se: "Art. 167. São vedados: I – o início de programas ou projetos não incluídos na lei orçamentária anual; II – a realização de despesas ou a assunção de obrigações diretas que excedam os créditos orçamentários ou adicionais; III – a realização de operações de créditos que excedam o montante das despesas de capital, ressalvadas as autorizadas mediante créditos suplementares ou especiais com finalidade precisa, aprovados pelo Poder Legislativo por maioria absoluta; IV – a vinculação de receita de impostos a órgão, fundo ou despesa, ressalvadas a repartição do produto da arrecadação dos impostos a que se referem os arts. 158 e 159, a destinação de recursos para as ações e serviços públicos de saúde, para manutenção e desenvolvimento do ensino e para realização de atividades da administração tributária, como determinado, respectivamente, pelos arts. 198, §2º, 212 e 37, XXII, e a prestação de garantias às operações de crédito por antecipação de receita, previstas no art. 165, §8º, bem como o disposto no §4º deste artigo; V – a abertura de crédito suplementar ou especial sem prévia autorização legislativa e sem indicação dos recursos correspondentes; VI – a transposição, o remanejamento ou a transferência de recursos de uma categoria de programação para outra ou de um órgão para outro, sem prévia autorização legislativa; VII – a concessão ou utilização de créditos ilimitados".

Milita, outrossim, a favor do princípio da legalidade da despesa, o princípio democrático, que impinge aos representantes eleitos pelo povo – chefe do Executivo e membros do Poder Legislativo, participantes do processo legislativo – a legitimidade para a tomada de decisões acerca das prioridades públicas, que devem merecer recursos orçamentários suficientes para sua implementação. Ademais, compete ao ente público, como já visto, pautar-se pelo equilíbrio financeiro, definido por Torres (2000, p. 278) como "a equalização de receitas e de gastos, harmonia entre capacidade contributiva e legalidade, redistribuição de rendas e transparência orçamentária, desenvolvimento econômico e universalidade". Este, o conteúdo jurídico do princípio do equilíbrio financeiro, que orienta a elaboração das leis financeiras – plano plurianual, lei de diretrizes orçamentárias e, sobretudo, a lei orçamentária – e reforça seu caráter vinculante, afirmado por Riani (2005, p. 233), que qualifica a atividade de execução orçamentária como administrativa, de concretização da lei, e, portanto, submissa ao princípio da juridicidade[50] bem como ao controle judicial.

Também se apresentam como princípios financeiros que restringem a disponibilidade de recursos necessários para a concretização de direitos sociais os limitadores da competência arrecadatória do Estado, como o princípio da legalidade tributária, o da vedação ao confisco, o da anterioridade, o da isonomia, da capacidade contributiva e da liberdade de tráfego, que, ao lado das imunidades, dos limites quantitativos definidos na Constituição (alíquotas máximas ou mínimas) e dos preceitos formais por ela exigidos (lei ordinária ou complementar; decreto do Executivo), cerceiam o exercício dessa atividade pública (AMARO, 2016, p. 130).

Não obstante, tais princípios financeiros (assim como os demais, que incluem os próprios princípios jusfundamentais) não são absolutos, mas restringíveis por outros, nas hipóteses de conflito. Consigna Leivas (2006, p. 99), fulcrado na teoria dos princípios, que "direitos

---

[50] Duarte e Galvão (2017a, p. 35) demonstram que, sob a égide do Pós-Positivismo jurídico, o clássico princípio da legalidade administrativa, que determinava ao ente público, no exercício da função administrativa, a estreita atuação em conformidade com a prescrição legal, vedando condutas não prescritas em lei, ganhou novos contornos e passou a implicar a conformação do agir administrativo ao Direito como um sistema normativo composto por normas categorizadas como regras e princípios, cuja aplicação deveria observar sua situação hierárquica no ordenamento. Para esta novel concepção da legalidade passou-se a empregar a expressão princípio da juridicidade, que, especialmente, em decorrência da cogência das normas constitucionais e de sua situação na cúspide do sistema, impõe ao agente público o dever de conformação das leis a seus preceitos e, por vezes, a necessidade de atuação à revelia de lei para atender a comandos constitucionais.

fundamentais sociais podem ter um peso maior que o princípio da competência orçamentária", tese esta sustentada por Grau (1993, p. 130-148), que acrescenta que "o princípio da legalidade da despesa pública, cuja fonte normativa é o art. 167, II da Constituição Federal, cede, no caso concreto [...], quando em colisão com o princípio da sujeição da Administração ao Poder Judiciário".

Este entendimento já fora, outrossim, acolhido pelo Supremo Tribunal Federal, quando do julgamento do Recurso Extraordinário nº 207.732-MS. No *decisum* em questão, o pagamento ou não dos honorários periciais em ação de investigação de paternidade que tramitou perante assistência judiciária. O Estado alegou a ausência de previsão orçamentária para a referida despesa; a Corte Suprema, porém, afastou a alegada violação ao art. 100 da Constituição de 1988, considerando que o mesmo não poderia consistir em empecilho para a eficácia plena do inciso LXXIV do art. 5º, norma de eficácia plena que garante também aos necessitados o amplo acesso à justiça (BRASIL, 2002c).

Sustenta este entendimento a ponderação entre os princípios colidentes. De fato, se é certa a divisão de competências entre os poderes constituídos do Estado, se é certo que balizam o ordenamento jurídico brasileiro os princípios democráticos e do equilíbrio financeiro, não se pode olvidar que os direitos fundamentais consistem no ápice axiológico-normativo do sistema constitucional, sendo esta uma das consequências da jusfundamentalidade de suas normas. Assim, a ponderação a ser efetuada entre os princípios constitucionais conflitantes há de considerar o peso de cada um, diante de cada caso concreto, consoante condições de precedência analisadas abstratamente e *a priori*.

Analisando, especificamente, o dever estatal de proteção da vida humana consagrado na Lei Fundamental Alemã, o Tribunal Constitucional Federal alemão enfrentou a problemática ora cotejada do conflito entre direitos fundamentais sociais e os princípios orçamentários, logrando conclusão que importa transcrever:

> O artigo 2, parágrafo 2, frase 1, em conexão com o artigo 1, parágrafo 1, frase 2 da Lei Fundamental, obriga o Estado a proteger toda a vida humana. Este dever de proteção é amplo [...]. Como os órgãos estatais cumprirão sua obrigação de uma proteção efetiva da vida deve ser decidido basicamente por eles por sua própria responsabilidade. Eles decidem acerca de quais medidas de proteção são adequadas e exigidas para garantir uma proteção eficaz da vida [...]. A liberdade de eleição dos meios para a proteção da vida pode, em casos especiais, reduzir a

eleição de um determinado meio se, de outra maneira, não pode lograr-se uma proteção efetiva da vida. (*apud* LEIVAS, 2006, p. 102)

De ver-se que, no julgado anterior, a Corte Maior Alemã reconheceu a validade jurídica do princípio democrático, acatando a consequência jurídica dele decorrente da liberdade dos órgãos estatais na escolha de meios para o cumprimento de preceitos mandamentais da Constituição, temperando-o, porém, com o direito fundamental da proteção da vida, que exige meios eficazes para o seu desiderato. Dessa forma, a necessidade da eficácia do meio pode reduzir sobremaneira a liberdade dos órgãos estatais, visto que os meios ineficazes estariam imediatamente excluídos do campo das possibilidades de escolha.

Percebe-se, desta maneira, que a proteção da vida foi elevada ao escol de direito de primeira estirpe, afastando as decisões discricionárias com ele colidentes e impedindo a prevalência dos princípios financeiros com ela conflitantes.

Insta registrar, entretanto, a possibilidade de existirem diversos meios eficazes e uns mais eficazes que outros. Dever-se-á, nesse caso, aplicar-se a máxima da proporcionalidade, ao escopo de se verificar a existência, também, de graus diferentes de restrição de outros direitos pelos meios a serem empregados, quando o subprincípio da necessidade poderá exigir que apenas um meio seja utilizado. Caso os diversos meios disponíveis alcancem o objetivo provocando restrições em graus semelhantes aos demais direitos, dever-se-á preferir o mais eficaz, que satisfará o subprincípio da adequação com maior intensidade.

Não é sempre, porém, que os direitos fundamentais prevalecerão sobre os princípios financeiros. Ao revés, excetuada a hipótese em que a vida e a dignidade em condições mínimas encontram-se em risco, entende-se que os direitos fundamentais devem realizar-se na exata medida da capacidade financeira do ente público. De fato, os direitos sociais são instrumentos de promoção da qualidade de vida de um povo e não se revela razoável permitir seu incremento à custa do endividamento público. Conceber tal atitude política implica comprometer seriamente as bases econômicas para a efetivação dos mesmos direitos para as gerações futuras, já que, entre outras sérias consequências, a dívida sacrifica os orçamentos públicos posteriores com seus encargos.

A despeito destas primeiras conclusões, a solução de todos os conflitos inerentes ao princípio do direito à saúde e à noção de escassez vazada no princípio da reserva do possível impõe uma argumentação orientada por uma teoria que lhe confira a necessária cientificidade para, assim, afastar o arbítrio e o subjetivismo tão maléficos aos postulados de justiça e equidade perseguidos pelo Direito.

2.5 A teoria da argumentação jurídica

Como se viu, a teoria dos princípios induz, necessariamente, à ponderação entre eles nos casos de conflito, sendo necessária uma argumentação racional e coerente que justifique adequadamente a decisão que determinar a prevalência de um ou outro princípio colidente. A natural conflituosidade do direito à saúde de uns com o direito à saúde dos demais, com outros direitos sociais ou com o interesse público inerente aos princípios do equilíbrio financeiro e do planejamento orçamentário induz, portanto, a necessidade de uma teoria da argumentação jurídica que ofereça padrões lógicos para diluir a colisão com cientificidade.

O Pós-Positivismo Jurídico ensejou o surgimento de várias teorias da argumentação na segunda metade do século passado. A despeito das variações propostas por diferentes autores, a teoria da argumentação é uma técnica de análise racional das normas e de justificação das decisões jurídicas, abarcando tanto conteúdos de lógica (encadeamento de proposições, sendo que das premissas se inferem as conclusões através do silogismo jurídico) quanto de axiologia e interpretação. Preocupa-se, assim, com a compreensão dos possíveis argumentos e valorações utilizáveis para a justificação das decisões judiciais, ampliando o campo de estudo em relação à metodologia jurídica tradicional,[51]

---

[51] A metodologia jurídica é considerada tradicional, neste trabalho, quando se aproxima do esqueleto do Positivismo, que Dworkin (2002, p. 27-28) descreve, a despeito de reconhecer variações filosóficas em torno da mesma, da seguinte forma: "(a) O direito de uma comunidade é um conjunto de regras especiais utilizado direta ou indiretamente pela comunidade com o propósito de determinar qual comportamento será punido ou coagido pelo poder público. [...] (b) O conjunto destas regras jurídicas é coextensivo com 'o direito', de modo que se o caso de uma pessoa não estiver claramente coberto por uma regra dessas (porque não existe nenhuma que pareça apropriada ou porque as que parecem apropriadas são vagas ou por alguma outra razão), então o caso não pode ser decidido mediante 'a aplicação do direito'. Ele deve ser decidido por alguma autoridade pública, como um juiz, 'exercendo seu discernimento pessoal', o que significa ir além do direito na busca por algum outro tipo de padrão que o oriente na confecção de nova regra jurídica ou na complementação de uma regra já existente. (c) Dizer que alguém tem uma 'obrigação jurídica' é dizer que seu caso se enquadra em uma regra jurídica válida que exige que ele faça ou se abstenha de fazer alguma coisa. [...] Na ausência de uma tal regra jurídica válida, não existe obrigação jurídica; segue-se que, quando o juiz decide uma matéria controversa exercendo sua discrição, ele não está fazendo valer um direito jurídico correspondente a essa matéria". Em seu "ataque geral contra o positivismo" (DWORKIN, 2002, p. 35), o autor demonstra que o Direito não é composto de normas que se enquadram apenas no modelo

salientando, a todo o momento, a responsabilidade social do intérprete e o compromisso com os valores do Estado Democrático de Direito.

A exigência da argumentação jurídica também repousa nele, equiparando-se ao dever de motivação dos atos estatais, que, especificamente no que diz respeito aos atos jurisdicionais, tem como fundamentos, segundo Araújo (2005, p. 25, a racionalização dos julgamentos, a clarificação das razões da decisão para as partes, criação de precedentes judiciais e a racionalização administrativa da justiça. Acrescente-se que a motivação deve ser materializada, formalmente expressa. "Toda intromissão na órbita jurídica das pessoas deve ser justificada" (ARAÚJO, 2005, p. 27). Ademais, como leciona Medauar (2018, p. 136),[52] a motivação é uma das exigências do princípio do contraditório, corolário da ampla defesa.[53] Não se faz possível o exercício de uma de suas faculdades, o recurso, calcado na contra-argumentação, sem a ciência das razões, dos argumentos que conduziram a decisão a ser combatida.

Por ser direito fundamental de segunda dimensão, não seria possível o enquadramento do direito à saúde em nenhuma das hipóteses normativas consideradas, por exemplo, por Kelsen (2003), hipotéticas ou categóricas. Antes, é veiculado por norma principiológica (apesar de ser reconhecido também um nível de vinculação plena correspondente às regras), o que traz para o centro da argumentação jurídica a *máxima*

---

das regras, mas que, sobretudo nos casos difíceis, avulta a importância de outros padrões de argumentação, como os princípios, que oferecerão a solução jurídica para o problema. Assim, Dworkin (2002) combate o poder discricionário do juiz, concebido no positivismo, para decidir, diante da ausência de uma regra, conforme suas concepções, exigindo-lhe, porém, um exercício de análise do Direito como um todo, inclusive dos precedentes jurisprudenciais, para, à luz de sua perspectiva histórica, compreender sua racionalidade e aplicá-la de maneira harmoniosa à situação nova. O autor propõe que a solução dos casos difíceis é extraída do sistema, e não criada pelo juiz. Portanto, sua concepção de norma abrange, assim como a de Alexy (2015), também os princípios, que seriam aptos, portanto, a gerar obrigações. Ocorre que os princípios, pela sua elevada abstração, colidem com facilidade e frequência, impondo o exame de sua dimensão de peso, que exige a ponderação entre os conflitantes para gerar uma nova regra, que será a solução do caso concreto. Alexy (2005) apresenta a teoria da argumentação jurídica para nortear formalmente esse processo de ponderação; Dworkin (2002), ao revés, possui uma proposta material que denomina "direito como integridade", resultante, dentre outras coisas, da reconciliação entre o Direito e a Moral.

[52] A autora alude, na passagem comentada, ao processo administrativo. Não obstante, as conclusões que alcança, então trazidas à colação, são inteiramente aplicáveis ao processo jurisdicional.

[53] Duarte e Galvão (2017a, p. 46) registram que "A ampla defesa comporta a produção de provas, a comunicação sobre os atos processuais, o acesso ao processo, o direito à manifestação, ao contraditório, à produção de alegações finais, ao recurso contra as decisões desfavoráveis e à todas atitudes que possam permitir a proteção contra restrições estatais indevidas na esfera individual, como imposição de sanções, limitação de seu patrimônio ou de sua liberdade, negativa de direitos, etc."

da proporcionalidade, que aparece como "uma norma metodológica que visa a garantir a racionalidade da denominada técnica de ponderação" (BUSTAMANTE, 2008, p. 273), sem a qual o processo estaria exposto ao "mais odioso tipo de decisionismo jurídico" (BUSTAMANTE, 2008, p. 258).

Alexy (2005) elabora sua teoria da argumentação jurídica a partir de um catálogo de normas procedimentais que servem de base para a fundamentação de juízos acerca de normas e valores, buscando a pretensão de correção. Esta se fulcra em dois pressupostos: o de que a decisão deve ser correta à luz da ordem jurídica vigente e o de que o correspondente ordenamento que a lastreia deve ser justo e razoável. Pressuposto de sua concepção é a teoria habermasiana da ação dialógica, uma vez que as interpretações devem ser justificadas dentro de um processo discursivo através de parâmetros fornecidos pela razão comunicativa.

A exigência de correção da teoria de Alexy (2005), segundo Bustamante (2005, p. 48-49), "decorre do dever de expor publicamente as razões para a decisão que se pretende tomar, uma vez que a teoria da argumentação jurídica (pelo menos a vertente habermasiana-alexyana) pressupõe um discurso guiado por regras racionais". Certo é, entretanto, que a correção é um parâmetro ideal perseguido pela teoria, que reconhece, não obstante, a inviabilidade de que seja alcançado em sua plenitude. A ciência caminha em busca da verdade, mas seu próprio pressuposto consiste, paradoxalmente, na desconstrução de pretensas verdades anteriores.

Esta constatação indica uma nova concepção científica que Prigogine (1996, p. 13) apresenta como "o fim das certezas", propondo que as leis fundamentais, quando consideram a complexidade do mundo real, representam o estágio de conhecimento superável, correspondente ao que se conseguiu produzir até o momento temporal presente, ou seja, "exprimem agora possibilidades e não mais certezas". Essa realidade também foi constatada por Gadamer (2004, p. 69), que, a partir da aceitação da finitude do sujeito, reconhece a historicidade do conhecimento.[54] Assim, a teoria da argumentação jurídica não deve ser vista como uma fonte de determinações absolutamente seguras para

---

[54] Assim se expressou Gadamer (2004, p. 69): "O fato de, como foi dito acima, todo enunciado ter seu horizonte situacional e sua função interpelativa, constitui a base para a conclusão posterior, segundo a qual a historicidade de todos os enunciados enraíza-se na finitude fundamental de nosso ser. O fato de um enunciado ser mais do que mera atualização de um estado de coisas prejacente significa sobretudo que ele pertence ao todo de uma existência histórica, sendo simultâneo com tudo que nela pode estar presente".

dizer como cada caso deve ser valorado; contudo, como uma busca de parâmetros para as valorações que os aproxime da objetividade (BUSTAMANTE, 2008, p. 301). Esta proposta encontra consonância com a proposta de Gadamer (2004, p. 71) de que o importante, na ciência moderna, é o método, que permite o refazimento de um percurso sempre que necessário para estabelecer uma restrição do que pode resultar "pretensão à verdade".

Alexy (2005) encontra-se ciente das limitações da teoria da argumentação jurídica,[55] mas elas não são bastantes para desacreditá-la. Ao revés, percebe-se que a importância da teoria da argumentação jurídica avulta nos chamados *hard cases*, para os quais os recursos técnicos do positivismo jurídico já se revelaram insuficientes. As decisões referentes ao controle judicial dos atos de saúde pública apresentam-se como tais. A natureza principiológica do direito social à saúde (a despeito da existência de um nível de vinculação plena próprio das regras, correspondente ao núcleo essencial do direito), demanda a solução dos conflitos por ele figurados (com outros direitos sociais, com princípios financeiros e com a escassez) mediante a técnica da ponderação, que carece, para a demonstração do caminho intelectual percorrido pelo operador do Direito, e, portanto, para a contenção do arbítrio, da observação de procedimentos argumentativos ainda não contemplados pela metodologia jurídica positivista.[56]

---

[55] É o que se percebe no seguinte excerto: "Resumindo, a pretensão de correção que se propõe no discurso jurídico é uma pretensão não só *limitada*, no sentido de que se efetuam exigências assinaladas pela lei, a dogmática e os precedentes (e, em geral, sob os limites das regras do discurso jurídico), como também *relativa* aos participantes do discurso (no sentido de que o resultado depende deles, e, portanto, de suas convicções normativas), a um determinado momento temporal (o resultado do discurso pode ser diferente no tempo t1 e no tempo t2), e, além disso, o procedimento não pode, na maioria dos casos, ser realizado na prática" (cf. ALEXY, 1985b, p. 47 *et seq*.; 1988c, p. 27 *et seq*.; 1988b, p. 61-62). "Mas essas dificuldades, na opinião de Alexy, não desacreditam em absoluto a teoria do discurso. Em primeiro lugar, porque o fato de respostas diferentes serem possíveis discursivamente não significa que todas sejam possíveis. [...] Em segundo lugar a relativização com relação aos participantes não é apenas um inconveniente. 'Toda discussão tem que ter um ponto de partida. Não pode começar do nada. Esse ponto de partida consiste nas convicções normativas dos participantes'. [...] Em terceiro lugar, o fato de os resultados serem passíveis de modificação ao longo do tempo pode ser, inclusive, considerado uma vantagem, pois isso permite eliminar deficiências existentes num momento temporal anterior" (ATIENZA, 2003, p. 180-181).

[56] Grau (2002, p. 31) assim alude às dificuldades da teoria positivista diante do conflito entre princípios: "[...] o positivismo jurídico é também inoperante diante dos conflitos entre princípios. Resta-lhe negá-los, ignorá-los, remeter sua solução à discricionariedade do juiz ou — o que tem sido mais praticado — neles não reconhecer o caráter de norma jurídica. Na adoção dessa última alternativa, contudo, as insuficiências do positivismo tornam-se mais agudas, pois isso importa que se tenha que admitir que o sistema de normas está

O processo de justificação jurídico-prática abarca uma ampla gama de procedimentos, podendo ser dividido em justificação interna e externa. Consoante assevera Atienza (2003, p. 40), a justificação de uma decisão, a partir da demonstração de sua validade de acordo com premissas dadas, consiste na justificação interna, enquanto a justificação externa preocupa-se com a comprovação da validade das premissas utilizadas.

Dessa forma, a teoria da argumentação jurídica permite inferir se a decisão de um jurista prático diante de juízos de valor resulta de, como afirma Bustamante (2005, p. 56), "meras preferências decorrentes do arbítrio de uma autoridade constituída", ou se é, como se exige, decorrente de um raciocínio jurídico consistente.

2.5.1 Teoria da argumentação jurídica de Alexy

A teoria da argumentação de Alexy (2005) decorre da constatação da insuficiência da lógica formal, baseada unicamente na suposta legitimidade da lei, para a tomada de decisões juridicamente corretas e justas.[57] O autor percebe a necessidade de outra metodologia, além da simples subsunção de fatos a enunciados normativos obtidos pelo

---

integrado por não-normas (ou que o sistema é operacionalizado mediante a consideração de elementos externos a ele)".

[57] Grau (2002, p. 84) afirma que "a imensa maioria dos estudiosos do direito foge à questão da *legitimidade do direito* como se diz que do alho foge o vampiro, ou o diabo, da cruz. E um dos expedientes mais aprestados a ensejar essa fuga encontra-se na afirmação de que a *legitimidade* está subsumida na *legalidade*, o que não se pode, contudo, logicamente, sustentar". Ao contrário, afirma que só se pode "afirmar que a norma jurídica é *legítima* — dotada de *legitimidade* — quando existir correspondência entre o comando nela consubstanciado e o sentido admitido e consentido no contexto social, a partir da realidade coletada como justificadora do preceito normatizado. A legitimidade é um *conceito material*, ao passo que a legalidade é um *conceito formal*" (GRAU, 2002, p. 86). Para corroborar sua assertiva de que a legalidade, entendida em seu aspecto unicamente formal, é incapaz de angariar, de fato, a legitimidade, Grau (2002, p. 181) alude à crise da democracia representativa: "A falácia da representação parlamentar, na qual a lei exprime uma 'vontade geral indivisível', será assim reafirmada, não importando os fatos de os interesses estarem pulverizados no seio dos Parlamentos — a opinião pública desertou os parlamentos — e, em especial entre nós, os partidos políticos serem *pragmáticos*, essencial e terrivelmente *pragmáticos* e nada, absolutamente em nada reconhecíveis como *programáticos*". Esta realidade conduz à necessidade de outros mecanismos de legitimação do Direito que, na teoria pós-positivista, consiste justamente no reconhecimento dos princípios, que albergam valores extraídos imediatamente da comunidade política a que serão aplicados, com força normativa, vinculando plenamente os destinatários do arcabouço jurídico. O Direito como integridade (DWORKIN, 2002) oferece elementos materiais para suprir a escassez de legitimidade da concepção formal do Direito, ao passo que a teoria da argumentação jurídica contribui com parâmetros procedimentais.

processo silogístico, em virtude da imprecisão da linguagem, da constatação do conflito entre normas, da existência de lacunas e da eventual necessidade de tomada de decisões *contra legem*. Sobretudo, porém, justifica a sua preocupação a necessidade de adoção de juízos de valor diante de conceitos jurídicos indeterminados ou da discricionariedade, tornando-se, portanto, imperativa a sua fundamentação racional.

Para tanto, o autor constrói uma *teoria procedimental da argumentação jurídica*, de acordo com a qual uma decisão será correta se for resultado de um determinado procedimento que garanta a racionalidade através de regras de lógica, dos direitos dos participantes e sobre cargas de argumentação, ou seja, do discurso racional. Assim, sua proposta tem fulcro no conceito de razão prática, que pressupõe, para ele, coerência, efetividade, otimização e reflexividade, e propõe a aplicação da teoria do discurso habermasiana[58] ao processo de formação dos enunciados jurídicos.

Outro conceito habermasiano decisivo para a teoria de Alexy (2005) é o conceito de verdade, que, para ele, afasta-se do conteúdo semântico e consiste antes no consenso que na correspondência entre enunciados e fatos. O consenso deve ser construído dentro de um discurso movido exclusivamente pela força racionalmente motivadora dos argumentos construídos e resgatados comunicativamente, ou seja, livre do discurso estratégico que pressupõe outras técnicas de persuasão que não a livre comunicação entre todos os possíveis afetados pelas interações então mediadas. Esse processo deve supor uma *situação ideal de fala*, em que são excluídos todos os fatores externos ao discurso que distorçam sistematicamente a comunicação. Atienza (2003, p. 190) critica o excesso de importância conferido por Alexy (2005) ao consenso, em contraposição com a pouca atenção dedicada aos fenômenos do desacordo, que, segundo ele, operaria não como um desconstrutor, mas como um relevante complemento de sua teoria. Segundo o autor, o discurso não arremata, sempre, num acordo, mas passa, com frequência, pelo desacordo. O reconhecimento desta realidade implica "entender o discurso como ação, ou seja, como a ininterrupta ação comunicativa que teria de se responsabilizar pelo conflito e resistir [...] a abandoná-lo à pura ação estratégica". O espaço para a discórdia é devidamente reclamado numa comunidade democrática, que pressupõe abertura ao dissídio. A despeito da ressalva, entretanto, Atienza (2003, p. 191)

---

[58] A teoria do discurso habermasiana também rechaça a ideia de equiparação da legitimidade à legalidade, que aceitaria qualquer valor em normas jurídicas válidas.

considera que a teoria de Alexy (2005) leva em conta o fenômeno do desacordo em maior grau que a de Habermas, o que fica claro, por exemplo, diante da admissão de que "duas soluções contraditórias podem ser corretas, sem que isso implique a regra de que nenhum falante pode se contradizer". Para Atienza (2003, p. 191), portanto, "uma teoria da argumentação jurídica não deve partir, sem justificação, da máxima de que o Direito permite uma (embora não seja *uma única*, como sustentam Alexy e MacCormick em oposição a Dworkin) resposta correta para cada caso". Ao revés, para o autor, "talvez haja hipóteses em que, mantendo-se dentro do Direito, não se possa chegar a nenhuma resposta correta, mas, nas quais, contudo, continua havendo a necessidade de argumentar juridicamente" (ATIENZA, 2003, p. 192).

Então, a teoria da argumentação torna-se imprescindível para distinguir, selecionar e estruturar os argumentos necessários à construção de enunciados jurídicos, sob um alicerce dialógico. Trata-se de um conjunto de regras aplicáveis aos discursos procedimentais não monológicos, cujo principal objetivo é a segurança da imparcialidade da argumentação prática para justificar afirmações normativas.

Segundo seus preceitos, devem ter acesso ao procedimento dialógico um número ilimitado de participantes, na situação em que eles mesmos existam, sob regras que orientem a formação das afirmações normativas, considerando que as condições fáticas e normativas podem ser modificadas tendo em vista os argumentos apresentados no curso do procedimento guiado por regras e formas. Parte-se do pressuposto de que todo falante (e, portanto, todo jurista) possui um sistema de referências constituído por suas experiências de vida, sua formação familiar e acadêmica, sua carga genética e por outros fatores integrantes de seu inconsciente (inclusive o inconsciente coletivo) que influenciam em suas pré-compreensões. Assim, a teoria da argumentação reconhece que o processo hermenêutico sofre influência dos preconceitos e da tradição e procura, em resposta a esta constatação, oferecer parâmetros para a desconstrução e a reconstrução de enunciados normativos com pretensão de correção. Reconhece, com isso, os limites inerentes a este próprio processo de autoconhecimento do indivíduo, ao qual a psicanálise também reconhece, por sua vez, limitações, mas dispõe-se a enfrentá-las e a contribuir para sua possível superação.

A despeito de sua característica dialógica, a teoria da argumentação jurídica será utilizada neste trabalho como ferramenta imprescindível para a aferição da correção e, portanto, da consistência e racionalidade dos argumentos utilizados para a solução do problema que se propõe resolver. Para tanto, faz-se necessário o estudo das regras do discurso técnico-jurídico, que serão aplicadas, no capítulo seguinte, na análise e desfecho dos conflitos protagonizados pelo direito à saúde.

As primeiras regras apresentadas por Alexy (2005, p. 191) são, segundo ele, "condição de possibilidade de qualquer comunicação linguística em que se trate da verdade ou correção". São as seguintes, chamadas *regras fundamentais*:

> (1.1) Nenhum falante pode contradizer-se.
> (1.2) Todo falante só pode afirmar aquilo em que ele mesmo acredita.
> (1.3) Todo falante que aplique um predicado F a um objeto A deve estar disposto a aplicar F também a qualquer objeto igual a A em todos os aspectos relevantes.
> (1.4) Diferentes falantes não podem usar a mesma expressão com diferentes significados.

A primeira regra é considerada como fundamental da lógica, especialmente da lógica deôntica e impede a contradição do falante. A segunda alberga o princípio da sinceridade, sem o qual seria possível o uso da mentira, que origina a decepção.[59] Após, tem-se a aplicação do princípio kantiano da universalidade, base da teoria procedimentalista da argumentação prática, que dá ensejo ao brocardo jurídico "onde existe a mesma razão, deve haver o mesmo tratamento". Por fim, vê-se, no item (1.4), uma regra pragmática sobre o uso da linguagem, sem a qual o entendimento seria impossível.

O segundo conjunto de regras é chamado por ele de *regras da razão*, sendo considerado por muitos como as condições mais importantes da racionalidade do discurso. Inicia-se com a 'regra geral de fundamentação', que preconiza que "(2) Todo falante deve, se lhe é pedido, fundamentar o que afirma, a não ser que possa dar razões que justifiquem negar uma fundamentação" (ALEXY, 2005, p. 194-195). Sucede a regra de admissão no discurso, que preconiza a universalidade de acesso a ele, de acordo com a qual "(2.1) Quem pode falar, pode tomar parte no discurso", seguindo-se as regras que norteiam a liberdade de discussão ou não coerção, dividindo-se em três exigências:

---

[59] Garcia (2004, p. 130), entretanto, salienta que o falante, muitas vezes, mente a si mesmo, e se contradiz justamente por não conseguir alcançar, conscientemente, o cinismo a que se submete. Conhecendo tais situações que a própria psicanálise opõe ao falante, a teoria do discurso pressupõe as *condições ideais de fala* como situações hipotéticas, à semelhança do juiz "Hércules", de Dworkin (2002), para construir também uma teoria de argumentação ideal. O "estado ideal de coisas", ainda que sabidamente inalcançável, consiste no paradigma a ser buscado, a ser perseguido pela ciência.

(2.2) (a) Todos podem problematizar qualquer asserção.
(b) Todos podem introduzir qualquer asserção no discurso.
(c) Todos podem expressar suas opiniões, desejos e necessidades.
(2.3) A nenhum falante se pode impedir de exercer seus direitos fixados em (2.1) e (2.2) mediante coerção interna e externa ao discurso.

Logo após, são discutidas por Alexy (2005, p. 197) as *regras sobre a carga de argumentação*. A primeira, que avulta em importância, trata de um desdobramento do princípio da igualdade, impondo que "(3.1) Quem pretende tratar uma pessoa A de maneira diferente de uma pessoa B está obrigado a fundamentá-lo", enquanto a segunda consiste numa regra argumentativo-discursiva propriamente dita, versando que "(3.2) Quem aduziu um argumento, está obrigado a dar mais argumentos em caso de contra-argumentos".

As duas últimas *regras sobre a carga da argumentação* tratam, como leciona Bustamante (2005, p. 81) de "(3.3) *evitar interferências desnecessárias no discurso* e (3.4) *determinar a extensão da regra nº 2* (a qual exige a justificação de todas as afirmações normativas utilizadas no discurso prático)". Tais regras desempenham um importante papel em relação à argumentação jusfundamental, quando existe a necessidade de resolver as colisões decorrentes do caráter *prima facie* dos direitos fundamentais.

Alexy (2005) apresenta, ainda, a forma como os argumentos devem ser estruturados nos discursos de argumentação, que pode ser desenvolvida, basicamente, tomando-se uma determinada regra como válida e partindo-se do pressuposto de que as condições justificadoras para a sua aplicação foram atendidas, ou referindo-se às consequências de se seguir o imperativo implicado na norma.

Sucedem-se as *regras de fundamentação*, sendo a primeira delas decorrente dos princípios da universalidade e da prescritividade, também chamada "da troca de papéis";[60] a segunda, do princípio de

---

[60] Estes princípios equiparam-se à figura do *véu da ignorância* de Rawls (2008), figura hipotética construída por ele justamente para permitir ao indivíduo que formula uma determinada proposta acerca da organização da sociedade colocar-se no lugar daquele que suportará as respectivas consequências. Caso o formulador a aceite, considerando-a justa, independentemente de ser beneficiado ou prejudicado por ela, existirá maior probabilidade de que ela, de fato, o seja. Assim, o autor explica a figura retórica que construiu: "ninguém sabe qual é seu lugar na sociedade, classe nem *status social*; além disso, ninguém conhece a própria sorte na distribuição dos dotes e das capacidades naturais, sua inteligência e força, e assim por diante. Ninguém conhece também a própria concepção do bem, as particularidades de seu projeto racional de vida, nem mesmo as características especiais de sua psicologia, como sua aversão ao risco ou sua tendência ao otimismo ou ao pessimismo. Além do mais, presumo que as partes não conhecem as circunstâncias de sua própria sociedade. Isto é, não conhecem a posição econômica ou política, nem o nível de civilização e cultura que essa

generalização de Habermas; e a terceira, do princípio de Baier que exige a abertura e a sinceridade no discurso, excluindo diretamente como infundamentável uma série de regras (ALEXY, 2005, p. 204). Ainda assim, resta a necessidade de outras normas para a garantia de um acordo mais racional, tendo sido novas regras propostas por Habermas e detalhadas por Lorenzen e Schwemmer com o programa da gênese crítica. Considerando, ainda, que o discurso prático se desenvolve com a finalidade de resolver questões práticas realmente existentes, foi formulada, em sucessão às regras 5.1 a 5.2, a regra 5.3, assim apresentadas, todas elas, pelo autor:

> (5.1.1) Quem afirma uma proposição normativa que pressupõe uma regra para a satisfação dos interesses de outras pessoas, deve poder aceitar as consequências de dita regra também no caso hipotético de que se encontra na situação daquela pessoa. [...]
> (5.1.2) As consequências de cada regra para a satisfação dos interesses de cada um devem ser aceitas por todos. [...]
> (5.1.3) Toda regra pode ser ensinada de forma aberta e geral. [...]
> (5.2.1) As regras morais, que servem de base às concepções morais do falante, devem poder passar na prova da sua gênese histórico-crítica. Uma regra moral não passa nesta prova:
> a) se, ainda que originalmente se pudesse justificar racionalmente, perdeu depois a sua justificabilidade;
> b) se originariamente não era possível justificá-la racionalmente e não se podem aduzir novas razões que sejam suficientes para tanto. [...]
> (5.2.2) As regras morais que servem de base às concepções morais do falante devem poder passar pela prova de sua formação histórica individual. Uma regra moral não passa por tal prova se se estabeleceu sobre a base de condições de socialização não justificáveis. [...]
> (5.3) É preciso respeitar os limites de socialização dados de fato. [...]
> (ALEXY, 2005, p. 204)

Considerando, ainda, que nos discursos práticos surgem muitos problemas, decorrentes de questões de fato, linguísticas ou referentes

---

sociedade conseguiu alcançar. As pessoas na posição original não sabem a qual geração pertencem. Essas restrições mais amplas impostas ao conhecimento são apropriadas, em parte porque as questões de justiça social surgem tanto entre gerações quanto dentro delas; por exemplo, a questão da taxa apropriada de poupança de capital e de conservação dos recursos naturais e ambientais. Há ainda, pelo menos teoricamente, a questão de uma política genética razoável. Também nesses casos, para levar adiante a idéia da posição original, as partes não devem conhecer as contingências que as colocam em oposição. Devem escolher princípios cujas consequências estejam dispostas a aceitar, seja qual for a geração a que pertencem" (RAWLS, 2008, p. 166-167).

à própria discussão prática, e que não podem ser resolvidos por meio da argumentação prática, deve ser possível passar a outras formas de discurso, o que o autor assegura mediante as seguintes regras, as quais denomina "de transição":

> (6.1) Para qualquer falante e em qualquer momento, é possível passar a um discurso teórico (empírico).
> (6.2) Para qualquer falante e em qualquer momento, é possível passar a um discurso de análise da linguagem.
> (6.3) Para qualquer falante e em qualquer momento é possível passar a um discurso de teoria do discurso. (ALEXY, 2005, p. 206)

Vê-se, pois, que o orador pode recorrer a discursos diferenciados, respectivamente, o empírico, o analítico e o próprio discurso prático (entendido como o procedimento necessário para provar e fundamentar enunciados normativos e valorativos por meio da fundamentação), viabilizando, portanto, o aproveitamento de argumentos provenientes de diversos tipos de discurso para a argumentação jurídica, que objetiva a diminuição da margem de insegurança e o incremento da possibilidade de controle das decisões.

Em relação ao discurso jurídico, o autor apresenta regras de justificação interna e externa. A justificação interna diz respeito ao clássico "silogismo jurídico", concebido como a submissão de uma premissa menor a uma premissa maior para lograr uma conclusão. Não obstante, Alexy (2005) reconhece sua insuficiência perante os casos complicados, informando ser necessário o recurso a outros passos diversos de desenvolvimento, que são assim sistematizados:

> Justificação interna
> Regras e formas de interpretação
> (J.2.1) Para a fundamentação de uma decisão jurídica deve se aduzir pelo menos uma norma universal.
> (J.2.2) Da decisão jurídica se deve seguir pelo menos uma norma universal.
> (ALEXY, 2005, p. 219)
> (J.2.3) Sempre que exista dúvida sobre se "a" é um T ou um M, há que se aduzir uma regra que decida a questão.
> (ALEXY, 2005, p. 223)
> (J.2.4) São necessários os passos de desenvolvimento que permitam formular expressões cuja aplicação ao caso em questão não seja já discutível.

(J.2.5) É preciso articular o maior número possível de passos de desenvolvimento. (ALEXY, 2005, p. 224)

Estas regras são inspiradas, sobretudo, no princípio da universalidade, que serve de base não somente à justiça formal, mas também permite conhecer, de forma clara, as premissas que podem ser diretamente inferidas do direito positivo, garantindo racionalidade no momento de sua aplicação.

A justificação externa, ao revés, ocupa-se das premissas, que, para Alexy (2005), podem ser de três espécies: regras de direito positivo (cuja justificação consiste em mostrar sua validade de acordo com critérios do sistema); enunciados empíricos (máximas da presunção racional e regras processuais sobre a importância da prova, que se justificam de acordo com as ciências empíricas) e um terceiro tipo de enunciado, que seria fruto da reformulação das normas através da própria argumentação jurídica.

As regras de justificação externa distinguem-se, basicamente, em grupos de seis, e se referem à interpretação, à argumentação dogmática, ao uso de precedentes, à argumentação prática geral, à argumentação empírica ou às formas especiais de argumentos jurídicos. Não existem regras referentes à argumentação empírica, mas sempre será necessário recorrer a ela, sendo isso permitido, como se vê da regra (6.1). No que tange, entretanto, à interpretação, o autor a reconhece como uma das etapas do processo do discurso jurídico.

As primeiras regras de justificação externa referem-se à argumentação semântica, oportunidade em que os argumentos são utilizados para justificar, criticar ou mostrar que uma interpretação é admissível. A primeira regra refere-se aos casos em que uma interpretação R' é discursivamente necessária; a segunda, às hipóteses em que a formulação linguística torna discursivamente impossível a interpretação R'; e a última refere-se à hipótese em que é possível tanto aceitar como rejeitar a interpretação R'. Veja-se:

> Justificação externa
> (J.3.1) R' deve ser aceita como interpretação de R sobre a base de W.
> (ALEXY, 2005, p. 230)
> (J.3.2) R' não pode ser aceita como interpretação R sobre a base de W.
> (ALEXY, 2005, p. 231)
> (J.3.3) É possível tanto aceitar R' como interpretação de R quanto negar R' como interpretação de R, pois eles não regem nem W_j nem W_k.
> (ALEXY, 2005, p. 231)

O argumento genético refere-se à vontade do legislador; enquanto a interpretação teleológica reporta-se ao fim pretendido pelo legislador, de forma objetiva e não limitada ao contexto histórico de elaboração da norma. O argumento histórico terá lugar quando forem aduzidos fatos que se referem ao problema jurídico discutido, enquanto o argumento comparativo toma por referência outros ordenamentos jurídicos como um estado de coisas anterior dentro da sociedade. Por fim, o argumento sistemático compreende a situação da norma em relação ao ordenamento como um todo, considerando suas relações lógicas com as outras normas.

Os cânones de interpretação não conduzem, para Alexy (2005, p. 241), a decisões racionais em todos os casos, revelando-se insuficientes ou saturados perante o conflito de normas. Assim, a utilização de um cânone de interpretação depende do cumprimento de uma regra que impede o recurso a asserções vazias ou pseudofundamentais, como se extrai da regra (J.6):

> (J.6) Deve resultar saturada toda forma de argumentação que se deva incluir entre os cânones de interpretação.

Ressalta, ainda, Alexy (2005. p. 242) que os argumentos semânticos e genéticos têm uma precedência *prima facie*, de forma que aquele que pretender argumentar contra o sentido vernacular dos textos legislativos ou a vontade do legislador histórico, assume uma carga de argumentação.

> (J.7) Os argumentos que expressam uma vinculação ao teor literal da lei ou à vontade do legislador histórico prevalecem sobre outros argumentos, a não ser que possam ser aduzidos outros motivos racionais que concedam prioridade a outros argumentos.

Ainda segundo o autor, como, pelo princípio da universalidade, todas as formas de argumento são possíveis, é preciso estabelecer uma prioridade entre eles, o que é feito através da ponderação racional, exigida pela regra (J.8). Por fim, o autor consigna a necessidade de que os argumentos aduzidos sejam levados em consideração no discurso:

> (J.8) A determinação do peso de argumentos de distintas formas deve ocorrer segundo regras de ponderação.
> (J.9) É preciso levar em consideração todos os argumentos que for possível propor, e que possam ser incluídos, pela sua forma, entre os cânones da interpretação. (ALEXY, 2005, p. 243)

Não olvida Alexy (2005, p. 257), outrossim, da importância da dogmática, que ganha especial relevo em sua teoria. Registre-se que a dogmática jurídica consiste na ciência do Direito que se dedica à criação do Direito vigente, sua análise sistemática e conceitual e a elaboração de propostas de solução de casos judiciais problemáticos, como os que envolvem a eficácia dos direitos sociais, mormente do direito à saúde.

O argumento formal não olvida, todavia, os problemas da democracia representativa e de sua falência como único instrumento de legitimação do poder. Reconhece-se a perda da credibilidade do Parlamento junto à sociedade, fruto do domínio cada vez mais transparente e repugnante das maiorias parlamentares pelo Executivo e a consequente crise do formalismo, que aponta para a necessidade de resgate da importância do aspecto material suscitada pelo pós-positivismo. Acata, outrossim, as dificuldades técnicas enfrentadas pelo Parlamento para a produção de normas sobre os serviços cada vez mais complexos de um Estado Social, bem como se reconhece que a morosidade do processo legislativo, muitas vezes, torna a lei obsoleta e incapaz de responder adequadamente às dinamicidades sociais. Não fecha os olhos, ademais, para o fenômeno da deslegalização, como fruto da normatividade constitucional resgatada pela Nova Hermenêutica[61] e da paulatina entrega de poder normativo à Administração, tampouco refuta o importante papel da participação popular direta no processo de formação da vontade estatal, hoje erigido como solução verdadeira para a falência do modelo democrático puramente representativo.

Mas, a despeito das fragilidades da dogmática formal, não se pode negligenciar suas enobrecidas funções, sistematizadas por Alexy (2005, p. 258-262) como a de estabilização, através da qual se fixam e se fazem reprodutíveis as consequências jurídicas de determinada questão prática, permitindo o necessário tratamento equânime daqueles que se encontram na mesma situação jurídica. Outrossim, deve ser registrada a função de progresso, que se concretiza através do acompanhamento, pelo legislador, das mudanças valorativas da sociedade, bem como a função de descarga, que, apesar de ser limitada (em virtude da possibilidade de questionamento da constitucionalidade dos enunciados legais), viabiliza a adoção em lei de enunciados já comprovados e aceitos, dispensando o processo argumentativo de fundamentação a cada vez que for aplicado. Anote-se, ainda, a função técnica de construção de conceitos básicos gerais, formas de enunciados e instituições jurídicas

---

[61] *Vide*, neste sentido, importante contribuição de Bonavides (2003, p. 488).

de maneira sistematizada; a função de controle, que permite a aferição da compatibilidade lógica e sistêmica dos enunciados entre si e, por fim, a função heurística, que reconhece os enunciados normativos como pontos de partida para questionamentos e, assim, para a formulação de novas propostas.

Esses papéis assumem destacado realce na problemática dos direitos fundamentais sociais, que, como visto, têm a indefinição de seu conteúdo jurídico e a conflituosidade imanente como marcas indeclináveis de sua natureza.

Diante disso, resultam as seguintes regras da interpretação dogmática:

> Regras da interpretação dogmática
> (J.10) Todo enunciado dogmático, se for posto em dúvida, deve ser fundamentado mediante o emprego, ao menos, de um argumento prático do tipo geral.
> (J.11) Todo enunciado dogmático deve poder passar por uma comprovação sistemática, tanto em sentido estrito quanto em sentido amplo.
> (ALEXY, 2005, p. 257)
> (J.12) Se são possíveis argumentos dogmáticos, eles devem ser usados.
> (ALEXY, 2005, p. 264)

Alexy (2005) peca, entretanto, ao não estender sua teoria ao processo de produção de normas, o que dá ensejo a uma acertada crítica de Atienza (2003, p. 213) no sentido de que ele crê na racionalidade de um sistema sem, contudo, contribuir para ela.

Alexy (2005, p. 247) aponta, ainda, que o princípio da universalidade, do qual decorre o princípio da igualdade, impinge uma especial valorização dos precedentes judiciais na argumentação jurídica, visto que complementam a dogmática, auxiliando-a no processo de estabilização do direito, sem, contudo, engessá-lo, já que é possível sua evolução.[62] Quem, contudo, pretender superar um determinado precedente, assumirá, outrossim, a importante tarefa de argumentação.

> Regras gerais sobre o uso de precedentes
> (J.13) Quando se puder citar um precedente a favor ou contra uma decisão, isso deve ser feito.

---

[62] Dworkin (2003, p. 305) também não refuta a importância da dogmática, afirmando que "qualquer teoria plausível desqualificaria nosso próprio direito que negasse abertamente a competência ou a supremacia legislativa". Com esta assertiva, o autor corrobora a importância que confere ao Direito posto, sem, contudo, reduzir a ele o fenômeno jurídico.

(J.14) Quem quiser se afastar de um precedente assume uma carga de argumentação. (ALEXY, 2005, p. 267)

A teoria de Alexy (2005) é aplicável ao Direito brasileiro em virtude de seu caráter democrático e de sua importante tarefa de racionalização do discurso. A despeito disso, Bustamante (2005) dirige-lhe algumas ressalvas, como no que tange aos grupos dos cânones de interpretação (semântica, genética, histórica, comparativa, sistemática e teleológica), em relação aos quais Alexy (2005) propõe a prioridade daqueles que favoreçam uma maior vinculação ao teor literal da lei ou à vontade do legislador. Bustamante (2005) critica a preferência determinada pelo autor, aduzindo que a interpretação caminha ao lado da aplicação do Direito e que, por isso, deve observar fielmente a situação fática sobre a qual a norma jurídica incidirá. De fato, a interpretação é condicionada tanto ao contexto sistêmico dos enunciados normativos (contexto do sistema jurídico ao qual a norma pertence) quanto ao seu contexto funcional (fatos socioculturais que condicionam o surgimento e a operacionalidade dos enunciados normativos), de forma que, para ele, os argumentos teleológicos e sistemáticos são muito mais importantes que os genéticos priorizados por Alexy (2005).

Também Dworkin (2003, p. 291) adverte contra a aplicação imediatista do precedente, explicando que sua concepção de Direito como integridade exige que os princípios sobre justiça, equidade e devido processo legal adjetivo sejam considerados "nos novos casos que se lhes apresentem, de tal modo que a situação de cada pessoa seja justa e eqüitativa segundo as mesmas normas", mas "não recomenda o que seria perverso, que deveríamos todos ser governados pelos mesmos objetivos e estratégias em todas as ocasiões". Ressalta, portanto, o jusfilósofo, a importância da análise do precedente à luz do contexto histórico em que foi produzido, e que a coerência do Direito seja obtida através da aplicação do mesmo padrão ético, porém, adequado às mudanças sofridas pela realidade.

Não obstante, Alexy (*apud* BUSTAMANTE, 2005, p. 324) não negligencia a importância da "interpretação teleológica", esclarecendo que, em sua teoria, ela assume a roupagem da interpretação dos princípios como razões para as regras, o que desempenha importante papel, sobretudo, nos *hard cases*.[63]

---

[63] O próprio Alexy reconhece a contribuição do positivismo jurídico, como ficou claro no seguinte excerto: "[...] princípios como razões para as regras desenvolvem um importante papel na sua interpretação nos casos difíceis. Na metodologia jurídica clássica, isto é

É certo, outrossim, que tais propostas metodológicas para a argumentação jurídica através da justificação das premissas pela interpretação não são criações recentes do pós-positivismo. Antes, são clássicas acepções oriundas de pregressas escolas jurídicas.

A interpretação teleológica, por exemplo, figura no próprio Decreto-Lei nº 4.657 (BRASIL, 1942) como um vetor da aplicação jurisdicional da lei.[64] Não obstante, o mesmo diploma normativo veicula norma que denota a concepção positivista acerca dos princípios, qual seja, de que eles não teriam cogência e que apenas galgariam vinculatividade normativa nas hipóteses de lacuna.[65] Este, um dos principais pontos do Positivismo Jurídico combatidos pelas doutrinas pós-positivistas, que lhes reconhecem normatividade independentemente de lacuna.

Bonavides (2003a, p. 259) sistematiza, oferecendo importante contribuição, três fases acerca da juridicidade dos princípios. A primeira, a jusnaturalista, que qualifica como a mais antiga e tradicional, nega a eles normatividade e aprecia os mesmos como aspectos ético-valorativos que se limitam a inspirar os postulados de justiça. A segunda, marcada pela ascensão positivista, que o autor considera caracterizada pela confiança nas leis, fruto "de um culto da autoridade e dos Códigos" (BONAVIDES, 2003a, p. 260), concebe os princípios como fontes normativas subsidiárias, como "meras pautas programáticas supralegais" (BONAVIDES, 2003a, p. 263), que estariam abrigadas no ordenamento jurídico apenas para evitar lacunas e garantir a eficiência do modelo das leis. A terceira, nominada como pós-positivista, assume, em relação aos princípios, a postura inovadora de reconhecê-los, assim como as regras, como normas primárias, das quais podem ser extraídas obrigações (BONAVIDES, 2003a, p. 265).[66]

---

frequentemente classificado como interpretação teleológica". No original: "[...] principles as reasons for rules play an important role in the interpretation of these rules in hard cases. In the classical legal methodology this is often classified as teleological interpretation" (ALEXY apud BUSTAMANTE, 2005, p. 324).

[64] "Art. 5º Na aplicação da lei, o juiz atenderá aos fins sociais a que ela se dirige e às exigências do bem comum" (BRASIL, 1942).

[65] "Art. 4º Quando a lei for omissa, o juiz decidirá o caso de acordo com a analogia, os costumes e os princípios gerais de direito" (BRASIL, 1942).

[66] Resumindo o percurso histórico-científico dos princípios jurídicos, Bonavides (2003a, p. 294) elabora a seguinte síntese: "Em resumo, a teoria dos princípios chega à presente fase do pós-positivismo com os seguintes resultados já consolidados: a passagem dos princípios da especulação metafísica e abstrata para o campo concreto e positivo do Direito, com baixíssimo teor de densidade normativa; a transição crucial da ordem jusprivatista (sua antiga inserção nos Códigos) para a órbita juspublicista (seu ingresso nas Constituições); a suspensão da distinção clássica entre princípios e normas; o deslocamento dos princípios da esfera da jusfilosofia para o domínio da Ciência Jurídica; a proclamação de sua normatividade; a perda

Dessa forma, percebe-se que a teoria da argumentação jurídica, a despeito de não se constituir de procedimentos discursivos e interpretativos integralmente novos, repousa sobre uma nova concepção hermenêutica que se propõe a reconhecer os princípios como espécies de normas de conflituosidade imanente, demandando, portanto, técnicas de solução das colisões que não repousem na discricionariedade, que não se resumam ao subjetivismo do aplicador do Direito – fonte certeira da insegurança jurídica – mas que, antes, extraiam suas premissas do próprio sistema.

Também Ávila (2001a) propõe reparos à proposta de Alexy (2005), sustentando que os argumentos institucionais devem prevalecer sobre os não institucionais, em virtude do princípio da separação dos poderes e do princípio democrático. Segundo o autor, "os argumentos não institucionais [...] apoiam-se exclusivamente em opiniões subjetivas e individuais, contrapondo-se, portanto, às exigências de racionalidade e de determinabilidade da argumentação, ínsitas ao princípio do Estado Democrático de Direito" (ÁVILA, 2001a, p. 26). Considera, ainda, ele que, em decorrência do princípio da separação dos poderes e do princípio democrático e também por razões de segurança jurídica, os argumentos linguísticos e sistemáticos, uma vez imanentes ao sistema jurídico, devem ter prevalência sobre os argumentos genéticos e históricos, que são transcendentes a ele, "na medida em que aquilo que foi finalmente estabelecido pelo Poder Legislativo deve prevalecer sobre aquilo que deixou de ser estabelecido" (ÁVILA, 2001a, p. 27).

Assim, com a prioridade dos argumentos sistemáticos e o estabelecimento da análise dos princípios e valores constitucionais como critério para a avaliação da força dos argumentos interpretativos, a argumentação jurídica assume uma proposta consistente e racional para a solução científica da colisão entre princípios.

Insta registrar a observação de Günther (2005, p. 405) de que tal argumentação deve ser coerente com a teoria política geral, "passando pela justificação da vontade legiferante e aqueles princípios que, diante de um caso isolado, podem ser tomados do direito consuetudinário".[67]

---

de seu caráter de normas programáticas; o reconhecimento definitivo de sua positividade e concretude por obra sobretudo das Constituições; a distinção entre regras e princípios como espécies diversificadas do gênero norma, e, finalmente, por expressão máxima de todo esse desdobramento doutrinário, o mais significativo de seus efeitos: a total hegemonia e preeminência dos princípios".

[67] Esta nota aproxima-se da crítica de Atienza (2003, p. 225) referente à ausência de comprometimento da teoria da argumentação jurídica com uma ideologia política e moral afeta ao Estado Democrático de Direito. De fato, a teoria em questão é, eminentemente,

Essa exigência de coerência das normas jurídicas com a teoria política foi também reclamada por Dworkin (2003), conforme a teoria à qual nominou de "integridade", que postulou que a comunidade política tem o dever de justificar coerentemente todas as suas decisões sobre o que é correto e justo, que devem basear-se em princípios aceitos por todos. Com base nisso, Günther (2005, p. 414) conclui que "direitos em colisão somente poderão ser harmonizados preservando-se a coerência, isto é, ponderando-se os princípios que os representam".

Trabalhadas as devidas objeções, tais diretrizes teóricas podem ser utilizadas na alocação dos recursos escassos para o provimento dos diversos direitos sociais, uma vez que tais escolhas redundam na sobreposição de um direito a outro. Neste sentido, avulta a importância da advertência de Bakhtin ([19--] *apud* VOESE, 2008, p. 103) de que "todo ato deve ser analisado como *ação responsável* que emerge da oposição entre o ato realmente ocorrido e o sentido que lhe confere uma interpretação". Ressalta o autor que o sentido que é dado a um ato orienta novas interpretações de novos atos, sendo responsável pelos sentidos que humanizam ou não as relações sociais. Cappelletti (1999, p. 33) reafirma esta concepção, aduzindo que, na decisão judicial, o juiz tem "envolvida sua responsabilidade pessoal, moral e política, tanto quanto jurídica, sempre que haja no direito abertura para escolha diversa".

De fato, as interpretações estabelecidas dos direitos, que fundamentarem as argumentações aduzidas em prol de um princípio ou outro, serão de importância capital para a formulação e o controle judicial das políticas públicas de saúde, influenciando deveras na conformação social delas decorrentes. Daí resulta, certamente, a função social do operador do Direito que argumenta em um sentido ou outro, conduzindo, de igual forma, à responsabilidade que se reconhece ser inerente ao presente trabalho.

---

procedimental, justificando, portanto, o recurso, nesta tese, a outras teorias materiais para o sustento da proposta que pretende edificar.

CAPÍTULO 3

O DIREITO SOCIAL À SAÚDE

Muito já se escreveu sobre o direito à saúde. Entretanto, o seu reconhecimento como uma das necessidades do ser humano e de um povo, presente já no começo do século XIX, apenas foi devidamente sistematizado, segundo Dallari (1998, p. 205), após o término da Segunda Guerra Mundial. A sociedade do pós-guerra, alijada de seus líderes, estrutura e riqueza, forjou um consenso personificado na Organização das Nações Unidas, que incentivou a criação de órgãos especiais destinados à promoção e garantia de alguns direitos considerados essenciais aos homens, como a Organização Mundial de Saúde (OMS).

Dallari (1998, p. 207) observa que os textos da antiguidade já apresentavam referências à saúde como indispensável à dignidade humana. Na Idade Média, de acordo com a autora, com o predomínio da religião, os cuidados com a saúde dos enfermos eram atribuídos à caridade e realizados, sobretudo, pela Igreja, que os desempenhava à conta de obrigação moral. Nos últimos séculos, porém, começa-se a perceber a infiltração do poder estatal na assistência aos desafortunados, iniciando o processo de transformação da obrigação moral em dever legal do Estado. Assim, relata Dallari (1998, p. 208) que a discussão na Assembleia Constituinte francesa de 1791 apresentou conclusões muito próximas do conceito hodierno de saúde pública.

No Brasil, apenas se começou a cogitar sobre serviços públicos de saúde no século passado. Os índios dispensavam cuidados com a saúde, em conformidade com suas crenças, e foram surpreendidos com uma série de enfermidades trazidas pelos europeus para as quais não possuíam imunidade, tendo sido dizimados sem qualquer atenção sanitária.

Durante os 389 anos de duração da Colônia e do Império, a população que aqui se instalou permaneceu sem acesso aos cuidados médicos, que se limitavam à nobreza e aos colonos brancos possuidores de terras; pessoas pobres e escravos dependiam da oportunidade de acesso a ações de filantropia desenvolvidas especialmente por entidades religiosas, como as Santas Casas de Misericórdia.

> De acordo com a Confederação das Santas Casas de Misericórdia do Brasil, o surgimento das primeiras santas casas coincidiu já com o "descobrimento" do Brasil. Elas foram criadas antes mesmo de o país se organizar juridicamente e determinar as funções do Estado – a organização jurídica brasileira ocorreu, de fato, com a Constituição Imperial de 1824.
> Antes da Constituição de 1824, algumas das santas casas no Brasil eram: as Santas Casas de Santos (1543), Salvador (1549), Rio de Janeiro (1567), Vitória (1818), São Paulo (1599), João Pessoa (1602), Belém (1619), entre diversas outras.
> De 1838 a 1940, as santas casas mudaram seu propósito e começaram a agir por meio da filantropia, que é, de acordo com a CMB, uma forma de "tornar a ajuda útil àqueles que dela necessitam". Mais importante do que bens, a filantropia seria a orientação das pessoas e a preocupação com o seu bem-estar futuro. (A HISTÓRIA...)

Com a chegada da Família Real portuguesa ao Brasil, em 1808, e a sua vontade em desenvolver no Brasil condições de vida semelhantes às que usufruíam na Europa, foram fundados os primeiros cursos universitários, como a Escola de Cirurgia do Rio de Janeiro e o Colégio Médico-Cirúrgico no Real Hospital Militar de Salvador, o que permitiu a substituição paulatina dos médicos estrangeiros pelos brasileiros ou formados no Brasil.

Em 1822, com a declaração da independência brasileira por D. Pedro I, houve a criação de órgãos para vistoriar a higiene pública, principalmente na nova capital brasileira, o Rio de Janeiro. A cidade passou por várias transformações urbanas, como o calçamento de ruas e a disponibilização de iluminação pública, o que, porém, praticamente expulsava do centro da cidade os casebres e as pessoas de classe social inferior, ensejando o surgimento das favelas nas áreas periféricas. Nesse período, passou-se a clamar pelo saneamento básico em virtude das recorrentes endemias de febre amarela, peste bubônica, malária e varíola, doenças associadas à falta de saneamento básico e de higiene.

Com a declaração do fim da escravidão em 1888, o país ficou dependente de mão de obra imigrante para continuar no cultivo de insumos que eram a base da economia brasileira, principalmente o café. Entre 1900 e 1920, o Brasil ainda era refém dos problemas sanitários e das epidemias. Portanto, para a recepção dos imigrantes europeus, houve diversas reformas urbanas e sanitárias nas grandes cidades, como o Rio de Janeiro, em que houve atenção especial às suas áreas portuárias. Para o governo, o crescimento do país dependia de uma população saudável e com capacidade produtiva.

Os sanitaristas comandaram esse período com campanhas de saúde, sendo um dos destaques o médico Oswaldo Cruz, que enfrentou revoltas populares na defesa da vacina obrigatória contra a varíola, pois não foram explicados os objetivos da campanha e do que se tratavam as vacinas. As ações dos sanitaristas chegaram até o Sertão Nordestino, divulgando a importância dos cuidados com a saúde no meio rural. Lá, porém, as pessoas eram muito pobres e continuavam em moradias precárias, vitimadas por doenças.

Ainda nos anos de 1920, foram criadas as CAPS: Caixas de Aposentadoria e Pensão. Os trabalhadores as criaram para garantir proteção na velhice e na doença. Posteriormente e devido à pressão popular, Getúlio Vargas ampliou as CAPS para outras categorias profissionais, tornando-se o IAPS: Instituto de Aposentadorias e Pensões.

Com a presidência de Getúlio Vargas, houve reformulações no sistema a fim de criar uma atuação mais centralizada, inclusive quanto à saúde pública. O foco de seu governo foi o tratamento de epidemias e endemias, mas ainda sem muitos avanços, pois os recursos destinados à saúde eram desviados a outros setores, como a industrialização.

A Constituição de 1934, promulgada durante o governo Vargas, concedia novos direitos aos trabalhadores, como assistência médica e "licença-gestante". Além disso, a Consolidação das Leis do Trabalho garantiu aos trabalhadores de carteira assinada, além do salário mínimo, também benefícios à saúde (DALLARI, 2008, p. 10).

Em 1953, foi criado o Ministério da Saúde. Foi a primeira vez em que houve um ministério dedicado exclusivamente à criação de políticas de saúde, com foco principalmente no atendimento em zonas rurais, já que nas cidades a saúde era privilégio de quem tinha carteira assinada.

As Conferências Nacionais de Saúde tiveram um papel muito importante na consolidação do entendimento da importância da saúde pública no Brasil. A 3ª Conferência Nacional de Saúde ocorreu no final de 1963 e apresentou diversos estudos sobre a criação de um sistema de saúde, com duas bandeiras principais: a universalização e a descentralização, visando ao protagonismo do município.

Não obstante, a ditadura militar, iniciada em março de 1964, sepultou essa proposta poucos meses depois. A saúde sofreu com o corte de verbas e doenças como dengue, meningite e malária se intensificaram. Houve aumento das epidemias e da mortalidade infantil, o que provocou uma tímida reação do governo, a fim de melhorar o atendimento médico, como a criação do Instituto Nacional de Previdência Social – INPS, fruto da união de todos os órgãos previdenciários que funcionavam desde 1930.

Durante os anos de 1970, mesmo no auge do milagre econômico, as verbas para saúde eram baixas: 1% do orçamento geral da União. Ao fim da década, as prefeituras das cidades que mais cresciam começaram a se organizar para receber e conceder aos migrantes algum tipo de atendimento na área da saúde. Começaram-se a estruturar políticas públicas que envolveram as Secretarias Municipais de Saúde, que depois se estenderam aos estados e aos ministérios, como os Ministérios da Previdência Social e da Saúde.

Na década de 1980, ganhou fôlego o movimento sanitarista, integrado por técnicos da saúde – médicos, enfermeiros, biomédico, intelectuais e partidos políticos, que passaram a preconizar a reforma sanitária. Ao fim da década de 1970, o movimento adquiriu certa maturidade em função de uma série de estudos acadêmicos e práticos realizados, principalmente, nas faculdades de Medicina. De acordo com a Fundação Oswaldo Cruz (Fiocruz), alguns dos atores do movimento sanitarista foram também os médicos residentes, "que na época trabalhavam sem carteira assinada e com uma carga horária excessiva", por exemplo. Outras movimentações da Reforma Sanitária foram as primeiras greves realizadas depois de 1968 e os sindicatos médicos, que também estavam em fase de transformação.

Ao fim da ditadura, as propostas da Reforma Sanitária foram reunidas num documento chamado Saúde e Democracia, enviado para aprovação do Legislativo. Uma das conquistas foi a realização da 8ª Conferência Nacional da Saúde em 1986. Pela primeira vez na história foi possível a participação da sociedade civil organizada no processo de construção do que seria o novo modelo de saúde pública brasileiro.

Essa conferência foi tão importante, pois desde o seu tema – "saúde como direito de todos e dever do Estado" – teve como resultado uma série de documentos que basicamente esboçaram o surgimento do Sistema Único de Saúde (SUS). A conferência ampliou os conceitos de saúde pública no Brasil, propôs mudanças baseadas no direito universal à saúde com melhores condições de vida, além de fazer menção à saúde preventiva, à descentralização dos serviços e à participação da população nas decisões. O relatório da conferência teve suas principais resoluções incorporadas à Constituição de 1988, primeiro documento a estabelecer o direito à saúde definitivamente no ordenamento jurídico brasileiro.

De acordo com o texto constitucional vigente, o direito à saúde produz repercussões sobre o direito à vida. Já que consiste em sua segunda dimensão, como anteriormente dito, o direito à saúde contempla o valor protegido pelo seu corolário direito à vida e o expande, abraçando outras prestações que promovem o aumento do bem-estar do homem e, portanto, uma vida digna. A dignidade, por sua vez, reúne um conjunto de pressupostos mínimos para o exercício dos demais direitos insculpidos pela ordem constitucional, o que expressa uma perspectiva qualitativa do modo de fruição do direito à vida. Essa visão é sustentada pelo artigo 1º, inciso III, da Constituição (BRASIL, 1988).

As constatações acima ensejam a uma divisão didática a que se procede, neste trabalho, de extrema relevância para as conclusões que se edificarão. Para designar as prestações estatais imprescindíveis à garantia do direito à vida em condições mínimas de dignidade, cunha-se a expressão *demandas de saúde de primeira necessidade*. Em seu conceito, estarão abrangidas todas as prestações estatais, urgentes ou não, divisíveis ou indivisíveis, módicas ou vultuosamente onerosas, preventivas ou terapêuticas, necessárias para a sobrevida minimamente digna. Serão marcadas por sua elevada essencialidade e, assim, pela imprescindibilidade. Ilustram o conceito formulado, portanto, a distribuição de remédios contra a hipertensão, cuja ausência de ministração pode resultar em um acidente vascular-cerebral fatal, o combate a doenças endêmicas letais, a realização de obras de saneamento básico, o serviço de coleta, acondicionamento e tratamento do lixo, os serviços de terapia intensiva e os transplantes de órgãos vitais. Como é possível notar, tais prestações, por terem como escopo a proteção da vida, incluem-se nas *demandas de saúde de primeira necessidade*, que abrangem, também,[68] prestações relacionadas à garantia de condições mínimas para o exercício do direito à vida com dignidade, o que contempla, outrossim, o fornecimento, de órteses e próteses para a manutenção dos movimentos de pessoas com deficiência, a concessão de medicamentos específicos para a melhoria da qualidade de vida de pessoas com doenças raras, – enfermidades consideradas, de um

---

[68] É certo que a qualificação de uma demanda de saúde como sendo de primeira ou de segunda necessidade dependerá de manifestações técnicas a serem procedidas, preferencialmente, por profissionais da Medicina. Isso não impede, contudo, que, em determinadas situações, seja possível o reconhecimento da necessidade da prestação estatal pleiteada independentemente de consulta aos profissionais da saúde.

modo geral, crônicas e incuráveis – e o fornecimento de alimentação adequada para crianças.[69]

As demandas de saúde que promovem a vida em condições mínimas de dignidade dirão respeito, por exemplo, aos tratamentos referentes aos órgãos sensoriais (audição, olfato, paladar e visão) e aos membros inferiores e superiores, que, apesar de não serem vitais, implicam demandas de muito elevada essencialidade.

Para aludir às prestações estatais aptas a aumentar o bem-estar físico, mental e social humano, estando contempladas pelo direito à saúde, porém, desconexas da preservação da vida e da fruição da dignidade de em condições mínimas, será usada a expressão *demandas de saúde de segunda necessidade*. Trata-se das prestações em que a dignidade humana é preservada de modo tão somente leve ou moderado, sendo dotadas, nada obstante, de jusfundamentalidade. Apesar da aparente semelhança entre os conceitos, torna-se necessária a sua distinção. Nesse sentido, destaca-se que o grau de imprescindibilidade da prestação destinada ao exercício da vida em condições mínimas de dignidade é o elemento que diferencia as demandas de primeira e segunda necessidade.

Assim são reputadas como demandas de primeira necessidade as prestações destinadas não somente à sobrevivência, mas à garantia da vida alicerçada em prestações reputadas como de elevada essencialidade. Por exemplo, uma vacina contra uma doença que não seja letal, mas que implique sérias deformidades ou prejuízos para as aptidões motoras será considerada uma *demanda de saúde de primeira necessidade* de elevada essencialidade.

Por sua vez, as demandas de segunda necessidade englobam prestações destinadas à melhoria, em nível mediano ou baixo, da qualidade de vida das pessoas. Nesse sentido, um tratamento contra a acne branda será considerado uma *demanda de saúde de segunda necessidade* de baixa essencialidade. Com fundamento na proposta ora desenvolvida, entende-se que a distinção entre as prestações consideradas de elevada essencialidade à efetivação da dignidade e aquelas de média ou baixa essencialidade são tarefas a cargo do exercício argumentativo, estando de acordo com a proposta alexyana de classificação dos princípios em graus (TOLEDO, 2017, p. 287-288).

---

[69] Exemplo encontrado no artigo de D'Ávila e Saliba (2017, p. 23). Segundo as autoras, a garantia de condições de vida com qualidade impacta diretamente no exercício do direito à educação por crianças. Desse modo, eventual quadro de desnutrição infantil pode comprometer o desenvolvimento de suas competências cognitivas, e por conseguinte, e reduzir suas chances de usufruir do direito à educação de forma efetiva.

Imperativo, então, o estudo dos direitos à saúde e à vida, mormente do contexto e da forma como os mesmos foram consagrados na Constituição de 1988, que determinarão seus liames e de seu controle em juízo. Imperioso, outrossim, o estudo do conteúdo jurídico que tem sido atribuído ao direito à saúde pelos tribunais pátrios, mormente pelas cortes superiores, para que, à luz da teoria de Dworkin (2002) do Direito como integridade, possa-se proceder à demarcação da sua materialidade para, então, definir a sua justiciabilidade.

3.1 O direito à saúde na Constituição de 1988 e na legislação ordinária

Como se viu nos Capítulos 1 e 2 deste trabalho, o direito à saúde consiste em uma espécie de direito fundamental qualificado como de segunda dimensão e, portanto, como um desdobramento de um dos valores aos quais se conferiu fundamentalidade quando da juridicização dos direitos humanos, qual seja, a vida. Portanto, o direito à vida encontra-se inserido no conceito de direito à saúde, sendo este último, porém, mais amplo que o primeiro. Dessa forma, o estudo do direito à saúde confunde-se, em parte, com o do direito à vida, sendo, contudo, mais abrangente. Assim, quando se emprega, neste trabalho, a expressão "direito à vida" se está aludindo ao direito à saúde, ainda que delimitado.

Enquanto direito fundamental individual, o direito à vida traduz o respeito ao valor imanente do homem e à igualdade entre eles, e consiste, assim, em uma de suas vertentes positivadas constitucionalmente, com a atribuição, a eles, da dimensão normativa da fundamentalidade.

Neste diapasão, a Constituição de 1988 consagrou o direito à vida em seu art. 5º, estatuindo que "todos são iguais perante a lei, sem distinção de qualquer natureza, garantindo-se aos brasileiros e aos estrangeiros residentes no país a inviolabilidade do direito à vida", entre outros direitos, vedando, para tanto, no inciso XLVII do mesmo artigo, a pena de morte, "salvo em caso de guerra declarada, nos termos do art. 84, XIX".

Comentando aludido dispositivo de forma a analisar a vida como objeto de um direito, Branco (2013, p. 258) aponta a dificuldade de sua apreensão em virtude de sua riqueza e dinamicidade. Isso não impede, entretanto, a sua compreensão na esfera constitucional, que deve ser pautada de forma ampla. Assim, "Não há se condicionar o direito à vida a que se atinja determinada fase de desenvolvimento orgânico do ser humano. Tampouco cabe subordinar esse direito fundamental a opções do legislador infraconstitucional sobre atribuição de personalidade jurídica para atos da vida civil".

De ver-se, portanto, que o direito à vida fora consagrado como inviolável, por terceiros ou pelo Estado, o que foi corroborado pela legislação penal, ao apresentar, como primeiro crime da parte especial do Código Penal – ou seja, em posição topográfica de maior destaque – o de homicídio. Apresentou, porém, como causa de diminuição de pena, a prática do delito por motivo de relevante valor moral, caracterizando o homicídio privilegiado, e, como homicídio qualificado, estando sujeito, portanto, a patamares mais altos para as penas mínima e máxima referentes ao delito seu cometimento em circunstâncias que dificultem ou tornem impossível a defesa do ofendido. No homicídio culposo, a pena é aumentada de 1/3 (um terço) se o crime resulta de inobservância de regra técnica de profissão.

Dada a relevância do valor vida no ordenamento jurídico nacional, recentemente foram acrescentadas novas hipóteses de qualificadoras e de causas de aumento de pena ao crime de homicídio. Em 2015, a Lei nº 13.104 (BRASIL, 2015) normatizou o feminicídio, isto é, o homicídio praticado contra mulheres em razão do pertencimento ao sexo feminino. O feminicídio pode ser majorado, ainda, caso a violência contra a mulher seja, entre outras hipóteses e conforme prevê a Lei nº 13.771 (BRASIL, 2018), que alterou o Código Penal, "na presença física ou virtual de descendente ou de ascendente da vítima". Já a Lei nº 13.142 (BRASIL, 2015) acrescentou a qualificadora de homicídio cometido contra agentes do sistema de segurança pública, como policiais, militares e servidores do sistema prisional.

O Código Penal também tipificou as condutas de induzimento, instigação ou auxílio a suicídio, instituindo, ainda, uma causa de aumento de pena o cometimento do crime quando a vítima é menor ou tem diminuída, por qualquer causa, a capacidade de resistência. Demonstra, com isso, a importância dos aspectos morais para o Direito no que diz respeito ao direito à vida, o que corrobora a preocupação ética que conduzirá a proposta da solução de alguns dos conflitos protagonizados pelo direito à saúde.

De igual forma, a legislação penal repreende o infanticídio e o aborto provocado,[70] com ou sem o consentimento da gestante, revelando

---

[70] Outra exceção ao direito à vida admitida no Direito nacional resulta do julgamento de aborto de anencéfalos, identificada pelo Supremo Tribunal Federal na Ação de Descumprimento de Preceito Fundamental nº 54/DF (BRASIL, 2012). Com placar favorável à descriminalização

a proteção jurídica da vida pela legislação ordinária de forma geral, inclusive da uterina. Permite, porém, o sacrifício da vida de terceiro nas situações caracterizadas como de legítima defesa e estado de necessidade, hipótese na qual se enquadra o aborto quando a vida da mãe se encontra em risco, reconhecendo, portanto, hipóteses especiais em que não se faz possível a preservação da vida de todos. Descriminaliza o aborto resultante de estupro, de forma a proteger o livre arbítrio da mãe.

Decisões mais recentes relativas à tutela do direito à vida têm tentado determinar qual momento é possível afirmar a sua existência. No que tange ao aborto, por exemplo, a 1ª Turma do Supremo Tribunal Federal, no Habeas Corpus nº 124.306 (BRASIL, 2017), consignou o entendimento de que, excepcionalmente, sua prática voluntária não redundaria em crime nos três primeiros meses da gestação, promovendo uma interpretação conforme à constituição dos artigos 124 e 126 do Código Penal (BRASIL, 1940). A medida é justificada, segundo o conteúdo da decisão, por corresponder a criminalização à violação dos seguintes direitos fundamentais:

> [...] os direitos sexuais e reprodutivos da mulher, que não pode ser obrigada pelo Estado a manter uma gestação indesejada; a autonomia da mulher, que deve conservar o direito de fazer suas escolhas existenciais; a integridade física e psíquica da gestante, que é quem sofre, no seu corpo e no seu psiquismo, os efeitos da gravidez; e a igualdade da mulher, já que homens não engravidam e, portanto, a equiparação plena de gênero depende de se respeitar a vontade da mulher nessa matéria. 5. A tudo isto se acrescenta o impacto da criminalização sobre as mulheres pobres. É que o tratamento como crime, dado pela lei penal brasileira, impede que estas mulheres, que não têm acesso a médicos e clínicas privadas, recorram ao sistema público de saúde para se submeterem aos procedimentos cabíveis. (BRASIL, 2017)

Já o direito à saúde, enquanto direito fundamental social ou de segunda dimensão, representa um importante instrumento de promoção da equidade, diante de um sistema capitalista, que, por natureza, é

---

do aborto de anencéfalos em 8X2, a decisão, de acordo com o Ministro Marco Aurélio, justifica-se ante o fato de que, "No caso do anencéfalo, não existe vida possível. O feto anencéfalo é biologicamente vivo, por ser formado por células vivas, e juridicamente morto, não gozando de proteção estatal. [...] O anencéfalo jamais se tornará uma pessoa. Em síntese, não se cuida de vida em potencial, mas de morte segura. Anencefalia é incompatível com a vida". Na oportunidade, totalizaram-se 10 votos, e não 11 (número correspondente ao total de ministros do Supremo Tribunal Federal), haja vista o impedimento do Ministro Dias Toffoli.

injusto.[71] Os detentores dos meios de produção pagam aos possuidores da força de trabalho menos que eles são capazes de produzir, uma vez que a diferença entre a riqueza que produzem e a riqueza que recebem é, justamente, o lucro do capitalista e a razão da injustiça do sistema.

Os direitos sociais, ao serem custeados com tributos arrecadados daqueles que possuem riqueza, representam, pois, importante instrumento de redistribuição de renda e, assim, de diminuição da desigualdade social. Desta maneira, os direitos sociais devem ser destinados, sobretudo, àqueles que, explorados em sua força de trabalho, não possuem sequer condições de prover o mínimo necessário a uma vida digna. Rawls (2008), a despeito de preconizar o liberalismo político, considera que as políticas de saúde pública são importantes para a produção de efeitos distributivos, e, assim, para a promoção da justiça social, concebida por ele como a viabilização, pelo Estado, de igualdade de condições para que cada um desenvolva plenamente suas aptidões e alcance o *status* social devido, de acordo com o seu merecimento.

De fato, a vida, acompanhada de condições mínimas de saúde, (mormente a vida, seu desdobramento), consiste no pressuposto essencial mínimo para que cada indivíduo possa empenhar a sua capacidade em prol de seus objetivos, de forma que sua ausência implica, por si só, injustiça. De modo a enriquecer o debate, comprova-se tal afirmação no exemplo de D'Ávila e Saliba (2017, p. 23). Segundo as autoras, a garantia de condições de vida com qualidade impacta diretamente no exercício do direito à educação de crianças. Desse modo, eventual quadro de desnutrição infantil pode comprometer o desenvolvimento de suas competências cognitivas e, por conseguinte, reduzir suas chances de usufruir o direito à educação de forma minimamente satisfatória e efetiva.

Esta é a proposta de um Estado Social, que, sufragada pelos incisos I e III do art. 3º da Constituição de 1988 – "constituem objetivos fundamentais da República Federativa do Brasil: I – construir uma sociedade livre, justa e solidária; [...] III – erradicar a pobreza e a marginalização e reduzir as desigualdades sociais e regionais" – estabelece, em seu art. 196, que "a saúde é direito de todos e dever do Estado", devendo ser implementada "mediante políticas sociais e econômicas

---

[71] Esta discussão, obviamente, é muito ampla e exige um espaço muito grande, não comportado neste trabalho, para ser efetivamente empreendida. Impõe a análise dos vários modelos de Estado — socialista, capitalista liberal, etc. — à luz de propostas filosóficas de organização e estruturação social que permitam melhor distribuição da riqueza e, portanto, mais justiça social. Insta, entretanto, apontar que o capitalismo, por si só, instiga a má distribuição de riqueza e, por isso, carece de instrumentos, como os direitos sociais, de proteção dos mais fracos contra os mais fortes, sob o prisma econômico.

que visem à redução do risco de doença e de outros agravos e ao acesso universal e igualitário às ações e serviços para sua promoção, proteção e recuperação" (BRASIL, 1988). Conforme afirmaram Duarte, Calegari e Ferreira (2017, p. 204), "Na conjuntura do pós-positivismo, cabe aos direitos fundamentais nortear, de modo genérico, o funcionamento dos órgãos administrativos e a posição jurídica do particular diante da administração pública". Portanto, a existência dos direitos fundamentais à vida e à saúde exige do Poder Público a adoção de estratégias para a sua efetivação, o que se dá através do desempenho da atividade pública prestacionista, reconhecida como serviço público, desempenhada, muitas vezes, através da formulação das políticas públicas de saúde. Os órgãos públicos legitimados serão livres para formulá-las, desde que tenham como focos principais a prevenção, a universalidade, a integralidade e a igualdade. Ao afirmar que o direito à saúde será implementado por políticas públicas, o art. 196 da Constituição de 1988 já indica que o fará na medida do possível. Este, o sentido da política pública: a elaboração de um programa que considere os recursos disponíveis e distribua os mesmos de forma a lograr os melhores resultados viáveis. Percebe-se, portanto, o seu enquadramento no conceito de princípio, que, como visto, consiste num mandado de otimização de um bem, de acordo com as possibilidades fáticas e jurídicas. Não se olvida, com isso, que, em relação ao núcleo essencial do direito, haverá uma vinculação do Poder Público típica das regras, que devem ser, quando válidas, implementadas integralmente. Disso se infere que o art. 196 da Constituição de 1988 consiste em uma norma-princípio, que admite a sua concretização em diversos graus, dependentes dos princípios opostos e dos recursos materiais disponíveis. Já se vislumbra, portanto, que o Estado não poderá ser compelido, em juízo, a materializar, para o cidadão, toda e qualquer prestação de saúde, mas que apenas poderá sê-lo diante da existência de um direito definitivo, e não apenas *prima facie*, tal qual veiculado pelo dispositivo em apreço.

Da natureza principiológica do direito à saúde, portanto, percebe-se que as decisões judiciais que determinam à Administração Pública a satisfação de demanda de saúde específica com lastro, tão somente, no dever do Estado instituído pelo art. 196 da Constituição de 1988 padecem de inafastável vício de fundamentação, o que conduz a muitos equívocos em sua parte dispositiva. A motivação escorreita da decisão deverá, necessariamente, enfrentar os conflitos nos quais figura o direito à saúde (com os demais direitos sociais, com os princípios financeiros), mediante uma argumentação jurídica adequada para afastar, o máximo possível, o subjetivismo do julgador. Quando a prestação estatal de saúde pleiteada em juízo não se enquadrar no núcleo essencial do direito, far-se-á necessária a ponderação, que deverá ser conduzida pela argumentação jurídica adequada.[72]

A prevenção ou diminuição do risco consiste em preceito decorrente da socialidade do Estado, que a contempla como estratégia de ação governamental apta a promover o bem-estar da população em diversos níveis.[73] Englobar-se-ão nas políticas de saúde preventiva, por exemplo, as campanhas de vacinação, as medidas sanitárias e de infraestrutura, como o tratamento da água e a expansão da rede de esgoto; as medidas de viabilização do acesso popular à alimentação e moradia adequadas, a um meio ambiente saudável, inclusive o do trabalho; à educação e ao emprego; o desenvolvimento científico e tecnológico etc., emergindo com clareza hialina a teoria da indivisibilidade dos direitos fundamentais.[74]

---

[72] Salta aos olhos, portanto, a importância ímpar da escolha da teoria dos direitos fundamentais de Alexy (2015) como marco teórico do presente estudo. Não se pode conceber o direito social à saúde, tal como é apresentado no art. 196 da Constituição de 1988, com outra natureza normativa que não a de princípio e que contenha alguma força normativa compatível com o nível de vinculação próprio das regras. De fato, conforme ficou demonstrado, o conteúdo indefinido dos direitos sociais exige esta concepção, ao passo que parece evidente a incapacidade da formulação unicamente positivista lidar com os dispositivos que os veiculam. Na verdade, os positivistas parecem oscilar sua análise de normas deste jaez entre duas alternativas equivocadas e problemáticas: ou consideram o dispositivo como uma regra, que imporia ao Poder Público o dever de proceder a toda e qualquer prestação referente ao direito social em questão (o que redunda em flagrante absurdo, em virtude da já demonstrada teoria dos custos dos direitos e da noção de escassez), ou na clássica concepção das "normas programáticas", que apresenta o problema de retirar a vinculatividade do dispositivo e não oferece nenhuma proposta para a solução do conflito imanente entre os supostos direitos sociais colidentes, que disputarão os mesmos recursos escassos. Esses equívocos serão encontrados, em grande monta, nas decisões judiciais analisadas, e permitem a inferência de que a formação preponderante positivista dos tribunais é uma das causas da baixa qualidade da jurisprudência pátria acerca do direito à saúde.

[73] De acordo com Magalhães (2000, p. 269-270): "As medidas necessárias para que a população tenha saúde devem ser tomadas também em outros planos, que envolvem outros Direitos Sociais, como a educação, o lazer, o meio ambiente, o trabalho; passam pelo Direito Econômico, voltado para a produção de alimentos diversificados a baixo custo e voltado para o consumo interno, e não a continuidade da mentalidade colonial agroexportadora. O Direito Econômico também é sustentação de uma política de saúde pública quando limita e controla a iniciativa privada no setor, ou quando o Estado adota uma política econômica de pleno emprego e salários justos".

[74] Ainda segundo Magalhães (2008, p. 02), os direitos fundamentais "são indivisíveis porque os direitos civis e políticos hão de ser somados aos direitos econômicos, sociais e culturais, compreendidos como meios para o exercício das liberdades individuais e políticas. Em outras palavras, para que a pessoa possa exercer suas liberdades é necessário que elas disponham de meios, e estes meios são os direitos sociais e econômicos. Não há liberdade na miséria. Outro aspecto fundamental destes direitos é a compreensão de que não pode haver hierarquia entre direitos individuais, sociais, políticos, econômicos e culturais uma vez que estes direitos são interdependentes e logo indivisíveis".

A igualdade, que tem como desdobramento a universalidade, por seu turno, também desponta como um consectário da socialidade. De fato, os próprios direitos sociais têm por escopo instituição de melhores condições de vida para os mais fracos, tendendo, assim, à equalização de situações sociais desiguais. É corolário, de igual forma, do Estado Democrático instituído pela Carta de 1988. Uma das reivindicações desde a Revolução Francesa, a igualdade consiste num dos pilares da noção de democracia, uma vez que afasta a concepção de privilégio de determinadas castas diante do Estado e preconiza que este atue com base no poder oriundo do povo e de forma a servir a seus interesses. Zippelius (1997, p. 455) relata que "Na França revolucionária, as classes média e baixa reclamavam uma *égalité de fait* que fosse para além da mera igualdade perante a lei. Babeuf reivindicava 'bem estar para todos, ensino para todos, igualdade, liberdade e felicidade para todos'". Dessa forma, o acesso aos serviços de promoção, proteção e recuperação da saúde deverão ser conduzidos sob o escólio da equidade, que será, como reconheceu Rawls (2008), um dos instrumentos da justiça distributiva.

Como a noção de universalidade do direito à saúde caracteriza um princípio, especial atenção deve ser dirigida a sua interpretação. Sob a perspectiva da otimização, a universalidade, diante do compromisso constitucional de combate às desigualdades sociais e econômicas, conforme prevê o inciso III do artigo 3º (BRASIL, 1988), deve ser interpretada, quando da verificação da ausência ou da insuficiência de recursos públicos para a satisfação das necessidades de toda a população, pela destinação prioritária das ações e bens de saúde aos indivíduos economicamente mais vulneráveis.

Tal visão deve ser aplicada preferencialmente à órbita judicial. Se, por um lado, os poderes públicos têm o papel de efetivar os comandos constitucionais por meio de políticas públicas que proporcionem benefícios a um número maior possível de pessoas, por outro, deve-se reconhecer que o Judiciário, por não ser o meio legitimamente competente para a elaboração e execução das políticas públicas em matéria de saúde, tem apenas o papel de controle das ações executiva e legislativa.

Essa constatação impõe ao Judiciário, além do dever de fundamentação das suas decisões, sob pena de violação do princípio da separação dos poderes, a tarefa de, no âmbito judicial, avaliar se aquele que solicita a prestação de saúde teria condições de custeá-la por si só sem que houvesse prejuízo significativo à fruição dos demais direitos com o comprometimento do orçamento pessoal ou familiar. Esse é o entendimento sedimentado recentemente pelo Supremo Tribunal Federal, conforme indica o Recurso Extraordinário nº 968.012 (BRASIL,

2017). No julgado, indicou-se, a partir da decisão prolatada na instância inferior, a necessidade de comprovação de que o custeio do medicamento solicitado pelo paciente proporcionaria ônus desproporcional à sobrevivência digna do requerente e de seus dependentes.

Sob a perspectiva da proporcionalidade, o juízo empregado para a tomada de decisão favorável ou contrária ao pedido da parte deve ser tomada de relativa maleabilidade para atender as peculiaridades do caso concreto. Desse modo, a simples análise de parâmetros comumente adotados no âmbito judicial, como aqueles definidos pela Lei nº 1.060 (BRASIL, 1950), que trata da assistência judiciária gratuita, ou o exercício da capacidade postulatória pela defensoria pública ou por procurador particular, são insuficientes à apreciação da controvérsia.

Dada a variabilidade dos tratamentos de saúde e dos custos a eles relacionados, o que implica a consideração quanto ao valor das prestações necessárias ao tratamento do paciente, a frequência com que se fazem necessárias as medidas solicitadas e a sua duração, terá o operador jurídico a tarefa de avaliar se, para situação em apreço, terá (ou não) o indivíduo os demais direitos essenciais severamente comprometidos com a realização de despesas de saúde. Para ilustrar o raciocínio ora defendido, pode-se pensar no requerente que possui algum plano de saúde privado. Embora, a princípio, tal circunstância sinalize que o indivíduo apresenta alguma capacidade econômica, isso não quer dizer que ele terá condições para o custeio da medida pleiteada.

Outro atributo de caráter reitor do direito à saúde é a integralidade. Esse princípio pode ser caracterizado pelo desempenho de tarefas a cargo do sistema público de saúde, o que abrange serviços médicos, assistenciais e sociais, organizados através de diferentes níveis de cuidados com a saúde. Nesse contexto, os entes federativos são tidos como agentes cooperativos, sendo suas ações distribuídas entre as atenções primária, secundária e terciária, a depender da capacidade de cada ente para a prestação desses bens e serviços. A complexidade dos serviços destinados à efetivação da saúde, traduzidos nas tarefas de prevenção, promoção e recuperação, abrange desde matérias não diretamente relacionadas aos cuidados individualizados à população, como são as hipóteses da proteção ambiental e da manutenção do saneamento básico, de caráter eminentemente preventivo, como a concessão de medicamentos e atendimento por profissionais de saúde, o que caracteriza a recuperação.[75]

---

[75] A diversidade de tarefas a cargo do sistema público de saúde é exemplificada pelo artigo 200 da Constituição (BRASIL, 1988), que, dada a sua importância, merece transcrição: "Art.

Há que se ressaltar, outrossim, que as políticas públicas que visarem efetivar o direito à saúde não poderão deixar de contemplar as prestações inerentes ao seu núcleo essencial. Com efeito, assim já destacaram Duarte e Ibrahim Júnior (2016, p. 176):

> Considerando, porém, a pluralidade dos direitos fundamentais e sua natural conflituosidade, sedimentou-se a necessidade de sua implementação, no que diz respeito ao seu núcleo essencial, em que se encontra a vinculação estatal absoluta decorrente da natureza de regra da norma que veicula este âmbito do direito. Aos arredores, porém, do núcleo essencial, encontram-se uma série de outras demandas típicas do direito fundamental a serem promovidas pelo Estado à medida do possível, de maneira que a definição da extensão do serviço público que implementará cada direito será definida após um juízo de ponderação, norteado pelos vetores da concordância prática e da proporcionalidade, aplicados na esteira da teoria da argumentação jurídica.

Em relação ao meio ambiente, direito fundamental concebido, conforme visto, como sendo de terceira dimensão, a Constituição de 1988 ainda ressalva, em seu art. 225, a sua essencialidade para a sadia qualidade de vida e especifica os preceitos a serem observados pelo Poder Público para o alcance desse mister, quais sejam, a preservação e restauração dos processos ecológicos essenciais e o manejo ecológico das espécies e ecossistemas; a preservação da diversidade e a integridade do patrimônio genético do país e fiscalizar as entidades dedicadas à pesquisa e manipulação de material genético; a definição, em todas as unidades da Federação, de espaços territoriais e seus componentes a serem especialmente protegidos, sendo a alteração e a supressão permitidas somente por meio de lei, vedada qualquer utilização que comprometa a integridade dos atributos que justifiquem sua proteção, entre outros. Insta registrar que também o dispositivo em apreço possui a natureza principiológica, comportando, desta maneira, a concretização gradual

---

200. Ao Sistema Único de Saúde compete, além de outras atribuições, nos termos da lei: I – controlar e fiscalizar procedimentos, produtos e substâncias de interesse para a saúde e participar da produção de medicamentos, equipamentos, imunobiológicos, hemoderivados e outros insumos; II – executar as ações de vigilância sanitária e epidemiológica, bem como as de saúde do trabalhador; III – ordenar a formação de recursos humanos na área de saúde; IV – participar da formulação da política e da execução das ações de saneamento básico; V – incrementar em sua área de atuação o desenvolvimento científico e tecnológico; VI – fiscalizar e inspecionar alimentos, compreendido o controle de seu teor nutricional, bem como bebidas e águas para consumo humano; VII – participar do controle e fiscalização da produção, transporte, guarda e utilização de substâncias e produtos psicoativos, tóxicos e radioativos; VIII – colaborar na proteção do meio ambiente, nele compreendido o do trabalho".

dos meios que asseguram a proteção do meio ambiente, de acordo com as limitações fáticas e jurídicas, após uma análise de ponderação com outros direitos, à luz das máximas da concordância prática e da proporcionalidade. Enquanto direito fundamental de terceira dimensão, a proteção ao meio ambiente também possui um núcleo essencial, coincidente com o do direito à saúde, que será impassível de restrição; ao avesso, deverá ser plenamente satisfeito.

Também no que diz respeito ao desenvolvimento tecnológico, igualmente considerado como direito fundamental, ora de quarta dimensão, e veiculado por norma-princípio (o que atrai as mesmas consequências jurídicas citadas em relação ao direito à saúde), a Constituição de 1988 exige a sua promoção e o seu desenvolvimento pelo Estado. Indica que a pesquisa científica básica deverá receber tratamento prioritário, tendo em vista o bem público e o progresso das ciências, e que a pesquisa tecnológica deverá ser voltada preponderantemente para a solução dos problemas brasileiros e para o desenvolvimento do sistema produtivo nacional e regional. Impõe, portanto, o apoio do Estado na formação de recursos humanos nas áreas de ciência, pesquisa e tecnologia, oferecendo aos que delas se ocupem meios e condições especiais de trabalho. Aponta, ainda, que a lei apoiará e estimulará as empresas que invistam em pesquisa, criação de tecnologia adequada ao país, formação e aperfeiçoamento de seus recursos humanos e que pratiquem sistemas de remuneração que assegurem ao empregado, desvinculada do salário, participação nos ganhos econômicos resultantes da produtividade de seu trabalho. Para tanto, a Constituição permite aos Estados e ao Distrito Federal vincular parcela de sua receita orçamentária a entidades públicas de fomento ao ensino e à pesquisa científica e tecnológica, indicando, por fim, que o mercado interno integra o patrimônio nacional e que, portanto, deverá ser incentivado de modo a viabilizar o desenvolvimento cultural e socioeconômico, o bem-estar da população e a autonomia tecnológica do país.[76]

Registre-se, todavia, que, veiculado por norma-princípio, o direito ao desenvolvimento tecnológico será efetivado na medida das possibilidades fáticas e jurídicas. Isso pressupõe que o mesmo conflitará com outros direitos, que poderão, até mesmo, superá-lo em importância.

---

[76] Recentemente, a relação entre desenvolvimento de tecnologias e a incorporação de serviços de saúde ao Sistema Único de Saúde foi densificada por meio da Lei nº 12.401 (BRASIL, 2011), que instituiu a Comissão Nacional de Incorporação de Tecnologias no Sistema Único de Saúde. Os comentários relativos aos principais aspectos da referida comissão são reservados à discussão relativa à participação popular, a seguir analisada.

É o que ocorre, por exemplo, sempre que questões éticas impedem o desenvolvimento de determinadas pesquisas, como as referentes à manipulação da vida.

Insta registrar, outrossim, que o art. 227 da Constituição oferece importante parâmetro para as decisões dos órgãos estatais quando da implementação das políticas públicas de saúde. Reza o dispositivo que "é dever da família, da sociedade e do Estado assegurar à criança e ao adolescente, com absoluta prioridade, o direito à vida, à saúde, à alimentação", entre outros direitos, determinando ainda, em seu §1º, que, para tanto, "o Estado promoverá programas de assistência integral à saúde da criança e do adolescente, admitida a participação de entidades não governamentais" (BRASIL, 1988).

De ver-se, pois, que o Constituinte procedeu, quando da elaboração do dispositivo aludido, a relevante adoção de critério para alocação de recursos escassos, conferindo prioridade de atendimento e proteção à vida de crianças e adolescentes diante da escassez.

Gizou, ainda, o Constituinte alguns outros preceitos a serem observados pelos órgãos estatais quando da formulação de políticas públicas aptas a satisfazerem a este mister. Exigiu, também sob o veículo de normas-princípio, a oferta de assistência materno-infantil; a criação de programas de prevenção e atendimento especializado para os adolescentes portadores de deficiência, bem como de sua integração social, mediante, inclusive, o treinamento para o trabalho e a convivência e a facilitação do acesso aos bens e serviços coletivos, com a eliminação de preconceitos e obstáculos arquitetônicos.

Determina a Constituição, ainda, em seu art. 198, que as "ações e serviços públicos de saúde integram uma rede regionalizada e hierarquizada e constituem um sistema único" (BRASIL, 1988). Relata o Ministério da Saúde que o Sistema Único de Saúde, a despeito de suas dificuldades, "é uma das mais importantes conquistas da sociedade brasileira", considerada como "fruto de um longo processo de acúmulo e lutas sociais que, desde os anos 1970, envolve movimentos populares, trabalhadores da saúde, usuários, gestores, intelectuais, sindicalistas e militantes dos mais diversos movimentos sociais" (BRASIL, 2006, p. 7). Ainda segundo o Ministério da Saúde, o texto da Constituição referente ao direito à saúde teve seus alicerces construídos em 1986, na 8ª Conferência Nacional de Saúde, primeira conferência aberta à sociedade civil, o que ressalta seu caráter democrático (BRASIL, 2006, p. 7).

O dispositivo constitucional aludido (art. 198) alberga o mandamento de que os entes federativos colaborem entre si para a consecução dos resultados afetos ao sistema de saúde. Tais entes deverão preconizar, ainda, de acordo com as determinações constitucionais, a descentralização dos serviços, a integralidade do atendimento (com prioridade para as atividades preventivas, sem prejuízo dos serviços assistenciais) e a participação da comunidade.

À luz, portanto, do sistema instituído pela Constituição de 1988, a responsabilidade pela prestação dos serviços de saúde pública é imputada a todos os entes federativos, e não pode haver a escusa da oferta de determinado bem ou serviço por qualquer deles sob o fundamento da ausência de competência. Todas as tarefas inerentes às políticas públicas de saúde são atribuídas às diferentes esferas de governo, num regime de solidariedade. É frequente, entretanto, a repartição desses misteres entre as entidades em questão, que, através de legislação infraconstitucional ou de acordos institucionais, assumem, cada uma, a responsabilidade específica por determinadas espécies de prestação. Não obstante, esta prática não pode justificar a ausência de atendimento de uma *demanda de saúde de primeira ou de segunda necessidade* por alguma entidade federativa, por não ser esta a proposta constitucional consagrada no Sistema Único de Saúde. À luz do Direito posto,[77] portanto, qualquer ente federativo pode ser demandado, em juízo, para a oferta das prestações estatais de saúde correspondentes a direitos subjetivos definitivos. É possível, contudo, que uma entidade da Administração Direta cobre, administrativa ou judicialmente, de outra por ter custeado, em virtude de ordem judicial, alguma prestação de saúde atribuída, pela legislação infraconstitucional, a esta última.

Os tribunais pátrios, corretamente, fazem uma só voz para admitir que qualquer entidade da administração direta seja demandada diante de qualquer espécie de omissão. Esse é o entendimento reiterado do Supremo Tribunal Federal, fato que levou ao reconhecimento da repercussão geral da temática no RE nº 855.178/SE, em 5 de março de 2015. O reconhecimento da repercussão geral resultou na formulação do Tema nº 793, tendo sido a questão julgada em 22 de maio de 2019. A decisão reafirmou o entendimento da corte, como se vislumbra a seguir:

---

[77] Não se olvida, com esta assertiva, as inúmeras dificuldades administrativas decorrentes da implantação do sistema de solidariedade entre as entidades federativas no que tange ao direito à saúde. É sabido que, operacionalmente, a divisão de competências favorece a eficiência. Diante da previsão constitucional de solidariedade, não se vislumbra, porém, como negar, juridicamente, a responsabilidade solidária entre União, Estados, Municípios e Distrito Federal pelas prestações estatais de saúde. Asensi (2015, p. 154-155), entretanto, identifica a oneração excessiva dos Municípios nas demandas judiciais, sem que existam, em contrapartida, mecanismos efetivos de ressarcimento entre os entes federativos.

RECURSO EXTRAORDINÁRIO. CONSTITUCIONAL E ADMINISTRATIVO. DIREITO À SAÚDE. TRATAMENTO MÉDICO. RESPONSABILIDADE SOLIDÁRIA DOS ENTES FEDERADOS. REPERCUSSÃO GERAL RECONHECIDA. REAFIRMAÇÃO DE JURISPRUDÊNCIA. O tratamento médico adequado aos necessitados se insere no rol dos deveres do Estado, porquanto responsabilidade solidária dos entes federados. O polo passivo pode ser composto por qualquer um deles, isoladamente, ou conjuntamente. (BRASIL, 2019)

A despeito da reiterada jurisprudência, sedimentada, inclusive, no âmbito das Cortes Superiores, reconhecendo a responsabilidade solidária de todos os entes federativos em relação aos serviços de saúde pública, o Conselho Nacional de Justiça elaborou o Enunciado nº 60 na III Jornada de Direito à Saúde, admitindo, como medida de racionalização da efetivação do direito, a possibilidade de determinação judicial ao ente federativo que possui a responsabilidade infraconstitucional pela execução do serviço.

A responsabilidade solidária dos entes da Federação não impede que o Juízo, ao deferir medida liminar ou definitiva, direcione inicialmente o seu cumprimento a um determinado ente, conforme as regras administrativas de repartição de competências, sem prejuízo do redirecionamento em caso de descumprimento. (BRASIL, 2019)

Esse entendimento não exclui a ideia de solidariedade, uma vez que não satisfeita a pretensão diante do primeiro ente ao qual o magistrado determinou o cumprimento da decisão, os demais poderão vir a ser chamados à satisfação da demanda do cidadão.

Outro aspecto caracterizador do direito à saúde no Brasil refere-se à participação popular, cujo papel apresenta significativa relevância no desenho de políticas públicas destinadas à efetivação dos comandos constitucionais. Como nos demais âmbitos de interesse público, no setor da saúde existem diversas associações, institucionais (como as dos secretários estaduais e municipais de saúde) ou não, como as organizações representantes dos provedores privados individuais (profissionais) e empresariais (hospitais, clínicas, laboratórios, etc.) e há, ainda, entidades da sociedade civil, como sindicatos e associações territoriais, funcionais e por patologias (diabéticos, hansenianos, etc.)

A atuação da comunidade no processo decisório das políticas públicas de saúde foi inicialmente viabilizada com a criação, pela Lei nº 8.142 (BRASIL, 1990b), da Conferência de Saúde e dos Conselhos de Saúde. O Conselho de Saúde consiste em órgão colegiado, permanente e deliberativo, composto por representantes do governo, prestadores de serviço, profissionais de saúde e usuários, para atuar na formulação de estratégias e no controle da execução da política de saúde na instância correspondente e deliberar inclusive em relação aos aspectos econômicos e financeiros, devendo suas decisões serem homologadas pelo chefe do poder legalmente constituído em cada esfera do governo. A Conferência de Saúde a ser convocada pelo Poder Executivo ou, extraordinariamente, pelo Conselho de Saúde, deverá reunir-se "a cada quatro anos com a representação dos vários segmentos sociais, para avaliar a situação de saúde e propor as diretrizes para a formulação da política de saúde nos níveis correspondentes" (BRASIL, 1990b, art. 1º, §1º e §2º). Importante aspecto disciplinado na lei em questão é a representação paritária dos usuários nos Conselhos de Saúde e Conferências em relação ao conjunto dos demais segmentos e na autonomia que lhes foi conferida para a elaboração de suas normas de funcionamento definidas em regimento próprio, por eles mesmos aprovado.

A representação paritária consiste em importante mecanismo de redução da desigualdade entre os atores. Entretanto, é sabido que decisões tomadas de forma plenamente democrática e participativa constituem um ideal impossível de alcançar nas atuais sociedades pluralistas e marcadas pela influência do poder do capital. Ainda, porém, que se reconheça que os conselhos de saúde podem congregar cúpulas elitistas e com tendência à oligarquização, isto pode ser continuamente combatido mediante a renovação periódica dos membros e a vigilância das conferências de saúde. Entende-se, portanto, que as dificuldades verificadas na concretização dos mecanismos de participação popular não devem constituir motivo para a supressão das instâncias democráticas, mas, pelo contrário, conforme Aith (2015, p. 86), "criar e consolidar instituições e processos juridicamente regulados que possibilitem a participação efetiva da sociedade nas decisões estatais em saúde".

Não se pode refutar que essas instâncias colegiadas são importantes fóruns de debate e decisão das políticas públicas setoriais, podendo definir prioridades e determinar as escolhas alocativas dos recursos (financeiros, humanos, etc.) disponíveis para a prestação do serviço de saúde. De ver-se, pois, que a formulação da agenda da saúde conta com mecanismos de democracia participativa e administrativa, devendo, ainda, observar os rumos definidos pela legislação.

A participação popular também está contemplada em outras diretrizes legais. No tocante à incorporação de tecnologias e de instrumentos de proteção à saúde pela rede pública, a já mencionada Lei nº 12.401 (BRASIL, 2011), que alterou a Lei nº 8.080 (BRASIL, 1990), instituiu a Comissão Nacional de Incorporação de Tecnologias no Sistema Único de Saúde – CONITEC. Idealizada a partir do National Institute for Health and Clinical Excelence – NICE, órgão responsável pela avaliação do processo de incorporação de tecnologias no âmbito do sistema público de saúde inglês, mediante a utilização de protocolos assistenciais e a participação de pacientes e de profissionais de saúde, a CONITEC objetiva garantir a transparência e a participação popular no processo de incorporação tecnológica do SUS (AITH *et al.*, 2014, p. 16).

Com o auxílio do Departamento de Gestão e Incorporação de Tecnologias em Saúde – DGITS, a CONITEC assessora o Ministério da Saúde na "incorporação, exclusão ou alteração de tecnologias em saúde pelo SUS, bem como na constituição ou alteração de Protocolos Clínicos e Diretrizes Terapêuticas – PCDT" (BRASIL, 2015). O funcionamento e a composição do plenário do referido órgão colegiado estão previstos no Decreto nº 7.646 (BRASIL, 2011). Integram a comissão representantes de conselhos profissionais de saúde, de conselhos de secretarias de Estados e de Municípios e membros do Ministério da Saúde.

A relevância da atuação da CONITEC no tocante à determinação das políticas públicas de saúde, o que é feito especialmente mediante a consulta pública à população e aos profissionais da área de saúde, pode ser verificada nos Enunciados nº 57 e nº 103 pertencentes, respectivamente, a I e a III Jornadas de Direito à Saúde promovidas pelo Conselho Nacional de Justiça. O primeiro enunciado sustenta que, em processo judicial em que é pedido medicamento ou procedimento de saúde, revela-se recomendável a consulta à comissão integrada ao SUS. A recomendação em tela torna-se adequada ao processo decisório judicial, na medida em que permite dotar o magistrado de informações mais precisas com relação à segurança e à eficácia do medicamento, a sua aceitação (ou não) pelas comunidades científica e profissional e também, de um modo geral, pela população e pelos pacientes, além de proceder-se, de forma comparada, a escolha de um ou outro tratamento para o caso em questão, através da investigação quanto à existência de meios alternativos disponibilizados pelo SUS.

O segundo, por sua vez, exige que o requerente desempenhe maior ônus argumentativo quando o tratamento de saúde por ele solicitado não tenha a sua incorporação ao SUS aprovada no âmbito da CONITEC. Como a referida comissão tem por objetivo reunir conhecimentos científicos e técnicos acerca da adequação dos novos tratamentos desenvolvidos pela indústria farmacêutica, por meio de critérios que combinam o impacto financeiro da medida com os potenciais benefícios resultantes da sua adoção pela rede pública, o ônus argumentativos do qual deverá se desincumbir deve ser aquele relativo à comprovação, mediante a apresentação de razões científicas suficientes, de que a medida pleiteada para o caso concreto seja imprescindível. Especialmente no que concerne ao direito à saúde, a significativa participação popular tornou-se indispensável à efetivação do direito desde o processo constituinte, o que contribuiu para a previsão de mecanismos democráticos definidores do sistema público de saúde e para o afastamento do caráter programático tradicionalmente atribuído aos direitos sociais (DALLARI, 2008, p. 11). Nesse contexto, a proposta de ampliação da participação social possibilita a definição dos contornos do direito à saúde no país (AITH, 2015, p. 88). Os mecanismos de democratização das políticas públicas de saúde são importantes para a concretização do respectivo direito. Apesar disso, deve-se reconhecer a existência de fragilidades no tocante à sua efetivação. Na experiência nacional, tal assertiva é vislumbrada pela contraposição entre um inicial momento de soma de esforços políticos e sociais em torno da concretização de um sistema público e democrático de saúde, o que restou cristalizado com a Constituição (BRASIL, 1988), e a existência de um projeto político antagônico tendente à valorização da ideia de Estado mínimo nos anos de 1990. Esse quadro refletiu, por exemplo, na definição dos "[...] Conselhos de Saúde, que surgiram no interior das arenas do próprio Estado, colocando-se como espaços públicos de participação paritária nos processos decisórios governamentais" (DURÁN; GERSCHMAN, 2014, p. 887).

A participação no processo de tomada de decisão do Poder Público é um pressuposto democrático. Dworkin (2003) assevera que uma democracia ideal seria aquela em que cada cidadão, de forma geral, tivesse influência igual na legislação produzida em seu país. Já Bonavides (2003b, p. 25) ressalta que a teoria da democracia participativa confunde-se mesmo com a teoria material da Constituição, sendo o único modelo capaz de afastar, de fato, o ludíbrio do poder perpetrado através da distorção da vontade popular pelos mecanismos da representatividade.[78]

---

[78] As enfáticas palavras de Bonavides (2003-A, p. 25) põem às claras o engodo da representatividade como instrumento de condução disfarçada das massas pela elite dominante, contribuindo para sua argumentação em prol da democracia participativa: "Os vícios eleitorais, a propaganda dirigida, a manipulação da consciência pública e opinativa do cidadão pelos poderes e veículos de informação, a serviço da classe dominante, que os subornou, até as manifestações executivas e legiferantes exercitadas contra o povo, a nação e a sociedade nas ocasiões governativas mais delicadas, ferem o interesse nacional,

A contribuição dos mecanismos de democratização não se resume ao controle na elaboração e na execução de políticas públicas, mas contribui também no enfrentamento pelo Poder Judiciário das discussões relacionadas ao direito à saúde. Conforme leciona Toledo (2017, p. 281-282), "[...] é justamente em virtude do princípio da democracia, que os indivíduos, autonomamente através de seus representantes, protegem seus interesses em lei". Caso seja verificada omissão ou atuação contrária aos interesses dos representados, "[...] deve o Judiciário intervir em sua garantia através da revisão judicial das ações e omissões do Legislativo" (TOLEDO, 2017, p. 281-282).

Recentemente, há de se destacar também a contribuição de outros agentes e instituições públicas no processo de efetivação do direito fundamental à saúde. Segundo Asensi e Pinheiro (2015, p. 15), embora o Poder Judiciário tenha papel relevante na efetivação dos direitos, haja vista ser dotado de competências constitucionais para o cumprimento desse mister, devem ser considerados outros modelos de atuação das instituições jurídicas independentes da provocação judicial. É o papel, por exemplo, do Ministério Público e da Defensoria Pública, instituições que atuam tanto sob a perspectiva da juridicização, ou seja, "conflitos que não são levados ao Judiciário, mas que são discutidos sob o ponto de vista jurídico, principalmente em momentos pré-processuais", como da judicialização (ASENSI; PINHEIRO, 2015, p. 16).

Enquanto direito fundamental, a saúde demanda o empenho de recursos econômicos para a sua promoção. Nesse viés, o Constituinte determinou que o serviço de saúde será financiado por recursos do orçamento da seguridade social de todas as esferas federativas, concebendo, ainda, a estipulação de um piso de investimento nesta seara pelo Legislador Complementar. No mesmo esteio da igualdade material, estabelece a Constituição, no art. 198, §3º, II, que os recursos federais a serem repassados aos Estados, ao Distrito Federal e aos Municípios, bem como os recursos estaduais destinados a seus respectivos Municípios, deverão ser distribuídos "objetivando a progressiva redução das disparidades regionais". A disciplina da transferência de recursos financeiros foi efetuada na Lei nº 8.142 (BRASIL, 1990c).

Ao escopo de garantir a efetivação das políticas públicas desse direito de elevada essencialidade, a Emenda Constitucional nº 29 inseriu no art. 77 do Ato das Disposições Constitucionais Transitórias

---

desvirtuam os fins do Estado, corrompem a moral pública e apodrecem aquilo que, até agora, o *status quo* fez passar por democracia e representação".

os seguintes percentuais mínimos de aplicação dos recursos públicos na saúde:

> Art. 77. Até o exercício financeiro de 2004, os recursos mínimos aplicados nas ações e serviços públicos de saúde serão equivalentes:
> I – no caso da *União*:
> *a*) no ano 2000, o montante empenhado em ações e serviços públicos de saúde no exercício financeiro de 1999 *acrescido de, no mínimo, cinco por cento*;
> *b*) do ano 2001 ao ano 2004, o valor apurado no ano anterior, corrigido pela variação nominal do Produto Interno Bruto – PIB;
> II – no caso dos *Estados* e do *Distrito Federal, doze por cento* do produto da arrecadação dos impostos a que se refere o art. 155 e dos recursos de que tratam os arts. 157 e 159, inciso I, alínea *a*, e inciso II, deduzidas as parcelas que forem transferidas aos respectivos Municípios; e
> III – no caso dos *Municípios* e do *Distrito Federal, quinze por cento* do produto da arrecadação dos impostos a que se refere o art. 156 e dos recursos de que tratam os arts. 158 e 159, inciso I, alínea *b* e §3º. (BRASIL, 2000a. Sem grifo no original)

Recentemente, as disposições constitucionais no tocante aos investimentos públicos destinados à efetivação dos direitos sociais sofreram alterações. Com a Emenda Constitucional nº 95 (BRASIL, 2016), o desafio da Administração Pública na efetivação da crescente demanda por serviços de saúde tende a se agravar. Compreendendo um regime de gastos que se estende por 20 anos, a alteração constitucional em tela restringe o aumento dos valores a serem gastos em saúde (e também em outros direitos sociais) aos valores de referência do Índice Nacional de Preços ao Consumidor Amplo – IPCA.

Por se constituir de medida de austeridade radical cuja eficácia tem prazo significativo, a emenda do "teto dos gastos" tende a dificultar o aprimoramento do SUS, visto que ela impede que as crescentes necessidades relacionadas à saúde sejam dotadas de crescimento real dos recursos orçamentários para o seu atendimento.[79]

---

[79] Apesar de recente, os impactos da Emenda Constitucional nº 95 (BRASIL, 2016) podem ser percebidos no orçamento da saúde de 2019, conforme indica o Instituto Humanitas, da Universidade do Vale do Rio do Sinos (UNISINOS). De acordo as dotações orçamentárias destinadas à saúde no Projeto de Lei Orçamentária Anual (PLOA) de 2019, há a previsão de R$117,5 bilhões para o setor. "Em termos nominais, o valor está R$ 1,7 bilhão abaixo do PLOA 2018" (UNISINOS, 2018). Os efeitos da referida política fiscal são ainda mais deletérios "quando se observa o piso de aplicação de saúde. O mínimo para 2019 é definido pelo limite de 2018, atualizado por um IPCA de 4,39%, o que resulta em R$ 117,3 bilhões. Portanto, as dotações de saúde (R$ 117,5 bilhões) propostas para 2019 estão praticamente

De acordo com Moutinho e Dallari (2019, p. 19), a Emenda Constitucional nº 95 (BRASIL, 2016) veicula grave violação à progressividade dos direitos sociais consagrados no âmbito constitucional, o que não somente atinge as previsões dos artigos 6º e 196 no tocante à saúde, como também os deveres assumidos pelo país na esfera internacional, como garante o Pacto Internacional dos Direitos Econômicos, Sociais e Culturais, incorporado ao ordenamento jurídico nacional através do Decreto nº 591 (BRASIL, 1992).

A alteração constitucional recentemente implementada suscita o debate quanto ao princípio da vedação de retrocesso social no ordenamento jurídico brasileiro. De acordo com Sarlet (2015, p. 476-477), assume especial função com um direito subjetivo negativo, o que possibilita a "impugnação de qualquer medida contrária aos parâmetros estabelecidos pela normativa constitucional, o que aponta para uma proibição de atuação contrária às imposições constitucionais, tal qual adotada no âmbito da vedação de retrocesso" (SARLET, 2015, p. 478). Nessa perspectiva, é válido o entendimento de que:

> [...] não é possível, portanto, admitir-se uma ausência de vinculação do legislador (bem como dos órgãos estatais em geral) às normas de direitos sociais (e também dos direitos ecológicos ou socioambientais), assim como, ainda que em medida diferenciada, às normas constitucionais impositivas de fins e tarefas em matéria de justiça social, pois, se assim fosse, estar-se-ia chancelando uma fraude à Constituição, pois o legislador – que ao legislar em matéria de proteção social (e ecológica) apenas está a cumprir um mandamento do Constituinte – poderia pura e simplesmente desfazer o que fez no estrito cumprimento da Constituição. (SARLET, 2015, p. 478)

Como medida que viola flagrantemente o princípio da vedação de retrocesso, a constitucionalidade do novo regime fiscal implementado pela Emenda Constitucional nº 95 (2016) tornou-se objeto, segundo Moutinho e Dallari (2019, p. 86), de quatro ações diretas de inconstitucionalidade no âmbito do Supremo Tribunal Federal. Trata-se das ADIs nºs 5.633, 5.643, 5.658 e 5.680 (MOUTINHO; DALLARI, 2019, p. 86).

Deve-se atentar, porém, para que os efeitos deletérios da Emenda Constitucional nº 95 (BRASIL, 2016) não sejam agravados

---

no piso. Diante das restrições impostas pelo teto de gastos, as despesas de saúde já estão comprimidas no mínimo. O propalado efeito mágico da EC 95 – convertendo restrição orçamentária em alocação crescente de despesas nas áreas com maior demanda – não se verificou" (UNISINOS, 2018).

por interpretações equivocadas dos preceitos do Direito Financeiro. Ao revés, o princípio da máxima efetividade dos direitos fundamentais exige a adoção de parâmetros interpretativos que os otimizem, como, por exemplo, a ausência de inclusão da receita própria para fins de composição dos limites de gasto e a retirada também desse teto das despesas custeadas por entidades do terceiro setor.

Reconhecendo a insuficiência da ação estatal para o alcance das almejadas universalidade e integralidade, o Constituinte de 1988 autorizou, ainda, que as instituições privadas participem, de forma complementar, do Sistema Único de Saúde, segundo as diretrizes deste, priorizando-se as parcerias públicas com as entidades filantrópicas e as sem fins lucrativos e vedando a participação direta ou indireta de empresas ou capitais estrangeiros na assistência à saúde no país, salvo nos casos previstos em lei.

Regulando a tarefa pública, bem como a dos agentes privados colaboradores do Estado, de promoção, proteção e recuperação da saúde, adveio a Lei nº 8.080. Gizou, entretanto, no §2º de seu art. 2º, o princípio da solidariedade social, salientando, no que tange à saúde, "o dever do Estado não exclui o das pessoas, da família, das empresas e da sociedade" (BRASIL, 1990b).

Registrou-se, ainda, na Lei nº 8.080, art. 3º, *caput*, em norma principiológica, que as ações de saúde têm em mira "garantir às pessoas e à coletividade condições de bem-estar físico, mental e social", carecendo, portanto, de cuidados com a "alimentação, a moradia, o saneamento básico, o meio ambiente, o trabalho, a renda, a educação, o transporte, o lazer e o acesso aos bens e serviços essenciais" (BRASIL, 1990b), de modo a se poder inferir, dos níveis de saúde da população, a organização social e econômica do país. Determinou, outrossim, a integração, em nível executivo, das ações de saúde, meio ambiente e saneamento básico.

Outra diretriz instituída consiste na preservação da autonomia das pessoas na defesa de sua integridade física e moral, no direito de as pessoas assistidas serem cientificadas sobre sua saúde e na divulgação de informações quanto ao potencial dos serviços de saúde e a sua utilização pelo usuário – Lei nº 8.080, art. 7º, incisos III, V e VI. Não obstante, é sabido que o dever maior do profissional da Medicina é a preservação da vida e da saúde do paciente, de forma que, quando a ciência completa sobre o seu estado de saúde puder comprometer a eficácia do tratamento, admite-se que ele seja poupado de informações excessivamente desgostosas, desde que isso não o impeça de buscar os melhores recursos possíveis para a preservação de seu bem-estar.

As atividades de vigilância sanitária congregam as ações pertinentes ao meio ambiente, à produção e circulação de bens relacionados à saúde (por exemplo, alimentos e remédios) e à prestação de serviços também afetos à saúde. Já a vigilância epidemiológica contempla as ações de ciência ou prevenção da alteração de fatores determinantes e condicionantes de saúde individual ou coletiva, prevenindo-se doenças ou agravos. Ambas são vazadas em normas-princípio e convergem no que diz respeito à promoção e proteção da saúde dos trabalhadores, inclusive aqueles submetidos aos riscos e agravos advindos das condições de trabalho.

Outra diretriz determinada legalmente para a formulação das políticas de saúde consiste na sua descentralização para os Municípios, mediante a conjugação dos recursos financeiros, tecnológicos, materiais e humanos de todos os entes federativos e a organização dos serviços públicos de modo a evitar duplicidade de meios para fins idênticos. Para tanto, o legislador repartiu competências entre os entes federativos, previu as comuns e exclusivas de cada unidade da federação e a articulação entre eles para a formulação da política de recursos humanos. Previu, ainda, um planejamento financeiro ascendente, que se inicia nos Municípios e é conglobado até a esfera federal, bem como a criação de um sistema de compartilhamento de informações entre as unidades federativas que abrange o sistema de serviços e questões epidemiológicas.

Além disso, o legislador abrangeu a constituição de consórcios pelos Municípios, para o desenvolvimento em conjunto das ações e dos serviços de saúde que lhes correspondam, bem como a subdivisão do Município em distritos, de forma a integrar e articular recursos, técnicas e práticas voltadas para a cobertura total das ações de saúde.

A fim de propor prioridades, métodos e estratégias para a formação e educação continuada dos recursos humanos do SUS, assim como para disciplinar a pesquisa e a cooperação técnica entre as instituições dele integrantes, mormente no que tange à alimentação, nutrição, saneamento, meio ambiente, vigilância sanitária, farmacoepidemiologia, recursos humanos, ciência, tecnologia e saúde do trabalhador, foi prevista a criação de comissões intersetoriais de âmbito nacional, subordinadas ao Conselho Nacional de Saúde, integradas pelos ministérios e órgãos competentes e por entidades representativas da sociedade civil.

Foi preconizada, ainda, no art. 19-F da Lei nº 8.080, a organização de um sistema de saúde adequado para o atendimento do índio, que deverá "levar em consideração a realidade local e as especificidades da cultura dos povos indígenas" e que deve proceder a "uma abordagem diferenciada e global, contemplando os aspectos de assistência à saúde, saneamento básico, nutrição, habitação, meio ambiente, demarcação de terras, educação sanitária e integração institucional" (BRASIL, 1990b).

Foram delineados também no âmbito legislativo os subsistemas de atendimento e internação domiciliar, nos níveis da medicina preventiva, terapêutica e reabilitadora, mediante indicação médica, com expressa concordância do paciente e de sua família, bem como o de acompanhamento obrigatório durante todo o período de trabalho de parto, parto e pós-parto imediato. Foi desenhado, outrossim, por ela, o modo de funcionamento dos serviços privados de assistência à saúde, caracterizados pela atuação, por iniciativa própria de profissionais liberais legalmente habilitados e de pessoas jurídicas de direito privado, na promoção, proteção e recuperação da saúde, em conformidade com os princípios éticos e as normas expedidas pelo órgão de direção do SUS.

Os serviços da iniciativa privada poderão, ainda, complementar, mediante contrato ou convênio, os serviços do SUS, sempre que suas disponibilidades forem insuficientes para garantir a cobertura assistencial à população de uma determinada área. A remuneração de serviços e os parâmetros de cobertura assistencial serão estabelecidos pela direção nacional do SUS, aprovados no Conselho Nacional de Saúde. De acordo, ainda, com o art. 46 da Lei nº 8.080, será incentivada a participação do setor privado no investimento em ciência e tecnologia.

A garantia do direito à saúde é também objeto de tutela em grupos populacionais específicos, que devem receber, de acordo com a ótica inclusiva constitucional, especial atenção. Tais ações caracterizam o fenômeno da normatização de políticas públicas, caracterizado pelo maior controle social quanto à efetividade da atuação estatal (AITH, 2014, p. 8). Nesse sentido, o artigo 18 da Lei nº 13.146 (BRASIL, 2015), o Estatuto da Pessoa com Deficiência, reforça a observância do princípio da integralidade do SUS nos cuidados com pessoas com deficiência. De forma semelhante é a disposição do artigo 15 da Lei nº 10.471 (BRASIL, 2003) – o Estatuto do Idoso. O foco na atenção integral pelo SUS é objetivo, inclusive, da Política Nacional de Atenção às Doenças Raras, prevista pela Portaria nº 199 (BRASIL, 2014), que institui mecanismos de fomento à incorporação de novos tratamentos de saúde destinados à atenção de grupos de pacientes demograficamente minoritários.

No que diz respeito, especificamente, à distribuição de medicamentos, a competência de União, Estados e Municípios não está torneada nem na Constituição nem na Lei nº 8.080. A definição de critérios para a repartição de competências é apenas esboçada em atos administrativos federais, estaduais e municipais. O principal instrumento de demarcação dessas competências é a Portaria nº 3.916 (BRASIL, 1998a), que estabelece a Política Nacional de Medicamentos, propondo a colaboração dos três níveis federativos, que elaborarão as listas dos medicamentos a serem adquiridos e fornecidos à população. Ao gestor federal, porém, competirá a formulação da Política Nacional de Medicamentos, mediante o auxílio aos gestores estaduais e municipais, para a elaboração da Relação Nacional de Medicamento. Ao Município, por seu turno, cabe, com base nela, definir os medicamentos essenciais e executar a assistência farmacêutica em relação a eles. Aludida repartição de competência, entretanto, não sustenta juridicamente a omissão do fornecimento de um medicamento por qualquer entidade pública demandada, à luz do princípio da solidariedade entre os entes federativos instituído pela Constituição.

A regulação em matéria de assistência farmacêutica é complementada por políticas públicas destinadas à ampliação do acesso dos usuários do SUS aos medicamentos. Nesse sentido, a Portaria nº 204 (BRASIL, 2007) estabelece o financiamento da assistência farmacêutica por meio da previsão dos componentes básico, estratégico e especializado, sendo suas disposições complementadas pelas Portarias nº 1.554 (BRASIL, 2013) e nº 1.555 (BRASIL, 2013). O acesso a medicamentos é também garantido pela Lei nº 10.858 (BRASIL, 2004) e por seu regulamento, a Portaria nº 111 (BRASIL, 2016), responsáveis pela implantação do Programa Farmácia Popular do Brasil, que objetiva fornecer medicamentos à população mediante o sistema de comparticipação.[80]

A União, concorrentemente com os Estados e o Distrito Federal, ocupa-se, sobretudo, da aquisição e distribuição dos medicamentos de caráter excepcional. Para serem fornecidos pelo Estado, exigem a comprovação do valor terapêutico dos medicamentos, com suficientes

---

[80] Estudos relacionados ao programa Farmácia Popular apresentam um crescimento significativo na destinação de receitas para a sua manutenção. Segundo Vieira (2018, p. 38), os investimentos na referida política pública apresentaram um aumento de 580% no período compreendido entre os anos de 2010 e de 2016. Isso se deve, em grande medida, segundo a autora, à "[...] ampliação do credenciamento de estabelecimentos farmacêuticos privados" e à "[...] introdução da gratuidade na dispensação de medicamentos para tratamento da hipertensão, diabetes e asma, em 2011, iniciativa que foi chamada de Saúde Não Tem Preço (SNTP), o que aumentou a demanda pelo programa". Apesar dos avanços no tocante à ampliação de oferta de medicamentos à população, as medidas de austeridade econômica implementadas no país têm impactado severamente a continuidade do programa. Segundo Magalhães, Beghin e David (2018, p. 22), nos anos 2016 e 2017, a política pública sofreu reduções orçamentárias significativas, além de ter passado por modificações na sua gestão que reduziram o seu alcance. Exemplifica-se esse quadro com o fim do atendimento das farmácias públicas – "que chegaram a somar 532 unidades em todo o país [...]", em 2017, e com a redução no número de farmácias credenciadas e o fechamento de 82 farmácias privadas conveniadas entre os anos de 2014-2017.

informações clínicas na espécie humana e em condições controladas. Requer-se que supram as necessidades da maioria da população; que apresentem composição perfeitamente conhecida, com somente um princípio ativo, excluindo-se, sempre que possível, as associações; que sejam comercializados pelo nome do princípio ativo, conforme Denominação Comum Brasileira e, na sua falta, conforme Denominação Comum Internacional; que disponham de informações suficientes sobre a segurança, eficácia, biodisponibilidade e características farmacocinéticas; que apresentem menor custo de aquisição, armazenamento, distribuição e controle, resguardada a qualidade; formas farmacêuticas, apresentações e dosagem, considerando: a) comodidade para a administração aos pacientes; b) faixa etária; c) facilidade para cálculo da dose a ser administrada; d) facilidade de fracionamento ou multiplicação das doses.

Para o desempenho desse mister, devem ser elaboradas listas de medicamentos de caráter excepcional, que não são, necessariamente, estáticas. Exemplificativamente, na esfera federal, a distribuição de medicamentos que integra o componente especializado de assistência farmacêutica, abrange "[...] 228 fármacos em 407 apresentações farmacêuticas indicados para o tratamento das diferentes fases evolutivas das doenças contempladas" (BRASIL, 2019).[81]

Os medicamentos de dispensação em caráter excepcional são aqueles destinados ao tratamento de patologias específicas, que atingem número limitado de pacientes e que apresentam alto custo, seja em razão do seu valor unitário, seja em virtude da utilização por período prolongado. Entre os usuários desses medicamentos estão os transplantados, os portadores de insuficiência renal crônica, de esclerose múltipla, de hepatite viral crônica B e C, de epilepsia, de esquizofrenia refratária e de doenças raras, como fibrose cística e a doença de Gaucher.

Anote-se, ainda, que o Estado dedica-se, outrossim, à regulamentação da remoção de órgãos, tecidos e partes do corpo humano para fins de transplante e tratamento, fazendo-o através da Lei nº 9.434 (BRASIL, 1997b),[82] parcialmente alterada pelas Leis nº 10.211 (BRASIL, 2001), nº 11.521 (BRASIL, 2007) e nº 11. 633 (BRASIL, 2007). A Lei nº 9.434 (BRASIL, 1997b) determina que a realização de transplantes ou

---

[81] Vale ressaltar que, de acordo com o artigo 3º da Portaria nº 1.554 (BRASIL, 2013), a aquisição de medicamentos de caráter excepcional pode ocorrer tanto pelo modelo de compra direta pelo Ministério da Saúde, como podem ser distribuídos recursos aos Estados, ao Distrito Federal e aos Municípios para a sua compra.

[82] Consoante dispõe o parágrafo único de seu art. 1º, a Lei nº 9.434 (BRASIL, 1997) não incide sobre a doação de sangue, esperma e óvulo humanos.

enxertos de tecidos, órgãos ou partes do corpo humano só poderá ser feita por estabelecimento de saúde, público ou privado, e por equipes médico-cirúrgicas de remoção e transplante previamente autorizados pelo órgão de gestão nacional do Sistema Único de Saúde e após a realização, no doador, de todos os testes de triagem para diagnóstico de infecção e infestação exigidos em normas expedidas pelo Ministério da Saúde.

No que tange à retirada *post mortem* de tecidos, órgãos ou partes do corpo humano destinados a transplante ou tratamento, determina a lei que seja precedida de diagnóstico de morte encefálica, constatada e registrada por dois médicos não participantes das equipes de remoção e transplante (sendo, ademais, admitida a presença de médico de confiança da família do falecido no ato da comprovação e atestação da morte encefálica), mediante a utilização de critérios clínicos e tecnológicos definidos por resolução do Conselho Federal de Medicina. Exige, ainda, que os prontuários médicos, contendo os resultados ou os laudos dos exames referentes ao diagnóstico aludido, sejam mantidos arquivados por um período mínimo de cinco anos.

Os estabelecimentos que deixarem de observar estas determinações sofrerão sanções pecuniárias e poderão ser desautorizados para as intervenções cirúrgicas de transplante.

Na ausência de manifestação de vontade do potencial doador, o pai, a mãe, o filho maior de idade ou o cônjuge, obedecida a linha sucessória, reta ou colateral, deverá autorizar a doação em documento subscrito por duas testemunhas presentes à verificação da morte. Ainda, é vedada a remoção, após o óbito, de tecidos, órgãos ou partes do corpo de pessoas não identificadas.

Em caso de morte sem assistência médica, de óbito em decorrência de causa mal definida ou de outras situações nas quais não houver indicação de verificação da causa médica da morte, a remoção de tecidos, órgão ou partes de cadáver para fins de transplante ou terapêutica somente poderá ser realizada após a autorização do patologista do serviço de verificação de óbito responsável pela investigação citada em relatório de necropsia.

Exige-se, ainda, que, após a retirada de partes do corpo, o cadáver seja condignamente recomposto e entregue aos parentes do morto ou seus responsáveis legais para sepultamento, sendo punida criminalmente a ausência deste procedimento.

É permitido à pessoa juridicamente capaz dispor gratuitamente de tecidos, órgãos ou partes do próprio corpo vivo para fins de transplante ou terapêuticos, desde que não impeça o organismo do doador de continuar vivendo sem risco para a sua integridade, não represente grave comprometimento de suas aptidões vitais e saúde mental, não cause mutilação ou deformação inaceitável e corresponda a uma necessidade terapêutica comprovadamente indispensável à pessoa receptora. A autorização do doador deverá ser registrada, preferencialmente, por escrito e diante de testemunhas, indicando o tecido, órgão ou parte do corpo objeto da retirada, quando o beneficiário for o cônjuge ou parente consanguíneo até quarto grau, exigindo-se, entretanto, a autorização judicial da ablação para anônimos. É possível, ainda, a revogação da doação, pelo doador ou pelos responsáveis legais, a qualquer momento antes de sua concretização. Sufraga, portanto, a legislação ordinária de saúde, o princípio da inércia, que, segundo Perelman (2005, p. 150-151), desempenha "um papel estabilizador indispensável na vida social". Segundo o autor, "isto não quer dizer que tudo que existe deve ficar imutável, mas sim que não convém mudá-lo sem razão: *apenas a mudança deve ser justificada*". Portanto, diante de idêntico valor da vida humana, não existe razão para descontinuar a salvaguarda de uma em benefício de outra.

Constitui crime a realização de retirada de órgão, de pessoa viva ou não, em desacordo com tais pontuações, inclusive mediante pagamento em dinheiro, bem como a realização de procedimentos médicos com órgãos cuja procedência é sabidamente ilícita.

O indivíduo juridicamente incapaz, com compatibilidade imunológica comprovada, apenas poderá fazer doação nos casos de transplante de medula óssea e mediante consentimento de ambos os pais ou seus responsáveis legais e autorização judicial, impondo-se, ainda, que o ato não ofereça risco para a sua saúde. À gestante é vedado dispor de tecidos, órgãos ou partes de seu corpo vivo, exceto quando se tratar de doação de tecidos para serem utilizados em transplante de medula óssea e o ato não oferecer risco à saúde ou ao feto. Dessas disposições, aufere-se que a lei não permite o sacrifício à vida ou à saúde de uns em benefício dos mesmos bens de outrem.

É garantido, entretanto, a toda mulher, o acesso a informações sobre as possibilidades e os benefícios da doação voluntária de sangue do cordão umbilical e placentário durante o período de consultas pré-natais e no momento da realização do parto. O autotransplante depende apenas do consentimento do próprio indivíduo, registrado em seu prontuário médico ou, se ele for juridicamente incapaz, de um de seus pais ou responsáveis legais.

O transplante ou enxerto só se fará com o consentimento expresso do receptor, após aconselhamento sobre a excepcionalidade e os riscos do procedimento. Nos casos em que o receptor for juridicamente incapaz ou cujas condições de saúde impeçam ou comprometam a manifestação válida de sua vontade, o consentimento de que trata este artigo será dado por um de seus pais ou responsáveis legais. O Decreto nº 2.268, que regulamenta as leis em questão, exige, ainda, que a autorização seja aposta em documento que contenha as informações sobre o procedimento do transplante e as perspectivas de êxito ou insucesso, transmitidas ao receptor ou, se for o caso, aos seus responsáveis legais (1997a). Os riscos considerados aceitáveis pela equipe de transplante ou enxerto devem ser informados com indicação das sequelas previsíveis ao receptor, que poderá assumi-los, mediante expressa concordância, a ser, também, aposta no documento citado.

É proibida a veiculação, através de qualquer meio de comunicação social, de anúncio que configure publicidade de estabelecimentos autorizados a realizar transplantes e enxertos, notadamente: o apelo público no sentido da doação de tecido, órgão ou parte do corpo humano para pessoa determinada, identificada ou não; o apelo público para a arrecadação de fundos para o financiamento de transplante ou enxerto em benefício de particulares. Também foi tipificado como ilícito penal o procedimento publicitário em desconformidade com estas prescrições.

Não obstante, os órgãos de gestão nacional, regional e local do Sistema Único de Saúde realizarão periodicamente, através dos meios adequados de comunicação social, campanhas de esclarecimento público dos benefícios esperados pela ablação e de estímulo à doação de órgãos.

É obrigatório, para todos os estabelecimentos de saúde, cientificar às centrais de notificação, captação e distribuição de órgãos da unidade federada onde ocorrer, o diagnóstico de morte encefálica feito em pacientes por eles atendidos.

Essas, em síntese, são as principais diretrizes normativas estabelecidas pelo ordenamento jurídico para a demarcação do direito à saúde. A definição última de seu conteúdo jurídico, entretanto, ainda demanda análises não positivadas, a saber, de juízos de ponderação, a serem conduzidos pela teoria dos princípios e da argumentação jurídica e pela concepção de Direito como integridade (DWORKIN, 2008), como adiante, será feito.

3.2 O direito à saúde e a teoria dos princípios

Não remanesce dúvida de que a saúde consiste em direito fundamental e que, assim, comunga das consequências formais e materiais da qual se revestem os direitos e garantias fundamentais. A fundamentalidade formal diz respeito a sua positivação constitucional, o que lhe confere três desdobramentos: situa-se no ápice de todo o ordenamento jurídico, cuidando-se, pois, de norma de superior hierarquia; submete-se aos limites formais (procedimento agravado para modificação dos preceitos constitucionais) e materiais (as assim denominadas "cláusulas pétreas") da reforma constitucional; é diretamente aplicável com vinculação direta às entidades estatais e aos particulares, nos termos do que dispõe o §1º do art. 5º da Constituição.

Já no que concerne à fundamentalidade em sentido material, esta encontra-se ligada, nos dizeres de Sarlet (2002, p. 02), "à relevância do bem jurídico tutelado pela ordem constitucional, o que – dada a inquestionável importância da saúde para a vida (e vida com dignidade) humana – parece-nos ser ponto que dispensa maiores comentários". De forma semelhante é a lição de Figueiredo (2010, p. 223), que sustenta que o aspecto material refere-se ao fato de que "a fundamentalidade do direito à saúde está calcada, em termos materiais, na relevância da saúde como condição fática essencial para a manutenção da vida humana e fruição, pelo indivíduo, dos demais direitos, fundamentais ou não".

Como direito fundamental social, o direito à saúde enquadra-se, como foi visto, na categoria normativa de princípio (ressalvando, sempre, a existência de um nível de vinculação próprio das regras), ou seja, numa norma que tem como conteúdo um mandado de otimização de um dado valor num ordenamento jurídico, de acordo com as possibilidades fáticas e jurídicas. Consiste, portanto, num direito *prima facie*, a ser concretizado mediante políticas públicas.

Enquanto princípio, portanto, o direito à saúde poderá ser concretizado em diversos graus, dependendo a sua realização do nível maior ou menor das viabilidades fáticas, sobretudo da existência de recursos, e das possibilidades jurídicas, ou seja, da solução do conflito com outros direitos. Como regra, albergará um comando definitivo a ser cumprido pelo Estado.

Certo é que limitações fáticas (recursos escassos) e jurídicas (princípios opostos) implicarão restrições ao direito à saúde. Cabe, porém, verificar os limites dessas restrições, quando emergem as máximas da proporcionalidade e da concordância prática, da proteção do núcleo essencial e da generalidade, abstração e irretroatividade da lei limitadora.

Importa, portanto, para demarcar o conteúdo essencial do direito à saúde, proceder a um exame, sob o lume da proporcionalidade e da concordância prática, do conflito abstrato que pode surgir entre o direito à saúde de uns e o direito a saúde de outros ou entre o direito a saúde e os demais direitos sociais. Necessário se torna, ainda, o estudo do conflito do direito à saúde com princípios constitucionais financeiros, que impõem a higidez das contas públicas, o planejamento orçamentário das despesas e que limitam a competência tributária do Estado.

Cumpre, ademais, o exame das consequências jurídicas da escassez diante do direito social à saúde e dos limites às suas restrições. A escassez natural severa exigirá, ainda, o emprego de critérios ético-jurídicos de escolha, quando terá ensejo a elaboração de uma proposta que atenda aos critérios de justiça distributiva.

Não se olvide que o estudo em questão deverá ser conduzido por uma argumentação técnico-jurídica, ou seja, científica, racional, que afaste os juízos de valor subjetivos que corroem a unidade do sistema jurídico, esmorecendo as bases da equidade, sobretudo diante do controle judicial. Impor-se-á, então, a coerência do discurso, a fundamentação dos argumentos apresentados, a resposta a contra-argumentos propostos a eles, a dispensa de tratamento igual a situações equivalentes, a motivação das regras morais e a justificação interna e externa das premissas utilizadas, sendo possível, outrossim, recorrer ao discurso empírico.

As conclusões resultantes da análise pretendida consistirão, na verdade, na demarcação do direito definitivo à saúde que lhe conferirá justiciabilidade. Funda-se, portanto, o alicerce necessário para construção da resposta ao problema que tanto atormenta a comunidade atualmente, qual seja, as possibilidades e os limites do controle judicial sobre as políticas públicas de saúde. De ver-se, portanto, que o deferimento do pedido de acesso a uma prestação estatal de saúde apenas será possível quando o direito existir terminantemente, ou seja, quando as provas constantes dos autos indicarem que ela sobrepõe-se aos princípios opostos e que existem recursos disponíveis para custeá-la. O juízo de ponderação, contudo, tornar-se-á desnecessário quando a prestação pleiteada disser respeito ao núcleo essencial do direito à saúde, que, como visto, implica, por si só, sua existência categórica. A solução não poderá se efetivar mediante concepções subjetivas dos juízes, de acordo com suas concepções pessoais sobre a extensão do direito à saúde, mas precisa ter fulcro em parâmetros objetivos e científico-jurídicos de análise e decisão.

Insta reafirmar, ademais, que o direito à saúde, enquanto direito social, consiste num desdobramento ou numa segunda dimensão do direito individual à vida, de forma que cumpre avaliar, outrossim, a sua natureza jurídica, à luz do regramento jurídico que mereceu na Constituição de 1988. De fato, como afirmou Alexy (2015, p. 85), existem normas de direito fundamental com caráter de princípio e outras com caráter de regras, o que impinge a aplicação da teoria dos princípios aos direitos fundamentais. Resta, portanto, avaliar a natureza jurídica da norma que contempla o direito à vida na Constituição de 1988.

3.2.1 O núcleo essencial do direito à saúde

Como foi estudado, o núcleo essencial consiste "no limite dos limites" à restrição dos direitos fundamentais. Neste sentido, ressoa toda a doutrina constitucionalista moderna, sobretudo a que se debruça no estudo dos direitos fundamentais.

Os estudos acadêmicos recentes a respeito fazem uma só voz no sentido da justiciabilidade dos direitos fundamentais e, portanto, da possibilidade de controle judicial das políticas públicas,[83] cujos fundamentos serão devidamente apresentados e trabalhados no próximo capítulo. Tais estudos, todavia, não se mostraram suficientes para oferecer um parâmetro objetivo e seguro ao Judiciário quando da apreciação dos casos concretos, o que se revela pela discrepância das decisões neste sentido e pela sua precária motivação.

---

[83] Neste sentido: APPIO, Eduardo. *Controle judicial das políticas públicas no Brasil*. Curitiba: Juruá, 2007; BIAGI, Cláudia Perotto. *A garantia do conteúdo essencial dos direitos fundamentais na jurisprudência constitucional brasileira*. Porto Alegre: Sergio Antonio Fabris, 2005; BUCCI, Maria Paula Dallari. *Direito administrativo e políticas públicas*. São Paulo: Saraiva, 2002; CIARLINI, Álvaro Luís de Araújo. *Direito à saúde*: paradigmas procedimentais e substanciais da Constituição. São Paulo: Saraiva, 2013; DIAS, Jean Carlos. *O controle judicial de políticas públicas*. São Paulo: Método, 2007. (Coleção Professor Gilmar Mendes); KELLER, Arno Arnoldo. *A exigibilidade dos direitos fundamentais sociais no Estado Democrático de Direito*. Porto Alegre: Sergio Antonio Fabris, 2007; KRELL, Andréas J. *Direitos sociais e controle judicial no Brasil e na Alemanha*: os (des)caminhos de um direito constitucional "comparado". Porto Alegre: Sergio Antonio Fabris, 2002; LEIVAS, Paulo Gilberto Cogo. *Teoria dos direitos fundamentais sociais*. Porto Alegre: Livraria do Advogado, 2006; LOPES, José Reinaldo de Lima. *Direitos sociais*: teoria e prática. São Paulo: Método, 2006; MENDES, Gilmar Ferreira. Os limites dos limites. *In*: BRANCO, Paulo Gustavo Gonet; COELHO, Inocêncio Mártires; MENDES, Gilmar Ferreira. *Hermenêutica constitucional e direitos fundamentais*. Brasília: Brasília Jurídica, 2002; MORAES, Germana de Oliveira. *Controle jurisdicional da Administração Pública*. 2. ed. São Paulo: Dialética, 2004; QUEIROZ, Cristina M. M. *Os actos políticos no Estado de Direito*: o problema do controle jurídico do poder. Coimbra: Almedina, 1990; SAMPAIO, Marcos. *O conteúdo essencial dos direitos sociais*. São Paulo: Saraiva, 2013; SARLET, Ingo Wolfgang. *A eficácia dos direitos fundamentais*: uma teoria geral dos direitos fundamentais na perspectiva constitucional. 10. ed. Porto Alegre: Livraria do Advogado, 2011; SILVA, Sandoval Alves da. *Direitos sociais*: leis orçamentárias como instrumento de implementação. Curitiba: Juruá, 2007; SIRAQUE, Vanderlei. *Controle social da função administrativa do Estado*: possibilidades e limites na Constituição de 1988. São Paulo: Saraiva, 2005; TAMER, Sérgio Victor. *Atos políticos e direitos sociais nas democracias*: um estudo sobre o controle dos atos políticos e a garantia dos direitos sociais. Porto Alegre: Sergio Antonio Fabris, 2005; TOLEDO, Cláudia (Org.). *O pensamento de Robert Alexy como sistema*. Rio de Janeiro: Gen, 2017. p. 278-292.

Apontam os autores que os direitos sociais poderão sofrer restrições, respeitado, entretanto, o núcleo essencial de cada um. Porém, qual o seu núcleo essencial? Qual o *standard* mínimo de concreção de um direito que se pode exigir do Estado? Estas são as perguntas que se pretende responder em relação ao direito à saúde, com o importante propósito de já delimitar algumas hipóteses em que o direito à saúde existirá com caráter definitivo e permitirá, portanto, a ingerência judicial diante da omissão do Poder Público. Para tanto, serão necessárias, num primeiro momento, incursões jurídico-filosóficas sobre o direito à vida. Posteriormente, serão analisadas discussões relativas ao mínimo existencial e suas implicações sobre o conteúdo mínimo do direito à saúde.

3.2.1.1 Considerações jurídico-filosóficas sobre o direito à vida

É imperioso o estudo do direito à vida como corolário dos demais direitos fundamentais, entre eles à saúde. Silva, J. (2014, p. 200) aponta alguns desdobramentos do direito à vida, como o direito à existência e o direito à integridade física e moral. Segundo ele, o direito à existência contempla "o direito de estar vivo, de lutar pelo viver, de defender a própria vida, de permanecer vivo. É o direito de não ter interrompido o processo vital senão pela morte espontânea e inevitável". Assim, de acordo com o autor, o direito à existência consiste no fundamento da tipificação penal das condutas que atentam contra a vida, ao mesmo passo que justifica a exclusão da punibilidade dos atos que resultem na supressão da vida de outrem, sob o amparo da legítima defesa da própria vida ou de outrem ou do estado de necessidade.

Lado outro, o direito à vida impende a conservação do corpo humano no qual ela se realiza. Assim, a integridade físico-corporal consiste numa faceta do direito fundamental à vida, motivando, por sua vez, a punição na esfera penal dos atos atentatórios a ela.

Por fim, relembra Silva, J. (2014, p. 203) que "a vida humana não é apenas um conjunto de elementos materiais. Integram-na, outrossim, valores imateriais, como os morais". A Constituição de 1988, com sua marcante característica humanista, confere elevada importância à moral, tornando a ofensa a ela indenizável no art. 5º, V e X (BRASIL, 1988). A moral individual consiste na honra, na reputação da pessoa, atributos sem os quais o homem fica reduzido à condição de animal. A integridade moral, a seu turno, condiciona a criminalização das condutas ofensivas a ela, como a injúria, a calúnia, a difamação e a tortura.

Imperativo, ademais, o exame do direito à vida à luz da concepção normativa de que ele estabelece uma relação entre um titular e um destinatário em torno de determinado objeto.

Segundo Ganthaler (2006, p. 44), o direito à vida é conferido desde a concepção e até o seu fim natural, sendo, pois, seu titular, o ser humano, em qualquer estágio de sua formação. Assim, merecem proteção jurídica da vida todos os seres humanos, sejam eles capazes de decisão e juízo ou não.

Já os destinatários do Direito podem ser, segundo o autor, médicos e demais profissionais da saúde, parentes, terceiros desconhecidos, planos de saúde, hospitais e o Estado. Para fins deste estudo, interessa a relação em que o Estado se afigura como responsável pelo direito à vida.

Por fim, propõe Ganthaler (2006, p. 46) que da relação entre o titular e o destinatário do direito à vida resulta que aquele tem perante este um direito de que viva e que, assim, o objeto do direito à vida consiste em permanecer com vida. Esclarece o autor, entretanto, que esse objeto pode ser interpretado, filosoficamente, de maneiras diversas. Dessa forma, recorre-se ao discurso empírico para analisar as diferentes concepções filosóficas sobre o objeto do direito à vida.

A primeira doutrina apresentada é a da sagração da vida, que apresenta uma versão severa e uma suave. A versão severa indica que ninguém tem direito de intervir na continuação ou a interrupção da vida, própria ou de outrem. Ao contrário, exige que a vida humana seja mantida com todos os meios disponíveis e independentemente de sua qualidade. Segundo Ganthaler (2006, p. 49), de acordo com essa posição, "o direito à vida implica numa obrigação de viver e o princípio de manter a vida humana precede não somente sobre o princípio da autonomia do paciente, como, também, o princípio de não prejudicar o paciente e de agir para o seu bem-estar". Disso resulta a impossibilidade de serem tomadas decisões sobre a continuação ou término da vida humana, tanto da própria quando da alheia, sendo vedado tanto matar quanto deixar de prolongar voluntariamente a vida.

Essa é a doutrina perfilhada, entre outros, pela Igreja Católica, que veicula que "[...] este mandamento [não matarás] revela que aos olhos de Deus a vida humana é preciosa, sagrada e inviolável. Ninguém pode desprezar a vida do próximo, nem sequer a própria; com efeito, o homem traz em si a imagem de Deus e é objeto do seu amor infinito, independentemente da condição em que foi chamado à existência" (PAPA FRANCISCO, 2018).

O Papa Francisco (2017), entretanto, assim como outros representantes da sagração da vida, entende que nem sempre é obrigatória a utilização de todos os meios terapêuticos disponíveis para a manutenção da vida, sob pena de configuração de um "encarniçamento terapêutico":

> [...] Com efeito, a medicina desenvolveu uma capacidade terapêutica cada vez maior, que permitiu debelar numerosas doenças, melhorar a saúde e prolongar o tempo de vida. Portanto, desempenhou um papel muito positivo. Por outro lado, hoje é também possível prolongar a vida em condições que no passado nem sequer se podiam imaginar. As intervenções no corpo humano tornaram-se cada vez mais eficazes, mas nem sempre são resolutivas: podem sustentar funções biológicas que se tornaram insuficientes, ou até substituí-las, mas isso não equivale a promover a saúde. Por conseguinte, é necessário um suplemento de sabedoria, porque hoje é mais insidiosa a tentação de insistir com tratamentos que produzem fortes efeitos no corpo, mas por vezes não beneficiam o bem integral da pessoa. (PAPA FRANCISCO, 2017)

Com isso, fica registrado o repúdio, pela própria Igreja Católica, da prática da distanásia, que caracteriza o prolongamento da vida terminal por meios artificiais e dolorosos, que cheguem a caracterizar o próprio uso mercadológico da Medicina. É o que caracteriza a doutrina da sagração da vida menos severa ou restritiva, que mantém a vedação à morte intencional, mas admite, porém, que, diante de certas circunstâncias, deixe-se de prolongar a vida ou se permita sua morte espontânea, através da eutanásia passiva. Persiste, entretanto, a veemente vedação à interrupção da vida, seja pela eutanásia ativa, seja pelo auxílio ao suicídio.

O entendimento acima exposto foi também adotado no ordenamento jurídico nacional. O Enunciado nº 89 das Jornadas de Saúde do CNJ assim dispõe sobre a matéria:

> Deve-se evitar a obstinação terapêutica com tratamentos sem evidências médicas e benefícios, sem custo-utilidade, caracterizados como a relação entre a intervenção e seu respectivo efeito – e que não tragam benefícios e qualidade de vida ao paciente, especialmente nos casos de doenças raras e irreversíveis, recomendando-se a consulta ao gestor de saúde sobre a possibilidade de oferecimento de cuidados paliativos de acordo com a política pública. (BRASIL, 2019)

Esse entendimento restou também consagrado no parágrafo único do artigo 41 do Código de Ética Médica:

Parágrafo único. Nos casos de doença incurável e terminal, deve o médico oferecer todos os cuidados paliativos disponíveis sem empreender ações diagnósticas ou terapêuticas inúteis ou obstinadas, levando sempre em consideração a vontade expressa do paciente ou, na sua impossibilidade, a de seu representante legal. (CFM, 2009)

Afasta-se, assim, a obrigatoriedade, no Brasil, de se proceder à dispensação de cuidados que tão somente prolonguem a vida do indivíduo de forma artificial, o que não se confunde, conforme mencionado anteriormente, com a eutanásia, que consiste na conduta de abreviação da vida do indivíduo.

A doutrina liberal fraca deixa de valorar moralmente o suicídio, mas não se opõe a ele. Considera, entretanto, esta teoria, que, atrelado ao direito à vida, encontra-se o direito à própria morte (GANTHALER, 2006, p. 94), a ser fruído e exercido, única e exclusivamente, pelo seu titular. Justifica-se pela concepção de que não se pode pôr fim à autonomia do indivíduo justamente quando se trata do término ou continuidade de sua própria vida. Ao revés, acredita existirem abalizadas razões para o suicídio em certas circunstâncias, sendo este possível, desde que explicitamente desejado por um paciente capaz de juízo.

Considera, ainda, a doutrina liberal fraca que a sociedade não tem o direito de limitar a liberdade de um de seus membros enquanto outros cidadãos não forem atingidos pela sua forma de agir. Sob esta concepção, existe uma exceção à obrigação da mantença da vida de pacientes capazes de juízo, quais sejam, a de sua recusa ao tratamento. De acordo com esta concepção, não é permitido ao médico tratar um paciente contra a sua vontade, mesmo que a abstenção dos cuidados médicos implique perecimento de sua vida. Em relação a pacientes incapazes de juízo, prevalece o princípio de não lhe causar dano ou de agir para o seu bem. Explica Ganthaler (2006, p. 51) que o princípio de não lhe causar dano exige que não seja provocado mal ou sofrimento desnecessário ao paciente, enquanto o princípio de agir para o seu bem exige que se evite o mal ou a dor e que se promova o seu bem-estar. Assim, em relação aos incapazes de juízo, esta concepção preconiza critérios de qualidade de vida quando da decisão sobre continuação ou interrupção de medidas suportivas.

Por fim, a doutrina liberal forte considera que não só é possível deixar de tratar um paciente contra sua vontade ou permitir que ele pratique o suicídio, como também é autorizado o auxílio ao mesmo ou a eutanásia direta-ativa. Para tanto, Hoerster (*apud* GANTHALER, 2006, p. 107) apresenta três condições:

1- a pessoa atingida se encontra em uma situação de sofrimento grave e incurável;
2- a pessoa deseja a ação homicida com base em ponderação livre e amadurecida, que ela expôs em um estado capaz de juízo e esclarecida sobre sua situação;
3- a ação homicida é realizada por um médico.

De ver-se, portanto, que são diversas as doutrinas filosóficas sobre o direito à vida. Porém, até mesmo as doutrinas liberais que aceitam, em circunstâncias de grave sofrimento e doença incurável, que ela seja suplantada por outros valores, apresentam como requisito inafastável para a sua superação a vontade do seu titular. É o que afirma Sá (2005, p. 40), ao registrar que "tanto na eutanásia quanto no suicídio assistido, há que ser observada a vontade do paciente, o seu consentimento".

Qualquer que seja, portanto, a corrente jusfilosófica perfilhada pelo operador do direito em relação ao chamado 'direito de morrer', ter-se-á claro que a vida é um direito do homem oponível aos seus pares e às instituições públicas e privadas, que terão, para com ele, o dever de sua preservação, o que se confunde com o direito à existência e à integridade física e moral sustentado por Silva, J. (2014, p. 201-202). A ninguém – pessoa física ou jurídica, pública ou privada – será lícito deixar de manter a vida de alguém, quando ele o desejar.

Disso resulta, pois, que o direito à vida, perante a Constituição de 1988, é veiculado por uma regra, que admite como exceção, na alínea "a" do inciso XLVII do art. 5º (BRASIL, 1988), a pena de morte, em caso de guerra declarada.[84]

Podem-se acrescer, ainda, às exceções ao direito à vida as circunstâncias de estado de necessidade ou legítima defesa da vida, própria ou de outrem, desde que estas circunstâncias se encontrem, de fato,

---

[84] Sá (2005) sustenta que, considerando o ordenamento jurídico como um sistema ordenado de regras e princípios que devem, como propõe Dworkin (2002), manter sua integridade com os valores perfilhados por uma sociedade e coerente com a interpretação judicial que já tiver sido dispensada a situações de igual jaez, os atos de eutanásia e suicídio assistido, desde que realizados mediante requerimento expresso do paciente ou autorização da família, em caso de incapacidade deste, por piedade diante de situação indigna do paciente, diante de séria gravidade de sua doença e por profissional da Medicina, não caracterizam ilícito penal. Quando, entretanto, praticados por parentes ou amigos próximos do doente e diante das mesmas circunstâncias acima, poderiam ensejar o perdão judicial. No mesmo sentido, são as conclusões de Röhe (2004, p. 123), para quem "o direito de morrer indica a mais recente reivindicação do ser humano em dispor plenamente de si próprio com relação à sua vida e à sua morte. A dor e o sofrimento tornaram-se desvalores rejeitados por uma sociedade adoradora do corpo e da perfeição. Daí a necessidade de uma medicina operante, que assegure aos homens o seu bem-estar físico e mental, proporcionando uma boa morte, mais humana e capaz de ser compreendida".

caracterizadas, mediante rigorosa análise exigida pelo ordenamento jurídico posto, norteada, sobretudo, pela máxima da proporcionalidade.

Não se olvide que, consoante definição de Alexy (2015, p. 91), "As regras são normas que são sempre ou satisfeitas ou não satisfeitas. Se uma regra vale, então, deve se fazer exatamente aquilo que ela exige; nem mais, nem menos. Regras contêm, portanto, determinações no âmbito daquilo que é fática e juridicamente possível". Enquanto regra, portanto, o direito à vida precisa, necessariamente, de ser cumprido, salvo se for declarada uma norma inválida. Isso, contudo, não se revela possível, considerando a natureza constitucional originária dos dispositivos que a abrigam – Constituição de 1988, arts. 5º e 196 (BRASIL, 1988), e a consolidada recusa, na doutrina e na jurisprudência pátria, da tese de Bachof (1994) sobre a inconstitucionalidade das normas constitucionais originárias.

Como regra válida, portanto, e afora suas exceções (contempladas na teoria de ALEXY, 2015, p. 92), o direito à vida deve ser observado, parafraseando Dworkin (2002, p. 39), "à medida do tudo ou nada". Assim, dada uma hipótese fática em que o indivíduo postula reconhecimento de seu direito à vida ao Estado, a única solução jurídica correta para a espécie será a que resultar na aplicação integral da regra (já que sua aplicação à medida do nada ficaria reservada para as hipóteses em que a regra não for válida). Sua preservação integra, portanto, o núcleo essencial do direito social à saúde, enquadrando-se na hipótese de Alexy (2015, p. 501) de normas de direitos fundamentais que albergam direitos não apenas *prima facie*, mas definitivos, confundindo-se, portanto, com uma regra.

3.2.1.2 A vida como um dos elementos do núcleo essencial do direito à saúde

Diante da Constituição de 1988, o direito à saúde abraça, como foi demonstrado, ações preventivas e de recuperação da saúde, promoção de políticas de saneamento básico e proteção do meio ambiente, além do controle e fiscalização de alimentos, medicamentos e substâncias psicoativas, tóxicas ou radioativas. Registre-se, ainda, o conceito de saúde formulado pela Organização Mundial de Saúde como sendo "o completo bem-estar físico, mental e social e não apenas a ausência de doença" (25..., p. 01).

Salta aos olhos a amplitude do direito em questão, o que já sugere, por si só, a impossibilidade de sua materialização plena. Não se refuta a necessidade de maximizá-lo, mas se reconhece que as limitações fáticas e jurídicas imanentes à realidade do mundo empírico e à complexidade do sistema normativo imporão limites inafastáveis para este desiderato. Barcellos (2006, p. 49) reconhece esta dificuldade, deixando de enfrentá-la por reconhecer a necessidade de um estudo aprofundado e, portanto, específico do tema, como se propôs neste trabalho. Em outro momento, sustenta Barcellos (2010) que o núcleo essencial do direito à saúde consubstancia-se no atendimento de medidas de caráter básico, o que abarca quatro prioridades definidas pela Constituição (BRASIL, 1988): 1) saneamento básico (arts. 23, IX; 198, II; e 200 IV); 2) atendimento materno-infantil (art. 227, § 1º, I); 3) ações vinculadas à medicina preventiva (art. 198, II); e 4) à prevenção epidemiológica (art. 200, II). Comparativamente à proposta ora conduzida, verifica-se que, embora as medidas sugeridas pela autora observem as disposições constitucionais, elas apenas tutelam conteúdo mínimo do direito à saúde parcialmente, uma vez que, por exemplo, prestações complexas e de elevado custo são excluídas da definição exposta, mesmo em caso de risco de vida.[85]

Já Sarlet e Figueiredo (2010) apontam que um possível critério para a identificação do núcleo essencial do direito à saúde seja a realização de prestações de urgência. Tal posição está também sujeita a críticas. Embora possa circunstancialmente envolver o direito à vida, o critério empregado pelos autores é falho, pois limita o atendimento dos pacientes a situações potencialmente cruéis, haja vista a necessidade de agravamento da condição de saúde do paciente para o fornecimento de cuidados. Além disso, a não submissão prévia ao tratamento de saúde,

---

[85] Também Sarlet (2002, p. 12) reconhece como árdua a tarefa de densificação do conteúdo jurídico do direito à saúde. Senão, veja-se: "A pergunta que se coloca a todos que analisam a dimensão prestacional (ou positiva) do direito à saúde, em última análise, diz com a possibilidade de o titular deste direito (em princípio qualquer pessoa), com base nas normas constitucionais que lhe asseguram este direito, exigir do poder público (e eventualmente de um particular) alguma prestação material, tal como um tratamento médico determinado, um exame laboratorial, uma internação hospitalar, uma cirurgia, fornecimento de medicamento, enfim, qualquer serviço ou benefício ligado à saúde. *A resposta, à evidência, é tudo menos singela,* assim como também é evidente que não teremos aqui condições de esgotar o problema. Por esta razão, seguem apenas algumas breves considerações a respeito desta faceta do direito à saúde, partindo-se, desde logo, da premissa de que o direito à saúde, para além da dimensão defensiva já declinada, é também (e acima de tudo) um direito a prestações, ao qual igualmente deverá ser outorgada a máxima eficácia e efetividade. Talvez a primeira dificuldade que se revela aos que enfrentam o problema seja o fato de que nossa Constituição não define em que consiste o objeto do direito à saúde, limitando-se, no que diz com este ponto, a uma referência genérica. Em suma, do direito constitucional positivo não se infere, ao menos não expressamente, se o direito à saúde como direito a prestações abrange todo e qualquer tipo de prestação relacionada à saúde humana (desde atendimento médico até o fornecimento de óculos, aparelhos dentários, etc.), ou se este direito à saúde encontra-se limitado às prestações básicas e vitais em termos de saúde, isto em que pese os termos do que dispõem os artigos 196 a 200 da nossa Constituição" (sem grifo no original).

além de reduzir a possibilidade de sucesso do mesmo, sinaliza medida mais custosa ao Estado do que a promoção de atividades preventivas.

Importa, pois, demarcar os limites até onde essas circunstâncias poderão restringi-lo, à luz da consideração do direito à vida como a sua gênese, de cujo desdobramento resultou a saúde como direito fundamental de segunda dimensão. A conclusão lógica que se aufere é, portanto, que o núcleo essencial do direito à saúde é em parte coincidente com a preservação da vida.

Vários fundamentos convergem para essa ilação. O primeiro é de ordem lógica e empírica, no sentido de que *a vida é pressuposto para a fruição de todas as outras manifestações do direito à saúde*. De fato, a nada aproveita a proteção ou o aumento do bem-estar físico, mental ou social do homem, faltando-lhe o pressuposto vida. São as palavras, conforme mencionado acima, de Silva J. (2014), que sustenta que "De nada adiantaria a Constituição assegurar outros direitos fundamentais, como a igualdade, a intimidade, a liberdade, o bem-estar, se não erigisse a vida humana num desses direitos".

A robustez desse argumento dificulta, até mesmo, a apresentação de um contra-argumento que viabilize a réplica, o que, de acordo com a teoria da argumentação jurídica, garantiria a sua racionalidade. Neste caso, ela exala do próprio argumento, impassível ao rebate. A sua validade, enquanto premissa desse discurso argumentativo, também dispensa outros procedimentos de justificação interna, ao mesmo passo que a isenta da justificação externa.

Essa foi, outrossim, a conclusão de Moreira e Sgreccia (1988, p. 159), quando textualizaram que "pode-se falar de saúde somente de uma pessoa viva e a saúde é uma qualidade da pessoa que vive". Denunciam, ainda, os autores que em função da escassez, "o problema, como se sabe, é entendido por alguns de maneira diferente e desvirtuada, quando para se ter a saúde de alguém se põe em risco e se procura suprimir a vida do outro" (MOREIRA; SGRECCIA, 1988, p. 159).

Reconhecendo o direito à vida como o ponto de partida do direito à saúde, já se pronunciou o Supremo Tribunal Federal, quando da apreciação do julgamento do Agravo Regimental em Recurso Extraordinário nº 271.286/RS, em que foi relator o Ministro Celso de Mello. Nessa ocasião, foi submetido à apreciação da Suprema Corte um pedido de fornecimento de medicamentos a paciente acometido do vírus da Aids ao qual se recusava o Estado do Rio Grande do Sul. Na ementa do acórdão, foi destacado que "o direito à saúde – além de qualificar-se como direito fundamental que assiste a todas as pessoas – representa consequência constitucional indissociável do direito à vida" (BRASIL,

2000d). Assim, o tribunal deferiu ao requerente os medicamentos necessários, considerando isso "um gesto reverente e solidário de apreço à vida e à saúde das pessoas, especialmente daquelas que nada têm e nada possuem, a não ser a consciência de sua própria humanidade e de sua essencial dignidade".

Outros julgados sinalizam a compreensão do direito à vida no ordenamento jurídico pátrio. Na Ação Direta de Inconstitucionalidade nº 466 (BRASIL, 1991), restou assentada a vedação, haja vista a previsão do artigo 60, §4º, inciso IV, da Constituição (BRASIL, 1988), do estabelecimento de emenda constitucional que amplie as hipóteses de pena de morte no país. Eis a ementa da decisão:

> AÇÃO DIRETA DE INCONSTITUCIONALIDADE – PROPOSTA DE EMENDA À CONSTITUIÇÃO FEDERAL – INSTITUIÇÃO DA PENA DE MORTE MEDIANTE PRÉVIA CONSULTA PLEBISCITÁRIA – LIMITAÇÃO MATERIAL EXPLÍCITA DO PODER REFORMADOR DO CONGRESSO NACIONAL (ART. 60, § 4º, IV) – INEXISTÊNCIA DE CONTROLE PREVENTIVO ABSTRATO (EM TESE) NO DIREITO BRASILEIRO – AUSÊNCIA DE ATO NORMATIVO – NÃO-CONHECIMENTO DA AÇÃO DIRETA. – O direito constitucional positivo brasileiro, ao longo de sua evolução histórica, jamais autorizou – como a nova Constituição promulgada em 1988 também não o admite – o sistema de controle jurisdicional preventivo de constitucionalidade, em abstrato. Inexiste, desse modo, em nosso sistema jurídico, a possibilidade de fiscalização abstrata preventiva da legitimidade constitucional de meras proposições normativas pelo Supremo Tribunal Federal. Atos normativos "in fieri", ainda em fase de formação, com tramitação procedimental não concluída, não ensejam e nem dão margem ao controle concentrado ou em tese de constitucionalidade, que supõe – ressalvadas as situações configuradoras de omissão juridicamente relevante – a existência de espécies normativas definitivas, perfeitas e acabadas. Ao contrário do ato normativo – que existe e que pode dispor de eficácia jurídica imediata, constituindo, por isso mesmo, uma realidade inovadora da ordem positiva –, a mera proposição legislativa nada mais encerra do que simples proposta de direito novo, a ser submetida à apreciação do órgão competente, para que de sua eventual aprovação, possa derivar, então, a sua introdução formal no universo jurídico. A jurisprudência do Supremo Tribunal Federal tem refletido claramente essa posição em tema de controle normativo abstrato, exigindo, nos termos do que prescreve o próprio texto constitucional – e ressalvada a hipótese de inconstitucionalidade por omissão – que a ação direta tenha, e só possa ter, como objeto juridicamente idôneo, apenas leis e atos normativos, federais ou estaduais, já promulgados, editados e publicados. – A impossibilidade

jurídica de controle abstrato preventivo de meras propostas de emenda não obsta a sua fiscalização em tese quando transformadas em emendas à Constituição. Estas – que não são normas constitucionais originárias – não estão excluídas, por isso mesmo, do âmbito do controle sucessivo ou repressivo de constitucionalidade. O Congresso Nacional, no exercício de sua atividade constituinte derivada e no desempenho de sua função reformadora, está juridicamente subordinado à decisão do poder constituinte originário que, a par de restrições de ordem circunstancial, inibitórias do poder reformador (CF, art. 60, § 1º), identificou, em nosso sistema constitucional, um núcleo temático intangível e imune à ação revisora da instituição parlamentar. As limitações materiais explícitas, definidas no § 4º do art. 60 da Constituição da República, incidem diretamente sobre o poder de reforma conferido ao Poder Legislativo da União, inibindo-lhe o exercício nos pontos ali discriminados. A irreformabilidade desse núcleo temático, acaso desrespeitada, pode legitimar o controle normativo abstrato, e mesmo a fiscalização jurisdicional concreta, de constitucionalidade. (BRASIL, 1991)

Na mesma esteira da preservação incondicional da vida e do reconhecimento de sua hegemonia hierárquica no ordenamento constitucional brasileiro é o entendimento do Superior Tribunal de Justiça, que decidiu o recurso ordinário em Mandado de Segurança nº 11.183/PR, em ementa que se traz à colação:

Constitucional. Recurso ordinário. Mandado de segurança objetivando o fornecimento de medicamento (Riluzol/Rilutek) por ente público à pessoa portadora de doença grave: Esclerose Lateral Amiotrófica – Ela. Proteção de direitos fundamentais. Direito à vida (art. 5º, caput, CF/88) e direito à saúde (arts. 6º e 196, CF/88). Ilegalidade da autoridade coatora na exigência de cumprimento de formalidade burocrática. 1 – A existência, a validade, a eficácia e a efetividade da Democracia está na prática dos atos administrativos do Estado voltados para o homem. A eventual ausência de cumprimento de uma formalidade burocrática exigida não pode ser óbice suficiente para impedir a concessão da medida porque não retira, de forma alguma, a gravidade e a urgência da situação da recorrente: a busca para garantia do maior de todos os bens, que é a própria vida. 2 – É dever do Estado assegurar a todos os cidadãos, indistintamente, o direito à saúde, que é fundamental e está consagrado na Constituição da República nos artigos 6º e 196. 3 – Diante da negativa/omissão do Estado em prestar atendimento à população carente, que não possui meios para a compra de medicamentos necessários à sua sobrevivência, a jurisprudência vem se fortalecendo no sentido de emitir preceitos pelos quais os necessitados podem alcançar o benefício almejado (STF, AG nº

238.328/RS, Rel. Min. Marco Aurélio, DJ 11/05/99; STJ, REsp nº 249.026/PR, Rel. Min. José Delgado, DJ 26/06/2000). 4 – Despicienda de quaisquer comentários a discussão a respeito de ser ou não a regra dos arts. 6º e 196, da CF/88, normas programáticas ou de eficácia imediata. Nenhuma regra hermenêutica pode sobrepor-se ao princípio maior estabelecido, em 1988, na Constituição Brasileira, de que "a saúde é direito de todos e dever do Estado" (art. 196). 5 – Tendo em vista as particularidades do caso concreto, faz-se imprescindível interpretar a lei de forma mais humana, teleológica, em que princípios de ordem ético-jurídica conduzam ao único desfecho justo: decidir pela preservação da vida. 6 – Não se pode apegar, de forma rígida, à letra fria da lei, e sim, considerá-la com temperamentos, tendo-se em vista a intenção do legislador, mormente perante preceitos maiores insculpidos na Carta Magna garantidores do direito à saúde, à vida e à dignidade humana, devendo-se ressaltar o atendimento das necessidades básicas dos cidadãos. 7 – Recurso ordinário provido para o fim de compelir o ente público (Estado do Paraná) a fornecer o medicamento Riluzol (Rilutek) indicado para o tratamento da enfermidade da recorrente. (BRASIL, 2000c)

Concluindo o raciocínio acima exposto, o Supremo Tribunal Federal utilizou-se da máxima da proporcionalidade (a qual foi chamada de princípio), para sustentar a argumentação:

> A tipificação penal viola, também, o princípio da proporcionalidade por motivos que se cumulam: (i) ela constitui medida de duvidosa adequação para proteger o bem jurídico que pretende tutelar (vida do nascituro), por não produzir impacto relevante sobre o número de abortos praticados no país, apenas impedindo que sejam feitos de modo seguro; (ii) é possível que o Estado evite a ocorrência de abortos por meios mais eficazes e menos lesivos do que a criminalização, tais como educação sexual, distribuição de contraceptivos e amparo à mulher que deseja ter o filho, mas se encontra em condições adversas; (iii) a medida é desproporcional em sentido estrito, por gerar custos sociais (problemas de saúde pública e mortes) superiores aos seus benefícios. (BRASIL, 2017)

Vale ressaltar que a decisão apresentada, que tem como marco a análise da manutenção da prisão preventiva de proprietários de uma clínica particular que realizava práticas abortivas, não tem caráter *erga omnes*. Outra hipótese em que o aborto foi admitido refere-se ao julgamento de aborto de anencéfalos pelo Supremo Tribunal Federal, na Ação de Descumprimento de Preceito Fundamental nº 54/DF (BRASIL, 2012). Com placar favorável à descriminalização do aborto de anencéfalos em 8 a 2, a decisão, de acordo com o Ministro Marco Aurélio, justifica-se ante o fato de que, "No caso do anencéfalo, não existe vida possível. O feto anencéfalo é biologicamente vivo, por ser formado por células vivas, e juridicamente morto, não gozando de proteção estatal. [...] O anencéfalo jamais se tornará uma pessoa. Em síntese, não se cuida de vida em potencial, mas de morte segura. Anencefalia é incompatível com a vida". Verifica-se, assim, que, de acordo a tese defendida pelo Supremo Tribunal Federal, por não serem dotados da condição de vida humana, os anencéfalos não teriam direitos.

Outro fundamento para a densificação do núcleo essencial do direito à saúde na vida é de ordem jurídico-filosófica e indica, como foi visto, que o objeto do direito à vida consiste na sua manutenção (salvo se isso não for da vontade do seu titular, de acordo com a doutrina perfilhada), sendo o homem o titular desse direito e, destinatários, os outros homens, instituições privadas e públicas – incluindo, aqui, o Estado. Exige-lhe, outrossim, a natureza jurídica de regra da norma que consagra o direito à vida, de forma que, afastadas as suas exceções, sua observância torna-se imperativa. Esta é a concepção positivada nos arts. 5º e 196 da Constituição de 1988.

Assim, a proteção e a preservação da vida, por meio de todos os bens e serviços necessários prestados pelo Estado, consistem em parte significativa do conteúdo do núcleo essencial do direito fundamental à saúde.[86] Consistem as prestações enunciadas, portanto, nas *demandas de saúde de primeira necessidade*, compreendendo todas as prestações que se podem esperar do Estado e que sejam imprescindíveis para a manutenção da vida. Reafirme-se, por precípuo, que o núcleo essencial é um âmbito em que o direito social galga a almejada definitividade, independentemente de ponderação com os princípios opostos, deixando de ser norma meramente *prima facie* para vincular os poderes públicos a sua concreção.

Equivocam-se os autores que pretendem afirmar ser o núcleo essencial do direito à saúde a oferta de serviços básicos.

Esta assertiva, *data maxima venia*, não se sustenta perante sua teoria, que propõe a ponderação de bens para a solução dos conflitos entre direitos, sob as balizas de uma argumentação jurídica racional. Propõe Alexy (2015) a ausência de hierarquia entre os direitos, sendo que, entretanto, a argumentação científica exigida por ele leva à inafastável

---

[86] Conforme indicado anteriormente, a concepção atualmente adotada por esta obra pauta-se pela ampliação do núcleo essencial do direito à saúde à garantia da vida mediante a fruição de condições mínimas de dignidade, que são tuteladas pelas prestações de saúde consideradas de elevada essencialidade.

conclusão de que a vida ocupa a cúspide do sistema normativo por imperativos lógico-empíricos, jurídicos e morais. Esta insuperável conclusão impõe o acréscimo de uma exceção à teoria do autor, ainda não observada por ele, mas coerente, em absoluto, com a doutrina que edifica, qual seja, que o direito à vida precede aos demais, abstratamente e em concreto.

O entendimento de que a vida precede os demais direitos, abstratamente e em concreto, foi perfilhado por Mendes (2002, p. 283), em excerto já transcrito, mas que, pela sua importância para a tese que se constrói, torna a ser trazido à baila. Também sob o paradigma da teoria de Alexy (2015), afirma o autor que "uma valoração hierárquica diferenciada de direitos individuais somente é admissível em casos especialíssimos", como, segundo ele, no caso do direito à vida, que "tem precedência sobre os demais direitos individuais, uma vez que é pressuposto para o exercício de outros direitos" (MENDES, 2002, p. 283).

Alguns outros estudiosos já alertaram para a constatação de que o direito de viver conquista *status* privilegiado no ordenamento jurídico brasileiro, como o faz Silva, J. (2014, p. 200), que, dissertando sobre a vida, afirma que "ela constitui fonte primária de todos os outros bens jurídicos", concluindo que "de nada adiantaria a Constituição assegurar outros direitos fundamentais, como a igualdade, a intimidade, a liberdade, o bem-estar, se não erigisse a vida humana num desses direitos". No mesmo sentido, consigna Moraes (2018, p. 34) que "o direito à vida é o mais fundamental de todos os direitos, já que se constitui em pré-requisito à existência e exercício de todos os demais direitos".

Como se vê, apesar de possíveis distinções quanto à determinação do início da vida, portanto, do momento em que ela configura um direito, o entendimento da doutrina constitucionalista de alta estirpe se afina com o das Cortes Superiores no que diz respeito à sua consideração como bem maior do ordenamento jurídico. Isso oferece parâmetros seguros para o convencimento do jurista de que este bem, a vida, é fortemente valorizado na comunidade política e que, portanto, exige do Direito concebido como integridade um tratamento conforme o seu valor.

Disso resulta que conteúdo mínimo do direito à saúde,[87] que impinge ao ente público a sua proteção e promoção, consiste no direito à vida. Nesse aspecto, o direito *prima facie* à saúde já galga a almejada definitividade, necessária para determinar a sua existência e,

---

[87] Retome-se a observação feita anteriormente quanto à atual compreensão deste trabalho no que tange ao núcleo essencial do direito fundamental à saúde.

assim, viabilizar a sua justiciabilidade. As demandas sociais de saúde que disserem respeito, então, à proteção e preservação da vida, aqui denominadas *de primeira necessidade*, merecerão plena guarida em juízo, a despeito de seu custo e de sua previsão em diplomas normativos de políticas públicas.

De fato, a aplicabilidade imediata das normas de direito fundamental decorrente do §1º do art. 5º da Constituição de 1988[88] permite que sua eficácia seja exigida do Estado, quando os direitos existirem em definitivo. A imprescindibilidade, portanto, de um medicamento, um tratamento ou outra prestação social para a manutenção da vida humana permitirá o controle judicial sobre a omissão estatal, quer em ações individuais, quer em ações coletivas.

Este é o acertado entendimento perfilhado pelo Supremo Tribunal Federal no Agravo Regimental na Suspensão de Tutela Antecipada nº 761, que determinou a concessão do medicamento Soliris (princípio ativo: eculizumabe) para o tratamento de hemoglobinúria paroxística noturna, doença rara que, se não tratada adequadamente, pode conduzir a resultado fatal. Consideradas ineficazes as medidas disponibilizadas pelo Sistema Único de Saúde para salvar a vida do paciente, concedeu-se o pedido solicitado, haja vista a "[...] Constatação de periculum in mora inverso, ante a imprescindibilidade do fornecimento de medicamento para melhora da saúde e manutenção da vida do paciente" (BRASIL, 2015).

Outro critério já foi proposto para a demarcação do núcleo essencial do direito à saúde, que será apresentado, como sugere a teoria da argumentação jurídica, como contrarrazão ao acima exposto.

Sarlet (2002, p. 13), ao reconhecer as limitações à eficácia dos direitos fundamentais sociais condicionada pela escassez de recursos e conflito com outros direitos, impõe, entretanto, como reserva às restrições do direito à saúde, a emergencialidade da demanda. É o que se infere de seu texto:

---

[88] Não se olvida, com esta afirmação, do acertado entendimento de Sarlet (2002, p. 9) de que "a norma contida no art. 5º, parágrafo 1º da nossa Constituição, para além de aplicável a todos os direitos fundamentais (incluindo os direitos sociais), apresenta caráter de norma-princípio, de tal sorte que se constitui em uma espécie de mandado de otimização, impondo aos órgãos estatais a tarefa de reconhecerem e imprimirem às normas de direitos e garantias fundamentais a maior eficácia e efetividade possível". É, entretanto, uma afirmação decorrente das conclusões constantes do texto a de que, no âmbito da imprescindibilidade para a vida, o direito à saúde ganha o predicado de definitivo que lhe permite a eficácia imediata.

Embora tenhamos que reconhecer a existência destes limites fáticos (reserva do possível) e jurídicos (reserva parlamentar em matéria orçamentária) implicam certa relativização no âmbito da eficácia e efetividade dos direitos sociais prestacionais, que, de resto, acabam conflitando entre si, quando se considera que os recursos públicos deverão ser distribuídos para atendimento de todos os direitos fundamentais sociais básicos, sustentamos o entendimento, que aqui vai apresentado de modo resumido, no sentido de que sempre onde nos encontramos diante de prestações de cunho emergencial, cujo indeferimento acarretaria o comprometimento irreversível ou mesmo o sacrifício de outros bens essenciais, notadamente – em se cuidando da saúde – da própria vida, integridade física e dignidade da pessoa humana, haveremos de reconhecer um direito subjetivo do particular à prestação reclamada em Juízo. (SARLET, 2002, p. 23)

Este entendimento não merece prosperar. Passa-se, então, a apresentar os contra-argumentos que visam a desconstituir sua validade, já que, como afirmou Alexy (2005), quem afirma uma proposição fica compelido a apresentar mais razões para sustentá-la diante de uma objeção. De fato, não se reputa razoável garantir o acesso a um tratamento ou remédio a um paciente que se encontra em iminente risco de vida e negá-lo a outro acometido da mesma enfermidade, que, porém, esteja em estágio inicial e ainda não coloque o doente em situação de urgência. A adoção desse critério é, ao revés, irracional, uma vez que impinge ao paciente uma situação de angústia por ter que esperar sua situação de saúde tornar-se grave para que ele venha a merecer acesso aos recursos capazes de preservar sua vida. Ademais, é sabido que, quanto mais grave o estado de saúde de um doente, mais oneroso é seu tratamento. Dessa forma, o critério da emergencialidade, além de desumano, é contraproducente, por exigir que o Estado venha a despender mais recursos que o necessário para a terapêutica de uma mesma enfermidade, caso tivesse sido tratada em seu início. Mais a mais, a Constituição de 1988 consigna, em seu art. 198, que as políticas públicas de saúde devem visar "à redução do risco de doença e de outros agravos", de forma que expor a risco a vida de um paciente para que, então, o mesmo se faça merecedor do direito subjetivo à saúde, não se reputa em critério juridicamente sustentável.

Acredita-se que estas razões são capazes de atender aos diversos requisitos da teoria da argumentação jurídica. Verifica-se que a adoção da proteção integral da vida como núcleo essencial do direito à saúde foi problematizada e superou as objeções que foram opostas. Constata-se, ademais, a validade da norma constitucional que o inspira (art. 5º da

Constituição) e a adequada exegese que lhe foi dispensada, conforme a orientação de que os direitos fundamentais devem ser interpretados de forma a otimizá-los e a manter a unidade do sistema. Restaram atendidas, pois, as regras da fundamentação e da carga de argumentação, além de terem sido devidamente justificadas as premissas internas e externas do discurso.

  A assunção desse critério como um dos elementos que demarcam o núcleo essencial do direito à saúde encontra-se afinada, outrossim, à concepção de Direito como integridade, além de oferecer adequados parâmetros de aferição de sua condição de garantir a equidade e, assim, afinar-se à concepção de justiça. Com efeito, verifica-se que ele tende a ser aceito por todos, independentemente de sua posição social, visto que visivelmente justo, ao permitir a preservação do bem maior de todos. Assim, sob o *véu da ignorância* de Rawls (2008), tende a ser bem aceito e capaz de promover a equidade. De fato, sem que a vida de todos seja preservada, de acordo com a necessidade de cada um, impossível afirmar que haverá condições equitativas de desenvolvimento de suas aptidões, como propõe Rawls (2008). A preservação da vida de todos pode, portanto, ser devidamente erigida ao *status* de ponto de partida da noção de equidade. Sem ela, nenhuma outra prestação oferecida pelo Estado para que o indivíduo se desenvolva plenamente terá sentido.

3.2.1.3 Mínimo vital, mínimo existencial e novas considerações acerca do núcleo essencial do direito fundamental à saúde

  Alicerçada nas discussões anteriormente destacadas acerca do direito à vida, a primeira edição deste trabalho sustentou a definição do núcleo essencial do direito fundamental à saúde na garantia de prestações que direta ou indiretamente tutelem o direito em tela. Novas reflexões suscitadas nos campos jurídico e filosófico sugerem, contudo, a necessidade de revisão da concepção original então defendida.

  Como uma das significativas contribuições da teoria dos direitos fundamentais, a diferenciação entre os conceitos de mínimo vital e mínimo existencial permite a revisão dos conceitos de demandas de saúde de primeira e de segunda necessidade. De fato, conforme previamente mencionado, embora haja diferenças no tocante ao tratamento conferido pelos distintos ordenamentos jurídicos à matéria, há convergência quanto à vinculação dos direitos ao mínimo existencial, o que "abrange mais do que a garantia da mera sobrevivência física"

(SARLET; ROSA, 2015, p. 221), sendo tutelada a própria noção de dignidade.

Essa é também a lição de Toledo (2017, p. 114), que afirma que, enquanto o mínimo vital refere-se "às condições materiais mínimas necessárias para a sobrevivência do indivíduo, ou seja, os pressupostos materiais imprescindíveis para sua existência física", o mínimo existencial ultrapassa a satisfação das necessidades físicas e biológicas, as quais todo ser vivo possui. Estão contempladas, portanto, as "condições elementares para a participação na vida social e cultural do país do qual é cidadão" (TOLEDO 2017, p. 117).

A definição de quais seriam as condições essenciais para a plena participação social e o desenvolvimento da autonomia individual é tarefa sujeita ao exercício argumentativo. De acordo com Canotilho (2008, p. 10), a persecução desse objetivo é essencial, na medida em que as pressões oriundas das forças políticas e econômicas tendem a impor a lógica da racionalização dos custos inerentes à efetivação dos direitos fundamentais sociais.

Conforme observado, o reconhecimento do mínimo existencial apresenta reflexos na expansão da tutela de prestações vinculadas aos direitos fundamentais sociais de modo a se garantir a dignidade, considerada como fundamento do ordenamento jurídico brasileiro, de acordo com o inciso III do artigo 1º da Constituição (BRASIL, 1988).

No tocante ao direito fundamental à saúde, a compreensão da relação entre o referido direito e a dignidade remonta à construção dos seus significados histórico e normativo, especialmente no século XX. Recordando os primeiros apontamentos deste capítulo, na perspectiva histórica, o reconhecimento do vínculo entre saúde e tutela estatal é analisado com maior ênfase a partir do século XIX. De acordo com Dallari (2010, p. 49), naquele século iniciou de forma mais significativa "o reconhecimento de que a saúde de uma população está relacionada às suas condições de vida e de que os comportamentos humanos podem constituir-se em ameaça à saúde do povo e, consequentemente, à segurança do Estado [...]".

No século XX, as experiências de destruição das duas Grandes Guerras Mundiais resultaram na formação de um consenso entre os países, materializado pela criação da Organização das Nações Unidas. Essa entidade teve como um dos seus objetivos a proteção, no plano internacional, de alguns direitos tidos como essenciais, como a saúde, que foi especialmente tutelada por meio das ações da Organização Mundial de Saúde (DALLARI, 2010, p. 49). É do estatuto da referida entidade que se extrai o significado contemporâneo de saúde, o qual contempla a associação plena entre as noções de bem-estar físico, mental e social. Não está limitada a saúde, portanto, à ausência de doença (WHO, 1946).

A dimensão ampla assumida pelo conceito de saúde no plano internacional é complementada por outros marcos normativos resultantes dos debates promovidos entre os países ao longo do século XX. No ano 1966, a Assembleia Geral da ONU aprovou dois acordos importantes para a tutela dos direitos sociais, a saber, o Pacto de Direitos Civis e Políticos e o Pacto de Direitos Econômicos, Sociais e Culturais. O escopo desses documentos internacionais é consagrar a relação de dependência entre os direitos políticos e civis e os direitos econômicos e sociais.

Por meio desses acordos, sustenta-se a ideia de que a liberdade humana pressupõe a garantia de direitos na esfera social, correspondendo tais posições jurídicas a requisitos para a fruição de um nível de vida digno. No Brasil, o Pacto Internacional de Direitos Econômicos, Sociais e Culturais passou a integrar o Direito pátrio por meio do Decreto nº 591 (BRASIL, 1992). O referido diploma normativo declara que o direito à saúde deve ser efetivado na maior medida possível, estando abrangidos nesse conceito os mais elevados níveis de saúde física e mental (DALLARI, 2010, p. 53-55).

As constatações acima enunciadas conduzem à necessidade de demarcação das prestações atreladas ao núcleo essencial do direito à saúde. Considerando que o direito em tela é manifestado sob uma perspectiva multifacetária, a qual foi traduzida de forma adequada pelo artigo 196 da Constituição (BRASIL, 1988), e considerando o mandamento do inciso III do artigo 1º, o seu núcleo essencial comporta prestações que garantam a fruição da vida com condições mínimas de dignidade.

Apesar da relativa fluidez atrelada ao conceito, não há impedimento, diante da tarefa argumentativa, à definição do conteúdo do núcleo essencial do direito fundamental à saúde. Conforme observado, deve-se considerar, primeiramente, que como os princípios que veiculam direitos fundamentais têm seu peso manifestado apenas de forma aproximada, deve-se recorrer, segundo o modelo alexyano, a uma escala triádica, a qual contempla os níveis de leve, moderado e intenso de satisfação do direito (TOLEDO, 2017a, p. 287- 288).

Destarte, são reputadas como demandas de primeira necessidade não somente as prestações destinadas à manutenção da vida, como também aquelas gravemente concernentes à dignidade, o que corresponde, na escala triádica acima, ao nível de satisfação intenso. Trata-se, portanto, das prestações de elevada essencialidade, sem as quais os indivíduos são cerceados de condições mínimas de saúde, além de ter obstaculizado o acesso aos demais direitos em virtude da gravidade da sua condição física e/ou psíquica. Compõem tais prestações, portanto, o mínimo necessário, em matéria de saúde, para a inserção dos indivíduos nos meios social e político (HACHEM, 2015, p. 137-138).

Nesse contexto, estão abrangidos no núcleo essencial do direito à saúde o fornecimento de próteses para os membros inferiores e superiores, o que permite a locomoção e o exercício de atividades laborais; a realização de procedimentos cirúrgicos para a correção de problemas de cegueira ou quase cegueira, o que possibilita a inserção dos indivíduos no mercado de trabalho de forma mais facilitada; o fornecimento de aparelhos auditivos que possibilitem o convívio social dos deficientes auditivos.

Torna-se claro, a partir dos exemplos elencados, a viabilidade de se demonstrar, no plano argumentativo, a relação de essencialidade entre as prestações acima descritas e a dignidade. Do mesmo modo, faz-se possível a demonstração, racional e argumentativamente, de que outras prestações de saúde afetam a dignidade apenas de modo leve ou moderado. Nessas hipóteses, está-se diante das demandas de saúde de segunda necessidade, que, embora potencialmente implementem a dignidade, são tidas como dispensáveis.

Nesse sentido, a disponibilização pelo Poder Público de prestações de saúde como cirurgias de redução de mama que não afetem severamente a saúde estão inseridas nas demandas de segunda necessidade. Do mesmo modo, o fornecimento de fraldas pediátricas, de forma distinta das geriátricas, não configura a única opção para tutelar a higiene e a dignidade infantis, estando também qualificadas como demandas de segunda necessidade. A concessão de procedimentos estéticos, como a retirada de manchas na pele pouco significativas também está inserida na categoria em análise.

3.2.2 Os conflitos protagonizados pelo direito à saúde

Determinado o núcleo essencial do direito à saúde, resta, ainda, importante labor a ser desempenhado: a análise dos conflitos em que o direito à saúde pode figurar para a definição, também apriorística, das condições de precedência de um direito sobre o outro, como afirma Alexy (2015, p. 96), para a formulação da *lei de colisão* (de normas adstritas de direito fundamental, que submetem a seu comando um estado de coisas como se fosse uma norma legislada).

Segundo já foi antes afirmado, o direito à saúde de uns pode colidir com o direito à saúde de outros, ao mesmo passo que conflita, também, com os demais direitos fundamentais e com princípios constitucionais financeiros. O mister urge ser enfrentado para o oferecimento de diretrizes acertadas e seguras para autoridades públicas e julgadores que o enfrentam diuturnamente.

3.2.2.1 Direito à saúde de uns *versus* direito à saúde de outros

Aludiu-se, no Capítulo 2 (item 2.3.1), ao mito largamente difundido entre os publicistas do país de que o interesse público sobrepõe-se ao privado, o que justificaria, assim, a tomada de decisões, em questões relativas à saúde pública, que privilegiem a coletividade em detrimento de casos individuais. Esta concepção fundamenta-se, como também foi afirmado, na doutrina utilitarista – que propõe o emprego dos recursos públicos de maneira a ampliar a sua produtividade e maximizar os resultados – e da teoria organicista – que considera o indivíduo como mera parte ou órgão do Estado, ao qual deve servir com prioridade.

Tal posicionamento já encontrou guarida, ainda que de forma isolada, na Suprema Corte (2007). Em fevereiro de 2007, quando da apreciação do agravo regimental em pedido de Suspensão de Tutela Antecipada nº 2006.002444-8, interposta pelo Estado de Alagoas, a então Ministra Presidente Ellen Gracie deixou de obrigá-lo, com fundamento no art. 4º da Lei nº 8.437 (BRASIL, 1992b) e no art. 1º da Lei nº 9.494 (BRASIL, 1997c), ao fornecimento de medicamentos necessários para o tratamento de pacientes renais crônicos em hemodiálise e de pacientes transplantados. Sustentou, para tanto, que o provimento do pedido afetaria o já abalado sistema público de saúde. Segundo ela, "a gestão da política nacional de saúde, que é feita de forma regionalizada, busca uma maior racionalização entre o custo e o benefício dos tratamentos que devem ser fornecidos gratuitamente, a fim de atingir o maior número possível de beneficiários". Considerou, assim, que "a norma do art. 196 da Constituição da República, que assegura o direito à saúde, refere-se, em princípio, à efetivação de políticas públicas que alcancem a população como um todo, assegurando-lhe acesso universal e igualitário, e não a situações individualizadas" (BRASIL, 2007).

Também o Superior Tribunal de Justiça, contrariando sua jurisprudência dominante, acatou a tese em questão quando da apreciação do agravo regimental na Suspensão de Tutela Antecipada nº 59, concedida em ação civil pública oriunda do Estado de Santa Catarina, quando, sob a relatoria do então Ministro Presidente Nilson Naves, restou ementado que a imposição do fornecimento gratuito de medicamentos mediante ordem judicial "tem potencial suficiente para inviabilizar o aparelho de aquisição e distribuição de medicamentos à população carente e, por isso, o próprio sistema de saúde pública" (BRASIL, 2005c).

De igual sorte, quando da apreciação do Agravo Regimental na Suspensão da Segurança nº 1.467-DF, em que foi relator o Ministro Edson Vidigal, o Superior Tribunal de Justiça deixou de conceder à impetrante o direito de acesso aos recursos necessários à efetivação de transplante de intestino nos Estados Unidos da América – US$275.000,00 (duzentos e setenta e cinco mil dólares americanos). Fundamentou o pedido o fato de o procedimento ser realizado em caráter experimental, com certeza de óbito. Concedida a liminar em primeira instância e ratificada a decisão concessiva pela Justiça Federal da Seção Judiciária do Distrito Federal, requereu a União a suspensão da mesma à Presidência do Tribunal Regional Federal da 1ª Região, indeferida. O Superior Tribunal de Justiça, entretanto, considerou que a decisão implicava grave lesão à ordem e à saúde públicas e que, assim, prejudicaria a efetivação de políticas públicas que visem à população como um todo, assegurando-lhe acesso universal e igualitário (BRASIL, 2005b).

Também na academia, abalizadas vozes ressoam neste sentido. Silva, J. (1999, p. 83-84) consigna que "A saúde é [...] dever do Estado [...], aí, não impõe propriamente uma obrigação jurídica, mas traduz um princípio [...]. Sente-se, por isso, que as prescrições têm eficácia reduzida [...]". Dessa forma, para ele, o art. 196 da Constituição de 1988 não obriga o ente público ao fornecimento de medicamentos ou tratamentos médicos não previstos em suas políticas públicas.

Estudando as ações judiciais em que são pleiteados aos entes públicos, com fulcro no direito fundamental social à saúde, medicamentos ou tratamentos específicos, Barroso (2008, p. 02) sustenta a existência de um excesso de ingerência judicial que prejudica a alocação racional dos escassos recursos. Consoante o autor, "No limite, o casuísmo da jurisprudência brasileira pode impedir que políticas coletivas, dirigidas à promoção da saúde pública, sejam devidamente implementadas". Para fundamentar sua assertiva, o autor articula vários argumentos. Afirma, primeiramente, que a norma constitucional que alberga o direito à saúde – artigo 196 da Constituição de 1988 – é programática e, assim, garante que ele será promovido por meio de políticas sociais e econômicas, e não através de decisões judiciais, que não se enquadram entre os órgãos executores de políticas públicas (Executivo e Legislativo). Considera o autor que o Poder Executivo possui visão global tanto dos recursos disponíveis quanto das necessidades a serem supridas, o que lhe permite melhores decisões alocativas dos recursos públicos. De mais a mais, a Administração Pública, ao lado do Poder Legislativo, possui, segundo ele, a necessária legitimidade democrática para as decisões sobre as prioridades públicas, legitimidade esta de que carece o Judiciário.

Segundo Barroso (2008, p. 30), "é o próprio povo – que paga os impostos – quem deve decidir de que modo os recursos públicos devem ser gastos". Saca, ainda, o autor o argumento da reserva do possível, frente ao qual o princípio da separação dos poderes impediria a ingerência judicial sobre a questão. Diante de sua elaborada fundamentação, o autor propõe que, em ações individuais, apenas se faz possível o fornecimento de medicamentos constantes das listas de medicamentos elaboradas pelos entes federativos para dispensação obrigatória e universal, admitindo, porém, a possibilidade de discussão das mesmas em ações coletivas, de forma que os fármacos eleitos sejam distribuídos mediante observância dos preceitos da igualdade.

Cite-se, por fim, a concepção de Dworkin (2005, p. 431), que, sob a luz do princípio do seguro prudente, propôs que o Estado só seria responsável por prestações de saúde que os indivíduos, na gestão de seu patrimônio privado, assegurassem a si mesmos. Segundo o autor, as pessoas não abririam mão de outros valores e bens, no curso de sua vida, para garantir uma cobertura de saúde plena, capaz de preservar suas vidas perante doenças raras ou apta a custear delongados tratamentos que lhes mantivessem uma vida inconsciente. Sob estas premissas, concluiu que não é justo exigir do Estado aquilo que as pessoas não ofereceriam a si mesmas, dispensando o ente público, desta maneira, das prestações de saúde que extrapolassem as integrantes de um sistema básico, visto que estas últimas, normalmente de elevado custo, poderiam comprometer o cumprimento das primeiras.

Apesar dos judiciosos argumentos trabalhados pela jurisprudência e pela doutrina de elevado escol, a questão ainda merece ser mais aprofundada. As razões apresentadas até o presente momento para a sobreposição do direito à saúde de muitos sobre o direito à saúde de outros poucos laboram, portanto, como parâmetros importantes para a contra-argumentação, à qual se dá início. A prevalência do interesse público de cumprimento das políticas públicas elaboradas pelo Executivo e pelo Legislativo sobre os interesses individuais de acesso a medicamentos ou tratamentos não contemplados pelas mesmas pode, sim, ser observada, desde que, com isso, não se exponha a risco de perecimento a vida humana ou sua dignidade de forma essencial, ou mediante os casos de escassez severa. Os fundamentos apresentados para a hegemonia das políticas públicas sobre as necessidades individuais são pertinentes e merecem prosperar em relação às *demandas de segunda necessidade*, não sendo aplicáveis, entretanto, quando estiver exposta a perigo a vida ou a dignidade de forma essencial, ou seja, no que diz respeito às *demandas de primeira necessidade* (núcleo essencial do direito à saúde).

Nessas últimas circunstâncias, o pedido de fornecimento de um fármaco não constante das listas de dispensação obrigatória de medicamentos ou o pleito de acesso a um tratamento de saúde não oferecido pela rede pública, ainda que de significativo impacto financeiro, faz jus ao acatamento pelo Estado, ensejando, mediante a refuta deste, a justa intervenção judicial.

De fato, não se pode aumentar o bem-estar de uns às custas da vida de outros. A vida, como visto, é o bem jurídico que ocupa a cúspide do sistema axiológico normativo, subjugando todos os outros. Estando em risco a vida humana, as teses utilitaristas e organicistas sucumbem, eivadas de antijuridicidade e de precariedade ética. Do mesmo modo, tem-se que as prestações de saúde imprescindíveis para a vida em condições mínimas de dignidade vulneram o patamar a que se considera indispensável à inserção dos indivíduos nos planos político e cultural.

A análise da teoria dos direitos fundamentais de Alexy (2015) demonstrou que a solução dos conflitos entre direitos deve ser feita mediante a técnica da ponderação, passando pelo filtro da proporcionalidade e da concordância prática. Portanto, diante do conflito entre direitos, deve-se socorrer da sua dimensão de peso e, caso seja necessária a restrição de um deles, deverão ser ponderados.

Na hipótese em cotejo, o direito à saúde de uns colide com o direito à saúde de outros. Três situações podem se afigurar:

a) direito à saúde de um tem implicações com a preservação da vida e/ou a preservação da dignidade de forma essencial, e o direito à saúde dos demais não (demandas de saúde de primeira necessidade de um *versus* demandas de saúde de segunda necessidade de muitos);

b) o direito a saúde de todos não tem implicações com a preservação da vida e/ou a garantia da dignidade de forma essencial (demandas de saúde de segunda necessidade de um *versus* demandas de saúde de segunda necessidade de muitos);

c) o direito à saúde de um ou de alguns tem implicações com a preservação da vida, e o dos demais tem relação com a preservação tão somente da dignidade de forma essencial (demandas de saúde de primeira necessidade de um ou alguns relacionadas à proteção da vida *versus* demandas de

saúde de primeira necessidade de outros relacionadas tão somente à garantia de condições mínimas de dignidade);
d) o direito à saúde de todos tem implicações com a preservação da vida (demandas de saúde de primeira necessidade vinculadas à preservação da vida de um *versus* demandas de saúde de primeira necessidade de muitos vinculadas à preservação da vida), num contexto de escassez severa.

Na primeira hipótese, em que colidem a *demanda de primeira necessidade* de um com *demandas de segunda necessidade* de muitos, a solução do conflito não apresenta maiores dificuldades, vistas as premissas jurídico-filosóficas analisadas em relação ao direito à vida e à dignidade. De fato, não há como deixar de conferir à vida o maior peso, já que ela consiste em condição e pré-requisito para a fruição dos demais direitos. Uma sociedade que leva os direitos fundamentais a sério não pode admitir a sucumbência da vida de um de seus membros em prol de políticas públicas mais eficazes, ou estaria reduzindo o indivíduo a números estatísticos. A vida humana, por si só, apresenta-se merecedora de proteção, não podendo seu valor ser quantificado em pecúnia. Dessa forma, ainda que a preservação de uma vida exija a alocação de elevados aportes financeiros, esta é a única solução condizente com uma Constituição que a garanta.[89] Com efeito, o direito à vida não comporta

---

[89] Embora os tratamentos de alto custo sejam analisados pelo Supremo Tribunal Federal em sede de regime de repercussão geral, conforme indica o Recurso Extraordinário nº 566.471 (BRASIL, 2007), ainda não houve decisão do tribunal no referido processo. Isso não impediu que, em outros momentos, o tribunal reconhecesse a necessidade de fornecimento de tratamentos de saúde aos necessitados, independentemente de seu custo. Eis o exemplo do Agravo Regimental na Suspensão de Liminar nº 558 (BRASIL, 2017). Na decisão, restou assentado que, embora o Supremo Tribunal Federal não tenha decidido em sede de repercussão geral, entre outros temas, acerca da obrigatoriedade de fornecimento dos tratamentos de elevado custo, "[...] verifica-se que a negativa de tratamento aos interessados configura dano inverso que pode levá-los a óbito" (BRASIL, 2017). Ressaltou-se, ainda, no julgado, que a mesma situação foi reconhecida "[...] nas decisões proferidas pelos Ministros Ricardo Lewandowski (STA n. 761/SP) e Cezar Peluso (SS n. 4.304/CE e SS n. 4.316/RO), pelas quais foram negados os pedidos de suspensão de decisões cuja natureza e consequências eram análogas à que se analisa na presente suspensão. Em todas elas foram mantidas as determinações de fornecimento do medicamento Soliris (eculizumad)" (BRASIL, 2017). De acordo com a decisão enunciada, o fornecimento do medicamento Soliris (eculizumad) destina-se ao tratamento de duas doenças raras, a síndrome hemolítico urêmica atípica e a hemoglobinúria paroxística noturna. No tocante à segunda enfermidade, o fornecimento do medicamento é considerado essencial, visto que evita o desenvolvimento de lesões e potenciais doenças, assim como previne a necessidade de submissão do paciente a recorrentes transfusões sanguíneas, normalmente adotadas quando é aplicado o tratamento disponibilizado pelo SUS (BRASIL, 2017).

concretização em graus. Ou a vida é preservada, custe o que custar, ou o indivíduo morrerá e o seu direito à vida restará violado.

No contexto de escassez severa, conforme será discutido adiante, impor-se-á a adoção de critérios éticos para a alocação dos recursos.

Do mesmo modo, tendo em vista a expansão do conceito de demandas de saúde de primeira necessidade, estando abarcadas, portanto, as prestações vinculadas à garantia da dignidade de forma essencial, resta identificada a prevalência desse conjunto de prestações sobre as demandas de saúde de segunda necessidade. Conforme discutido, a tutela do mínimo existencial, traduzida, em matéria de direito à saúde, em prestações para a garantia da dignidade de forma essencial, tem como fundamento o mandamento do inciso III do artigo 1º da Constituição (BRASIL, 1988). Tal assertiva decorre do reconhecimento de que o ser humano é considerado como um fim em si mesmo, sendo titular de igual respeito e dignidade perante a comunidade. De mais a mais, a preservação de condições mínimas de dignidade é instrumento para a integração do indivíduo no seio social e para o desenvolvimento de sua autonomia, não podendo, por conseguinte, a tutela do ordenamento jurídico se satisfazer com a mera salvaguarda da vida.

Eis, portanto, a *primeira lei de colisão* que se formula: as *demandas de saúde de primeira necessidade* prevalecem sobre as *demandas de saúde de segunda necessidade*, independentemente do número de pessoas beneficiadas por umas ou por outras.

Caso os direitos colidentes, entretanto, não digam respeito à manutenção da vida, mas sejam *demandas de segunda necessidade* (conflito da segunda espécie: *demanda de segunda necessidade* de um *versus demandas de segunda necessidade* de muitos), as soluções perfilhadas pelo Superior Tribunal de Justiça, na oportunidade em que julgou o Agravo Regimental na Suspensão de Tutela Antecipada nº 59 (BRASIL, 2005c), por Silva, J. (1999) e por Barroso (2008) podem ser acatadas. De fato, excepcionando-se as *demandas de primeira necessidade*, o direito à saúde é um direito *prima facie*, de forma que sua concretização dar-se-á prioritariamente através de políticas públicas. Incide, ademais, o princípio da reserva do possível, decorrência da facticidade da escassez de recursos. Certamente, não haverá recursos disponíveis para a satisfação de todas as *demandas de saúde de segunda necessidade* da população, que crescem exponencialmente com o avanço científico-tecnológico, com o aumento vegetativo da população e o incremento da expectativa de vida. Decerto, far-se-ão necessárias escolhas alocativas, que deverão procurar otimizar os recursos escassos e atender às necessidades essenciais prioritárias da maioria da população. Os órgãos legitimados para proceder preferencialmente a estas escolhas são o Executivo e o Legislativo, que, além de representatividade democrática, podem instaurar fóruns de participação popular direta para a formulação das políticas públicas que os implementem.

Por isso, o controle judicial sobre esta espécie de conflito sempre terá lugar diante de omissão do Poder Público na concretização de política pública já definida em lei e poderá, também, corrigir juízo de prioridade equivocadamente formulado pelos poderes aludidos.

É que, como propôs Alexy (2015), o modelo dos direitos sociais não se exaure no formal (ou seja, na previsão legal), mas, ao revés, também permite a ponderação do sacrifício impingido aos outros direitos para sua concreção. Quando, por exemplo, a pretensão deduzida em juízo for, considerados todos que precisam dela, de baixo custo financeiro (implicando pequena constrição ao direito à saúde dos demais indivíduos) e trouxer significativo benefício para o requerente, far-se-á possível, a despeito de ausência de previsão legal da prestação de saúde postulada, o seu deferimento.

Portanto, as decisões levadas a cabo pelos poderes legitimados e constantes em lei (inclusive na lei orçamentária) ou de políticas públicas não legisladas, poderão ser objeto de contraste, em juízo, com a máxima da proporcionalidade. Neste sentido, são pertinentes as perspicazes ressalvas feitas por Canotilho (2002, p. 515) de que é possível, em sede de controle judicial, aferir a proporcionalidade de uma decisão legislativa, inclusive sua afinação ou não ao parâmetro da igualdade. De fato, a destinação de verbas para demandas marcadas pela secundariedade, enquanto necessidades públicas de primeira ordem ficam à míngua de recursos públicos, não passa ilesa pelo importante filtro da proporcionalidade, podendo, assim, ser alvo de ingerência judicial.

Dessa forma, conclui-se que a *segunda lei de colisão* pode ser apresentada da seguinte maneira: as *demandas de saúde de segunda necessidade* de média essencialidade prevalecem sobre as *demandas de saúde de segunda necessidade* de baixa essencialidade, independentemente do número de pessoas beneficiadas.

Conforme dito, a presente edição desta obra propõe-se a expandir o conteúdo do núcleo essencial do direito à saúde, de modo a salvaguardar as prestações de saúde que são consideradas como indispensáveis para a fruição da dignidade em condições mínimas. A partir desse raciocínio, dois são, portanto, os elementos componentes das demandas de primeira necessidade, a saber, o fornecimento de prestações de saúde destinadas à preservação da vida e a concessão de prestações de elevada essencialidade, isto é, aquelas cujo escopo é a manutenção da dignidade em condições mínimas.

Considerada a presente distinção, deve-se ressalvar que, embora sob as perspectivas teórica e metodológica, o núcleo essencial do direito à saúde apresenta-se como um conjunto de prestações insuscetíveis de parcelamento ou de distinção em níveis de importância, há de se reconhecer que, em matéria de proteção do direito à vida, e em se tratando de situação em que os recursos disponíveis sejam insuficientes para atender a todas as demandas levadas ao Poder Público, há, por decorrência lógica, a prevalência desse valor sobre as prestações que tão somente garantam a preservação da dignidade de forma essencial, mas que não tenham relação necessária com a garantia da sobrevivência.

Conforme enunciado, sem a preservação da vida, não é possível que se proteja a dignidade ou que seja exercitado qualquer outro direito. Retomando alguns exemplos anteriores, torna-se nítido o raciocínio ora desenvolvido. Sendo os recursos limitados, deverá a decisão proteger preferencialmente prestações que garantam a vida em detrimento do fornecimento de próteses que implementem a autonomia dos indivíduos ou a realização de cirurgias que promovam a recuperação da visão. Apesar de serem consideradas tais prestações como de elevada essencialidade, pode-se admitir, diante da insuficiência de recursos, o seu afastamento no caso concreto, posto que, pelo menos, a sobrevivência dos indivíduos é garantida.

Esse parâmetro norteia, outrossim, as decisões médicas de amputação de membros inferiores ou superiores, quando necessárias à preservação da vida do paciente. Quando alguma enfermidade que acometa tais órgãos avance ao ponto de expor a risco a vida, é imperativa a intervenção médica que a proteja, em detrimento das condições de dignidade que os membros permitem ao sujeito.

Assim, a *terceira lei de colisão* pode ser descrita da seguinte forma: as *demandas de saúde de primeira necessidade* diretamente relacionadas à preservação da vida prevalecem sobre as *demandas de saúde de primeira necessidade* não vinculadas à preservação da vida, independentemente do número de pessoas beneficiadas.

O direito à saúde de uns pode conflitar com o de outros, sendo todos eles alusivos à preservação da vida (*demanda de primeira necessidade* vinculada à proteção da vida de um *versus demandas de primeira necessidade* vinculadas à proteção da vida de muitos). Caso seja possível preservar todas as vidas, isso se fará exigível – como indica a máxima da concordância prática, mesmo que leve a uma exaustão do orçamento público. Sendo a vida o bem de maior valor dentro do ordenamento jurídico vigente, outra solução não resta senão defendê-la, sempre que houver recursos fáticos e jurídicos para tanto.

Não obstante, com frequência, a escassez severa impingirá limites a esta solução. Caso a vida de muitos dependa de recursos que não serão suficientes para preservar todas e não exista meios para expandir sua oferta, impor-se-á a adoção de critérios ético-jurídicos para as decisões sobre quem priorizar. A literatura e a experiência clínica indicam vários critérios a serem usados nestas circunstâncias, que implicam as chamadas "decisões trágicas". Nessas circunstâncias, a *quarta lei de colisão* pode ser assim enunciada: o conflito entre as *demandas de primeira necessidade*, quando afeitas diretamente à preservação da vida, deve ser solucionado mediante o emprego de critérios ético-jurídicos que preservem o princípio da igualdade. Em virtude da sua complexidade, dedica-se à frente um item para o seu exame detido.

3.2.2.2 Direito à saúde *versus* outros direitos sociais

Também aqui, faz-se necessária a distinção entre os conflitos que podem suceder:

a) direitos à saúde afetos à preservação da vida e/ou à dignidade de forma essencial e outros direitos sociais (*demandas de saúde de primeira necessidade versus* outros direitos sociais);
b) direitos à saúde não afetos à preservação da vida e/ou à garantia da dignidade de forma essencial e outros direitos sociais (*demandas de saúde de segunda necessidade versus* outros direitos sociais).

Em relação ao primeiro conflito, a solução não discrepa da que foi apresentada para o conflito entre as *demandas de saúde de primeira necessidade de uns* e as *demandas de saúde de segunda necessidade de outros*. Necessariamente, pelos mesmos fundamentos já expostos, a garantia da vida e de mínimas condições de dignidade prevalecerá perante todos os outros direitos sociais. Com efeito, considerando-se o primeiro elemento componente do núcleo essencial do direito à saúde – a vida –, de que vale oferecer educação, lazer, moradia, trabalho, seguridade a uma pessoa morta? Do mesmo modo, de que valem os demais direitos sociais se os indivíduos não têm condições mínimas para a sua fruição ou para a sua integração no meio social? Como visto, a vida é um pressuposto para a fruição da dignidade. Todavia, embora seja condição necessária para tanto, ela não é suficiente para o seu gozo de forma plena. Por essa razão é que são tidas também como demandas de primeira necessidade as prestações de saúde vinculadas à dignidade consideradas de elevada essencialidade. Dessa forma, na medida em que o princípio da igualdade assume a feição material, torna-se obrigatório ao Poder Público a garantia de parâmetros mínimos de dignidade para que os diferentes sujeitos tenham acesso às oportunidades em condições, pelo menos, razoavelmente semelhantes. O implemento de condições mínimas de dignidade configura, portanto, pressuposto para a fruição da vida de forma plena.

Essa, portanto, a *quinta lei de colisão*: as *demandas de saúde de primeira necessidade* prevalecem sobre os *demais direitos sociais*, independentemente do número de pessoas beneficiadas por cada um dos direitos envolvidos.

No que tange, entretanto, aos direitos à saúde não afetos à preservação da vida e/ou da dignidade de forma essencial (*demandas de segunda necessidade*), sua colisão com os demais direitos sociais deverá, igualmente, ser desatada, preferencialmente, pelos poderes legitimados para a formulação das políticas públicas em lei (Poderes Legislativo e Executivo), sob o lume da máxima da proporcionalidade. Como afirma Alexy (2015), não existe prevalência em abstrato de um direito fundamental sobre outro, devendo a colisão ser solucionada consoante diretrizes já indicadas. Propõe-se a análise da importância de cada um dos direitos colidentes para a promoção da dignidade, devendo prevalecer aquele que a viabilizar com maior intensidade.

Galdino (2005, p. 161) propõe que tais decisões não devem ficar sob o encargo do Judiciário, denunciando que, de modo geral, a escassez, sobretudo dos recursos financeiros do Estado, não é considerada por boa parte das decisões judiciais, que "ignora quase completamente as variáveis econômicas envolvidas nas questões que são postas para a solução". O autor tributa esta realidade à limitação da visão do juiz, cujo acesso a informações restringe-se aos dados trazidos aos autos pelas partes, olvidando, assim, os efeitos sociais de seus julgados, denominados externalidades, o que segundo ele, afeta consideravelmente a qualidade das decisões. Não se pode, de fato, negar que os direitos sociais são vazados em normas-princípio e, portanto, conferem direitos tão somente *prima facie*, não podendo, assim, ser tratados do ponto de vista do "tudo ou nada". Os direitos sociais, inclusive o direito à saúde, quando não tiverem implicações com a preservação da vida e/ou da dignidade de forma essencial, submetem-se às limitações fáticas representadas pela escassez de recursos e às limitações jurídicas, decorrentes dos princípios opostos. Vale dizer, decorrentes dos demais direitos sociais e dos direitos fundamentais à liberdade e à propriedade que limitam a atividade tributária necessária para que o Estado angarie os recursos imprescindíveis ao custeio das atividades prestacionistas.

Portanto, diante do modelo de direitos fundamentais sociais formulado por Alexy (2015, p. 512), a "questão acerca de quais direitos fundamentais sociais o indivíduo definitivamente tem é uma questão de sopesamento entre princípios. De um lado está, sobretudo, o princípio da liberdade fática. Do outro lado estão os princípios formais da competência decisória do legislador democraticamente legitimado e o princípio da separação de poderes, além de princípios materiais, que dizem respeito sobretudo à liberdade jurídica de terceiros, mas também a outros direitos fundamentais sociais e a interesses coletivos". Novamente, por conseguinte, aufere-se que a previsão legal é um parâmetro inicial para o desate do litígio entre os direitos sociais, mas não o definitivo. Remanesce a possibilidade de ponderação, inclusive pelo Poder Judiciário – já que os critérios a serem utilizados para os bens colidentes serão jurídicos. Registre-se, por precípuo, que a ponderação a ser procedida deve considerar a oferta do bem em questão a todos que se encontrem na mesma situação jurídica, por corolário da igualdade. Remonta-se, pois, à conclusão perfilhada em relação ao conflito entre as *demandas de saúde de segunda necessidade de uns versus demandas de saúde de segunda necessidade de outros*. Se, à guisa de ilustração, o pedido feito em juízo, pertinente a uma *demanda de saúde de segunda necessidade*, implicar insignificante sacrifício aos demais direitos sociais, ainda que oferecido a todos que dela precisarem em iguais condições às do requerente e impingir grande proveito aos indivíduos, existirá o direito a ela, em definitivo, dispensando-se, para tanto, a previsão legal da prestação de saúde solicitada judicialmente.

Não se olvide, também, a despeito de não ser objeto deste trabalho, a possibilidade de controle judicial da constitucionalidade das leis (inclusive do orçamento) ou de decisões políticas não legisladas, que proponham soluções para o conflito dos direitos sociais. A normatividade dos direitos sociais e das máximas da concordância prática e da proporcionalidade, como visto, exige isso.

Esta, a *sexta lei de colisão* que se apresenta: os conflitos entre as *demandas de saúde de segunda necessidade* e outros direitos sociais devem ser solucionados mediante a análise da essencialidade de cada direito, prevalecendo o mais importante para a preservação da dignidade humana, independentemente do número de pessoas a ser beneficiado.

Sob esse escólio, aponta-se a Suspensão de Tutela Antecipada nº 818 (BRASIL, 2016). Então presidente do Supremo Tribunal Federal, o ministro Ricardo Lewandowski confirmou decisão do Tribunal Regional

Federal da 1ª região que determinava o fornecimento de fraldas a pessoas com deficiência através do programa Farmácia Popular, do mesmo modo como já se tem o seu fornecimento aos idosos. A decisão do ministro teve como fundamentos a proteção da dignidade, a preservação dos interesses das pessoas com deficiência e a eficácia do direito à saúde.

A discussão tem como origem ação civil pública ajuizada pelo Ministério Público Federal em face da União, do Estado de Minas Gerais e do Município de Uberlândia de modo a expandir o acesso das pessoas com deficiência ao Programa Farmácia Popular do Brasil. Foi sustentada na decisão a jurisprudência do STF que autoriza controle judicial de políticas públicas, especialmente diante da omissão do Estado na garantia de prestações essenciais à manutenção de uma vida digna.

Em determinadas situações, salta aos olhos a precariedade da fundamentação das decisões judiciais que permeiam a problemática abordada, o que redunda na sua incapacidade de convencimento e, portanto, de formação de uma jurisprudência consolidada e uniforme, apta a espancar as discrepâncias que ensejam as injustiças. Falece ao próprio Supremo Tribunal Federal uma argumentação racional neste sentido, justificando, assim, sua incapacidade para convergir as decisões dos demais tribunais na esteira da tese por ele perfilhada. É o que se percebe quando se examina, por exemplo, a motivação do acórdão proferido quando da apreciação do Agravo Regimental no Recurso Extraordinário com Agravo nº 685.230/MS (BRASIL, 2013). A despeito de decidir corretamente, garantindo a portador de diabetes *melitus* o acesso à assistência farmacêutica e médico-hospitalar necessária para a preservação de sua vida, o tribunal afirmou, indevidamente, que a norma do art. 196 da Constituição de 1988 possui natureza programática, e que, a despeito disso, "não pode transformá-la em promessa constitucional inconsequente" (BRASIL, 2013). A premissa utilizada pelo Ministro Celso de Mello, relator do acórdão, que foi acompanhado pelos seus pares, é equivocada, não subsistindo, portanto, ao filtro da justificação externa do discurso exigido por Alexy (2005). Considerar um dispositivo constitucional como programático impinge que veicula um direito fundamental negar-lhe normatividade, ou seja, afirmar que é ele é mera diretriz a ser observada pelo Poder Público, sem, entretanto, vinculá-lo. Não é o que se pode dizer de um dispositivo constitucional que não apenas é dotado de normatividade, como a tem em seu nível mais elevado, e é dotado de aplicabilidade imediata uma vez que se situa dessa maneira na hierarquia do sistema jurídico. A fundamentação correta exigiria a consideração do dispositivo em cotejo como norma-princípio e, portanto, vinculante, a ser implementado, porém, de acordo com as possibilidades fáticas e jurídicas. A hipótese de ser concretizado em graus variados exige a manifestação dos órgãos legitimados para sua determinação, que o fazem através de políticas públicas, que, quando vazadas em lei, aí sim, permitem a interferência do Judiciário. A exceção a ser feita em relação às *demandas de saúde de primeira necessidade* deve-se ao fato de integrarem elas o núcleo essencial do direito fundamental, que não comporta restrição. Apresenta, portanto, o caráter de regra, exigindo, assim, seu pleno cumprimento.

Não pode o Judiciário proceder, entretanto, a mandamentos de que a Administração Pública concretize determinadas ações inerentes *a demandas de segunda necessidade* não previstas em lei sem o necessário juízo de ponderação sobre os outros direitos que estão sendo contemplados com a ação administrativa positiva. O princípio da reserva do possível não significa mera retórica de escusa pública ao cumprimento de obrigações constitucionais, mas, ao avesso, consiste em realidade inafastável e como tal deve ser considerada.

As mesmas conclusões se aplicam aos pedidos formulados em ações civis públicas referentes à questão ambiental. É o que se vê da análise da decisão da 2ª Turma do Superior Tribunal de Justiça prolatada no Recurso Especial nº 1366331 (BRASIL, 2014), quando determinou ao Município de São Jerônimo que procedesse à realização de obras para a regularização do sistema de saneamento básico do Município, por meio da instalação de rede de esgoto cloacal. No julgado, os argumentos favoráveis à determinação da atuação do referido ente federativo tiveram como fundamento a "violação da norma infraconstitucional afeta os direitos à saúde, ao saneamento básico e a viver em ambiente sadio e ecologicamente equilibrado – corolário dos arts. 6°, 23, IX, e 225 da Constituição Federal" (BRASIL, 2014). Destacou-se, ainda, na decisão, o fato de que a mera alegação da insuficiência de recursos para a efetivação das obras não constitui impedimento à determinação judicial de sua realização, haja vista o risco à saúde e à vida da população, direitos tutelados pelo mínimo existencial (BRASIL, 2014).

Referidos dispositivos aludem à proteção do meio ambiente e, como tal, podem ser concretizados com a realização de obras de saneamento básico pelo ente público. Ocorre que estas são imprescindíveis para a manutenção da vida e da saúde humanas, como se extrai dos dados a seguir, veiculados pela Empresa Brasil de Comunicação, empresa pública brasileira vinculada à União:

> As internações hospitalares de pacientes no Sistema Único de Saúde (SUS), em todo o país, por doenças causadas pela falta de saneamento

básico e acesso à água de qualidade, ao longo de 2017, geraram um custo de R$ 100 milhões. De acordo com dados do Ministério da Saúde, ao todo, foram 263,4 mil internações. O número ainda é elevado, mesmo com o decréscimo em relação aos casos registrados no ano anterior, quando 350,9 mil internações geraram custo de R$ 129 milhões.
[...]
Atualmente, de acordo com o Instituto Trata Brasil, apenas 44,92% dos esgotos coletados no país são tratados. O Brasil tem uma meta de universalização do saneamento até 2033. Este objetivo previsto no Plano Nacional de Saneamento Básico, representaria um gasto de cerca de R$ 15 bilhões anuais, ao longo de 20 anos. E este é um dos desafios para os governantes a serem eleitos em outubro. (BRASIL, 2018)

Os dados *supra* indicam, de forma induvidosa, a correlação imediata do saneamento básico com a preservação da vida humana, o que o insere no conteúdo mínimo do direito social à saúde (*demandas de saúde de primeira necessidade*) e vincula imediatamente o Poder Público à sua consecução.

Dessa maneira, considerou corretamente o tribunal que:

6. Mera alegação de ausência de previsão orçamentária não afasta a obrigação de garantir o mínimo existencial. O município não provou a inexequibilidade dos pedidos da ação civil pública.
7. Utilizando-se da técnica hermenêutica da ponderação de valores, nota-se que, no caso em comento, a tutela do mínimo existencial prevalece sobre a reserva do possível. Só não prevaleceria, ressalta-se, no caso de o ente público provar absoluta inexequibilidade do direito social pleiteado por insuficiência de caixa – o que não se verifica nos autos. (BRASIL, 2014)

Não se expõe a dúvidas que os Municípios se encontram em situação de penúria financeira diante do maquiavélico sistema federativo, montado para conduzir ao servilismo político,[90] que centraliza a

---

[90] É que, sem verbas e com uma série de tarefas administrativas, os Municípios veem-se obrigados a manter o "chapéu estendido", implorando por recursos estaduais e municipais para melhor cumprir suas tarefas constitucionais. Notadamente, entretanto, a liberação de recursos não será efetivada sem a oferta de alguma "contrapartida política" pelo Executivo Municipal. Instaura-se, assim, o conhecido jogo da "barganha política", que tanto corrompe a Administração Pública brasileira, mas que assegura a manutenção do domínio político dos mais fortes. É sabido, entretanto, que a federação brasileira conta com um número grande de Municípios deveras pequenos, que não careceriam de autonomia para ter seus interesses assegurados. Erigidos, entretanto, ao patamar de Municipalidade, demandam a instauração de uma custosa estrutura, administrativa e legislativa, que consome importantes recursos públicos. Ademais, muitos pequenos Municípios sobrevivem à custa dos repasses

arrecadação tributária na União e municipaliza as custosas atividades administrativas. Assim, não será rara a ausência de disponibilidade financeira para que o Município proceda à obra pública dessa envergadura sem o sacrifício da higidez de suas finanças. Não obstante, a preservação do mínimo existencial justifica o sacrifício de outros direitos sociais, até mesmo o endividamento público, como será demonstrado no subitem posterior.

3.2.2.3 Direito à saúde *versus* princípios financeiros

A preservação da vida e da dignidade dos indivíduos pode se dar mediante cuidados módicos e previsíveis e, portanto, previamente contemplados com recursos orçamentários. Mas casos existem em que a preservação desses bens jurídicos exige elevados aportes financeiros, muito além da média de recursos dispensada à maioria da população e não previstos nas leis de planejamento dos gastos públicos. É justamente nestas hipóteses que o Judiciário é provocado para se manifestar, oportunidade em que percebemos aguçada insegurança na magistratura nacional. Muitos – a maioria – juízes deferem os pedidos por dever de consciência, duvidosos, entretanto, do acerto jurídico de sua manifestação. Outros, mais eventualmente, reconhecem a escassez dos recursos públicos e a infinidade das demandas do Estado e deixam de oferecer provimento aos pedidos formulados com fundamento nos princípios financeiros vazados constitucionalmente. Esta constatação foi, sobretudo, a maior propulsora desta pesquisa. A situação incômoda percebida no Judiciário pela ausência de parâmetros jurídicos bem definidos para a solução destas questões motivou sobremaneira o estudo de todas as questões ora cotejadas, resultando nas conclusões então apresentadas.

De fato, quando cotejados com a vida humana e com a garantia de condições mínimas de dignidade, os recursos financeiros não podem merecer maior peso. Realmente, com a assunção do Pós-Positivismo, o Direito aproximou-se da Moral, incorporando, como normas, valores

---

financeiros federais e estaduais, negligenciando a arrecadação de receita própria ou deixando de proceder a elas por demagogia política. Não obstante os problemas acarretados pela ereção dos Municípios à categoria de entidades federativas pela Constituição de 1988, reconhece-se o importante passo que isso representou para a democratização. É que, num país com as dimensões continentais do Brasil, a autonomia da instância local possibilita maior identidade do povo com seu governo, além de facilitar o controle inerente à democracia. Ademais, com a relativização da soberania nacional operada pela globalização, a instância local tem se fortalecido como *locus* de realização plena da cidadania (TEIXEIRA, 2001), razão pela qual, a despeito dos percalços inerentes a qualquer modelo político, ao oferecer aos Municípios a condição de entidade federativa, a Constituição de 1988 permitiu melhores condições de realização de seu ideal democrático (BONAVIDES, 2003a).

que, no Positivismo jurídico, não passavam de supressores de lacunas ou inspiradores do sistema. A emersão da normatividade dos princípios tornou-os vinculantes, cogentes, ou seja, de observância obrigatória. Fato é que a colisão com outras normas será frequente, impondo-se, então, como técnica de solução do conflito, a ponderação entre bens.

Ilação outra não é possível, portanto, senão a de que os valores contidos nas demandas de saúde de primeira necessidade são bens jurídicos de valor insuperável no sistema vigente, estando afastadas, de pronto, quaisquer outras normas colidentes. Ademais, dentro da proposta de Alexy (2015) que norteia este trabalho, a regra, quando de mesmo *status* hierárquico que o princípio com ela colidente, precede-o. De acordo com o autor, o legislador densifica mais claramente o conteúdo normativo a que pretende dar vigência quando se vale da regra, em detrimento da segunda espécie normativa princípio. Portanto, o direito à vida e a preservação de condições mínimas de dignidade, enquanto consideradas como uma regra inserta no ápice do ordenamento jurídico brasileiro, precedem os princípios financeiros que, igualmente, possuem sede constitucional.

Conforme observado, os elementos ora indicados compõem a tutela do mínimo existencial, consagrado na jurisprudência do Supremo Tribunal Federal. Exemplificativamente, no Agravo Regimental no Recurso Extraordinário com Agravo nº 745.745, a referida corte manifestou-se quanto ao dever dos entes públicos na manutenção e na execução das políticas públicas. No voto do Ministro Celso de Mello, restou destacada a controvérsia relativa à temática, conforme transcrito a seguir:

> Com efeito, a discussão sobre a essencialidade do direito à saúde fez com que o legislador constituinte qualificasse, como prestações de relevância pública, as ações e serviços de saúde (CF, art. 197), em ordem a legitimar a atuação do Poder Judiciário naquelas hipóteses em que os órgãos estatais, anomalamente, deixassem de respeitar o mandamento constitucional, frustrando-lhe, arbitrariamente, a eficácia jurídico-social, seja por intolerável omissão, seja por qualquer outra inaceitável modalidade de comportamento governamental desviante. Assim, a questão central da presente causa é verificar se se revela possível ao Judiciário, sem que incorra em ofensa ao postulado da separação de poderes, determinar a adoção, pelo Município, quando injustamente omisso no adimplemento de políticas públicas constitucionalmente estabelecidas, de medidas ou providências destinadas a assegurar, concretamente, à coletividade em geral, o acesso e o gozo de direitos afetados pela inexecução governamental de deveres jurídico-constitucionais. (BRASIL, 2014)

Como solução para a controvérsia acima, o tribunal ressaltou a obrigatoriedade da manutenção da política pública de atendimento à saúde da criança e do adolescente, no Município de Belo Horizonte, independentemente da mera alegação de inexistência de recursos financeiros para tanto, haja vista a necessidade de tutela do mínimo existencial:

RECURSO EXTRAORDINÁRIO COM AGRAVO (LEI Nº 12.322/2010) – MANUTENÇÃO DE REDE DE ASSISTÊNCIA À SAÚDE DA CRIANÇA E DO ADOLESCENTE – DEVER ESTATAL RESULTANTE DE NORMA CONSTITUCIONAL – CONFIGURAÇÃO, NO CASO, DE TÍPICA HIPÓTESE DE OMISSÃO INCONSTITUCIONAL IMPUTÁVEL AO MUNICÍPIO – DESRESPEITO À CONSTITUIÇÃO PROVOCADO POR INÉRCIA ESTATAL (RTJ 183/818-819) – COMPORTAMENTO QUE TRANSGRIDE A AUTORIDADE DA LEI FUNDAMENTAL DA REPÚBLICA (RTJ 185/794-796) – A QUESTÃO DA RESERVA DO POSSÍVEL: RECONHECIMENTO DE SUA INAPLICABILIDADE, SEMPRE QUE A INVOCAÇÃO DESSA CLÁUSULA PUDER COMPROMETER O NÚCLEO BÁSICO QUE QUALIFICA O MÍNIMO EXISTENCIAL (RTJ 200/191-197) – O PAPEL DO PODER JUDICIÁRIO NA IMPLEMENTAÇÃO DE POLÍTICAS PÚBLICAS INSTITUÍDAS PELA CONSTITUIÇÃO E NÃO EFETIVADAS PELO PODER PÚBLICO – A FÓRMULA DA RESERVA DO POSSÍVEL NA PERSPECTIVA DA TEORIA DOS CUSTOS DOS DIREITOS: IMPOSSIBILIDADE DE SUA INVOCAÇÃO PARA LEGITIMAR O INJUSTO INADIMPLEMENTO DE DEVERES ESTATAIS DE PRESTAÇÃO CONSTITUCIONALMENTE IMPOSTOS AO PODER PÚBLICO – A TEORIA DA "RESTRIÇÃO DAS RESTRIÇÕES" (OU DA "LIMITAÇÃO DAS LIMITAÇÕES") – CARÁTER COGENTE E VINCULANTE DAS NORMAS CONSTITUCIONAIS, INCLUSIVE DAQUELAS DE CONTEÚDO PROGRAMÁTICO, QUE VEICULAM DIRETRIZES DE POLÍTICAS PÚBLICAS, ESPECIALMENTE NA ÁREA DA SAÚDE (CF, ARTS. 6º, 196 E 197) – A QUESTÃO DAS "ESCOLHAS TRÁGICAS" – A COLMATAÇÃO DE OMISSÕES INCONSTITUCIONAIS COMO NECESSIDADE INSTITUCIONAL FUNDADA EM COMPORTAMENTO AFIRMATIVO DOS JUÍZES E TRIBUNAIS E DE QUE RESULTA UMA POSITIVA CRIAÇÃO JURISPRUDENCIAL DO DIREITO – CONTROLE JURISDICIONAL DE LEGITIMIDADE DA OMISSÃO DO PODER PÚBLICO: ATIVIDADE DE FISCALIZAÇÃO JUDICIAL QUE SE JUSTIFICA PELA NECESSIDADE DE OBSERVÂNCIA DE CERTOS PARÂMETROS CONSTITUCIONAIS (PROIBIÇÃO DE RETROCESSO SOCIAL, PROTEÇÃO AO MÍNIMO EXISTENCIAL, VEDAÇÃO DA PROTEÇÃO INSUFICIENTE E PROIBIÇÃO DE EXCESSO) – DOUTRINA – PRECEDENTES DO

SUPREMO TRIBUNAL FEDERAL EM TEMA DE IMPLEMENTAÇÃO DE POLÍTICAS PÚBLICAS DELINEADAS NA CONSTITUIÇÃO DA REPÚBLICA (RTJ 174/687 – RTJ 175/1212-1213 – RTJ 199/1219-1220) – EXISTÊNCIA, NO CASO EM EXAME, DE RELEVANTE INTERESSE SOCIAL – RECURSO DE AGRAVO IMPROVIDO. (BRASIL, 2014)

Os valores protegidos pelos princípios financeiros são importantes e merecem proteção jurídica. Visam, primeiramente, ao equilíbrio das contas públicas, impedindo o endividamento público que fragiliza a economia de um país e conduz o Estado ao descrédito, tão prejudicial para a sua legitimidade. Com efeito, o Estado que não quita suas dívidas perde a credibilidade para cobrar tributos e atrair investimentos estrangeiros, o que, entre outras coisas, implica a sonegação fiscal e a menor circulação de riqueza no país, que também opera impacto sobre a arrecadação. Em última instância, isto reduz a capacidade pública de prestação de serviços, prejudicando, pois, a própria eficácia dos direitos sociais. Os princípios financeiros têm o escopo, ademais, de permitir a decisão democrática sobre a alocação dos recursos públicos, ou seja, de viabilizar que os donos dos recursos decidam onde os mesmos serão empenhados. Objetivam, por fim, e no que tange aos princípios limitadores da competência tributária do Estado, proteger a propriedade privada e a segurança jurídica dos cidadãos.

Não se olvida, portanto, o relevo dos princípios financeiros e sua estreita afinidade com o interesse público. Não obstante, isto não é suficiente para permitir que eles sacrifiquem a vida em condições mínimas de dignidade dos membros da comunidade política. Mais uma vez, a nada serve um Estado que converge a confiança dos contribuintes e dos investidores nacionais, sendo, pois, eficiente arrecadador e prestador de serviços, se o destinatário da ação estatal não estiver vivo ou não tiver mínimas condições de saúde para fruir a vida. De igual sorte, não milita em proveito do indivíduo o acesso às decisões democráticas sobre os gastos dos recursos públicos se ele não viver ou tiver condições de saúde elementares para participar do processo de formação da vontade pública e para gozar dos frutos de suas decisões. A *sétima lei de colisão* indica, justamente, que as demandas de saúde de primeira necessidade prevaleçam sobre os princípios financeiros.

O impacto de um medicamento ou de um procedimento terapêutico, portanto, nos cofres públicos, não sobreleva a proteção da vida e também de mínimas condições de dignidade, que, repete-se, não podem ser mensuradas em pecúnia. Uma organização social que leva o indivíduo a sério zela pela vida e pelo bem-estar de todos os seus membros

Percorrendo esse itinerário, o Superior Tribunal de Justiça tem posicionamento consolidado, em regime de recursos repetitivos, relativo à possibilidade de sequestro de valores para o fornecimento de medicamentos. Ilustra a assertiva o Recurso Especial nº 1.069.810 (BRASIL, 2013), que teve por recorrente o Estado do Rio Grande do Sul e por relator o Ministro Napoleão Nunes Maia Filho. A decisão restou assim ementada:

> PROCESSUAL CIVIL. ADMINISTRATIVO. RECURSO ESPECIAL. ADOÇÃO DE MEDIDA NECESSÁRIA À EFETIVAÇÃO DA TUTELA ESPECÍFICA OU À OBTENÇÃO DO RESULTADO PRÁTICO EQUIVALENTE. ART. 461, §5º. DO CPC. BLOQUEIO DE **VERBAS** PÚBLICAS. POSSIBILIDADE CONFERIDA AO JULGADOR, DE OFÍCIO OU A REQUERIMENTO DA PARTE. RECURSO ESPECIAL PROVIDO. ACÓRDÃO SUBMETIDO AO RITO DO ART. 543-C DO CPC E DA RESOLUÇÃO 08/2008 DO STJ.
> 1. Tratando-se de fornecimento de medicamentos, cabe ao Juiz adotar medidas eficazes à efetivação de suas decisões, podendo, se necessário, determinar até mesmo, o **sequestro** de valores do devedor (bloqueio), segundo o seu prudente arbítrio, e sempre com adequada fundamentação.
> 2. Recurso Especial provido. Acórdão submetido ao regime do art. 543-C do CPC e da Resolução 08/2008 do STJ. (BRASIL, 2013)

Considerando a noção de escassez, Aaron e Schwartz (1984, p. 80) chegam a indagar: "pode a liberdade médica sobreviver em um ambiente de limite orçamentário?" Este questionamento avulta de importância no Brasil diante da análise do Código de Ética Médica, que, por exemplo, em seus artigos 2º, 5º, 8º e 16,[91] impõe ao profissional da

---

[91] "Art. 2º – O alvo de toda a atenção do médico é a saúde do ser humano, em benefício da qual deverá agir com o máximo de zelo e o melhor de sua capacidade profissional.
[...]
Art. 5º – O médico deve aprimorar continuamente seus conhecimentos e usar o melhor do progresso científico em benefício do paciente.
[...]
Art. 8º – O médico não pode, em qualquer circunstância, ou sob qualquer pretexto, renunciar à sua liberdade profissional, devendo evitar que quaisquer restrições ou imposições possam prejudicar a eficácia e correção de seu trabalho.
[...]
Art. 16º – Nenhuma disposição estatutária ou regimental de hospital, ou instituição pública, ou privada poderá limitar a escolha, por parte do médico, dos meios a serem postos em prática para o estabelecimento do diagnóstico e para a execução do tratamento, salvo quando em benefício do paciente."

Medicina o dever de sempre buscar os melhores meios para o diagnóstico e o tratamento do paciente, refutando quaisquer restrições que possam prejudicar a eficácia máxima de seu trabalho. Não se reputa lícita, portanto, ao médico, a supressão de tratamentos ou serviços essenciais à proteção da vida em condições mínimas de dignidade em razão de seus custos pecuniários.

Contudo, para a satisfação das *demandas de saúde de segunda necessidade*, faz-se necessária a observância dos princípios financeiros. Como visto, estas colaboram para o implemento da dignidade humana de forma não indispensável, isto é, nos níveis leve e moderado. Não obstante, um Estado deve oferecer tais benesses aos seus cidadãos de acordo com suas condições financeiras, permitindo, outrossim, que o próprio povo decida acerca de que prestações considera mais importantes para o seu bem-estar. De fato, não é moralmente aceitável a manutenção de um padrão elevado de vida a expensas de outrem. De igual maneira, não deve o Estado oferecer aos indivíduos um nível de qualidade de vida que não pode custear. É o que se extrai, também, da decisão anteriormente colacionada, quando fica claro o acatamento do princípio da reserva do possível fora das hipóteses especiais de proteção do direito à vida e da dignidade em condições mínimas.

Hipóteses podem ocorrer, também, que, a despeito de não possuir implicação direta com a manutenção da vida ou com a proteção de níveis essenciais de dignidade, uma demanda de saúde seja relevante para o bem-estar e a dignidade humana de forma moderada ou leve. Assim, a solução do conflito entre as *demandas de saúde de segunda necessidade* e os princípios orçamentários deve viabilizar a preponderância desses últimos, devendo, entretanto, ser admitidas exceções fundamentadas na inconteste essencialidade da prestação estatal para a dignidade humana, auferida após um devido juízo de ponderação. Sob estes apontamentos, a *oitava lei de colisão* indica que o conflito entre as *demandas de saúde de segunda necessidade* e os princípios financeiros deve ser solucionado considerando-se a essencialidade da demanda e o grau de afetação dos princípios financeiros.

3.3 Escassez de recursos perante o direito à saúde

Viu-se, linhas atrás, que a escassez de recursos consiste em uma realidade inafastável, inclusive na seara da saúde, o que conduz à necessidade de estudo de suas consequências jurídicas. Com o desenvolvimento tecnológico e da Medicina, cada vez mais tratamentos tornam-se disponíveis e viabilizam a manutenção de muitas vidas, o que, somado ao crescimento vegetativo da população e ao aumento nos custos dos serviços, erige a patamares elevadíssimos os gastos públicos neste setor.

Jost (*apud* AMARAL, 2001, p. 141) compara a necessidade pública de estratégias administrativas de decisão sobre os gastos com a saúde para a proteção do princípio da igualdade ao que ocorre com os planos de saúde, que devem "organizar seus recursos cuidadosamente para assegurar que todos seus segurados possam ser atendidos".

De igual forma, pode-se comparar a distribuição dos recursos no orçamento público às decisões familiares sobre a gestão de suas receitas. Os chefes de família devem, diante da observação da renda familiar e das necessidades domésticas, alocar os recursos disponíveis de forma a cobrir os custos. Para tanto, as demandas com alimentação, vestuário, formação escolar dos filhos, aprimoramento profissional dos pais, pagamento de funcionários, segurança, previdência, locomoção, lazer, etc. deverão ser cotejadas com as necessidades referentes à saúde e organizadas em escala de prioridade, mediante escolhas disjuntivas. Milhares de famílias tomam tais decisões a todo o momento, demonstrando que, no setor privado, a escassez de recursos é levada em conta antes da assunção de compromissos financeiros. Se "onde existe a mesma razão, deve haver o mesmo tratamento", diante de idêntico cenário de restrição de recursos, postura semelhante deve ser adotada pelo Poder Público quando da alocação de seus recursos orçamentários, observadas as prioridades.

No que tange, portanto, à problemática da saúde, a escassez exigirá a definição das prioridades e a determinação, consoante pontuações éticas, da alocação de recursos visando a sua satisfação. Se, como é certo, não for possível a satisfação de todas as demandas concernentes ao direito à saúde na sua plenitude, deverá ser demarcado o campo em que a limitação do aporte de recursos não será permitida, ao passo que, considerando a inexistência de direitos absolutos, será, por consequência, gizado o campo em que a escassez eliminará o direito à prestação estatal.

Registre-se, por oportuno, que a Constituição de 1988 torna determinadas verbas vinculadas, como o faz nos arts. 198, §2º, e 212, e em relação às receitas das contribuições sociais para o custeio da seguridade social e da educação. Tais vinculações são impostas por regras e, consoante já afirmado, reza a teoria de Alexy (2015) que, estando ambas as espécies normativas no plano constitucional, elas prevalecem sobre os princípios. Ocorre que, estando em colisão a vida e/ou a tutela da dignidade de forma essencial com as verbas vinculadas, ter-se-á um conflito entre regras, a ser resolvido mediante a extração do princípio que oferece razão para cada uma delas. Isso implicará, novamente, a priorização das *demandas de primeira necessidade* sobre, até mesmo, a receita constitucionalmente vinculada. Não obstante, em relação às *demandas de saúde de segunda necessidade*, entende-se que a reserva de receita operada pelo Constituinte já consiste na resposta ao juízo de ponderação procedido por ele quando da apreciação das *demandas de saúde de segunda necessidade* com outros direitos a serem custeados pelas receitas estatais.

É certo, entretanto, que o posicionamento dos estudiosos do direito à saúde perante a escassez varia no que diz respeito a esta questão. Será apresentada, inicialmente, a postura daqueles que se lastreiam nas teorias utilitaristas e organicistas, que ensejam, inclusive e como visto, o suposto princípio da supremacia do interesse público sobre o privado e, logo após, o posicionamento da autora.

3.3.1 Concepção utilitarista

Como já asseverado, o utilitarismo consiste em doutrina que considera como melhor solução para os problemas sociopolíticos aquela que promove, na maior escala, os interesses dos membros da sociedade política, considerados individualmente. Barbosa (2002, p. 16) explica que "o cerne do utilitarismo clássico é o de que a sociedade está bem ordenada e, por conseguinte, suas instituições principais pretendem conseguir a maior soma líquida de satisfação", sendo este um conceito resultante do "somatório dos resultados dos benefícios logrados por todos os seus membros".

Resultados ótimos, eficientes, sob a perspectiva de uma sociedade, consistem, pois, no escopo maior do utilitarismo, a despeito de valores éticos e direitos dos membros dessa comunidade política. Um de seus precursores foi Bentham (1979, p. 4), que ergue sua proposta filosófica sobre as bases do princípio da utilidade, entendido por alguns como o princípio da maior felicidade:

> Por princípio de utilidade entende-se aquele princípio que aprova ou desaprova qualquer ação, segundo a tendência que tem a aumentar ou a diminuir a felicidade da pessoa cujo interesse está em jogo, ou, o que é a mesma coisa em outros termos, segundo a tendência a promover ou a comprometer a referida felicidade. Digo qualquer ação de um indivíduo particular, mas também de qualquer ato ou medida de governo.

O termo utilidade, na concepção de Bentham (1979, p. 4), designa justamente a propriedade existente em qualquer coisa que permite a geração de "benefício, vantagem, prazer, bem ou felicidade [...], ou a impedir que aconteça o dano, a dor, o mal ou a infelicidade para a parte cujo interesse está em pauta". Assim, para se analisar a tendência boa ou má de um ato, deve proceder-se ao balanço dos prazeres e das dores que ele é capaz de produzir. A proposta de Bentham (1979) disseminou-se por diversos setores da vida social, inclusive sobre o Direito. Em sua obra, o autor analisa, especificamente, a conveniência da aplicação do utilitarismo às leis penais, de sorte a tornar mais eficiente a prevenção do crime.

A teoria benthamiana ressaltou que todas as pessoas agem como maximizadoras de riquezas em todas as situações de vida e que o incremento do bem-estar individual leva, necessariamente, ao bem comum.

Explicando o utilitarismo para, logo após, repudiá-lo como teoria apta a nortear as decisões alocativas de uma sociedade que pretende ser justa, Rawls (2008, p. 93) explica que, para a doutrina, o ganho social é aferido de acordo com o número de pessoas atingidas por uma determinada medida.

Assim, no que tange ao direito à saúde, a concepção utilitarista pressupõe e justifica o emprego dos recursos escassos de forma ótima, ou seja, que produzirá maior felicidade para o indivíduo, ensejando a racionalização dos gastos médico-hospitalares para permitir a economia de recursos que podem ser úteis a um número maior de pessoas. Sob a ótica utilitarista, portanto, estariam justificadas e legitimadas decisões que poupassem investimentos em pacientes dotados de poucas perspectivas de sobrevivência ou de sobrevida precária, com o escopo de reservar os recursos neles contemplados para emprego posterior capaz de propiciar o bem-estar geral da nação.

Orienta, outrossim, o utilitarismo que o custo do benefício seja analisado antes de ser despendido nele algum recurso, de forma a se eliminarem os elevados gastos que produzem minimizados bônus. Assim afirmam Aaron e Schwartz (2005, p. 132):[92]

---

[92] No original: "[...] intelligent rationing, informed by solid research on the medical results of various procedures and people's evaluations of those results, will increase social welfare. And, if rationing averts misconceived efforts to lower health care spending for vulnerable populations or to reduce spending on medical research, it can improve overall health care as well" (AARON; SCHWARTZ, 2005, p. 132).

[...] a racionalização inteligente, informada por pesquisas sólidas nos resultados médicos de diversos procedimentos e da avaliação das pessoas sobre seus resultados, aumentará o bem estar social. E, se a racionalização evita esforços mal-entendidos para diminuir os gastos com cuidados médicos para populações vulneráveis ou para reduzir os gastos nas pesquisas médicas, isto também pode contribuir para aumentar os cuidados médicos como um todo (tradução própria).

Dessa forma, os autores propõem medidas alternativas como o monitoramento dos cuidados médicos, uma mudança para a prática em grupos pré-pagos, contratações seletivas com médicos e hospitais que proveem cuidados de alta qualidade e a baixo custo, de eliminação de cuidados que consistem em desperdício, de medicina defensiva e, até mesmo, da litigância judicial malconduzida. Segundo eles, alguns cuidados médicos rotineiros poderiam ser suprimidos porque não geram nenhum benefício demonstrável, lastreando esta assertiva na afirmação de que, nos Estados Unidos da América, mais de um quarto dos gastos do Medicare não contribui em nada para a sobrevivência dos pacientes (AARON; SCHWARTZ, 2005, p. 134).

Segundo eles, num curto espaço de tempo, os médicos norte-americanos farão constar da legislação sobre ética médica a necessidade de ponderação entre os custos e os benefícios dos tratamentos médicos, de forma que o uso de drogas mais baratas será considerado como o procedimento-padrão quando as vantagens das terapias caras forem pequenas. Deverão, ainda, analisar circunstâncias peculiares de cada paciente, como idade, estado geral de saúde, responsabilidade da família e chances de voltar a ter uma vida normal. Este processo tornará obsoleta a visão de que sopesar custos na decisão sobre que ações tomar para o bem-estar de pacientes é imoral ou antiprofissional.

Para sustentar sua proposta de eliminação dos tratamentos que custam mais do que valem, os autores afirmam que a ausência de racionalização, considerando o aumento vertiginoso dos custos da saúde, levará ao aumento da tributação e, assim, a uma considerável redução do bem-estar social e da higidez econômica nacional. Suas assertivas são eloquentes: "As escolhas são claras. Nós podemos simplesmente pagar a enorme conta por todos os tratamentos médicos que trazem algum benefício, qualquer que seja seu custo. Ou nós podemos racionalizar". Continuando seu raciocínio, os autores confessam o embasamento utilitarista de sua proposta: "Se decidirmos pela segunda opção, poderemos começar a estender os cuidados de saúde a basicamente todos os americanos"[93] (AARON; SCHWARTZ, 2005, p. 148) e, com o escopo de lograr o convencimento final dos leitores, os autores concluem sua obra com uma retórica persuasiva: "A racionalização será inevitavelmente controversa e difícil de se implementar, mas como os remédios amargos porém eficazes, será boa para a saúde de nossa nação".[94]

No Brasil, perfilha este entendimento Amaral (2001, p. 39), que consigna a necessidade de escolhas alocativas por parte do ente público, no que tange às demandas de saúde, registrando que "a justiça do caso concreto deve ser aquela que possa ser assegurada a todos que possam vir a estar em situação similar, sob pena de quebrar-se a isonomia". Considera o autor a inexistência de um direito absoluto à saúde, analisado por ele como o direito ao tratamento médico adequado, uma vez que o Estado possui limitações para obter esses recursos, impostas pelos princípios financeiros que lhe exigem higidez pecuniária e pelas garantias tributárias que protegem a propriedade, cerceando a tributação.

Na mesma esteira é a concepção de Appio (2007, p. 187), que consigna a existência do dever estatal de prover, apenas, às demandas básicas de saúde da universalidade dos cidadãos, devendo ser ampliado, segundo ele, de maneira gradativa, o direito que se pretende universal. Escapa, portanto, da obrigação estatal, para o autor, a aquisição de um medicamento de alto custo que exija o contingenciamento de verbas orçadas para outros direitos sociais. Posiciona-se Appio (2007, p. 187), portanto, no sentido de que a política pública de saúde coletiva que beneficie a sociedade como um todo deve ser priorizada em detrimento do indivíduo, ainda que isto custe a sua vida.

3.3.2 Concepção da autora

A busca de resultados ótimos e eficientes, como se viu, opera-se à revelia de valores morais e direitos básicos de alguns membros da comunidade política. Assim, sempre que o empenho de recursos públicos em pacientes não apresentar boas perspectivas de cura ou de sobrevida com qualidade, estaria autorizada, pela concepção utilitarista,

---

[93] No original: "The choices are clear. We can simply pay the enormous bill for all beneficial medical care whatever the cost. Or we can ration. If we follow the second course, we must begin by extending health care to essentially all Americans" (AARON; SCHWARTZ, 2005, p. 148).

[94] No original: "Rationing will inevitably be controversial and difficult to implement, but like bitter but efficacious medicine, it can be good for our nation's health" (AARON; SCHWARTZ, 2005, p. 148).

a contenção da despesa e a negação do direito social à saúde; os fins justificariam os meios.

Como observa, entretanto, Barbosa (2002, p. 16), a teoria utilitarista "acarretaria uma significativa satisfação superior para alguns", o que, por si só, já se demonstra suficiente para a sua repugnância, uma vez que o princípio da isonomia exige o tratamento igualitário de todos os membros de uma sociedade. Entretanto, segue a autora advertindo, com razão, que "a médio ou a longo prazo, tal satisfação poderia converter-se em prejuízo para esse mesmo grupo e atingir seus interesses e direitos básicos".

Repugnando o emprego da concepção utilitarista no Direito, Dworkin (2003, p. 272) propõe a teoria da integridade, conduzida pelos "princípios de justiça, equidade e devido processo legal que oferecem a melhor interpretação construtiva da prática jurídica da comunidade". Ao revés, o autor afirma que "aumentar a riqueza social não faz com que a comunidade se torne necessariamente melhor" (DWORKIN, 2003, p. 347).[95]

Contra o argumento utilitarista, que, ao seu sentir, orienta para que o Estado assegure a propriedade de forma a gerar o máximo bem-estar possível, considerando a felicidade ou o sucesso de uma pessoa da mesma maneira, Dworkin (2003, p. 359) anota que o Direito como integridade propõe que o governo assegure a cada um parcela igual de recursos, que serão usados como cada um desejar, "de modo a tornar sua vida melhor, na exata medida de sua própria capacidade". Dessa forma, ressalta o autor a importância de que o Estado resguarde não uma igualdade absoluta entre os homens, mas condições mínimas de vida digna (que inclui a possibilidade de viver).

De igual sorte, Rawls (2008, p. 04) sustenta que uma sociedade deve primar pela justiça e que esta não consiste no bem-estar da maioria; antes, a justiça "não permite que os sacrifícios impostos a poucos sejam contrabalançados pelo número maior de vantagens de que desfrutam muitos". Ao revés, para ele, "na sociedade justa, as liberdades da cidadania igual são consideradas irrevogáveis; os direitos garantidos pela justiça não estão sujeitos a negociações políticas nem ao cálculo de interesses sociais" (RAWLS, 2008, p. 04).

---

[95] Para corroborar sua assertiva, exemplifica: "se acreditamos que seria injusto torturar negros mesmo nas circunstâncias (extremamente improváveis) em que tal procedimento pudesse aumentar a felicidade geral, se achamos que essa prática não trataria as pessoas como iguais, devemos então rejeitar o segundo passo do argumento utilitarista" (DWORKIN, 2003, p. 351).

Ainda segundo Rawls (2008, p. 115), o Estado deve ocupar-se de garantir condições iguais para que todos alcancem seus projetos individuais de acordo com suas concepções de bem e de acordo com seu esforço, ocupando-se de medidas que gerem efeitos distributivos, entre as quais, como já dito, situa-se a manutenção da saúde pública. De fato, desprovido de boas condições de saúde, o homem não tem possibilidades de desenvolver suas aptidões e promover seu empenho para o alcance de seus ideais, de forma que, tendo as mesmas garantidas pelo Estado – sobretudo, tendo a vida assegurada por ele – o indivíduo poderá desenvolver as atividades necessárias para seu êxito pessoal, que conseguirá ser diferente de seus pares em virtude da desigualdade meritória de cada um, mas não por imposições sociais injustas.

As propostas de Dworkin (2002) e de Rawls (2008), calcadas, respectivamente, na integridade e na justiça como equidade, afiguram-se muito mais adequadas para a tratativa do direito à saúde perante a escassez de recursos e a multiplicidade das tarefas estatais. Não se pode, a pretexto de poupar recursos financeiros para o custeio de políticas públicas universais que atinjam um número maior de pessoas, negar a alguns, ainda que poucos, as prestações de saúde de elevada essencialidade, uma vez que estas consistem num direito fundamental insufragável perante o Direito posto.

Se é certo, entretanto, que diante da escassez natural poderá advir a necessidade da tomada de decisões trágicas, igualmente correta é a assertiva de que a escassez deve ser minimizada diante de *demandas de primeira necessidade*, mediante a ingerência estatal para incrementar a oferta de recursos.

Como afirmam Bobbitt e Calabresi (1978, p. 18), "deve-se atentar para fazer alocações de forma a preservar a base moral da colaboração social. Se isso for feito com sucesso, as decisões trágicas são transformadas em alocações que não parecem implicar contradições morais".[96]

O Estado deve pautar estas decisões pelo critério da essencialidade, matizado juridicamente pela noção de mínimo existencial e dignidade humana. Segundo Amaral (2001, p. 215), "quão mais necessário for o bem para a manutenção de uma existência digna, maior será seu grau de essencialidade".

---

[96] No original: "They must attempt to make allocations in ways that preserve the moral foundations of social collaborations. If this is successfully done, the tragic choice is transformed into an allocation which does not appear to implicate moral contradictions" (BOBBITT; CALABRESI, 1978, p. 18).

No que tange às demandas de saúde, portanto, o critério da essencialidade, como se viu, encontra-se imediatamente jungido à preservação da vida em condições mínimas de dignidade, compondo tais elementos, assim, o núcleo essencial do direito. Muitos autores afirmam, equivocadamente, como já se viu, que as obrigações estatais inerentes ao direito social à saúde concentram seu mínimo na saúde básica, que consistiria, portanto, no conteúdo essencial do direito.

Esta concepção, todavia, não se sustenta. O direito à vida existe para todos os indivíduos e, assim, presente a necessidade de prestações estatais para sua tutela, ainda que custosas e desprovidas da certeza do êxito, impõe-se sua disponibilização. Do mesmo modo, a tutela de condições mínimas de dignidade impede que argumentos financeiros deslegitimem a concessão de prestações estatais para a sua garantia, na medida em que o ser humano, considerado como um valor em si, não deve ter negadas as condições essenciais para a salvaguarda de sua autonomia. A limitação orçamentária e a tributação não podem representar empecilhos para a oferta de tais serviços, visto que princípios financeiros e a proteção à propriedade privada não se sobrepõem, jurídica e moralmente, à regra consagrada no núcleo essencial do direito fundamental à saúde.

Ademais, o princípio da igualdade exige que a vida e a dignidade de todos, ainda que de forma mínima, nesse último caso, sejam protegidas; dessa forma, ainda que custoso um determinado tratamento ou mesmo que ele não garanta a manutenção da vida e/ou da dignidade do paciente de forma essencial, será devido o seu custeio pelo Estado, desde que assim deseje o doente.

Esse entendimento foi reverenciado pelo então Presidente do Supremo Tribunal Federal, Ministro Gilmar Ferreira Mendes, quando da apreciação do pedido de Suspensão de Tutela Antecipada nº 278-6, do Estado de Alagoas, que se insurgia contra decisão que lhe havia determinado o fornecimento gratuito de medicamento para tratar Leucemia Linfocítica Crônica não constante da lista de dispensação obrigatória e, segundo o Estado, cuja oferta seria de obrigação do Município de Maceió (BRASIL, 2008c). Em decisão monocrática, o Presidente do Supremo Tribunal Federal reconheceu que todos os direitos têm custos e que se submetem, assim, à reserva do possível. Consignou, pois, que, de fato, a limitação dos recursos submete os direitos às chamadas "escolhas trágicas" e exige que os direitos sociais sejam concretizados através de políticas públicas, guiadas por parâmetros de macrojustiça, para cuja formulação Executivo e Legislativo possuem a necessária legitimidade democrática, à luz da doutrina da separação dos poderes.

Anotou, entretanto, que o direito à saúde apresenta-se indispensável para a realização da dignidade humana, confundindo-se com o próprio mínimo existencial, e que as controvérsias em torno da complexa questão da "judicialização do direito à saúde" ganharam tamanha importância teórica e prática que envolvem não apenas os operadores do Direito, mas também os gestores públicos, os profissionais da área de saúde e a sociedade civil como um todo. Motivou, entretanto, sua decisão, com os argumentos no sentido de que o art. 196 da Constituição de 1988 não se caracteriza como norma programática, haja vista a normatividade constitucional, e que o direito à saúde é garantido a todos, o que impõe a observância do princípio da igualdade. Afastou, ainda, o ministro presidente a alegação de que o recurso pleiteado seria de competência da entidade municipal, demonstrando, para tanto, que o Sistema Único de Saúde instituído pela Constituição de 1988 estabelece a cooperação entre os entes federativos. Portanto, a despeito de não ser o medicamento pleiteado de fornecimento obrigatório – à luz da legislação infraconstitucional – pelo ente público estadual, determinou acertadamente ao Estado que procedesse à sua disponibilização, sem a qual ocorreria dano irreparável para a autora (BRASIL, 2008c).

Não se olvida, entretanto, que a realidade da escassez de recursos condiciona o Poder Público à negativa de muitas prestações estatais de saúde. Afirma-se, entretanto, que as *demandas de saúde* que devem ser preteridas por questões financeiras são as de *segunda necessidade*, mormente as menos essenciais. Reconhece-se, outrossim, que mesmo as *demandas de saúde de primeira necessidade* têm sua satisfação mitigada em virtude da escassez natural severa – assim considerada como aquela que não pode ser afastada com a interferência do homem. Nestas oportunidades, há que se reconhecer que, inevitavelmente, sucederão escolhas trágicas. Impõe-se, portanto, a adoção de critérios ético-jurídicos de decisão, que guardem, em seu âmago, noções de justiça distributiva. Este é, portanto, o objeto do subitem que se sucede.

3.4 Critérios éticos para a alocação de recursos severamente escassos

O paradoxo da escassez dos recursos diante da infinidade das demandas desafia o princípio da igualdade. De fato, se não existem recursos suficientes para atender a todos e as demandas são infindas, há que se adotar decisões justas quando da determinação do acesso aos bens limitados, que se sustentem perante uma argumentação jurídica racional, para a alocação dos recursos restritos.

Já foi proposto que, nos conflitos em que figura o direito à saúde, deve-se atentar para a essencialidade da demanda pela preservação da vida e da dignidade de forma essencial (*demandas de saúde de primeira necessidade*), que impingirá a sua preponderância sobre outras demandas, de saúde (*demandas de saúde de segunda necessidade*) ou não (demais direitos sociais) e sobre os princípios financeiros. Não sendo o caso de demandas de primeira necessidade, o conflito deverá ser solucionado prioritariamente pelo Executivo e Legislativo, quando da formulação das políticas públicas, que resultarão da ponderação entre os bens colidentes, à luz do princípio da reserva do possível. Suas opções poderão ser objeto de controle em juízo, inclusive no que tange às escolhas vazadas nas leis orçamentárias, quando o peso conferido a cada direito poderá ser avaliado juridicamente, sob o enfoque da máxima da proporcionalidade.

A questão remanesce problemática, entretanto, diante do conflito entre as *demandas de saúde de primeira necessidade* de uns e as de igual jaez de outros, quando não houver recursos suficientes para a satisfação de todos. Hipóteses muito frequentes de materialização deste conflito resultam da escassez de leitos de unidades de tratamento intensivo (UTI), de unidades móveis de atendimento de emergência (ambulâncias) e de órgãos para transplante. Os leitos de UTI e as ambulâncias são sujeitos à *escassez quase natural*, já que sua oferta pode ser incrementada pelo Estado, mesmo que ainda sem atingir a satisfação integral de todos, mas aproximando-se deste patamar, de acordo com dados estatísticos apresentados por entidades oficiais que se dedicam a seu levantamento. Entretanto, não satisfeita esta necessidade e persistindo a escassez, estará instaurado o conflito, que poderá bater às portas do Judiciário. Ações mais rotineiras albergam a disputa por vagas limitadas de leitos de UTI. Mais esporadicamente, pleiteia-se o acesso imediato a órgãos para transplante. Em relação ao atendimento pelas unidades móveis de emergência, a exiguidade do tempo não permite que o acesso a ela seja pleiteado quando o necessitado ainda se encontra em vida, de forma que se costuma questionar a ausência de oferta do serviço ou o critério utilizado para sua destinação quando isso resulta em óbito. A discussão passa a girar, assim, em torno de eventual responsabilidade estatal.

De toda maneira, a escassez exige o estudo de critérios ético-jurídicos para as decisões sobre quem priorizar. A literatura e a experiência clínica indicam vários critérios a serem usados nestas circunstâncias, que implicam as chamadas "decisões trágicas". Como ressaltou Amaral

(2001, p. 37), "imaginar que não haja escolhas trágicas, que não haja escassez, que o Estado possa sempre prover as necessidades, nos parece ou uma questão de fé [...] ou uma negação total dos direitos individuais". Lembra o autor, por exemplo, dos direitos à intimidade ou liberdade de crença, que podem conduzir alguns à recusa à doação de órgãos.

A escassez foi estudada por Calabresi e Bobbitt (1978), que, a partir da retórica da tragédia,[97] demonstraram que a limitação dos recursos econômicos e financeiros públicos impede a realização de todos os objetivos sociais, de tal sorte que a materialização de uns impede a de outros, quiçá igualmente imprescindíveis. Refutar a noção de escassez de recursos e alimentar a crença de os mesmos serem disponíveis para a totalidade das demandas implica deixar para o acaso a decisão sobre a alocação dos bens limitados, o que conduzirá, decerto, ao seu emprego antiético e antijurídico. Partindo-se da realidade da finitude, deve ser articulada uma estratégia de emprego dos mesmos consoante parâmetros morais e jurídicos de justiça distributiva. De fato, "levar os direitos a sério significa também levar a escassez a sério" (AMARAL, 2001, p. 78).

De ver-se, pois, que a escassez opera consequências jurídicas e que devem ser tratadas juridicamente. Não se reputa legítimo, portanto, ao jurista, fugir da tarefa de análise e elaboração de critérios adequados para a alocação de recursos limitados, uma vez que esta sofre ingerência imediata dos princípios da igualdade e da justiça distributiva. Entretanto, esta não é postura que se percebe no Poder Judiciário, quando, ao revés, os juízes fogem deste encargo. Foi o que ocorreu quando da apreciação do Agravo de Instrumento nº 2008.002.10472, que teve por agravado o Estado do Rio de Janeiro. O Tribunal de Justiça do Rio de Janeiro deixou de deferir liminar a paciente portador de litíase intra-hepática que apresentava o transplante como única solução clínica (RIO DE JANEIRO, 2008b). O agravante sustentou encontrar-se sob risco de morte e fazia parte da lista oficial de transplantes; requereu, porém, o fornecimento *incontinenti* de um fígado para lhe ser transplantado. O tribunal indeferiu seu pleito sob o argumento de que, com base nos elementos existentes nos autos, o paciente não se encontrava em situação de morte iminente. Não obstante, quando da motivação do acórdão, o tribunal equivocadamente consignou que "não é atribuição do Poder Judiciário, ao menos em princípio, determinar a ordem de atendimento dos pacientes à espera de transplante", afirmando, por isso, que caberia

---

[97] Segundo Galdino (2005, p. 160), "nas tragédias típicas, não há possibilidade sequer de ponderação entre os valores ou compromisso — há apenas escolha, que gera o sacrifício integral daquilo que não foi escolhido".

"aos próprios médicos, envolvidos no atendimento pelas equipes de transplantes, a fixação das prioridades" (RIO DE JANEIRO, 2008b).

Não se nega que as razões médicas sejam, de fato, determinantes e apresentadas pelos profissionais da saúde. Não obstante, as mesmas devem ser cotejadas à luz de critérios jurídicos, uma vez que a trágica decisão sobre quem vive e quem morre expõe a vilipêndio o princípio da igualdade. Se a Constituição de 1988 é peremptória ao afirmar, em seu art. 5º, que "todos são iguais perante a lei, sem distinção de qualquer natureza, garantindo-se aos brasileiros e estrangeiros residentes no país a inviolabilidade do direito à vida, [...] à igualdade [...]", a princípio, todos têm direito à vida.

Insta registrar a definição de critério como "princípio que se toma como referência e que permite distinguir o verdadeiro do falso, negar, avaliar: *critério jurídico*. / Ponderação, medida, equilíbrio, discernimento, justiça: agir com critério". (HOUAISS, 1997, p. 465). Como se vê, o critério consistirá no parâmetro para a alocação de recursos escassos que determinará o acerto, a justiça ou o equívoco, a antijuridicidade da decisão e deve ser conduzido por um juízo de ponderação. Como a problemática em questão envolve o princípio da igualdade, há que se propor critérios constitucionalmente aceitáveis. O que se está a perseguir é, como questionou Bandeira de Mello (2006, p. 11), "que espécie de igualdade veda e que espécie de desigualdade faculta a discriminação de situações e de pessoas, sem quebra e agressão aos objetivos transfundidos no princípio constitucional da isonomia?".

Não se olvide, ainda, a importante lição de Perelman (2005, p. 68), que ressalta que, em toda relação com o outro, qualquer que seja a ciência que a estude (Filosofia, Política, Religião, Moral ou o próprio Direito), "a justiça constitui um valor central, o mais prestigioso que se possa invocar quando se trata de qualificar um ato (tal como uma decisão judiciária), uma regra ou um agente racional". Continuando sua exposição, o autor destaca a imprescindibilidade do critério para a consecução da justiça, como se vê de suas palavras: "buscar as condições que permitem conceder a um ato, a uma regra ou a um agente, a qualidade de *justo* significa determinar os critérios do que vale, do que merece ser aprovado, na área da ação social" (PERELMAN, 2005, p. 68).

Bandeira de Mello (2006, p. 22) apresenta o caminho a ser percorrido para o desate da questão, indicando que devem ser analisados o elemento tomado como fator de desigualação, a sua correlação lógica abstrata com a disparidade estabelecida no tratamento jurídico diversificado e, por fim, a consonância dessa correlação com os interesses absorvidos no sistema constitucional.

De acordo com esta proposta, deve ser investigado aquilo que é adotado como critério de discriminação e ainda, se pode ser justificado, racionalmente e à luz do regime constitucional vigente, o traço desigualador acolhido. Este exame foi conduzido pelas balizas da argumentação jurídica, que se preocupa, como visto, com a atribuição de cientificidade às ponderações realizadas diante do conflito entre princípios. Seu emprego nas decisões alocativas trágicas é da mais enaltecida importância, já que, em questões acerca do bem jurídico que ocupa o ápice axiológico-deôntico do sistema, não se pode admitir o arbítrio ou a precariedade da fundamentação.

Também a teoria da justiça como equidade de Rawls (2008) indica a postura justa a ser tomada diante da escassez. Segundo ele, o tratamento desigual apenas se justifica para beneficiar o que se encontra em uma situação desprivilegiada dentro do sistema. Segundo o autor, deve-se "configurar o sistema social de modo que ninguém ganhe ou perca devido a seu lugar arbitrário na distribuição de dotes naturais ou de sua posição inicial na sociedade sem dar ou receber benefícios compensatórios em troca" (RAWLS, 2008, p. 122). Sob esta ótica, estarão vedados, visto que antijurídicos por violar os princípios constitucionais da igualdade e da justiça, os critérios que favoreçam os mais arbitrariamente afortunados sem que, com isso, eles ofereçam algum retorno proporcional à sociedade.[98]

Conforme demonstram Duarte e Rocha (2018),

> (...) the idea of justice as equity is made applicable as a parameter to guide the resolution of conflicts originating from resource scarcity in the health sector, in the same measure in which it is configured as an apt means to balance the fallacy of fundamental rights involved in the relation between patients, as well as to ensure equitable distribution of the primary goods demanded in the forms presently outlined.

---

[98] Insiste-se nas palavras do autor, já que muito elucidativas: "A distribuição natural não é justa nem injusta; nem é injusto que se nasça em determinada posição social. Isso são meros fatos naturais. Justo ou injusto é o modo como as instituições lidam com estes fatos. As sociedades aristocráticas e de castas são injustas porque fazem dessas contingências a base adscritícia para o confinamento em classes sociais mais ou menos privilegiadas. A estrutura básica dessas sociedades incorpora a arbitrariedade encontrada na natureza. Mas não há necessidade de resignar-se a estas contingências. O sistema social não é uma ordem imutável inacessível ao controle humano, porém um padrão de atividades humanas. Na justiça como equidade, os homens concordam em só se valer dos acidentes da natureza e das circunstâncias sociais quando fazê-lo resulta em benefício comum. Os dois princípios são um modo equitativo de enfrentar as arbitrariedades da sorte; e, por mais imperfeitas que possam ser em outros aspectos, as instituições que atendem estes princípios são justas" (RAWLS, 2008, p. 122).

Ademais, conforme visto na regra (3.1) de Alexy (2005), "quem pretende tratar uma pessoa A de maneira diferente de uma pessoa B está obrigado a fundamentá-lo". Portanto, serão explicados, inicialmente, os critérios sistematizados por Kilner (1990) e apresentados os argumentos que o autor formula em sua defesa. Logo após, porém, serão apresentados, como propõe a teoria da argumentação jurídica, os contra-argumentos suscitados por ele mesmo,[99] que também foram por ele rebatidos ou motivadores do descarte de um critério. Os argumentos calcados na Moral também foram justificados para que seja comprovada a sua procedência. Houve, com frequência e conforme contemplado pela teoria da argumentação jurídica, a transição para o discurso empírico da Medicina, já que as razões médicas, obviamente, fazem-se decisivas nas questões alusivas à saúde e à vida.

A teoria da argumentação jurídica exigiu, ainda, a justificação interna e externa das premissas utilizadas para a motivação dos critérios. Ou seja, após a apresentação das premissas empregadas na sustentação dos critérios, procedeu-se ao exame de sua afinação ao princípio da universalidade e, após, no procedimento de justificação externa, foi verificada a sua validade à luz do ordenamento jurídico brasileiro.

Os critérios estudados por Kilner (1990) foram, portanto, analisados com o escopo de se verificar quais podem ser empregados no controle judicial das soluções dos conflitos entre as *demandas de saúde de primeira necessidade de uns* versus *demandas de saúde de primeira necessidade de outros*.

3.4.1 Critérios estudados por Kilner (1990)

Anota Kilner (1990) que é difícil imaginar uma decisão mais agonizante do que aquela entre quem deve viver e quem deve morrer. Não obstante, ainda que hoje, a Medicina tenha minimizado a necessidade de decisões deste jaez com seus avanços científico-tecnológicos, muitas vezes, tal escolha ainda se faz necessária, figurando como uma das tarefas éticas cruciais da humanidade.

O desenho de tais parâmetros adentra o campo da Medicina, políticas públicas, lei, Sociologia, Ética, Religião, indústria, Jornalismo, Psicologia e Direito, o que, por si só, sugere a complexidade da questão que se afigura. A despeito disso, registra o autor como são limitados os estudos acerca da questão, uma vez que, segundo ele, muitos não

---

[99] Como visto, a teoria da argumentação jurídica propõe a problematização das premissas.

querem enfrentar a difícil tarefa de tomar decisões que podem conduzir alguém à morte. Não obstante, negligenciar tais critérios implica o risco de promover decisões repugnantes do ponto de vista ético e jurídico. Para escapar de merecidas hostilidades, então, às trágicas decisões em exame, sucede-se o estudo de critérios que devem norteá-las.

3.4.1.1 O critério do valor social

O elemento comum nas decisões envolvendo o critério do valor social é uma preocupação com o impacto que as decisões seletivas têm na sociedade. Qual paciente será de maior valor para a sociedade, se for salvo?

O valor social pode ser aquilatado através da consideração de uma variedade de fatores, incluindo renda, formação educacional, serviço comunitário e ocupação. A ocupação pode ser analisada em relação ao passado do paciente ou no que tange ao seu propósito para o futuro. Conforme ressalta Kilner (1990, p. 27), este critério não leva em conta aspectos morais, não mensura, por exemplo, a bondade da pessoa, mas a sua utilidade para a sociedade, sendo, portanto, nitidamente utilitarista, orientado pela produtividade.

Este critério deve ser considerado mais racional à medida que torna possível contornar uma série de problemas simultaneamente. Ele não apenas viabiliza um meio de escolha de pacientes, mas também produz benefícios adicionais, preservando aqueles mais valiosos para a sociedade.

Os defensores da importância desse critério argumentam ser justo que a sociedade tenha alguma espécie de retorno, já que investe seus recursos no tratamento de um paciente ou desenvolvendo os meios para que o tratamento se torne disponível. Apontam, ainda, que não se trata de avaliar se um paciente "merece" ou não um tratamento; consiste, ao revés, na tentativa de utilização ótima de um recurso inevitavelmente escasso para a sociedade.

Articulam, ainda, no sentido de que o critério do valor social preserva a autonomia do homem, respeitando o significado de suas escolhas. Consideram, para tanto, que a pessoa "útil" para a sociedade toma uma série de decisões, ao longo de sua vida, por exemplo, empenhando recursos financeiros e sacrificando conveniências pessoais para viabilizar sua formação. Assim, fica preservado o livre arbítrio para a tomada de decisões, desde que também haja a assunção das suas consequências. Sob este critério, um médico teria prioridade, num tratamento que emprega recursos escassos, em relação a um viciado em drogas ou a um alcoólatra.

Afirmam, ainda, que este parâmetro de decisão atenta para o princípio da dignidade da pessoa humana, uma vez que preconiza a sobrevida daqueles que podem ser úteis para a sociedade, ou seja, estarão contribuindo ativamente para o bem-estar de outros[100] (KILNER, 1990, p. 30).

Quando, para a escolha, se considera a contribuição que a pessoa já ofereceu à comunidade, em vez de antecipar-se em relação às contribuições que ela pode dar, alguns afirmam que isto encoraja as pessoas a serem mais produtivas e que guarda, também, um parâmetro de justiça, no sentido de que cada um deve receber de acordo com o que vale. Assim, aqueles que foram destrutivos para a sociedade (como os criminosos, por exemplo), ou que não assumiram importantes responsabilidades sociais devem ter menor acesso a recursos limitados, que podem preservar suas vidas, do que outros.

Confunde-se, assim, com o critério do merecimento, que, porém, como aponta Leivas (2006, p. 14), "traz a dificuldade de estabelecer critérios que meçam o mérito de uma pessoa". Todavia, Kilner (1990, p. 29) aponta que podem ser articulados processos democráticos para a apuração da escala de valoração social de pacientes. Outros sugerem a formação de comitês para a análise destes casos.

Muitas objeções, entretanto, são apresentadas a este critério. Primeiramente, alguns refutam a fundamentação apresentada a ele no sentido de que, se toda a sociedade investe no tratamento ou para que ele se torne disponível, deve ter algum retorno com isso. O retorno legítimo seria alcançado não com o emprego do critério do valor social, mas simplesmente com o acesso das pessoas ao tratamento desenvolvido. Ademais, se todos os membros de uma sociedade investiram em recursos escassos, todos devem ter acesso igualitário a ele, sem considerar o seu *status* social.

A ideia de que existe um consenso entre muitas pessoas a respeito do critério do valor social também é questionável, havendo várias experiências históricas em que o mesmo foi refutado como antiético. Kilner (1990, p. 32) aponta, por exemplo, que as corporações oficiais o recusaram, assim como médicos e leigos, no início do desenvolvimento

---

[100] Vale transcrever as palavras do autor: "Further, a social-value criterion may respect the dignity of persons. It can be very degrading to live without being gainfully employed" (KILNER, 1990, p. 30).

da hemodiálise, quando, em virtude do limitado número de equipamentos disponíveis, procedia-se, com frequência, à seleção de pacientes.

As justificativas para recompensar as contribuições passadas são suscetíveis de muitos questionamentos. Os defensores afirmam que o objetivo do critério é incentivar as pessoas a uma boa conduta, para que sejam merecedoras de prioridade na disputa por recursos escassos. Contra-argumentam os opositores, porém, alegando que é muito pouco provável que as pessoas decidam oferecer grandes contribuições sociais apenas para garantir que, caso venham a carecer de recursos escassos, sejam merecedoras de ter suas vidas salvas. O apelo à justiça é duvidoso; ainda que uma sociedade considere que um criminoso mereça punição, não é adequado privá-lo de tratamentos de saúde, sobretudo quando isso implicar o perecimento de sua vida, o que equivaleria à aplicação de uma penalidade de morte que não teria sido a determinada, em juízo, como justa. À luz da Constituição de 1988, isso merece plena ojeriza, já que ela veda, no inciso XLVII de seu art. 5º, a pena de morte, à exceção na deserção em guerra declarada, o que não é o caso.

O que dizer, ainda, daqueles que não ofereceram grandes contribuições sociais, no passado, porque nunca tiveram oportunidade social de aprimorar suas habilidades para tanto?[101] Asseveram os contrapartidários desse critério que, para corrigir a discriminação social de que tais pessoas possam ter sido vítimas, elas deveriam merecer acesso prioritário ao tratamento de saúde, e não o contrário. Como consignou Rawls (2008), as pessoas não devem ser vítimas de tratamentos desiguais por razões alheias a sua vontade, como a que se afigura na hipótese, já que o critério não permite o exame do mérito do indivíduo na aquisição do valor social que ele possa apresentar.

Outra importante discussão ética consiste no que seria significante no passado da pessoa: seu esforço, os resultados por ela alcançados, ou uma combinação de ambos? Não se olvidem, ainda, aqueles que podem ter tido um passado remoto de pouca contribuição social e que, pouco tempo antes da necessidade de aplicação do critério, mudaram significativamente para melhor. Que valor teria a sua transformação para a sociedade?

Acrescentam os opositores a este critério, ainda, que, para obter prioridade no emprego de recursos escassos para o salvamento de vidas

---

[101] Adverte o autor, com muito acerto, que os primeiros a serem vitimados com a utilização do critério do valor social seriam os pobres, os desempregados, os idosos (considerando a utilidade futura do paciente à sociedade) e os jovens (considerando sua utilidade pretérita) (KILNER, 1990, p. 37).

com base neste critério do valor social, o paciente deveria ter oferecido para a sociedade um benefício equivalente, ou seja, a preservação de vidas. Como nem sempre existe esta correspondência entre o benefício social passado oferecido pelo paciente e o proveito que ele pode lograr de um recurso escasso, este critério não se sustentaria.

Outra debilidade a ser apontada na proposta do valor social consiste na sua dificuldade de implementação. Considerações práticas são sempre relevantes na discussão de critérios de seleção, fazendo-se particularmente importantes aqui, quando um grande volume de informações seria necessário para se avaliar a importância social de alguém. A formação desse banco de dados seria tão dispendiosa que poderia vir, até mesmo, a eliminar o benefício social a ser obtido com o emprego do critério. Ademais, sua organização seria muito controversa e, por essa razão, muito exposta a questionamentos em juízo, o que poderia ensejar, até mesmo, o perecimento da vida que se almeja preservar enquanto se aguardasse a apreciação judicial do cadastro de informações. A sistematização das informações seria, ainda, muito sujeita a valorações pessoais inconscientes,[102] o que prejudicaria sua objetividade e justiça.

Se, entretanto, não houver um banco de dados para tanto, será ainda mais problemático o julgamento subjetivo daqueles a quem competir a decisão. Isso, caso se considere mensurável o valor social de uma pessoa, o que, por exemplo, nos Estados Unidos da América, não é cogitado, segundo Kilner (1990, p. 33).

No que tange ao critério baseado nas contribuições vindouras, o problema ainda se agravaria, uma vez que a decisão seria tomada para o futuro, considerando, entretanto, valores atuais. Outrossim, não se faz possível certificar que tipo de contribuição vindoura um doente poderá oferecer à sociedade após se submeter a um determinado tratamento, visto que suas condições de saúde posteriores a ele não são conhecidas.

Acrescente-se outra espécie de argumento de oposição ao critério do valor social. Uma sociedade bem-estruturada carece de pessoas com diferentes vocações sociais e não de um grande número daquelas que ocupariam o topo da lista de utilidade social.

Sobretudo, o critério da utilidade social apresenta-se repugnante porque considera o homem apenas no seu aspecto utilitário, sucumbindo

---

[102] Afirma o autor que as pessoas tendem a favorecer aqueles que são mais parecidos com elas (KILNER, 1990, p. 35). Este, outrossim, o entendimento de Rawls (2008), que justifica a inserção da figura hipotética do "véu da ignorância" em sua teoria da justiça.

a dignidade que é inerente a toda e qualquer pessoa humana; o valor de um homem é intrínseco a ele, enquanto pessoa.

Em virtude de todos esses problemas, o valor social não pode ser utilizado como um fator de desigualdade válido para orientar decisões alocativas de recursos escassos. Não seria um critério aceito por todos, caso estejam sob o hipotético véu da ignorância.

Este critério, portanto, não subsiste perante a normatividade da Constituição de 1988, que, no inciso IV do seu art. 3º, veda, justamente, a discriminação com base em fatores desarrazoados, como a origem, raça, sexo, cor e idade, devendo, por isso, ser veementemente refutado.

3.4.1.2 O critério do grupo favorecido

Outro possível critério de decisão sobre quem merecer recursos escassos imprescindíveis para salvar uma vida é o do grupo favorecido, que considera o paciente como membro de um grupo cujas características atraem os benefícios médicos. Duas são as principais formas de sua identificação: a proximidade da residência do paciente ao recurso escasso e a condição de veteranos de guerra.

No Brasil, a sua primeira modalidade é adotada na Portaria do Ministério da Saúde nº 91/GM (BRASIL, 2001), que, no inciso I de seu art. 2º, determina a disponibilização de órgãos para o atendimento dos receptores inscritos na(s) Central(is) do próprio estado onde houve a captação, sempre que não haja receptores inscritos nos registros da Central Estadual (que congloba um conjunto de vários Estados). Apenas se não houver, também, a possibilidade de aproveitamento no Estado de um ou mais órgãos/tecidos, os mesmos serão encaminhados para a Central Nacional. Nos Estados Unidos da América, segundo Kilner (1990, p. 42), um órgão para transplante muitas vezes é oferecido a pacientes da comunidade local antes de ser transportado para outra localidade, ainda que lá esteja algum paciente com melhores condições médicas de recebê-lo.

Neste aspecto, importante questão a ser considerada é a viabilidade do órgão. A despeito das técnicas modernas de sua preservação, existem limites para o aproveitamento do recurso. Algumas vezes, porém, questões médicas não são as determinantes desta decisão; alguns centros de transplante simplesmente adotam a política do favorecimento regional.

O primeiro fundamento apresentado para o critério da proximidade local é a visibilidade do recurso; é conveniente aplicar o recurso onde ele é visto e, portanto, onde as pessoas têm ciência da sua existência. Alguns argumentam, com base nisso, que a ausência desse critério desestimularia a doação de órgãos; muitos acreditam que os doadores preferem ver beneficiadas pessoas próximas a eles. Alguns, ainda, asseveram que o paciente que reside mais próximo ao centro de transplante tem melhores condições de dar continuidade ao tratamento.

Outros aplicam este critério de forma a favorecer os nativos, argumentando que, caso estrangeiros residentes no país sejam beneficiados com órgãos escassos e se mudem logo após, inviabilizando o acompanhamento médico posterior, ficarão perdidas importantes informações sobre a eficácia do tratamento. Afirmam, ainda, os partidários desse critério que o humanitarismo deve ser reservado para os recursos abundantes de uma nação; no que tange, ao revés, aos recursos escassos, consignam que os membros de uma sociedade não devem ser preteridos, em questões de vida ou morte, em nome de estrangeiros. Consignam, por fim, que, como os nativos de determinado país contribuem com os órgãos, trabalho e recursos financeiros (aplicados, inclusive, no custeio das pesquisas que levam ao desenvolvimento da tecnologia para o transplante), devem ser os beneficiários do investimento que fazem.

No que tange aos veteranos de guerra, existe um largo consenso em priorizá-los quando seu problema de saúde for decorrente dos serviços militares prestados à nação. Nestes casos, de fato, a priorização dos veteranos de guerra apresenta-se como uma contraprestação da sociedade àqueles que ela, voluntariamente e em seu proveito, colocou em situação de risco.

Quando, entretanto, o distúrbio de saúde não é decorrente dos serviços prestados às Forças Armadas, a situação muda, aos olhos de alguns. Mas outros argumentam que ainda persistem razões para oferecer um tratamento prioritário aos veteranos de guerra, em virtude dos importantes préstimos já oferecidos ao país. Neste caso, porém, o critério aproxima-se do estudado no subitem anterior (critério do valor social, considerando as contribuições pretéritas do indivíduo à sociedade), angariando, portanto, todas as críticas dirigidas a ele que resultaram no seu descarte.

Muitas são, outrossim, as debilidades do critério do grupo favorecido. Começam os opositores afirmando que, quando um recurso é escasso e imprescindível para salvar a vida de pessoas, deve ser distribuído como numa sala de emergência, onde não é levado em conta o local no qual a pessoa reside ou a que grupo social ela pertence, considerado por eles como um dado arbitrário e, portanto, também como um fator de discriminação inválido, perante a Constituição de 1988, posto que injusto. A injustiça resultaria, como afirma Perelman (2005, p.

87), não "do tratamento desigual de seres idênticos, mas do tratamento desigual de seres diferentes, cujas diferenças eram irrelevantes no caso".

O argumento mais sério a favor do critério do grupo favorecido – o de que órgãos poderiam perecer caso precisassem viajar longas distâncias – apenas deve prosperar em relação àqueles que, de fato, possuem vida útil exígua. Muitos órgãos (por exemplo, os rins), porém, podem ser transportados por todo o país norte-americano sem prejuízo de sua qualidade, segundo Kilner (1990, p. 47).

No que tange, porém, ao argumento da dificuldade de pacientes que residem longe do centro de transplante em dar continuidade ao tratamento, os opositores do critério afirmam que é possível oferecer a eles condições de mudarem, temporariamente, para o local mais conveniente. Assim, negar-lhes tais oportunidades equivaleria a discriminá-los em virtude de questões financeiras, o que suscita o repúdio ético que será analisado, em detalhes, em subitem ulterior (critério da capacidade de pagar).

Em relação ao argumento de que os nativos preferem doar órgãos para receptores nacionais, os contrapartidários dessa concepção afirmam ser ele um verdadeiro sofisma, asseverando até mesmo que as evidências sugerem o contrário. Pontuam, ademais, que, caso o objetivo seja o de lograr o melhor proveito possível de um recurso escasso, deve ser buscado como receptor aquele que tem melhores condições de sobrevida após o transplante, de forma que um receptor que resida próximo ao centro de transplante pode não apresentar estes predicados.

Empecilhos surgem, ademais, à tentativa de se priorizarem os veteranos de guerra. Afirmam os objetores que isso faria as vezes de um benefício, uma condecoração a ser oferecida pelo governo a eles, apontando, porém, que esta homenagem apenas deve ser feita com recursos abundantes. Outra razão para o repúdio dessa proposta consiste no fato de que as Forças Armadas não foram sempre abertas para todos os grupos sociais, como, por exemplo, as mulheres, que ficariam, então, excluídas do benefício sem terem tido a oportunidade de vir a participar do grupo a ser favorecido.

Contraditam, outrossim, o argumento de que os nativos custeiam as pesquisas que levam ao desenvolvimento da tecnologia do transplante com a assertiva de que o avanço tecnológico, hoje, é fruto da cooperação internacional, ao menos em algum grau. Um país desenvolvido, como os Estados Unidos da América, por exemplo, beneficia-se enormemente com a matéria-prima e a mão de obra barata de outros países. Acrescentam, ainda, o fato de que a troca internacional de órgãos pode consistir numa excelente oportunidade para engendrar uma troca de experiência entre os países, de forma a contribuir até mesmo para o desenvolvimento da Medicina.

Uma proposta, entretanto, que visa a conciliar os argumentos favoráveis e os contrários ao emprego de órgãos em estrangeiros consiste no estabelecimento de quotas percentuais para tanto. Assim, tanto os nativos, que teriam suportado a maior parte do ônus necessário para a disponibilização do recurso escasso, quanto os estrangeiros, que, em alguma proporção, também o fizeram, teriam acesso aos bens necessários para o salvamento de suas vidas. Segundo Kilner (1990, p. 52), a Sociedade Americana de Cirurgia de Transplante sugeriu a fixação do percentual de 5% (cinco por cento), os membros da Força Tarefa de Órgãos para Transplante sugeriram o limite de 10% (dez por cento). Assevera ele, entretanto, que a primeira proposta seria mais razoável e mais factível, uma vez que, na história norte-americana, o pico do emprego de órgãos de transplante em estrangeiros ocorreu quando 5,2% (cinco inteiros e dois décimos por cento) dos órgãos tiveram esta destinação (KILNER, 1990, p. 53).

A Constituição de 1988 garante, no *caput* de seu art. 5º, "aos brasileiros e aos estrangeiros residentes no País a inviolabilidade do direito à vida". Em que pese, em alguns dispositivos,[103] dispensar tratamento diferenciado entre os brasileiros e os estrangeiros, fá-lo, é

---

[103] "Art. 14. [...] §2º – Não podem alistar-se como eleitores os estrangeiros e, durante o período do serviço militar obrigatório, os conscritos. [...] Art. 17. É livre a criação, fusão, incorporação e extinção de partidos políticos, resguardados a soberania nacional, o regime democrático, o pluripartidarismo, os direitos fundamentais da pessoa humana e observados os seguintes preceitos: [...] II – proibição de recebimento de recursos financeiros de entidade ou governo estrangeiros ou de subordinação a estes. [...] Art. 172. A lei disciplinará, com base no interesse nacional, os investimentos de capital estrangeiro, incentivará os reinvestimentos e regulará a remessa de lucros. [...] Art. 192. O sistema financeiro nacional, estruturado de forma a promover o desenvolvimento equilibrado do País e a servir aos interesses da coletividade, em todas as partes que o compõem, abrangendo as cooperativas de crédito, será regulado por leis complementares que disporão, inclusive, sobre a participação do capital estrangeiro nas instituições que o integram. [...] Art. 199. A assistência à saúde é livre à iniciativa privada. [...] §3º – É vedada a participação direta ou indireta de empresas ou capitais estrangeiros na assistência à saúde no País, salvo nos casos previstos em lei. [...] Art. 207. [...] §1º É facultado às universidades admitir professores, técnicos e cientistas estrangeiros, na forma da lei. [...] Art. 222. A propriedade de empresa jornalística e de radiodifusão sonora e de sons e imagens é privativa de brasileiros natos ou naturalizados há mais de dez anos, ou de pessoas jurídicas constituídas sob as leis brasileiras e que tenham sede no País. (Redação dada pela Emenda Constitucional nº 36, de 2002) [...] §4º Lei disciplinará a participação de capital estrangeiro nas empresas de que trata o §1º. [...] Art. 227. [...] §5º – A adoção será assistida pelo Poder Público, na forma da lei, que estabelecerá casos e condições de sua efetivação por parte de estrangeiros. [...] ADCT, Art. 85. [...] III – em contas de investidores estrangeiros, relativos a entradas no País e a remessas para o exterior de recursos financeiros empregados, exclusivamente, em operações e contratos referidos no inciso II deste artigo" (BRASIL, 1988).

certo, em questões afetas à soberania nacional. A destinação de recursos de saúde, ainda que escassos, deve ser norteada por questões humanistas, que entram em consonância com a proposta ética da Constituição brasileira. Assim, a negativa de recursos limitados a estrangeiros merece hostilidade. Opostamente, fica referendada a sugestão de Kilner (1990), no que tange aos órgãos escassos, da criação de um banco internacional para que a distribuição destes bens se dê de acordo com padrões justos e humanitários, transcendendo as próprias barreiras da soberania.

Conclui-se, por fim, no que concerne ao critério da proximidade local, que ele só se sustenta perante razões clínicas que indiquem o perecimento do órgão em razão de um transporte prolongado. Fora dessa hipótese, havendo a possibilidade de preservação do órgão no período necessário para seu transporte até o receptor selecionado, consoante parâmetros de igualdade, determinação a qual foi acolhida pela Portaria de Consolidação nº 4 (BRASIL, 2017), que define, conforme o artigo 37, a previsão de um Sistema de Lista Única de Receptores baseado na igualdade.

3.4.1.3 O critério dos recursos requeridos

Outro critério é desenhado com o propósito de favorecer aqueles que demandam relativamente recursos escassos em detrimento de outros que precisarem de mais para terem suas vidas salvas. Kilner (1990, p. 56) aponta que, nos Estados Unidos da América, este parâmetro já foi empregado, quando a hemodiálise não era disponível para todos os necessitados, para salvar prioritariamente aqueles que tinham uma necessidade temporária, e não nos pacientes portadores de insuficiência renal crônica.

Todavia esse critério já foi rotulado como utilitarista em virtude de buscar maximizar o número de pessoas que poderiam beneficiar-se com o uso de um recurso limitado. Ele tem como lastro um argumento de moralidade pública: se a vida humana é sempre preciosa, muitas devem ser salvas em detrimento de poucas. Esteia essa proposta, outrossim, o fato de nenhum outro bem ou valor entrar em cotejo com a vida, cuja preservação é a única utilidade a ser emprestada ao recurso escasso.

A hostilidade a este critério resulta de sua orientação utilitarista, marcada pela busca de atendimento ao maior número de pessoas possível. Contra ele, seus glosadores afirmam que a Medicina deve procurar salvar vidas, não havendo como culpar ninguém caso um recurso seja destinado para um número menor de pessoas e não para um número grande, visto que os direitos humanos não permitiriam qualquer cálculo de consequências benéficas a serem sopesadas com eles; comparar grupos de seres humanos meramente pelo seu número seria reduzi-los a simples coisas.

Outro importante problema a ser suscitado em relação a este critério consiste no fato de que ele considera o número de pessoas a serem beneficiadas sem nenhuma preocupação com a qualidade.

Comprovando sua antijuridicidade perante a Constituição de 1988, esse critério foi aplicado às avessas pelo Ministério da Saúde, pela atualmente revogada Portaria nº 935/GM EM (BRASIL, 1999a), que procedeu a uma alteração na fila de pacientes que necessitavam de transplante duplo de rins e pâncreas. A determinação do órgão público foi no sentido de que as pessoas da segunda fila teriam preferência para recebimento de ambos os órgãos. A portaria aludida ressalvou, porém, em seu art. 2º, o critério cronológico, ao determinar que "os pacientes já inscritos na lista de distribuição de rim, ao serem transferidos para a lista de rim e pâncreas, terão mantidas as datas da inscrição original" e, em seu art. 3º, o critério do benefício médico, estabelecendo que "o pâncreas e um rim serão oferecidos, preferencialmente, ao receptor de transplante combinado, quando o doador" possuir: "a) idade entre 10 e 45 anos; b) peso entre 30 e 90 kg, e c) ausência de antecedentes pessoais ou parentes em primeiro grau com *Diabetes mellitus*". Caso o referido doador não se enquadre nos requisitos elencados, especificou a portaria que os órgãos serão automaticamente alocados para a fila de transplante renal isolado. O critério do benefício médico foi aplicado, outrossim, em relação ao receptor dos órgãos conjugados, estabelecendo-se como condição excludente a amostra do soro do receptor fora do prazo de validade e a incompatibilidade sanguínea entre o receptor e doador, em relação ao sistema (ABO). Logo após, ganharam espaço os critérios randomizado cronológico e da morte iminente, como se vê da alínea "b" do art. 4º da portaria em questão: "b) critérios de classificação: 1. tempo decorrido da inscrição na lista única; 2. casos de urgência, com justificativa prévia apresentada à Central de Notificação, Captação e Distribuição de órgãos". Reservou-se, entretanto, o direito à ponderação dos critérios mínimos e a inclusão de critérios complementares no âmbito das centrais.

Como se vê, o critério dos recursos requeridos (ainda que permeado por outros) foi aplicado ao avesso, visto que se priorizaram, a princípio, os pacientes que exigiam mais recursos. Não obstante, não faltou racionalidade à decisão; ao revés, impingiu ela proveito aos órgãos pâncreas que viessem a se tornar disponíveis e que teriam sua preciosa utilidade desperdiçada, caso o paciente que carecesse de transplante conjugado não tivesse acesso ao rim necessário. A decisão alocativa, portanto, ladeou-se de fator pertinente de *discrímen* e reveste-se da necessária juridicidade.

3.4.1.4 O critério das responsabilidades especiais

Apesar da recusa ao critério do valor social, circunstâncias muito especiais podem exigir um critério diferenciado de seleção de pacientes; algumas pessoas têm responsabilidades especiais sobre outros ou sobre a sociedade em geral, podendo até mesmo a vida de muitos depender da sua. A forma mais comum de se aplicar este critério é em relação àqueles que têm familiares dependentes, especialmente crianças, em detrimento daqueles que não os têm. Também este critério já teve, segundo Kilner (1990, p. 64), importante aplicação nos Estados Unidos da América e na Grã-Bretanha, e foi comumente utilizado para selecionar pacientes para hemodiálise nos idos de 1970.

Mais raramente, este critério também é usado para a seleção prioritária de pacientes que têm responsabilidades especiais fora da família. Ilustra o autor com situações em que o mesmo já foi aplicado, como na época de guerra, para priorizar o emprego da penicilina em soldados que teriam melhores condições de retorno para o campo de batalha e em terremotos, para dar preferência aos profissionais com conhecimentos médicos que poderiam ajudar no salvamento da vida de outros. Sob esta versão, líderes militares, cientistas e políticos, por exemplo, também poderiam ser salvos em detrimento de outros.

Vários argumentos em defesa desse critério podem ser articulados; o primeiro deles refere-se à proteção daqueles que têm dependentes familiares e remonta à defesa da própria sociedade, que deixará de ter o ônus da assistência social àqueles que ficariam desamparados com o falecimento de seu provedor. Ademais, a família seria poupada do grande sofrimento da perda de um ente querido e provedor. Por fim, o paciente pode tratar-se melhor, apresentando superiores condições de recuperação, quando possui uma família que possa cuidar dele. Também os argumentos apresentados em prol do critério do valor social podem ser invocados para sustentá-lo, sendo, outrossim, atraídas as críticas dirigidas a ele.

No que tange aos pacientes de cuja vida as de outros dependem, o emprego deste critério seria importante, de forma a poupar muitas existências. Sob seu escólio, também pacientes que doaram dinheiro para disponibilizar mais recursos escassos deveriam ser favorecidos. Alguns afirmam que nenhuma injustiça reside nesta proposta; todavia, parece repugnante que uma sociedade permita que pessoas venham a morrer por falta de recursos financeiros. Outros consideram, entretanto, que ela só se faz justificável caso os recursos financeiros a serem oferecidos pelo beneficiado sejam imprescindíveis para a disponibilização dos recursos necessários aos demais.

Contra-argumentos sobejam em relação a esta proposta. No que diz respeito ao critério do favorecimento daqueles que possuem dependentes familiares, não se encontra sustentáculo constitucional, uma vez que, como será apreciado no subitem posterior, o art. 227 da Constituição de 1988 exige absoluta prioridade à vida e à saúde da criança e do adolescente, que são, na maioria das vezes, os próprios dependentes.

Além da norma constitucional impeditiva do critério, alguns pontuam, ainda, que maior sofrimento do que o falecimento de um chefe de família seria causado pela morte de um filho, porque os pais teriam sido priorizados. Anote-se, ainda, que priorizar aqueles que têm mais dependentes seria uma espécie de punição àqueles que se esforçaram para oferecer a independência financeira e emocional à sua família ou àqueles que não têm filhos por questões alheias à sua vontade.

Kilner (1990, p. 68) cita, ainda, a diferença cultural existente em Akamba, no Kênia, quando seriam priorizados, em situações de escassez de recursos imprescindíveis para a preservação da vida, pacientes que não tivessem filhos, para aproveitarem a oportunidade de tê-los, uma vez que a descendência é considerada, pelo seu povo, como a continuidade da vida após a morte.

Para apresentar uma proposta conciliatória dos argumentos contrários e favoráveis ao emprego deste critério, alguns autores propõem o estabelecimento das seguintes linhas de demarcação: a pessoa a ser preferida deve ser, de fato, indispensável, e não meramente especial; os pacientes selecionados devem ter condições reais de desempenhar seu papel após receber o tratamento médico no qual o recurso escasso será empenhado; muitos prejuízos morais – e não apenas benefícios – podem ser antecipados, caso a vida da pessoa não seja salva.

Deve ser enfatizado, entretanto, que este critério, a despeito de se ater a características individualizadas do beneficiário, não permite o subjetivismo, já que suas especificidades não serão consideradas em virtude do proveito que podem oferecer a ele, mas em razão do bem que pode prover à comunidade.

Ainda assim, às diretrizes apresentadas se devem acrescentar alguns procedimentos, de forma a tornar o critério amplamente aceitável. Primeiramente, impõe-se que cada caso seja analisado isoladamente;

dessa forma, não seriam todos e quaisquer médicos, políticos ou líderes militares merecedores da mesma prioridade, mas apenas aqueles cujas peculiaridades de fato o exigissem. Ademais, a pessoa responsável pela tarefa de seleção deve ser adequadamente capacitada. Como os critérios para esta espécie de seleção não são médicos, seria importante a formação de um comitê para levá-lo a cabo, composto por pessoas de diferentes setores da vida social. Por fim, seria necessário ressaltar a natureza excepcional deste critério, que poderia justificar, por exemplo, a exigência de um consenso unânime do comitê designado para a apreciação de tais situações.

3.4.1.5 O critério da idade

Afirma Kilner (1990, p. 77) que o critério da idade é usualmente utilizado nos Estados Unidos da América e no mundo inteiro para excluir os mais velhos, por exemplo, dos transplantes de rins e coração, havendo, segundo ele, pesquisas que confirmam essa informação. Muitos se baseiam na menor viabilidade do tratamento e nas piores condições de recuperação do paciente idoso para justificar o procedimento, mas, de acordo com o autor, evidências indicam que tais considerações podem carecer de suporte médico. O critério da idade seria também empregado nos centros de terapia intensiva. Na Grã-Bretanha, este paradigma conduziria até mesmo as políticas públicas de saúde, a despeito de não constar dos padrões oficiais de conduta.

Os seus partidários apontam, como fundamentos para sua sustentação, que os mais velhos gastam mais recursos em seus tratamentos, de forma que excluí-los viabilizaria o salvamento de muitas outras vidas. A falta de assertiva de muitos idosos e o maior valor cultural depositado pela sociedade nos mais novos também incrementam a argumentação em sua defesa.

Este critério pode acabar, também, confundindo-se com outros e, assim, convergindo para si seus argumentos favoráveis e contrários. Alguns afirmam que o critério da idade consiste, na verdade, no critério do benefício médico, uma vez que os idosos teriam, estatisticamente, menos condições clínicas e psicológicas de sobrevida com qualidade. Podem, neste ponto, argumentar que a idade a ser considerada é a fisiológica, sendo que, na verdade, a idade cronológica é, normalmente, a utilizada. Outros o identificam com o critério do benefício social, considerando que os mais novos podem oferecer mais à sociedade que os mais velhos.

Para muitos, ele parece óbvio – normalmente por razões de produtividade. Primeiramente, porque o emprego de um recurso escasso em pessoas mais novas garantirá o melhor retorno possível dos investimentos feitos. Ademais, porque, segundo outros, os próprios idosos não resistiriam a ele em virtude da sua baixa assertividade e de sua maior facilidade de aceitação da morte. Afirmam outros que os gastos com saúde seriam significativamente reduzidos com a exclusão dos mais velhos. Ainda alguns registram que o critério da idade seria menos discriminatório que o racismo e a distinção por sexo, já que todos, indistintamente, estarão sujeitos a ela.

Defensores do critério da idade chegam a afirmar que ele é verdadeiro promotor da igualdade, já que permitiria aos mais novos melhores chances de viver o mesmo tempo que os mais velhos. Assim, os recursos disponíveis deveriam ser distribuídos de forma igualitária durante toda a vida de uma pessoa, de forma a evitar a morte precoce. Sob este ponto de vista, seu objetivo seria o de maximizar o número de anos de vida poupados com o recurso escasso, e não valorizar cada pessoa como ser humano de *per si*.

Uma variação deste fundamento considera, ainda, a expectativa de vida, que seria não apenas um conceito estatístico, mas também normativo. Portanto, pessoas com setenta ou oitenta anos já teriam tido a oportunidade de viver uma vida completa, e assim, a Medicina não deveria mais empenhar seus recursos na extensão de suas vidas; antes, deverá poupá-los para aqueles que ainda possuem importantes projetos de vida pela frente.

Este critério pode também ser utilizado em detrimento dos mais novos, como, por exemplo, para excluir crianças do tratamento de hemodiálise, sob a motivação de que elas não teriam a disciplina pessoal necessária para viabilizar bons resultados médicos. No Brasil, isto seria integralmente vedado, considerando o art. 227 da Constituição de 1988, que, como já dito, determina a prioridade absoluta à vida e à saúde da criança e do adolescente. Isso invoca a regra (J.7) da teoria da argumentação jurídica de Alexy (2005, p. 242), segundo a qual "os argumentos que expressam uma vinculação ao teor literal da lei ou à vontade do legislador histórico prevalecem sobre outros argumentos, a não ser que possam ser aduzidos outros motivos racionais que concedam prioridade a outros argumentos". Atrai, também, a máxima da sua teoria dos princípios, segundo o qual em um conflito entre uma regra e um princípio, ambos constitucionais, merece prioridade a regra, na qual o Constituinte densificou melhor seu ditame mandamental (ALEXY, 2015, p. 141). Ainda que alguns questionem (não sob o aspecto deôntico – já que se trata de norma constitucional originária, que, consoante já registrado, não é passível de ter sua inconstitucionalidade declarada –, mas sob o prisma axiológico), a tutela prioritária às crianças e adolescentes, sob o pretexto de que a vida possui um valor ínsito em qualquer ser humano em que se manifeste, o tratamento diferenciado justifica-se pela hipossuficiência dos menores.

Assim, esse critério é utilizado pelos órgãos de saúde definidores das prioridades médicas, como sucede na Portaria nº 2.600/GM (BRASIL, 2009), que, apesar de determinar a elaboração de uma lista de espera única para a realização de transplante de órgãos, estabelece critérios específicos mais favoráveis aos menores de 18 anos de idade para a recepção de rins, conforme estabelece o inciso III do artigo 56.

Todavia, a determinação constitucional não pode ser interpretada de forma a excluir o acesso à vida e à saúde dos demais que não se encontrarem sob esta situação jurídica, mas, tão somente, exige que, em situação de *escassez natural severa*, sejam priorizados os mais novos.

Ao revés, também foram merecedores da atenção do Constituinte derivado os idosos, que tiveram garantido, no art. 230, o direito à vida, dignidade e bem-estar. De igual sorte, a Lei nº 10.741 (BRASIL, 2003b) assegura atenção integral à saúde do ancião. A despeito, entretanto, das disposições normativas neste sentido, o critério da idade, de forma a preterir os mais velhos, seria merecedor de toda a ojeriza, pelas razões que se passa a expor. No que concerne ao argumento de que a morte é mais aceitável aos mais velhos do que aos mais novos, pode-se encontrar alguma pertinência, desde que ela seja inevitável. Não se afirme, entretanto, ser justo uma pessoa que possui condições de viver ainda décadas, se submetida a um tratamento adequado, falecer para poupar recursos à sociedade.

Ademais, não assiste razão ao argumento de que a discriminação por idade é menos repugnante que a por sexo ou idade; ao revés, este fator de desigualdade foi reprimido pela Constituição de 1988, no inciso IV do art. 3º, com a mesma veemência que os outros dois com os quais foi comparado.

Refuta-se, outrossim, o argumento utilitário de que o emprego de recursos escassos em jovens garantirá a preservação de um maior número de anos de vida. As pessoas são mais que uma soma de anos de vida, acumulados como se fossem propriedade de alguém; são, antes, entidades dotadas de dignidade e de igual valor, que devem ser respeitadas como tais. Hostiliza-se, ainda, esta fundamentação apresentada no sentido de que o emprego de recursos escassos em pacientes de idade inferior ensejará a necessidade mais prolongada de disponibilização de recursos a eles, já que viverão um tempo maior. Assim, até mesmo sob o prisma utilitarista, o critério merece repulsa, já que viabilizará que um número menor de vidas seja salvo, uma vez que as poucas merecedoras dos recursos os consumirão por muito tempo.

Em relação ao argumento de que os jovens devem receber preferência de forma a terem acesso a uma vida mais longa, que os idosos já alcançaram, objetores afirmam que a oportunidade de viver não pode ser mensurada objetivamente. Assim, uma pessoa idosa pode ter passado boa parte de sua vida sobre um leito e ter tido menos condições de usufruir sua vida do que um mais jovem que sempre tenha gozado de plena saúde.

Kilner (1990, p. 89) denuncia que o critério da idade transcende o do benefício médico, mas é calcado, sobretudo, na redução da capacidade produtiva do indivíduo. Adverte, porém, que os idosos podem ter muito a oferecer à sociedade, como sua experiência, sabedoria e carinho, apesar de, pela sua simples condição de seres humanos, serem merecedores de respeito à sua vida. Assim, este critério transgrediria fatalmente os direitos humanos, razão pela qual deve ser alvo de todo o repúdio. Deveras, um ano, um dia, um minuto de vida é sempre precioso, em qualquer estágio da existência do ser humano, pelo valor intrínseco da vida humana, o que reforça a repulsa ao argumento anteriormente analisado.

Convergem, neste sentido, as palavras do Papa Paulo VI (1974, p. 03):[104]

> 12. Uma discriminação fundada sobre os diversos períodos da vida não será pois mais justificável do que outra qualquer. O direito à vida permanece na sua inteireza num velhinho, mesmo que este se ache muito debilitado; permanece num doente incurável, este não o perdeu. Não é menos legítimo numa criança que acaba de nascer do que num homem feito. Na realidade, o respeito pela vida humana impõe-se desde o momento em que começou o processo da geração. Desde quando o óvulo foi fecundado, encontra-se inaugurada uma vida, que não é nem a do pai, nem a da mãe, mas a de um novo ser humano, que se

---

[104] No original: "12. Any discrimination based on the various stages of life is no more justified than any other discrimination. The right to life remains complete in an old person, even one greatly weakened; it is not lost by one who is incurably sick. The right to life is no less to be respected in the small infant just born than in the mature person. In reality, respect for human life is called for from the time that the process of generation begins. From the time that the ovum is fertilized, a life is begun which is neither that of the father nor of the mother, it is rather the life of a new human being with his own growth. It would never be made human if it were not human already" (PAPA Paulo VI, 1974, p. 03).

desenvolve por si mesmo. Ele não virá jamais a tornar-se humano, se o não for desde logo.

Assim, o critério da idade apenas deve ser utilizado caso haja comprovação médica de que o idoso não terá nenhuma condição de se beneficiar com o emprego do bem escasso. Trata-se, entretanto, de utilização do critério do benefício médico, não sendo suficiente a alegação da idade, já que alguns senis podem apresentar melhores condições de saúde que pessoas mais novas e lhes é possível, portanto, obterem pleno êxito, caso tenham a oportunidade de acesso ao tratamento de que necessitam para viver. Sugere-se, então, que o critério de idade não seja utilizado como algo diferente do critério médico, estudado no subitem que sucede, em virtude de o risco ser desvirtuado.

3.4.1.6 O critério do benefício médico

O critério do benefício médico considera o paciente em seus próprios méritos e não em relação a outros. Inclui todos (e apenas) os pacientes que podem se beneficiar de um determinado tratamento médico. De acordo com Kilner (1990, p. 115), é o critério mais amplamente utilizado nos Estados Unidos da América e é legitimado por 95% (noventa e cinco por cento) dos diretores médicos. Pode ser segregado em três outros diferentes, o da qualidade do benefício, o da longevidade do benefício e o da probabilidade do benefício, que não permitem, entretanto, a comparação entre pacientes; cada um deve preencher padrões mínimos de cada um dos pontos que compõem o critério para merecer o tratamento.

Muitas razões podem ser apresentadas para sustentá-lo, adquirindo relevância a sua perspectiva ética e racional. Selecionar pacientes para o recebimento de recursos escassos sem referência a considerações médicas seria simplesmente irresponsável e desumano, uma vez que implicaria oferecer falsas esperanças a alguém. Do ponto de vista da produtividade, a questão deve ser analisada pragmaticamente: uma intervenção médica sem perspectiva de resultado é um desperdício de recursos potencialmente úteis.

Sob a perspectiva da pessoa humana, tem-se que, quando um recurso limitado encontra-se disponível, sua oferta prioritária a quem precisa dele para viver é um imperativo da justiça distributiva. A necessidade constitui a maior exceção ao princípio da igualdade e é intimamente associada à ideia de justiça. De acordo com Leivas (2006, p. 14), "a cada um de acordo com suas necessidades é o princípio por excelência a ser aplicado na distribuição dos recursos de saúde". Explicando-o, afirma o autor que "[...] deve-se priorizar quem mais necessita. Esse princípio deve ser ainda combinado com um critério adicional de eficácia ou efetividade da medida que satisfaça esta necessidade"; dito de outra forma, deve-se atentar para o primeiro subprincípio da proporcionalidade, qual seja, o da adequação.

A noção de necessidade inclui a ideia de que alguma doença ou condição de ferimento encontra-se presente e que a vida de um paciente se acha indesejavelmente em risco. O que constitui um risco passível de controle, entretanto, é uma questão de julgamento clínico e impinge a transição para o discurso empírico das ciências médicas. A necessidade de um recurso capaz de salvar uma vida implica que ela esteja em risco sem ele e que não restem alternativas para o paciente senão utilizá-lo. Ademais, informações clínicas devem ser coletadas de forma a estabelecer os limites de que tipo de casos genuinamente precisa de quanto de um recurso específico. Por exemplo, os pacientes mais doentes podem particularmente não precisar de recursos, se sua situação de saúde for tão grave que nada mais puder beneficiá-lo. Mesmo que sob estas limitações, o conceito de necessidade operou um importante papel na seleção de pacientes.

Alguns opositores, entretanto, afirmam que o critério do benefício médico, na prática, não reflete sempre uma noção correta de necessidade. Segundo eles, quando os recursos são limitados, os padrões de necessidade são, às vezes, manipulados até que o número de pacientes que satisfaça os requisitos do critério do benefício médico coincida com o número de recursos disponíveis. Ainda que esta prática impeça a recusa de recursos que salvam vidas a alguns que estejam em necessidade, ela distorce o critério do benefício médico para comunicar alguma coisa ao paciente que não corresponde à verdade. Esta distorção enseja a preocupação com questões referentes à persuasão médica.

Segundo Kilner (1990, p. 117), o uso equivocado deste critério já foi registrado na Grã-Bretanha, onde o número de pacientes aceitos para tratamento caiu muito abaixo daqueles que poderiam ter se beneficiado da hemodiálise, sem nenhuma justificativa razoável. O número de pacientes tratados foi muito inferior ao constatado em outros países ocidentais. Aparentemente, os aplicadores deste critério consideram que é menos doloroso para o paciente deixar de receber um tratamento por razões médicas do que pela inexistência de recursos disponíveis para socorrê-lo. Entretanto, ainda que a sociedade britânica tenha restringido os recursos disponíveis para o tratamento de todos os doentes necessitados, não autorizou os médicos a tomarem decisões à revelia de critérios estritamente científicos para excluir doentes do acesso a tratamento.

Ainda que não o pareça, à primeira vista, a aplicação distorcida do critério do benefício médico enseja prejuízos significantes ao paciente, que pode deixar de procurar acesso a outras espécies de recursos médicos que talvez o beneficiassem. A recusa médica à informação correta pode privá-los de um recurso imprescindível para salvar sua vida, consistindo, pois, em um ato antiético e juridicamente reprovável.

Outra fragilidade do critério do benefício médico consiste no fato de ele poder ser facilmente utilizado para mascarar o parâmetro do valor social, o que seria fortemente repugnante, uma vez que o papel do médico seria apenas o de trabalhar em favor da vida, e não o de impor valores a uma sociedade.

Porém, como se pode perceber, as objeções apresentadas contra o critério do benefício médico repousam sobre a possibilidade de sua deturpação, e não sobre ele, propriamente. Existe certo consenso de que o critério médico, que aponte a necessidade e a efetividade do tratamento, deve ser utilizado na seleção de pacientes para a fruição de recursos escassos.

Assim, podem ser tomadas algumas providências de forma a evitar a sua distorção, como a determinação de padrões médicos de tratamento e a exigência de parecer a mais de um médico para que o paciente mereça um recurso escasso. Esta é uma sugestão de Kilner (1990, p. 119), que afirma que "outra possibilidade é tornar obrigatória a prática comum de envolver muitos médicos – ao menos mais um além do responsável pelo paciente – de forma a proteger todos os que dependem de recursos sociais".[105] Esta medida apresenta-se de significativa importância, segundo o autor, que aponta que "em um estudo, médicos que foram indagados isoladamente sobre a aplicação do critério do benefício médico ofereceram a mesma resposta apenas em trinta e dois por cento dos casos".[106] Em razão de seu relevo, o critério do benefício médico deve, outrossim, ser utilizado até mesmo para a solução dos conflitos protagonizados pelo direito à saúde em relação às

---

[105] No original: "Another possibility is to mandate the already common practice of involving several physicians — at least one in addition to the patient's own — in order to protect all patients under consideration from social bias" (KILNER, 1990, p. 119).

[106] No original: "In one study physicians who were asked independently to apply a medical-benefit criterion made the same basic assessment in only thirty-two of one hundred cases" (KILNER, 1990, p. 119).

demandas de segunda necessidade, o que será, mais à frente, proposto de maneira detalhada e fundamentada.

Outro problema que pode ser encontrado na aplicação deste critério concerne aos padrões a serem considerados para a definição da qualidade, longevidade e probabilidade do benefício. Estes padrões, entretanto, devem ser trabalhados em relação a cada recurso, levando em consideração uma série de variáveis. Por exemplo, para o transplante de órgãos, é necessário um elevado rigor na indicação da cirurgia, considerando sua escassez, o risco cirúrgico e o risco de rejeição, em relação ao receptor, além do risco cirúrgico do doador, quando vivo. De qualquer forma, tais padrões não devem ser fixados em níveis muito elevados, de forma a preterir algum paciente que possa, de fato, vir a lograr benefício com a cirurgia. É certo, porém, que padrões devem ser estabelecidos, de maneira a se evitarem apreciações subjetivas sobre questões como a qualidade e a longevidade do benefício. Para uns, a preservação da vida por mais algumas semanas pode ser considerada um benefício interessante e para outros, irrelevante. A qualidade do benefício é, outrossim, controversa; para uns, pode valer a pena viver sob determinadas condições e, para outros, não. O risco que se tem no emprego deste critério é que um paciente seja excluído do tratamento por não preencher os requisitos técnicos mínimos contrariamente à sua vontade ou às suas concepções sobre o valor da vida.

Assim, o critério do benefício médico será mais bem desenhado de forma a excluir do acesso ao tratamento apenas aqueles que o seriam ainda que os recursos necessários não fossem escassos. Dessa forma, não se faz legítima a negativa de tratamento com fulcro na escassez ou limitação dos recursos financeiros do Estado.

3.4.1.7 O critério da morte iminente

Todos os pacientes que demandam um recurso para ter sua vida salva precisam dele; mas todos precisariam dele com a mesma urgência? Um paciente pode precisar dele imediatamente, enquanto outro pode viver sem ele por algum tempo. Se a urgência reputa-se numa consideração legítima, ela pode justificar até mesmo a remoção de tratamento de pacientes que não se encontram nesta situação? Estas importantes questões remanescem sem resposta perante o critério do benefício médico, devendo ser então analisadas.

De forma a distinguir os casos urgentes dos não urgentes, o critério da morte iminente é, algumas vezes, empregado, desde que a longevidade da outra vida venha a ser firmemente afirmada. A morte pode ser considerada iminente quando ela é esperada para dentro de alguns dias ou semanas, de acordo com um julgamento médico competente.

Duas versões adicionais deste critério foram adotadas. Alguns recursos exigem tempo de preparo do paciente para serem aplicados. De qualquer forma, nestas circunstâncias, o tempo considerado para a aplicação do critério da morte iminente deve ser ampliado. Outra versão do critério divide o período da morte iminente em dois subperíodos, oferecendo prioridade para aqueles que se encontram no subperíodo mais próximo da morte.

Priorizar pacientes em risco de morte iminente é uma prática antiga da Medicina, já tendo sido usado, por exemplo, consoante afirma Kilner (1990, p. 124), na distribuição de insulina, quando era escassa, e na seleção de pacientes receptores de rins e coração. Na verdade, segundo o autor, muitas cirurgias cardíacas só foram feitas para aqueles cuja morte era iminente, quando os recursos para tanto eram escassos. Práticas análogas são observadas no provimento de cuidados nas unidades de terapia intensiva.

Duas são as contundentes alegações empenhadas na justificativa deste critério: a necessidade e a vida. A necessidade converge para si os mesmos argumentos apresentados no estudo do critério do benefício médico. Assim, uns podem ser favorecidos em prejuízo de outros no recebimento de recursos escassos porque, de fato, precisam dele. De ver-se, pois, que a necessidade pode ser um critério legítimo para motivar tratamentos desiguais. Entretanto, quando duas ou mais pessoas apresentarem o mesmo nível de necessidade de um bem escasso, insuficiente para atender a todos em demanda, outros parâmetros de decisão ainda serão demandados.

O outro fundamento do critério da morte iminente é a vida por si mesma, já que ele possibilita permitir que mais vidas sejam salvas. Desde que um paciente possa sobreviver por algum tempo sem tratamento, existe alguma perspectiva de que o recurso necessário venha a se tornar disponível para ele neste ínterim, permitindo que ambas as vidas sejam preservadas. Ademais, a escassez do recurso pode vir a ser eliminada ou minimizada, como ocorre com as unidades de terapia intensiva.

Alguns apontam, como uma debilidade deste padrão de discernimento, a imprecisão médica, decorrente da inviabilidade de um juízo de prognose exato, para decidir sobre as situações de urgência. Em outros contextos médicos, como na descontinuidade de tratamento de pacientes terminais, o termo iminência foi considerado ideal. Outros, entretanto, refutam esta pontuação, afirmando que a morte iminente consiste em condições objetivas que podem ser aferidas com razoável precisão, confirmando esta percepção com a adoção desse critério pela Associação Médica Norte-Americana e pela Academia Nacional de Ciências norte-americana.

Mais fragilidades são ainda discutidas, como a expectativa dos pacientes acerca de um determinado tempo de espera para ser tratado. O critério da morte iminente rompe com tais previsões, à medida que pacientes em situações de maior urgência podem receber atendimento prioritário. Realmente, isso precisa ser considerado, já que, em virtude de ter sido preterido por um caso mais urgente, aquele que a aguardava por mais tempo pode vir a morrer.

Diverso problema consiste, também, na possibilidade de abuso do critério por parte dos médicos, que podem realocar indevidamente pacientes na fila de espera. Segundo Kilner (1990, p. 126), existem registros de atestados médicos falsos, emitidos com o objetivo de facilitar o acesso de seus pacientes a órgãos para transplante.

A justificativa para esse fator de *discrímen* com base na necessidade também comporta questionamento, por mais de uma perspectiva. O critério da morte iminente pode ser prejudicial para pacientes que, enquanto esperam outros com condições de saúde mais precárias, têm a sua deteriorada, podendo, até mesmo, vir a perder as condições em que o tratamento seria eficaz para salvar sua vida. Assim, pacientes se sujeitam a deixar de ser socorridos e recursos a serem desperdiçados, uma vez que, na extrema iminência da morte, a probabilidade de êxito do tratamento médico é reduzida.

Além disso, a proposta é considerada suscetível de manipulação pelo paciente, que não tem ingerência sobre a sua idade, valor social ou local na fila de espera, mas o tem sobre suas condições de saúde, podendo vir a agravá-la com o propósito de merecer acesso ao tratamento mais rapidamente.

Outro problema a ser analisado consiste na aceitabilidade moral ou não de se retirar o tratamento de alguém em virtude de um outro em situação de risco iminente de vida. Uns argumentam que a interrupção viabilizaria que mais vidas fossem salvas, ou, ao menos, que haveria mais probabilidade de que isso viesse a acontecer. Em alguns casos, a manutenção de um paciente em uma unidade de cuidados intensivos talvez não ofereça nenhum benefício ao paciente, enquanto o acesso ao cuidado médico poderá salvar a outra vida. A cessação de um tratamento intensivo torna-se ainda aceitável quando, a despeito da sua necessidade urgente para outro, houver um diagnóstico preciso de ausência de perspectiva de sobrevida.

Para muitos, entretanto, esta proposta merece completa ojeriza, em virtude da felicidade e da segurança dos pacientes que estão sendo tratados. Uma vez que o tratamento tenha se iniciado, existe uma espécie de contrato (moral, senão jurídico) no sentido de que ele deve ter continuidade até quando for preciso. Assim como a relação médico-paciente é baseada, sobretudo, na lealdade do profissional para com o doente, o mesmo ocorre com o Estado, que, uma vez estando dispensando tratamento a um indivíduo, não pode privá-lo dele. Estas preocupações são aptas a impedir a morte de uma pessoa inocente para que outra seja salva e baseiam-se no princípio ético da inércia, que, como já se afirmou, possui um papel estabilizador indispensável na vida social. Rememore-se que, para Perelman (2005, p. 150), o princípio da inércia não impede as mudanças no *status quo*, apenas exige que elas sejam sempre justificadas.

Porém, até mesmo os opositores da interrupção do tratamento aceitam-na quando ele já não tiver nenhuma relevância para o paciente. Aí, então, a mudança, conforme propõe o princípio da inércia, estará justificada. O critério do benefício médico será, na verdade, o determinante da decisão, o que corrobora e avulta a sua importância. É o que sustenta Azevedo (2005, p. 75-76), quando, analisando exemplo hipotético de dois pacientes, um internado em leito de UTI e já próximo da alta e outro em estado de elevada gravidade, sem leito disponível no hospital e na cidade, conclui pela possibilidade de se disponibilizarem os cuidados médicos ao segundo. Lado outro, sustenta o autor, em relação à suspensão de um tratamento de alguém que ainda dele precisa para oferecê-lo a outro em estado mais grave, que "alguém que leve a sério os direitos das pessoas não concordaria com isso".

Assim, sugerem alguns uma composição entre ambos estes critérios médicos, que priorize aqueles pacientes que se encontram em risco iminente, mas que ainda têm elevada probabilidade de sobrevida mediante um tratamento adequado. Acrescentam, ainda, a cautela da divisão do risco de vida em iminente e muito iminente, de forma a conferir prioridade aos pacientes qualificados nesta segunda categoria, o que pode impedir que outras considerações afetas a critérios ilegítimos ganhem espaço. Recomendam, por fim, a cominação de sanções severas a médicos e instituições que atestarem exageradamente a urgência das condições clínicas de seus pacientes com o escopo de lograr um benefício indevido na fruição de recursos escassos.

O último problema concerne à violação da expectativa de um paciente quando se permite prioridade a outro em seu prejuízo. Para contorná-lo, propõe-se a exigência de que, para dar preferência a um segundo paciente, em risco de vida, seja necessário que o primeiro, ainda que, no momento da decisão, apresente menos urgência no tratamento, tenha sérias e contundentes chances de sobrevida até que outro recurso venha a se tornar disponível para ele.

Estes parâmetros devem ser observados, em juízo, quando do atendimento aos pedidos de liminares que garantam ao requerente, em iminente perigo de vida, acesso a tratamento intensivo que lhe preserve a vida. Não podem os juízes contentar-se com a mera comprovação da urgência da demanda para deferir o pedido ao requerente. É sabido que os leitos hospitalares são recursos sujeitos à *escassez quase-natural* e não se nega, portanto, a possibilidade de ingerência estatal para aumentar a oferta aos números indicados e, assim, reduzir ou eliminar sua escassez. Entretanto, não havendo tempo hábil para que isso seja feito, a decisão a ser tomada deve considerar o recurso como sujeito a uma *escassez severa*, carecedora, portanto, de uma decisão alocativa que leve em conta padrões de equidade. Deve, necessariamente, anteceder à decisão judicial a verificação da existência de vagas em unidades de terapia intensiva e, diante da constatação da sua ausência, cabe ao magistrado averiguar, ainda que mediante um procedimento informal – face à urgência que o caso possa requerer, que justifica a sobreposição do direito à vida às regras processuais –, as condições de saúde dos demais pacientes que ocupam os leitos existentes, para, então, posicionar-se considerando os parâmetros ético-jurídicos indicados. Qualquer decisão desse jaez que negligencie os procedimentos indicados guardará a pecha de injusta. Será censurável perante algum dos pacientes que, eventualmente ainda carecedor de cuidados médicos intensivos, terá que se privar deles para que a ordem judicial seja cumprida. Também será reprovável perante o médico intensivista que, constatando a situação de necessidade dos demais pacientes previamente internados e sob seus cuidados profissionais, terá que arduamente decidir entre preservar a vida deles e descumprir uma decisão judicial – sujeitando-se às sanções penais decorrentes deste ato – ou obedecer à ordem judicial e violar sua consciência médica e seus juramentos éticos.

O critério da urgência é utilizado, no Brasil, pela Portaria nº 2.600/GM (BRASIL, 2009), para a seleção de pacientes para transplante de fígado. Para a determinação dos sujeitos contemplados por esse critério, o artigo 90 da Portaria nº 2.600 (BRASIL, 2009) estabelece três hipóteses específicas para a seleção dos receptores dos órgãos: a) insuficiência hepática aguda grave, b) não funcionamento primário do enxerto transplantado e c) pacientes anepáticos por trauma.[107] Assim como previa a Portaria GM nº 1.160 (BRASIL, 2006), a Portaria GM nº 2.600 (BRASIL, 2009), que revogou o diploma normativo anterior, combina, conforme dispõe o artigo o §4º do artigo 87, o critério da urgência com parâmetros cronológicos, o que ocorre por meio da elevação da pontuação do paciente, para fins de priorização, à medida que aumenta o seu tempo de espera sem que tenha surgido órgão disponível para ele, uma vez que a demora impinge incremento na gravidade da situação clínica do paciente. Não há o emprego, portanto, do decurso do tempo em sua versão randomizada, mas ainda mediante a racionalidade do critério da morte iminente. Deve-se, por fim, para salvaguardar a aplicação do critério de críticas, averiguar, no momento de sua aplicação, a probabilidade de surgimento, de acordo com dados estatísticos, para os pacientes que já estiverem aguardando por um período superior, de outro órgão capaz de salvar suas vidas enquanto ainda tiverem condições clínicas para tanto.

A inobservância desta importante ressalva motivou a interposição de ação judicial na Comarca de Curitiba por paciente que, de acordo com o critério cronológico substituído pela aludida portaria, ocuparia posição prioritária na fila de transplante de fígado. Indeferido seu pedido de tutela antecipada, o paciente interpôs o recurso de agravo de instrumento para o Tribunal de Justiça do Paraná, em recurso registrado sob o nº 372.589-1. Na decisão, o tribunal considerou que as razões apresentadas pelo agravante colidiam com o direito à saúde dos demais indivíduos da lista de espera e que a Portaria/GM nº 1.160 (BRASIL, 2006b) procura diminuir a distância entre a insuficiência de órgãos disponíveis para transplante e o direito fundamental em questão. Portanto, deixou de prover o recurso, por unanimidade de votos, com fundamento na ausência de vilipêndio, pela decisão em questão, do princípio da igualdade (PARANÁ, 2007).

---

[107] Eis a previsão normativa dos sobreditos critérios: "Art. 90. Serão considerados critérios de urgência, para priorização de potenciais receptores de fígado de doadores falecidos, as condições abaixo relacionadas: I – insuficiência hepática aguda grave, definida como desenvolvimento de encefalopatia até 8 semanas após o início de icterícia em pacientes sem doença hepática pré-existente, que preencham critérios de indicação de transplante de fígado do King´s College ou Clichy (Quadro 3 ao final do Módulo) internados em Unidade de Terapia Intensiva; II – não-funcionamento primário do enxerto transplantado, notificado à CNCDO até o 7º (sétimo) dia, inclusive, após o transplante; III – pacientes anepáticos por trauma. §1º a priorização permanecerá por 30 dias. §2º para priorização para retransplante, inclusive após transplante com doador vivo, os potenciais receptores devem estar obrigatoriamente inscritos na CNCDO previamente ao primeiro transplante, e ter atendido aos critérios mínimos de inclusão em lista de espera na data do primeiro transplante" (BRASIL, 2009).

Se, por um lado, o acórdão representou um avanço jurisprudencial, já que adentrou a análise dos critérios empregados na portaria, contrastando-a com as necessárias exigências constitucionais de equidade, por outro, ainda pecou no que diz respeito ao seu cotejo. De fato, questões desse jaez implicam escolhas trágicas e, por isso, devem ser apreciadas de forma mais detida e aprofundada. Mas, a razoabilidade da disciplina delineada pela citada portaria, de fato, impede que ela seja rotulada como inconstitucional ou antiética, razão pela qual, a despeito de sua precária fundamentação, não se pode atribuir antijuridicidade ao delicado pronunciamento do Tribunal de Justiça do Paraná.

3.4.1.8 O critério da disposição e da responsabilidade

Os pacientes tomam decisões que afetam seu acesso a cuidados médicos em dois importantes sentidos: o primeiro envolve a sua responsabilidade por atos que o levaram à contração da doença; o segundo, sua disposição para aceitar o tratamento. A primeira manifestação dá ensejo ao critério da responsabilidade, que visa a priorizar aqueles que não contribuíram para a debilidade de sua saúde; a segunda objetiva oferecer preferência àqueles que, de fato, desejam ser tratados, sendo denominada critério da disposição.

A despeito da dificuldade de emprego do critério da responsabilidade, ele começou a ser utilizado, segundo Kilner (1990, p. 163), para a seleção de receptores de órgãos para transplante quando a doença era resultado do uso de álcool ou drogas. Elster (1992, p. 142) acrescenta, para ilustrar a sua aplicabilidade, a redução da prioridade para transplante a pacientes usuários de nicotina. Com isto, procura-se reduzir a demanda futura de serviços médicos e responsabilizar o paciente pela eventual restrição a acesso a tratamentos de problemas de saúde causados pelo seu livre arbítrio.

A disposição para aceitar o tratamento, veiculada como princípio da autonomia (incisos III, V e VI do art. 7º da Lei nº 8.080 (BRASIL, 1990b), reporta-se ao consentimento livre e esclarecido para a realização de procedimentos e para tratamentos; por outro lado, tem sido utilizada nas sociedades ocidentais como verdadeira condição para que um paciente seja tratado. O critério é ainda empregado em alguns centros de terapia intensiva, a despeito do fato de se presumir a boa vontade do paciente para colaborar para a sua recuperação quando ele não puder se manifestar livre e conscientemente.

O critério da disposição do paciente para aceitar o tratamento pode ser analisado sob o ponto de vista da produtividade, uma vez que a satisfação do doente e de sua família com o sistema de saúde aumenta quando eles são consultados e quando sua opinião é considerada; ademais, a eficiência na gestão de recursos escassos também é impulsionada com o uso desse critério, uma vez que pacientes que deixarão de prosseguir num tratamento poderão ser identificados prematuramente, evitando o desperdício de bens limitados.

A disposição para aceitar o tratamento encontra espelho, ainda, no princípio da dignidade da pessoa humana, que impõe o respeito às decisões pessoais de aceitar ou refutar até mesmo o salvamento da própria vida, considerando a liberdade como um direito inerente à pessoa humana. Alguns o veem como um direito inerente à integridade e à autodeterminação. Outros acrescentam que o direito do paciente ao livre exercício da religião antecede o direito do médico de empregar nele uma terapia capaz de salvar sua vida.

O critério da disposição para aceitar o tratamento tem fulcro, outrossim, na individualidade da pessoa humana. Os pacientes devem ter o direito de avaliar o quanto um tratamento é suficientemente promissor para se submeter a ele. As pessoas têm seus próprios planos de vida e isso as difere em suas atitudes em relação à dependência de determinadas tecnologias. Mais a mais, até mesmo a preferência de determinados indivíduos pode mudar em virtude de circunstâncias supervenientes, como a visita de familiares, o casamento, o nascimento de um filho. Assim, apenas o próprio paciente envolvido pode decidir se sua vida vale o suficiente para se investir nela um recurso escasso. Ainda que alguns médicos possam pensar que estão sempre aptos a decidir o melhor para seus pacientes, muitos outros insistem em que se deve resistir a esta concepção.

O estabelecimento de critérios para a proteção da autonomia individual foi objeto de consideração do Enunciado nº 37 da I Jornada de Direito à Saúde promovida pelo Conselho Nacional de Justiça (BRASIL, 2014). Considerando que, em determinadas situações, o estado de saúde do paciente tem o potencial de comprometer o livre exercício da vontade para submeter-se, ou não, aos tratamentos disponíveis para a proteção de sua vida ou saúde, o enunciado em tela indica algumas formas de comprovação da manifestação prévia da vontade do paciente, conforme transcrito a seguir:

> As diretivas ou declarações antecipadas de vontade, que especificam os tratamentos médicos que o declarante deseja ou não se submeter quando incapacitado de expressar-se autonomamente, devem ser feitas preferencialmente por escrito, por instrumento particular, com duas

testemunhas, ou público, sem prejuízo de outras formas inequívocas de manifestação admitidas em direito. (BRASIL, 2014)

    Ao admitir tanto a forma escrita, quanto qualquer outro modo inequívoco de manifestação da vontade, o enunciado acima apresenta disposição compatível com a noção de dignidade, elemento de valor ímpar no ordenamento jurídico. Como a proteção da dignidade vincula-se à ideia de autonomia, a qual, segundo Barroso (2012, p. 168), no mundo ocidental, "[...] corresponde à capacidade de alguém tomar decisões e fazer escolhas ao longo da vida, baseadas na sua própria concepção de bem, sem influências externas indevidas", a aceitação de qualquer meio probatório eficaz ao exercício da decisão pelo indivíduo torna-se medida adequada de acordo com o valor ora em exame. Apesar disso, como será visto em seguida, tal recomendação pode conflitar com o pensamento de que, por dignidade, entende-se o emprego de quaisquer meios para a defesa da vida e da saúde do paciente, independentemente da sua aceitação. Deve-se ressaltar, mantendo-se a concepção de autonomia invocada pelo enunciado supracitado, que, da mesma forma em que devem ser admitidos quaisquer meios necessários para que o indivíduo expresse o desejo de não se submeter a determinado tratamento, devem ser também ter garantidas condições para que ele possa declinar de sua opção inicial, embora essa seja de difícil condição, a depender das circunstâncias. A complexidade atinente aos estados mental e psicológico das pessoas conduz à possibilidade de modificação do interesse dos pacientes. Nesse caso, com vistas à salvaguarda da autonomia, deve ser também respeitada a decisão de submissão do paciente ao tratamento, apesar de, originalmente, ter sido feita a escolha no sentido oposto.

    A questão torna-se um pouco mais complicada quando envolve crianças e adolescentes que são representados juridicamente por seus pais e estes tomam decisões que conflitam com o melhor interesse clínico do menor. É o que ocorre nas hipóteses de recusa, pelos pais, de uso de hemocomponentes ou hemoderivados em filhos menores de Testemunhas de Jeová. Entretanto, "quando há risco de morte ou lesão permanente para seus filhos menores de idade, os pais não podem impor tais princípios religiosos a seus filhos, negando-lhes uma oportunidade de vida". Sabe-se que "o grande número de precedentes jurídicos nesta questão já estabeleceu uma doutrina que permite à equipe de saúde providenciar a execução do procedimento enquanto providencia a autorização judicial [...] sempre concedida" (PRONAP, p. 48). Trata-se, de fato, de uma acertada conclusão jurisprudencial que leva a cabo um procedimento de ponderação entre os bens jurídicos de liberdade de crença e religião e o direito à vida de terceiros, quando este último, como já visto, merece inescusável proeminência.

O entendimento acima restou consagrado, embora de forma mais restrita, pelo Enunciado nº 44 da III Jornada de Direito à Saúde promovida pelo Conselho Nacional de Justiça, conforme se vê a seguir:

> O paciente absolutamente incapaz pode ser submetido a tratamento médico que o beneficie, mesmo contra a vontade de seu representante legal, quando identificada situação em que este não defende o melhor interesse daquele. (BRASIL, 2019)

De acordo com a redação conferida pela Lei nº 13.146 (BRASIL, 2015) ao artigo 3º do Código Civil – Lei nº 10.406 (BRASIL, 2002) –, tem-se por absolutamente incapazes os menores de dezesseis anos. À proteção da vida e da saúde destes, de acordo com o enunciado acima, não podem ser opostos eventuais objeções dos representantes legais quanto à submissão a determinados tratamentos, devendo prevalecer, portanto, o procedimento médico que mais beneficie o paciente.

Outros conflitos éticos exsurgem quando está em jogo o princípio da autonomia, que permite a um paciente escolher, livre e conscientemente, entre submeter-se a um tratamento ou não e os direitos à vida e à saúde, que, de igual sorte, deveriam ser priorizado, justificando a ação médica contra a vontade do doente. Ocorre que a noção de direito como interesse oponível a outrem e que lhe gera um dever, afasta-a.[108] Na colisão citada, ninguém – nem mesmo o Estado, destinatário em estudo do direito à vida – estaria negando ao paciente o acesso aos recursos necessários para a preservação de sua existência. Ele, pessoalmente, estaria optando por deixar a doença seguir seu curso livremente, de forma que não se pode afirmar que seu direito estaria sendo vilipendiado. Esta decisão, diante da escassez de recursos, ou seja, diante da inevitabilidade da morte de alguém, confunde-se com a decisão sobre quem deve morrer. Assim, os defensores do critério afirmam que a ação de um doente que deixa de requerer um recurso escasso não é, pois, a de suicídio propriamente, mas de aceitação da morte.

---

[108] Por isso mesmo, a discussão sobre a eutanásia é menos tormentosa, para os fins deste trabalho, que analisa o direito à vida como oponível ao Estado, que a celeuma sobre o aborto. De fato, na eutanásia passiva, tem-se a supressão da própria vida; no aborto, tem-se o cerceamento da vida de outrem, assim como pode suceder caso o Estado se omita em seu dever de desincumbir-se das *demandas de saúde de primeira necessidade*.

A segunda versão deste modelo, a da responsabilidade, aponta no sentido de que, se uma pessoa é vítima inocente de uma doença, deve ser priorizada perante outra que a contraiu mediante circunstâncias que ensejam sua responsabilidade. As pessoas devem ser responsabilizadas por seu estilo de vida; à sociedade não cabe subsidiar decisões irresponsáveis, o que seria injusto com os responsáveis. Segundo Neves (1999, p. 160-161), este critério é incorporado no modelo holandês de gestão de recursos escassos na seara da saúde (considerado como um dos mais bem estruturados da Europa), ao lado dos critérios da necessidade, da eficácia e da eficiência (relação custo-eficácia e custo-utilidade).

Sob este ponto de vista, *a contrario sensu*, a sociedade deveria, então, oferecer prioridade de tratamento sempre que for responsável pela contração de uma doença de um paciente. Esta responsabilidade pode ser relacionada a condições precárias de vida ou de trabalho que a pessoa pode ter sido obrigada a suportar ou pode ser resultado, ainda, de negligência ou imprudência de instituições de saúde.

A despeito da dificuldade de sua aplicação, considerações importantes devem ser feitas, como a maior facilidade de obter recursos financeiros para vítimas inocentes do que para alcoólatras e fumantes. O emprego do critério da responsabilidade também pode contribuir para desencorajar hábitos de vida que implicam a preterição de acesso a tratamentos determinados.

O critério da disposição para aceitar o tratamento, entretanto, pode ser questionado do ponto de vista pragmático e filosófico. Uma dificuldade pragmática é a de obter uma informação precisa sobre a disposição ou não do paciente, já que existe a forte tendência de se afirmar a aceitação de todo e qualquer recurso disponível. Outra, consiste na possibilidade de determinação da capacidade do paciente de tomar decisões quando as suas faculdades mentais e psicológicas tiverem sido alteradas pela doença. Ainda um terceiro empecilho de ordem pragmática pode ser indicado: a dificuldade de se aferirem os graus de disposição do paciente para aceitar um tratamento, uma vez que uns podem ter mais habilidade para angariar o convencimento dos avaliadores que outros.

Também sob o prisma filosófico, o critério é duvidoso. Primeiramente, no que concerne ao argumento de que a recusa ao tratamento não seria moralmente questionável, já que outra vida estaria sendo salva, pode-se questionar se, de fato, não estaria abrindo mão de sua vida simplesmente porque ela não é o que ele gostaria que fosse. O respeito à decisão do paciente de privar-se do tratamento é problemático; Kilner (1990, p. 167) relata que o sistema jurídico norte-americano já apreciou esta questão e forçou a hemodiálise em um preso que a refutava como forma de manipulação.

De igual sorte, o critério da responsabilidade suscita controvérsias também no plano pragmático e filosófico. Pragmaticamente, a preocupação acerca do custo para a sociedade de um sujeito que deprecia sua saúde pode ser compensado com o custo que ele deixará de representar para o sistema de seguridade social com uma morte prematura. Ademais, a economia a ser feita com o critério da responsabilidade será despendida com o desenvolvimento de uma estrutura para monitorar o comportamento das pessoas, naquilo que puder afetar sua saúde (inclusive o comportamento sexual), podendo, ademais, sacrificar o direito à privacidade. Até mesmo a prova de que o paciente contribuiu para o surgimento da doença é significativamente cara, visto que muito dificultosa; pode haver várias causas para uma doença e é difícil mensurar a importância do meio e sua interação com os demais fatores. Acrescente-se a inviabilidade de se afirmar que o paciente tem ou que sempre teve consciência de que determinado comportamento seu seria danoso à sua saúde.

As dificuldades persistem no plano filosófico. Poderia ser considerado uma injustiça penalizar alguns pacientes por seus atos e não o fazer em relação a outros. Em diferentes palavras, o critério não deve ser empregado até que possa ser estabelecida uma base de dados consistente o bastante para permitir uma perfeita correlação entre o comportamento do paciente e a causa de toda e qualquer doença. Registre-se, entretanto, a dificuldade, próxima à inviabilidade, desta tarefa.

Ainda que reste completamente comprovada a culpa de um paciente para a assunção de sua doença, o comportamento mais adequado da sociedade para com ele seria a compaixão e a solidariedade, e não a punição propriamente dita, como a recusa a ele de um tratamento. Anote-se, sobretudo, que a negatória de acesso a um recurso capaz de salvar a vida corresponde à pena de morte, penalidade que sequer é permitida no ordenamento jurídico brasileiro. O Judiciário e a Medicina, ao revés, têm por missão o cuidado e o zelo para com os direitos humanos.

Para viabilizar a aplicação do critério da disposição para aceitar o tratamento, deveriam ser erigidos alguns requisitos, como a capacidade ética (e não apenas jurídica) do paciente para tomar decisões (o que envolve o seu preparo para analisar informações técnicas, confrontá-las com seus valores pessoais e comunicá-las aos responsáveis pelos cuidados com a sua saúde) e que ele possa decidir voluntariamente.[109] Condições semelhantes aplicam-se à família, sendo, entretanto, que a falta de seu consentimento não deve impedir a prevalência da vontade do paciente, se o critério do benefício médico tiver sido satisfeito.

Caso o paciente não tenha condições de decidir por si só em virtude de incapacidade mental, deve haver a designação de alguém para decidir em seu proveito. Existe um consenso no sentido de que os membros da família são as pessoas mais indicadas, por conhecerem melhor os valores do paciente; na ausência destes, deve-se buscar um comitê ético institucional. Apenas em último caso, deve ser procurada a Justiça. Entretanto, isto não evita que decisões assombrosas, pelo elevado grau de vilipêndio do direito à vida, sejam tomadas, como se assistiu, recentemente, no caso Terri Schiavo, em que a Justiça Norte-Americana autorizou, a pedido de seu ex-marido e representante legal, a interrupção da sua alimentação artificial. Terri encontrava-se havia quinze anos em estado vegetativo. Como bem argumentou Pessini (2005, p. 72), "reconhece-se que a dignidade de cada pessoa também pode exprimir-se pela realização de opções autônomas"; contudo, prosseguiu o autor, "a autonomia pessoal nunca pode chegar a justificar decisões ou atos contra a vida humana própria ou de outrem: de fato, sem vida não há qualquer liberdade".

Em virtude das dificuldades encontradas no desenvolvimento do critério, não deve ser aceita uma graduação na disposição ou não do paciente para aceitar o tratamento como determinante para a alocação de recursos escassos.

Já em relação ao critério da responsabilidade, existe um amplo consenso no sentido de que ele não deve motivar a negativa de acesso a um tratamento, salvo se houver fortes razões para isso. Primeiramente, exige-se que seja indubitável a causa da doença estar no comportamento do indivíduo. Em segundo lugar, impõe-se que, para ser responsabilizado, ele seja livre para decidir entre adotar ou não o comportamento em questão. Como terceira condição, faz-se imperioso que o paciente tenha sido consciente dos riscos que a sua conduta impingia à sua saúde. Esta consciência não pode ser pressuposta, a não ser que haja uma grande divulgação pública da vinculação de determinados hábitos

---

[109] Estes requisitos são assim sistematizados: "–racionalidade (capacidade de considerar os múltiplos fatores prognósticos capazes de predizer consequências futuras); – entendimento (capacidade de compreender a essência das informações); – independência (possibilidade de expressar a própria vontade de modo independente da dos parentes ou dos médicos); – capacidade de avaliar a natureza e o alcance de sua decisão" (PRONAP, p. 47).

com algumas doenças. Não obstante, sequer diante destas condições rígidas, o critério da responsabilidade pode ser aceito diante da vedação constitucional à pena de morte, em que redunda a sua aplicação.

3.4.1.9 O critério randomizado

Quando outros critérios parecerem inaceitáveis, o critério randomizado é uma alternativa e pode ser aplicado em duas modalidades: a seleção baseada em sorteio ou baseada na ordem cronológica de apresentação dos pacientes.

O critério randomizado já foi utilizado muitas vezes na história para fundamentar importantes decisões. Nos tempos remotos, a loteria sempre foi a justificativa para as decisões de Deus; mais recentemente, relata Kilner (1990, p. 192) que, nos Estados Unidos da América, o critério tem sido utilizado para distribuir o direito de exploração de terras com recursos de gás e óleo, para oferecer oportunidades especiais de imigração e para distribuir alguns tipos de licença, selecionar pessoas para o serviço militar, etc. Também já foi proposta para a distribuição de vagas nas faculdades. Na esfera médica, o critério cronológico sempre foi empregado nas escolhas sobre alocação de recursos escassos, como, por exemplo, nas filas de órgãos para transplante.

Alguns argumentos o justificam, como a facilidade de sua aplicação e o baixo custo de sua administração. Para os tomadores de decisão, também, ele elimina a ansiedade do processo de comparação entre a vida das pessoas e da decisão sobre quem viverá e quem morrerá, além de poupar os pacientes da angústia de terem sido eliminados quando julgados inferiores em algum aspecto. Outrossim, a decisão baseada no critério randomizado é melhor aceita pelas famílias dos pacientes preteridos, por ser mais facilmente atribuída à vontade de Deus.

Sob o enfoque filosófico, este critério sustenta-se no forte argumento de que a vida humana possui um valor intrínseco que não é passível de mensuração nem de comparação. Particularmente, a vida de todos possui um valor irredutível e incomensurável, justificado por si só. Juridicamente, o critério baseia-se no direito à vida, que confere a cada um o direito de não ser privado dela por questões sujeitas ao controle humano. Mais a mais, a vida é o requisito para a fruição de outros direitos humanos, de forma que a de todos merece igual proteção. Tal direito é impassível de gradação. Para muitos, estes argumentos conduzem à conclusão de que toda pessoa tem o direito a iguais condições de acesso a um recurso que pode salvar sua vida, oportunidade esta que apenas um critério randomizado pode oferecer. Qualquer que seja seu embasamento, o direito à vida tem lastro em noções de solidariedade social e humanismo, e não se pode falar, portanto, em diferenças de grau.

Este critério invoca, ainda, a noção de justiça; quando o direito à vida está em jogo, a justiça requer que as pessoas sejam tratadas com equidade, e, portanto, não permite que ela seja negada a alguém. Assim, um conceito de ação afirmativa precisa permitir a distribuição igualitária dos recursos, merecendo destaque, para tanto, a noção de necessidade. Desde que a doença coloque alguém em situação de necessidade, confere-lhe o direito de reclamar recursos médicos. O critério randomizado garante que as pessoas merecem o tratamento de saúde simplesmente por serem seres humanos. Já que os recursos serão insuficientes para tratar a todos, a equidade exige que todos tenham condições iguais de serem selecionados para o tratamento. Assim, devem ser incluídos na disputa apenas aqueles que estejam em iguais condições de necessidade, ou seja, que igualmente precisam do recurso para ter sua vida salva.

Ademais, o critério randomizado tende a angariar a aprovação de todos. Utilizando novamente a situação hipotética de Rawls (2008), se todos estivessem cobertos pelo véu da ignorância,[110] desconhecendo sua posição na sociedade (habilidades, posses, valor social, etc.), certamente o aceitariam para os propósitos em questão, porque teriam a tranquilidade de que não seriam privados de nada essencial. Ainda que outros critérios possam ser mais benéficos para a sociedade (como o critério do valor social), não aproveitariam a todos em iguais condições. Na verdade, com a aplicação do critério do valor social, os menos favorecidos em uma sociedade não teriam apenas negado o seu acesso ao recurso escasso capaz de salvar sua vida, como também não usufruiria o benefício que o critério poderia lograr, já que morreria.

Em adição às várias questões envolvendo a justiça e a vida, dois outros fundamentos para o critério randomizado podem ser anotados. O primeiro diz respeito à relação médico-paciente, de cuja qualidade depende significativamente o sucesso de um tratamento. O critério randomizado favorece a confiança que deve presidir esta relação, visto que o paciente não terá receio de apresentar qualquer informação ao profissional que cuidar dele, porquanto não haverá o risco de que ela seja utilizada para diminuir suas chances de acesso a um recurso

---

[110] O véu da ignorância foi equiparado aos princípios da universalidade ou da prescritividade, constante das regras da fundamentação de Alexy (2005).

escasso. Por fim, o critério randomizado também favorece a estabilidade e a cooperação social, já que traria à tona a percepção de que a vida de todos é fundamentalmente igual, afastando, assim, qualquer eventual intento de competição e disputa. A defesa deste critério não objetiva sustentar a sua perfeição, mas propõe que ele seja a melhor alternativa disponível para a consagração dos direitos humanos e a proteção da igualdade.

Alguns objetores afirmam que este critério não oferece às pessoas desfavorecidas ou vítimas de injustiças sociais passadas a consideração necessária, pois não lhes dispensaria o tratamento diferenciado que o princípio da igualdade material exigiria, de acordo, também, com a concepção de Rawls (2008). Entretanto, o critério de seleção de pacientes não tem a responsabilidade de retificar todas as mazelas de uma sociedade. Ele pode ser considerado como irresponsável, arbitrário, irracional e desumano, mas ser desprovido de mensurações e cálculos é o seu maior mérito, representando, para muitos, o melhor caminho disponível para afirmar o valor intrínseco da pessoa humana e a igualdade.

Os partidários do já descartado critério do valor social apresentam, também, como contra-argumento ao critério randomizado a constatação de que ele fica à margem de muitos benefícios sociais. Segundo eles, com o seu emprego, por exemplo, um criminoso pode ser selecionado em detrimento de uma pessoa que haja contribuído muito positivamente para a sociedade; similarmente, pacientes com boa condição de recuperação podem não ser selecionados, enquanto o agraciado talvez não tenha grande potencial de reabilitação.

Para negligenciar tais apelos, deve-se pautar em concepções de equidade e direitos humanos; porém estes ensejam uma consideração em vários aspectos. O direito de viver também pode ser interpretado como o direito a uma vida com qualidade; lado outro, à noção de equidade igualmente cabe contemplar a noção de mérito de cada um, quando poderiam ser considerados aspectos de importância para a sociedade e responsabilidade pela doença.

Aduz-se, ainda, que o critério não respeita a individualidade do ser humano, reduzindo-o ao nível de coisas controladas por um destino cego, preterindo, neste aspecto, a sua dignidade. A sua arbitrariedade deixaria as vítimas sem ajuda e despersonalizadas e constituiria, dessa maneira, uma espécie de ameaça à compaixão humana.

Ao lado do critério randomizado do sorteio existe, ainda, o cronológico, muito usado, por exemplo, nas filas de hospital. À medida que os pacientes se apresentam, são considerados perante os recursos disponíveis; caso precisem de recursos que estão sendo utilizados, devem esperar ou buscá-los em outro local. Poderão, entretanto, ter uma expectativa razoável de que, caso optem por esperar, serão tratados antes de outros pacientes que chegarem após. A espera seria o preço devido para merecer a prioridade. Os que chegam após simplesmente aceitam que serão vítimas de um evento natural; portanto, acatarão como uma fatalidade do destino se adoecerem antes da descoberta da cura de sua enfermidade. Ainda na esfera da Medicina, as pessoas estão acostumadas a esperar em filas e aceitam que aqueles que estejam esperando há mais tempo tenham prioritário acesso aos bens desejados.

Alguns questionam, entretanto, o real significado ético de um possível instante de diferença entre a chegada de dois pacientes, que poderá significar, para um, a vida e, para outro, a morte. É pertinente opor a este argumento, porém, a possibilidade de outras espécies de discernimento serem utilizadas para implementar o critério randomizado, como a probabilidade de cura, etc., que não indicam, por si só, nenhum mérito pessoal do beneficiado. Foi a opção engendrada pela Portaria GM nº 2.600 (BRASIL, 2009), que manteve as disposições da Portaria nº 931 (2006), anteriormente responsável por tratar da matéria em análise. O novo diploma regulador estabelece o transplante de Células-Tronco Hematopoéticas, combinando, com o randomizado cronológico, os critérios da urgência e da curabilidade (critério do benefício médico), que devem ser ponderados mediante aferição de seu peso, determinado por tabela própria constante da portaria.

O critério cronológico também é alvo de questionamentos em virtude da dificuldade de locomoção de alguns pacientes, que pode ser agravada por diferença na distribuição de renda, permitindo que uns residam mais próximos aos centros de tratamento que outros; que uns possuam veículo próprio e outros dependam de transporte coletivo; que uns tenham melhores informações que outros, etc. Assim, o critério cronológico permitiria uma influência da situação econômica do paciente no seu acesso ao tratamento de saúde.

Outra possível falha sua consiste na ingerência, positiva ou não, que o médico pode ter sobre ele, mediante condutas excessivamente zelosas de inserção do nome de determinado doente na fila de espera por órgãos para transplante antes que de fato dependa dele ou mediante comportamento negligente de não fazê-lo assim que a necessidade for possível de ser constatada. Esta questão suscita ainda outros problemas na operacionalização do critério, como a definição do momento a ser considerado para o início da formação da fila: o momento da primeira consulta de um paciente, a qualquer médico, decorrente do problema de saúde que demanda o recurso escasso; ou o primeiro instante em que foi apontado como carecedor do bem em questão; ou ainda o momento da inscrição do paciente na fila de espera?

Outra dificuldade ainda assola o critério cronológico: como ele sempre seleciona o paciente que se encontra esperando por mais tempo, existe uma tendência de que este seja também o mais doente, de forma que o recurso a ser empregado nele pode produzir poucos resultados positivos ou ser completamente perdido. Por estas razões, muitos afirmam que o critério randomizado do sorteio apresenta melhores predicados para a alocação de recursos escassos que o cronológico.

Não obstante, as sociedades ocidentais, em virtude de suas perspectivas racionais e religiosas, têm uma forte inclinação pelo emprego do critério randomizado em homenagem aos bens básicos que ele homenageia: valorização incondicional da vida humana e equidade.

3.4.1.10 O critério da capacidade de pagar

Muitos não são capazes de pagar pelos tratamentos de saúde de que eles próprios ou seus dependentes precisam. O critério da capacidade de pagar pode ser usado de forma a priorizar os pobres, para que a sociedade não tenha o ônus assistencial em relação à sua família, mas, frequentemente, é utilizado para excluí-los. No Brasil, milhões de pessoas não têm plano de saúde nem condições financeiras de custear muitos dos recursos necessários para salvar suas vidas, o que resulta num quadro lamentável e já conhecido: os pobres não têm acesso a todos os tratamentos médicos e remédios dos quais necessitam e possuem, em virtude disso, menor expectativa de vida.[111] A capacidade de pagar é correspondente ao critério de Perelman (2005) "a cada um segundo sua posição" e pode ser considerada como uma "fórmula aristocrática de justiça, lamentavelmente aplicada no Brasil em relação à saúde (serviço público e privado) e educação (escola pública e privada)" (LEIVAS, 2006, p. 14).

Segundo Kilner (1990, p. 175), também nos Estados Unidos da América "os tratamentos de saúde nunca foram disponíveis a todos

---

[111] A expectativa média de vida do brasileiro atingiu a marca de 71,9 anos, de acordo com a pesquisa Tábua de Vida 2005 do IBGE (Instituto Brasileiro de Geografia e Estatística). A comparação da expectativa de vida entre os Estados revela as desigualdades e contrastes regionais do país. Enquanto o Nordeste, região mais pobre, figura no ranking com a pior média (69 anos), a região Sul, mais rica, tem a maior expectativa de vida, de 74,2 anos.

independentemente de sua capacidade de pagar".¹¹² Afirma o autor que, no início do tratamento da hemodiálise, o critério da capacidade de pagar foi utilizado, assim como para a seleção dos beneficiários de rins para transplante, leitos de unidade de tratamento intensivo, coração artificial, etc. Alguns hospitais cortaram a possibilidade de cirurgiões cardíacos que admitiram para tratamento pacientes sem o adequado plano de saúde operarem em seus recintos. Também os tratamentos de emergência costumam ser negados aos pobres, havendo relatos documentados, neste sentido, em vários Estados, como no Texas, Nova Iorque, Tennessee e na Califórnia. A recusa ocorre, assim como no Brasil, até mesmo em situações em que a vida do paciente encontra-se em risco e em casos de transferência de outros hospitais que não tinham os recursos suficientes para seu tratamento (KILNER, 1990, p. 176).

A situação internacional acompanha a mesma realidade. Os pacientes providos de condições financeiras que lhes permitem custear seu tratamento têm nítida prioridade em relação aos que não as possuem. Quando o tratamento necessário não se encontra disponível no país em que o paciente reside, as pessoas que dispõem de adequadas condições financeiras viajam até os países onde os recursos se encontram e são tratados com prioridade em relação a outros que estão esperando há mais tempo.

O critério da capacidade de pagar é usualmente empregado para selecionar os pacientes que irão custear sua terapia, mas aparece em outros momentos também, como para selecionar pacientes que têm condições de transporte até o centro de tratamento e os que poderão custear os medicamentos necessários após alguma intervenção clínica. Kilner (1990, p. 177) afirma existirem indícios até mesmo do comércio de órgãos nos Estados Unidos, Alemanha, Índia e no Brasil, ainda que proibido.

Outro instrumento que denota a capacidade financeira do paciente, utilizado para obter o acesso aos órgãos de que precisam, é a pressão junto a políticos ou o custeio de campanhas na mídia que sensibilizam doadores em prol de beneficiários direcionados, em prejuízo de outros pacientes que já aguardavam na fila e que podem ter estado de doença ainda mais sério ou urgente, ou, ainda, que apresentem melhores condições de lograr êxito no tratamento. Por isso, as campanhas

---

[112] No original: "In the United States, for example, health care has never been available to meet every need irrespective of one's ability to pay" (KILNER, 1990, p. 175).

publicitárias particulares em prol da doação de órgãos ou de aportes financeiros para a realização de transplantes também são vedadas.[113]

Algumas razões fundamentam o critério da capacidade de pagar. Uns alegam que as pessoas com melhores condições financeiras tendem a ser mais úteis para a sociedade no futuro, enquanto os pobres, ao revés, certamente, onerarão o sistema de seguridade social. Outros, ainda, afirmam que o critério da capacidade de pagar é justo porque, se todas as vidas possuem, de fato, o mesmo valor, alguma distinção deve ser feita entre elas para a alocação de recursos escassos. Porém o argumento mais utilizado para defendê-lo é a liberdade, já os recursos serão comprados por pacientes que, de fato, desejem-no. Este sistema deixa as pessoas livres para estabelecer suas prioridades, de forma que possam empenhar seus recursos financeiros em sua saúde ou no que mais preferirem. Alguns, ainda, valem-se do argumento pragmático de que o tratamento de saúde possui um custo que precisa ser bancado para que continue disponível.

As especulações persistem em relação à fundamentação do critério. Muitos afirmam que é desnecessário e infrutífero investir um recurso escasso (por exemplo, um órgão para transplante) em um paciente que não terá condições financeiras futuras de custear o restante do tratamento para que ele tenha, de fato, êxito. Outros, ainda, consignam que os pacientes mais pobres, geralmente, têm a saúde mais debilitada e exigirão mais recursos para serem tratados, o que justificaria sua preterição com fulcro no critério dos recursos requeridos. Talvez a maior vantagem do critério seja, entretanto, a de evitar que as tormentosas decisões alocativas tenham que ser tomadas.

Sobejam, entretanto, contrarrazões aos argumentos articulados, e é constatado, na maioria dos países do mundo, a assunção da

---

[113] No Brasil, a compra ou venda de órgãos para transplante ou a utilização, para esta finalidade, de órgãos comercializados, bem como o uso da mídia para a formulação de apelo público em prol da doação de órgão ou de recursos para o financiamento de transplante são situações tipificadas como crime pela Lei nº 9.434, de 04 de fevereiro de 1997: "Art. 11. É proibida a veiculação, através de qualquer meio de comunicação social de anúncio que configure: [...] b) apelo público no sentido da doação de tecido, órgão ou parte do corpo humano para pessoa determinada identificada ou não, ressalvado o disposto no parágrafo único; c) apelo público para a arrecadação de fundos para o financiamento de transplante ou enxerto em benefício de particulares. [...] Art. 15. Comprar ou vender tecidos, órgãos ou partes do corpo humano: Pena – reclusão, de três a oito anos, e multa, de 200 a 360 dias-multa. Parágrafo único. Incorre na mesma pena quem promove, intermedeia, facilita ou aufere qualquer vantagem com a transação. Art. 16. Realizar transplante ou enxerto utilizando tecidos, órgãos ou partes do corpo humano de que se tem ciência terem sido obtidos em desacordo com os dispositivos desta Lei: Pena – reclusão, de um a seis anos, e multa, de 150 a 300 dias-multa".

responsabilidade financeira dos tratamentos de saúde pelo Estado com o escopo de afastar a incidência do critério da capacidade de pagar. A literatura também demonstra forte repúdio a este critério quando se apresenta em risco a vida humana.

A assertiva de que os pacientes com maior capacidade de pagar tenham superior utilidade social é facilmente contrariada, assim como a noção de que aqueles que podem custear seu tratamento de saúde desejam mais fortemente viver que aqueles que não podem fazê-lo ou de que o critério atende a um predicado de justiça por ser uma espécie do critério randomizado. De fato, existem muitas outras formas para que ele seja aplicado que se baseiam em questões não suscetíveis de manipulação pelo homem. Sobretudo, a incapacidade de pagar de muitos já é, por si só, fruto da injustiça social ou da exploração por outros, típica da sociedade capitalista, sendo marcantemente censurável destacar esta injustiça no momento extremo da decisão entre a vida e a morte das pessoas. Assim, o critério é diametralmente avesso à proposta de justiça distributiva de Rawls (2008), que preconiza a distribuição de bens na sociedade de forma a contemplar os desfavorecidos e permitir sua mobilidade social, superando as desigualdades arbitrárias. De fato, o critério propõe o oposto, ou seja, o privilégio dos mais abastados, uma vez que, ao negar a alguém o acesso a um bem vital em virtude de sua incapacidade financeira, não se procede ao exame de sua responsabilidade ou não por suas precárias condições econômicas e se retira dela a própria vida, pressuposto para a superação das condições de desigualdade.

Ademais, no que respeita à suposição de que o critério protege a liberdade de escolha das pessoas, verifica-se sua procedência apenas em relação àqueles com alguma capacidade financeira; os demais, que não têm, de fato, recursos econômicos, não apresentam o pressuposto necessário para que possam vir a decidir em que empenhar sua riqueza. Ao revés, considerando o elevado custo de muitos tratamentos de saúde, apenas a liberdade de alguns (muito poucos, no caso do Brasil, que apresenta significativas distorções na distribuição de renda) estaria sendo, de fato, protegida. Além disso, a liberdade de decisão não impinge qualquer proveito a uma pessoa morta em virtude de ter sido preterida pela aplicação do critério.

Outros motivos se acrescem para a sua completa hostilidade. As pessoas ficam muito enfraquecidas emocionalmente quando acometidas de enfermidades ou outras situações que coloquem sua vida em risco, o que as torna muito vulneráveis à exploração.

O critério da capacidade de pagar torna-se ainda mais odioso diante das situações de urgência ou emergência, quando as questões financeiras sobrepõem-se determinantemente à vida humana, negligenciando seu valor intrínseco e impassível de mensuração econômica.

Acrescente-se, ainda, que muitos tratamentos de saúde são desenvolvidos e/ou disponibilizados com a contribuição dos carentes, que pagam, ao menos – quando isentos de outros – os tributos indiretos.

Não se argumente que a ausência de condições financeiras para custear o restante do tratamento deve ensejar sua negação a alguns. De fato, outras medidas devem ser tomadas de forma a disponibilizar tudo o que for necessário para o sucesso do tratamento daqueles que forem despojados das condições de pagar por ele, como a viabilização de transporte e medicamentos.

Em virtude dessas ponderações, um grande consenso parece ter surgido no sentido de se evitar, o máximo possível, o uso do critério da capacidade de pagar. A única maneira de implementá-lo de fato, então, é através da assunção, pelo Estado, da responsabilidade de oferecer os recursos para os tratamentos de saúde necessários, para que possa disponibilizá-los a todos que carecem dele, mediante verdadeiras condições de igualdade, fazendo-se imprescindível, para tanto, a alocação de recursos orçamentários num nível elevado. Cada sociedade é livre para decidir acerca de suas prioridades e para destinar a elas os recursos necessários; espera-se, portanto, que estas prioridades sejam referentes à pessoa humana.

Uma forma de proceder à defesa dessa prioridade, sem incorrer nos perigos e iniquidades que acompanham o comércio mercadológico da vida, é pelo desenvolvimento de recursos capazes de salvar a vida de todos. Logo que uma tecnologia é criada, seus custos devem ser projetados para se analisar se a nação pode custeá-lo para todos que precisarem. Dessa forma, a decisão de negar o tratamento por razões de insuficiência financeira para alguém que custeou seu desenvolvimento poderá ser evitada. Alternativamente, devem ser criados tributos que visem a custear a disponibilidade dos novos recursos para torná-los acessíveis a todos que precisarem deles.

Alguns ainda insistem em que, se recursos tiverem que ser ocultados enquanto não puderem ser custeados para todos, estar-se-á privando alguns (os que puderem pagar por eles) sem privilegiar ninguém. Cedendo a este argumento, a Constituição de 1988 permite a convivência dos sistemas público e privado de prestação do serviço de saúde. A fim de impedir, entretanto, uma distorção dessa justificativa, deve-se atentar para que não seja possível, de fato, que o recurso se coloque à disposição do público sem o repúdio a esse critério e que não haja outra forma de se proteger a vida ou de se garantir condições mínimas de dignidade ao paciente sem o uso do recurso tecnológico de alto custo.

Ou seja, essas ponderações corroboram a tese aqui sustentada de que toda *demanda de saúde de primeira necessidade* deve ser garantida ao indivíduo pelo Estado, quando existente no mercado dos serviços de saúde e, portanto, estiver disponível para quem puder pagar. Deveras, se todos têm direito à vida e à dignidade, e se tais valores correspondem aos bens jurídicos de maior valor no ordenamento, não se pode negar a sua preservação por questões financeiras.

Esta, inclusive, a concepção adotada pelo Tribunal de Justiça do Estado de São Paulo, proferida quando da apreciação da Apelação Cível de nº 784.093-5/0-00, originária da Comarca de Osasco. Nesta oportunidade, o tribunal consignou que "[...] porque a vida e a saúde têm precedência sobre todos os demais bens juridicamente tutelados, não podendo ser colocados em perigo pela falta de condição econômica para custear o tratamento, cabe ao Estado a responsabilidade de supri-lo" (SÃO PAULO, 2008).

Poder-se-ia argumentar, todavia, que todos também têm igual direito às *demandas de saúde de segunda necessidade*, que, portanto, igualmente deveriam ser oferecidas pelo Estado a todos que delas precisarem, desde que disponíveis no setor privado para quem puder pagar. Opõe-se a esse forte argumento, entretanto, a faticidade da limitação de recursos financeiros do Estado, que impõe inafastáveis juízos de prioridade em relação aos diversos direitos a serem custeados por eles.

Lado outro, a escassez pode dizer respeito não apenas a recursos que demandam aportes financeiros, mas pode também aludir a bens limitados por natureza. Os cirurgiões que fazem transplante de determinados órgãos artificiais podem ser poucos, assim como determinadas drogas recentemente descobertas ou os próprios órgãos humanos para transplante. Nessas condições, não se fará justo permitir que a decisão sobre quem terá acesso ao recurso escasso se dê com fulcro no critério da capacidade de pagar.

Pode ser, entretanto, que algum recurso sujeito à escassez severa, como um órgão humano, venha a ser designado para um determinado receptor não em virtude da sua capacidade de pagar, mas em razão de algum vínculo de parentesco, o que é muito frequente no caso de doadores vivos, quando este vínculo, na maioria das vezes, é o verdadeiro motivo da doação. Sob estas circunstâncias, permite-se a determinação do receptor, já que, certamente, se ele não puder ser o beneficiário da doação, ela não será feita e nenhum outro paciente será congratulado. Esta é a opção da Lei nº 9.434 (BRASIL, 2007b), que permite a doação de um dos órgãos duplos de pessoa viva, sem prejuízo de sua saúde, para cônjuge ou parente consanguíneo até o quarto grau. Para melhor proteger o potencial doador contra coações, a lei brasileira ainda exige que a doação para outros fora das indicadas situações seja autorizada em juízo.

3.4.1.11 Recursos experimentais e o critério do progresso científico

Outras considerações devem ser feitas quando o recurso em vista é experimental, ou seja, quando ainda não estiver provado seu valor terapêutico. Nestas circunstâncias, existe mais a ser decidido do que apenas quem receberá o tratamento, porque ainda não estará claro, neste momento, se ele será capaz, de fato, de salvar uma vida. Então, existe a necessidade de verificar a sua eficiência e possíveis complicações o máximo possível, para, após, ser determinado o grupo que, de fato, poderá beneficiar-se dele. Assim, o critério do benefício médico necessariamente deve ser aplicado diante de circunstâncias deste jaez. Poderá, outrossim, ser aplicado, logo após, um critério randomizado sobre o grupo de possíveis beneficiários previamente determinado.

Algumas razões motivam a necessidade de se priorizar o grupo dos melhores potenciais-beneficiários do tratamento experimental, como a necessidade de se provar sua real efetividade o mais rápido possível, de sorte que ele possa angariar mais investimentos. Ademais, como o risco de efeitos colaterais é muito grande em tratamentos experimentais, exige-se uma maior probabilidade de benefícios para justificar a exposição a ele.

Uma dificuldade pragmática que pode surgir diante desta questão é a demarcação das fases em que um recurso é considerado experimental ou não. Kilner (1990, p. 212) afirma existirem relatos de um tratamento já ser propriamente terapêutico e ainda estar manipulado como experimental pelos comitês de seleção de pacientes. Outrossim, afirma o autor que nefrologistas suíços demoraram a afirmar a efetividade do tratamento da hemodiálise com receio de que os pacientes tivessem que retornar ao trabalho.

As vantagens do critério do benefício médico podem ser aqui aludidas, como a possibilidade de mais pessoas virem a ser salvas e a qualidade de vida de um número maior de pessoas ser incrementada.

Alguns, porém, opõem a este critério o argumento de que fatores suspeitos de reduzirem a eficácia do tratamento poderão ser descartados como tais no curso do experimento, de forma que vidas deixem indevidamente de ser salvas em virtude desse equívoco inicial. Sustentam, com isso, que seria mais válido arriscar eventual erro e oferecer chances iguais de disputa a um recurso escasso que incrementar a possibilidade de avanço científico. Esta crítica, entretanto, é fortemente rechaçada em virtude dos benefícios que a priorização de pacientes com melhores chances de êxito no tratamento pode ocasionar para a humanidade.

Também tem guarida, em relação aos tratamentos experimentais, o critério da morte iminente. Muitos defendem a priorização dos mais gravemente enfermos, embasando-se na concepção de que eles sequer devem ser protegidos dos riscos do experimento porque não teriam o que perder. A resposta a esta ponderação, entretanto, afasta seu pressuposto. Ainda que o paciente venha a falecer por outras razões, não estaria suficientemente justificada a sua exposição a um grande risco num tratamento experimental que pode vir a agravar suas condições de saúde.

Importa, ainda, aludir a considerações sobre as condições psicológicas de um paciente e sua disposição para um tratamento experimental. Ainda que um paciente apresente características psicológicas que reduzam a qualidade dos benefícios, é mais indicada a correção desses problemas do que privá-lo de um recurso capaz de salvar sua vida. O critério do valor social apresenta, em relação aos tratamentos experimentais, os mesmos problemas constatados em circunstâncias típicas e assim como o critério da capacidade de pagar (que se torna irrelevante, quando existem fundos para financiar o tratamento), deve ser refutado.

Por isso, alguns sugerem que os tratamentos experimentais ensejam um novo critério – o do progresso científico. As condições de saúde dos pacientes variam significativamente, fazendo que eles não sejam todos interessantes, em iguais proporções, sob a perspectiva científica. O tratamento de um paciente pode não oferecer tantas informações acerca da eficácia do recurso experimental em virtude de outras complicações de saúde, enquanto o tratamento de outro pode revelar importantes dados para a ciência. O critério do progresso científico, então, favoreceria o segundo deles.

Kilner (1990, p. 217) consigna que este critério já foi advogado por muitos, mas que ainda não existem registros de seu emprego. Aparentemente, ele teria sido empregado nos Estados Unidos da

América no início dos estudos sobre a hemodiálise. De qualquer forma, a ele resistiram muitos que o equipararam ao critério do valor social, atraindo, então, todas as fragilidades que levaram ao seu repúdio.

O critério do progresso científico é bem aceito sob o ponto de vista pragmático e utilitarista. Desde que o número de vidas a serem salvas com ou sem a sua aplicação coincida ao selecionar pacientes que possam contribuir melhor para as investigações científicas, este critério ofereceria um bônus. Também do ponto de vista moral, o critério pode lograr aprovação em mais de um aspecto, já que ele viabilizaria muitos benefícios para a humanidade e, assim, promoveria o salvamento futuro de numerosas outras vidas.

De qualquer forma, suas debilidades são relevantes. Sob o enfoque pragmático, é difícil afirmar quais pacientes podem oferecer informações mais valiosas para a ciência; em virtude da natureza empírica da Medicina, é raramente possível predizer, com acuidade, a probabilidade do maior benefício a ser obtido com a seleção de um paciente em detrimento de outro.

A validade do critério do progresso científico seria maior caso o avanço da ciência não pudesse ser obtido de nenhuma outra maneira, o que, entretanto, não é o caso. É possível proceder a uma seleção que permita bons resultados sem a necessidade de emprego desse critério, como quando for de fato necessário um grupo mais controlado, um esforço cooperativo centralizado, mediante o uso de procedimentos padronizados, ou mediante o direcionamento de todos os pacientes para o mesmo centro de tratamento. As alternativas demonstram, assim, que o emprego do critério do progresso científico não é necessário para o alcance dos fins almejados, de forma que a restrição que ele ocasiona ao direito à vida de muitos pacientes não é proporcional, por vilipêndio ao segundo subprincípio integrante da proporcionalidade.

Essa concepção justifica, outrossim, o entendimento sufragado na Portaria GM nº 263, em que ficou estabelecido que "a utilização de tecidos, órgãos ou partes do corpo humano para fins científicos somente será permitida depois de esgotadas as possibilidades de sua utilização em transplantes" (BRASIL, 1999). Foi priorizado, como se vê, o atendimento ético de pacientes que carecem do recurso de maneira imediata, resguardando a possibilidade de o progresso científico ser logrado sem exigir o perecimento de vida de muitos para tanto.

Padece este critério, dos mesmos vícios do critério do valor social, do qual ele é apenas uma subespécie. As dificuldades, especialmente relacionadas com questões pragmáticas, são muito persuasivas, impedindo um consenso em torno dele. Apenas circunstâncias muito excepcionais poderão justificar o seu emprego, caso não sejam de fato resolvidas pela aplicação do critério dos recursos requeridos ou das responsabilidades especiais.

Registre-se, outrossim, que, no que tange a tratamentos experimentais, é eticamente aceitável, dentro de certos limites, que um paciente possa ser preterido em detrimento de outro, caso os riscos de dano para a sua saúde sejam muito grandes. Ademais, a sujeição a este risco apenas deve ocorrer mediante o consentimento do paciente. Azevedo (2005, p. 87), porém, considera que é preferível para um paciente "apostar ganhar o máximo de algo não comprovado a não apostar e ficar com a certeza de que não ganhará nada". Posicionamento semelhante é o de Espírito Santo (2018, p.88), que sustenta que, diante da falta de alternativas, quando o indivíduo não possui alternativas para salvar sua vida, senão aquelas ainda não testadas e aprovadas, atrai-se a discussão relativa à igualdade de oportunidades dos indivíduos ao acesso aos meios aludidos. Assim, de acordo com a autora, embora o Estado não esteja obrigado a custear todo e qualquer tratamento, é seu dever a preservação da vida humana, o que, diante da ausência de outros recursos e do expresso desejo do indivíduo em submeter-se ao tratamento experimental, torna inafastável o dever do Poder Público de viabilizá-lo não por uma exigência do direito à saúde, mas do direito à autonomia. De fato, se não existem provas de eficácia do tratamento, ele não satisfaz à primeira submáxima da proporcionalidade, qual seja, a adequação, no que diz respeito ao direito à saúde (ESPÍRITO SANTO, 2018, 87). A discussão relativa ao acesso a tratamentos experimentais requer análise minudente de alguns dos principais elementos nela envolvidos. Assim, deve-se registrar, primeiramente, a diferença entre tratamentos considerados novos ainda não registrados pela ANVISA e tratamentos experimentais.

São considerados como novos os tratamentos e, em especial, os medicamentos, produzidos em outros países, que ainda não obtiveram o devido registro perante a agência de vigilância sanitária para comercialização no Brasil. Esses medicamentos, de acordo com a previsão da Portaria nº 344 (BRASIL, 2017), têm a sua importação autorizada para consumo próprio, devendo proceder-se à verificação de quais substâncias componentes dos medicamentos são autorizadas.

No tocante a esses tratamentos de saúde, são suscitadas controvérsias relativas à igualdade de acesso a tais tratamentos, na medida em que a importação de fármacos, geralmente de custo elevado, tem seu acesso limitado àqueles que podem custear a sua importação, enquanto os indivíduos que apenas possuem como recurso a cobertura do Sistema Único de Saúde não podem usufruir das referidas prestações de saúde. A provocação judicial para que os entes públicos garantam tais tratamentos torna-se, nesse contexto, o único meio disponível para os indivíduos que não possuem condições financeiras.

Objetivando estabelecer parâmetros para a apreciação da matéria, o Enunciado nº 6 da III Jornada da Saúde promovida pelo Conselho Nacional de Justiça recomenda a limitação da concessão de fármacos não registrados na ANVISA pela via judicial:

> A determinação judicial de fornecimento de fármacos deve evitar os medicamentos ainda não registrados na Anvisa ou em fase experimental, ressalvadas as exceções expressamente previstas em lei (STJ – Recurso Especial Resp. nº 1.657.156, Relatoria do Ministro Benedito Gonçalves – 1ª Seção Cível – julgamento repetitivo dia 25.04.2018 – Tema 106). (BRASIL, 2019c)

O entendimento anterior se mostra adequado, porém incompleto. Embora seja razoável, em regra, limitar o acesso aos tratamentos de saúde não disponibilizados pela rede pública de saúde, haja vista a potencial violação da igualdade, valor consagrado pelo ordenamento jurídico aplicável às políticas públicas no âmbito do Sistema Único de Saúde, quando são ameaçados a vida e os recursos necessários à fruição de condições mínimas de dignidade, a regra definidora do direito fundamental à saúde impede que juízos contrários à concessão dos tratamentos solicitados, salvo comprovada insuficiência de recursos, logrem êxito.

A partir do enunciado acima, deve-se distinguir os medicamentos ainda não registrados pela ANVISA daqueles em fase experimental. Enquanto os primeiros já foram aprovados em todas as etapas de pesquisa e desenvolvimento, sendo comercializados em outros países, os segundos ainda não tiveram concluídas as etapas de pesquisas e de testes. No tocante aos medicamentos não registrados, também considerados como medicamentos novos, a possibilidade de provisão judicial dos pedidos dos pacientes torna-se necessária sob a perspectiva do princípio da igualdade. Caso a vedação prevista no enunciado acima fosse interpretada de maneira absoluta, graves consequências seriam verificáveis aos pacientes, conduzindo, até mesmo, a resultados fatais.

Alguns critérios são utilizados pelos tribunais para contornar a vedação à concessão de tratamentos não registrados perante a ANVISA. Na Suspensão de Liminar em Agravo Regimental nº 558 (BRASIL, 2017), o tratamento de hemoglobinúria paroxística noturna com medicamento importado dos Estados Unidos foi garantido em razão do fato de que o fármaco tem sua comercialização legalizada naquele país, havendo comprovação de experiências positivas decorrentes da sua utilização. Como fundamento central da argumentação desenvolvida na decisão, a Ministra Cármen Lúcia, relatora do acórdão, assinalou que a concessão do tratamento se revela viável haja vista serem as alternativas disponibilizadas pela rede pública de saúde extremamente invasivas, a exemplo da exigência de constantes transfusões de sangue para a conservação do estado de saúde da paciente. Considerou, ainda, na decisão o risco de piora no estado de saúde caso não fosse concedido o tratamento, o que potencializaria o surgimento de "outras enfermidades, como anemia, trombose, insuficiência renal crônica, hipertensão pulmonar, insuficiência hepática e AVC – acidente vascular cerebral" (BRASIL, 2017). Como se torna evidente, a avaliação dos valores em jogo no caso narrado atende aos requisitos impostos pela máxima da proporcionalidade. Não se tratando de medicamento puramente experimental, mas de fármaco cuja eficácia é atestada em outros países, tem-se por satisfeita a submáxima da adequação. A necessidade, por sua vez, é verificada pelo desproporcionado nível de lesividade à dignidade da paciente, caso tenha de se submeter às demais alternativas oferecidas pela rede pública. Por fim, a proporcionalidade em sentido estrito tem como fundamento o maior valor conferido à vida e à dignidade ante possíveis argumentos relativos à higidez financeira. Sob a perspectiva da igualdade, que prima pelo caráter excepcional da concessão de tratamentos excedentes das listas oficiais, o Enunciado nº 12 da III Jornada de Direito à Saúde promovida pelo Conselho Nacional de Justiça requer a indicação, na apreciação judicial, da ineficácia dos tratamentos disponibilizados pela rede pública, a demonstração, por laudo médico, de que as referidas opções disponibilizadas pelo SUS não são adequadas à condição de saúde do paciente. Eis a redação do referido enunciado:

> A inefetividade do tratamento oferecido pelo Sistema Único de Saúde – SUS, no caso concreto, deve ser demonstrada por relatório médico que a indique e descreva as normas éticas, sanitárias, farmacológicas (princípio ativo segundo a Denominação Comum Brasileira) e que estabeleça o diagnóstico da doença (Classificação Internacional de Doenças), indicando o tratamento eficaz, periodicidade, medicamentos, doses e fazendo referência ainda sobre a situação do registro ou uso autorizado na Agência Nacional de Vigilância Sanitária – Anvisa,

fundamentando a necessidade do tratamento com base em medicina de evidências. (BRASIL, 2019)

Em outra oportunidade, o Enunciado nº 75 da III Jornada de Direito à Saúde (BRASIL, 2019) apresenta critérios adicionais para a concessão individualizada de tratamentos de saúde que excedam as políticas públicas do SUS, estando de acordo com o posicionamento do Superior Tribunal de Justiça:

> Nas ações individuais que buscam o fornecimento de medicamentos não incorporados em atos normativos do Sistema Único de Saúde – SUS, sob pena de indeferimento do pedido, devem ser observados cumulativamente os requisitos estabelecidos pelo STJ, no julgamento do RESP n. 1.657.156, e, ainda, os seguintes critérios: I) o laudo médico que ateste a imprescindibilidade do medicamento postulado poderá ser infirmado através da apresentação de notas técnicas, pareceres ou outros documentos congêneres e da produção de prova pericial; II) a impossibilidade de fornecimento de medicamento para uso *off label* ou experimental, salvo se houver autorização da ANVISA; III) os pressupostos previstos neste enunciado se aplicam a quaisquer pedidos de tratamentos de saúde não previstos em políticas públicas. (BRASIL, 2019)

Primeiramente, devem ser destacados os critérios suscitados no Recurso Especial nº 1.657.156 (BRASIL, 2018) mencionado acima. Destarte, em decisão em regime de recursos repetitivos, o Superior Tribunal de Justiça fixou os seguintes parâmetros para a concessão dos tratamentos de saúde solicitados:

> (i) Comprovação, por meio de laudo médico fundamentado e circunstanciado expedido por médico que assiste o paciente, da imprescindibilidade ou necessidade do medicamento, assim como da ineficácia, para o tratamento da moléstia, dos fármacos fornecidos pelo SUS; (ii) incapacidade financeira de arcar com o custo do medicamento prescrito; (iii) existência de registro na ANVISA do medicamento. (BRASIL, 2018)

O primeiro critério presente da decisão do Superior Tribunal de Justiça assemelha-se ao que já foi discutido relativamente à necessidade de comprovação de imprescindibilidade da prestação de saúde solicitada para a proteção da vida e da saúde do requerente.

O segundo, embora não traga disposição diretamente referente à proteção ao acesso a tratamentos experimentais, ressalta posicionamento acolhido também pelo Supremo Tribunal Federal. A garantia da universalidade do Sistema Único de Saúde, na medida em que configura princípio passível de restrição no caso concreto, tem na aferição da capacidade financeira do requerente uma forma de manutenção do equilíbrio financeiro do Estado e da sua capacidade de executar as políticas públicas de forma satisfatória. Nesse contexto, quando determinado sujeito tem condições de arcar com os custos de determinado tratamento de saúde sem que haja prejuízo à manutenção do mínimo existencial, isto é, das condições necessárias para o seu sustento e o de sua família de forma razoável, o que está atrelado à existência de recursos mínimos para a fruição dos demais direitos sociais, não deve o Poder Público ser obrigado a custear os referidos tratamentos não constantes nas listas oficiais.

O terceiro critério estabelecido acima se mostra desarrazoado, na medida em que indica vedação absoluta à concessão de tratamentos não registrados pela ANVISA. Conforme será indicado a seguir, além de não se compatibilizar com os indicadores consagrados em decisão recentemente proferida pelo Supremo Tribunal Federal, a proibição em comento inviabiliza indevidamente a tutela, pelo ordenamento jurídico, das *demandas de saúde de primeira necessidade*.

No tocante aos critérios especificamente determinados pelo Enunciado nº 75 (BRASIL, 2019), nota-se que o primeiro tem como objetivo especificar algumas das formas de comprovação da necessidade do medicamento requerido. Conforme vislumbrado anteriormente, na medida em que as prestações de saúde excedentes às políticas públicas suscitam a colisão entre os princípios consagrados no âmbito normativo, deve a parte comprovar, mediante a aplicação da máxima da proporcionalidade, que, além de adequado para o restabelecimento da sua condição de saúde ou para a preservação de sua vida, deve o tratamento ser necessário, ou seja, não deve haver outra opção disponível na rede pública de saúde que atenda, em níveis equivalentes ou semelhantes de eficácia e de custos, à carência do paciente. A proporcionalidade é aferida, por seu turno, mediante o confronto entre os valores a serem protegidos pelo ordenamento jurídico que, em se tratando de *demandas de saúde de primeira necessidade*, isto é, quando são afetadas a vida ou a dignidade de forma essencial, não há outra decisão possível senão aquela favorável à concessão do pleito. Enquanto isso, em se tratando de *demandas de saúde de segunda necessidade*, torna-se indispensável a aferição do nível de essencialidade da prestação aduzida, de modo que seja considerada a existência de maior margem de ação aos Poderes Executivo e Legislativo.

O segundo critério previsto anteriormente diz respeito ao fornecimento de medicamentos para uso *off label*, sendo estendida a vedação comumente atribuídas aos tratamentos experimentais. Deve-se frisar, primeiramente, que medicamento *off label* é aquele, segundo o inciso IV do artigo 3º da Resolução Normativa nº 424 (BRASIL, 2017) da Agência Nacional de Saúde, cuja indicação do profissional acompanhante do paciente é distinta do que está registrado na bula. Trata-se, portanto, de uso de medicamento não indicado nos protocolos oficiais constantes das políticas públicas de saúde. Em razão de suas semelhanças com os tratamentos experimentais, na medida em que não há propriamente aprovação para o uso do medicamento nos moldes indicados pelo profissional de saúde, remete-se o leitor à discussão suscitada ainda neste item.

Conforme indicado acima, o estabelecimento de parâmetros para a comprovação das medidas pleiteadas mostra-se adequado, visto que, por se tratar de prestações excedentes do conteúdo das políticas públicas a cargo dos Poderes Legislativo e Executivo, devem ser realizadas em caráter excepcional, atraindo, assim, maior ônus argumentativo. Ao encargo discursivo atrelado ao enunciado acima, caso não satisfatoriamente desempenhado, é atribuído, por consequência, o resultado negativo ao pleito do requente. Isso é o que sugere o Enunciado nº 14 da III Jornada de Direito à Saúde promovida pelo Conselho Nacional de Justiça:

> Não comprovada a ineficácia, inefetividade ou insegurança para o paciente dos medicamentos ou tratamentos fornecidos pela rede de saúde pública ou rol da Agência Nacional de Saúde Suplementar – ANS, deve ser indeferido o pedido (STJ – Recurso Especial Resp. nº 1.657.156, Relatoria do Ministro Benedito Gonçalves – 1ª Seção Cível – julgamento repetitivo dia 25.04.2018 – Tema 106. (BRASIL, 2019)

De forma complementar às recomendações acima, o Enunciado nº 13 da III Jornada de Direito à Saúde ressalta a importância do mister, por parte do magistrado, de ouvir os gestores públicos quando são requeridos medicamentos ao Poder Judiciário. É válida a transcrição do enunciado para a sua adequada compreensão:

> Nas ações de saúde que pleiteiam o fornecimento de medicamentos, produtos ou tratamentos, recomenda-se, sempre que possível, a prévia oitiva do gestor do Sistema Único de Saúde – SUS, com vistas a, inclusive, identificar solicitação prévia do requerente, alternativas terapêuticas

e competência do ente federado, quando aplicável (Saúde Pública e Suplementar). (BRASIL, 2019)

A garantia do contraditório, conforme indica o enunciado *supra*, é medida adequada para que o juiz avalie as condições existentes na rede pública de saúde para o atendimento do paciente, por meio da satisfação de suas necessidades com os tratamentos disponibilizados por meio das políticas públicas de saúde. A recomendação de observância de prévia oitiva, no entanto, não deve ser vista como critério impositivo, especialmente quando o requerente comprova, de antemão, por meio de laudo médico devidamente fundamentado, conforme indicado no já mencionado Enunciado nº 12, que a prestação de saúde fornecida pelo SUS é contraindicada para o caso específico, e se está diante de *demandas de saúde de primeira necessidade urgentes*.

Conforme vem se sustentando ao longo deste trabalho, diante de situações que ameaçam gravemente a sobrevivência e a preservação de condições mínimas de dignidade, os parâmetros probatórios para a concessão de tratamentos de saúde carecem de flexibilização, haja vista o risco de perecimento desses valores em razão do cumprimento de requisitos preponderantemente burocráticos. Diante de *demandas de saúde de segunda necessidade*, contudo, considerada a inexistência, em regra, de urgência para a efetivação das prestações solicitadas, torna-se recomendável a dilação probatória, o que permitirá ao juiz agregar mais informações ao processo de ponderação dos princípios colidentes.

Recentemente, a restrição à concessão de tratamentos de saúde não registrados perante a ANVISA foi objeto de apreciação no Recurso Extraordinário nº 657.718 (BRASIL, 2011). Em regime de repercussão geral, o Supremo Tribunal Federal fixou parâmetros para a concessão dos tratamentos, conforme extraído do excerto a seguir:

> 1. O Estado não pode ser obrigado a fornecer medicamentos experimentais. 2. A ausência de registro na ANVISA impede, como regra geral, o fornecimento de medicamento por decisão judicial. 3. É possível, excepcionalmente, a concessão judicial de medicamento sem registro sanitário, em caso de mora irrazoável da ANVISA em apreciar o pedido (prazo superior ao previsto na Lei nº 13.411/2016), quando preenchidos três requisitos: (i) a existência de pedido de registro do medicamento no Brasil (salvo no caso de medicamentos órfãos para doenças raras e ultrarraras);(ii) a existência de registro do medicamento em renomadas agências de regulação no exterior; e (iii) a inexistência de substituto terapêutico com registro no Brasil. 4. As ações que demandem fornecimento

de medicamentos sem registro na ANVISA deverão necessariamente ser propostas em face da União. (BRASIL, 2011)

Antes de se proceder à análise dos critérios determinados pela Corte Suprema no que tange à discussão dos tratamentos não registrados perante a agência sanitária, deve-se ressaltar que os argumentos atinentes aos tratamentos experimentais serão vistos logo a seguir.

Os parâmetros fixados pelo Supremo Tribunal Federal apresentam, em sua maioria, significativos obstáculos ao acesso aos tratamentos não contemplados pelas políticas públicas de saúde. O primeiro indicador, referente à verificação de demora na apreciação do tratamento pela ANVISA, não parece razoável, na medida em que restringe o direito de ação assegurado constitucionalmente. Conforme se sustenta neste trabalho, diante de *demandas de primeira necessidade* consideradas urgentes, em que há grave potencial de prejuízo à vida e à saúde dos requerentes, a imposição de entraves burocráticos aos direitos não se constitui como parâmetro decisório constitucionalmente legítimo. Notadamente quando não há alternativas eficazes disponíveis no âmbito da rede pública de saúde, a única via para se tentar salvaguardar o núcleo essencial do direito em tela é por meio da jurisdição.

O segundo requisito presente na decisão excepciona, na verdade, a exigência relatada anteriormente, em caso de doenças raras e ultrarraras. Tal posição revela-se acertada, visto que as doenças raras, por se constituírem, como regra, em enfermidades de natureza debilitante, podendo comprometer gravemente as capacidades física, motora e psíquica, e levar, até mesmo, caso não tratadas, à morte, demandam tratamento imediato. Conforme já ressaltado, por não ser razoável a exigência de espera do trâmite perante a ANVISA para se ter acesso aos tratamentos pleiteados, o cuidado especial dirigido às doenças raras deveria ter sido também aplicado às demais enfermidades. Basta a constatação, por exemplo, de que não somente as doenças raras, como diversas espécies de câncer e outras condições de saúde, por seu potencial lesivo, merecem a mesma atenção. A ameaça à vida e à dignidade, por não se restringirem a determinadas doenças, não podem comportar tratamentos diferenciados, ainda que existam condições específicas e dificultadas, a rigor, para o acesso às prestações de saúde aplicáveis às doenças raras.[114]

---

[114] As dificuldades relacionadas ao acesso e à criação de tratamentos para doenças raras têm seu exemplo mais representativo no processo de desenvolvimento. Os fármacos destinados às enfermidades em questão recebem comumente o nome de "medicamentos órfãos", haja

O terceiro requisito, relativo à exigência de que o medicamento tenha sido aprovado por outras agências sanitárias no exterior, mostra-se adequado, na medida em que permite a avaliação da experiência internacional no tocante ao uso do medicamento. Essa posição, conforme já demonstrado na Suspensão de Liminar em Agravo Regimental nº 558 (BRASIL, 2017), decorre de um reiterado posicionamento do Supremo Tribunal Federal. O parâmetro em tela tem como escopo compensar a ausência da verificação da segurança e da eficácia dos tratamentos pelas autoridades nacionais por meio da investigação da repercussão dos mesmos em outros países. Estabelece-se, assim, um meio de facilitação ao acesso dos referidos tratamentos de saúde, o que se apresenta como medida adequada, posto que permite o equilíbrio entre os interesses do paciente e a aferição de parâmetros mínimos de segurança dos quais o ordenamento jurídico não pode se descurar.

O último critério também é problemático, visto que se revela incompatível com a o dever de garantia das prestações de saúde por todos os entes federativos. Embora a Agência Nacional de Vigilância Sanitária seja uma autarquia federal, o que potencialmente atrairia o interesse da União como integrante do polo passivo da relação processual, a garantia das prestações de saúde não é de exclusividade do referido ente federativo. Essa conclusão tem como fundamento o artigo 196 da Constituição (BRASIL, 1988), que, ao tratar da saúde como um direito fundamental a ser efetivado pelo Poder Público, não fez restrições quanto ao dever, de um ou outro ente federativo, em garantir prestações de saúde aos indivíduos.

O entendimento acima conflita, até mesmo, com o posicionamento do Supremo Tribunal Federal em outras decisões, o que conduz à necessidade de relativizá-lo. Embora, sob a perspectiva da capacidade de custeio dos tratamentos de saúde, seja a União dotada de maiores recursos, juridicamente, a restrição à possibilidade de provocação judicial do referido ente não é justificável. Esse é o argumento cristalizado em sede de repercussão geral no Recurso Extraordinário nº 855.178 (BRASIL, 2015). De acordo com a decisão mencionada, a responsabilidade pelos tratamentos de saúde é solidária entre todos os entes federativos, podendo o polo passivo das ações em que são demandadas as referidas

---

vista a existência de políticas públicas de incentivo à produção desses medicamentos, assim como ocorreu nos Estados Unidos com o Orphan Drug Act, de 1983. As políticas públicas nesse objetivo têm como escopo compensar a falta de incentivos financeiros relacionados à produção de medicamentos para doenças raras, o que se relaciona aos notáveis gastos necessários para o processo de pesquisa e desenvolvimento e o limitado número de potenciais consumidores dos novos produtos (HUYARD, 2009).

prestações ser ocupado por qualquer dos entes federados, de forma isolada ou conjunta.

Diferentemente dos tratamentos novos ainda não registrados, doutrina e jurisprudência convergem, em sua maioria, quanto à vedação da concessão de tratamentos de natureza experimental. De antemão, ressalta-se que, por tratamentos experimentais, devem ser compreendidos aqueles ainda sujeitos a experimentos científicos, não sendo autorizada a sua comercialização. A referida proibição foi consagrada, inclusive, pelo Enunciado nº 9 da III Jornada de Direito à Saúde, conforme se depreende do texto a seguir:

> As ações que versem sobre medicamentos e tratamentos experimentais devem observar as normas emitidas pela Comissão Nacional de Ética em Pesquisa – Conep e Agência Nacional de Vigilância Sanitária – Anvisa, não se podendo impor aos entes federados provimento e custeio de medicamento e tratamentos experimentais. (BRASIL, 2019)

O mesmo posicionamento restou assentado, conforme visto acima, em julgamento em regime de repercussão geral no Supremo Tribunal Federal. Apreciando o Recurso Extraordinário nº 657.718 (BRASIL, 2011), relativo à possibilidade (ou não) de concessão judicial de tratamentos de saúde não registrados perante a ANVISA, a Corte Suprema fixou, de forma categórica, o entendimento de que "O Estado não pode ser obrigado a fornecer medicamentos experimentais".

Deve-se registrar, primeiramente, que a referência ao custeio de tratamentos experimentais corresponde ao pagamento das despesas acessórias a sua realização – como, por exemplo, transporte, estadia e alimentação de pacientes e acompanhantes. Essa condição é regrada pela Resolução nº 38 (ANVISA, 2013),[115] que define, em seu artigo 18, que

---

[115] De acordo com a referida resolução, os tratamentos experimentais são veiculados nas seguintes modalidades: programas de acesso expandido, uso compassivo e fornecimento de medicamento pós-estudo. A primeira espécie de terapia está prevista no inciso VIII do artigo 2º da Resolução nº 36 (ANVISA, 2013), que declara que acesso expandido corresponde: "[...] a programa de disponibilização de medicamento novo, promissor, ainda sem registro na Anvisa ou não disponível comercialmente no país, que esteja em estudo de fase III em desenvolvimento ou concluído, destinado a um grupo de pacientes portadores de doenças debilitantes graves e/ou que ameacem a vida e sem alternativa terapêutica satisfatória com produtos registrados". Já a segunda espécie está prevista no inciso IX do artigo 2º da Resolução nº 36 (ANVISA, 2013), que afirma que programa de fornecimento de medicamento pós-estudo corresponde "a disponibilização gratuita de medicamento aos sujeitos de pesquisa, aplicável nos casos de encerramento do estudo ou quando finalizada sua participação". Por fim, a terceira espécie tem previsão no inciso X do artigo 2º da Resolução nº 36 (ANVISA, 2013), que define que programa de uso compassivo refere-se "[...] à disponibilização de medicamento novo promissor, para uso pessoal de pacientes e não participantes de

incumbe ao patrocinador "[...] o fornecimento do tratamento completo e gratuito do medicamento" (ANVISA, 2013).

Esclarecidos os pressupostos concernentes à realização de tratamentos experimentais, torna-se necessário ressaltar que o Enunciado nº 9 do CNJ e a decisão do Supremo Tribunal Federal apresentam proibição claramente desarrazoada. A controvérsia ora suscitada, intimamente relacionada à colisão, conforme declara Figueiredo (2014, p. 183), "[...] entre o interesse pessoal na manutenção de tratamento experimental e o interesse público em limitar o acesso a esse tipo de terapia, mormente se custeada com recursos públicos", torna o processo decisório ainda mais complexo, tornando-se necessária a análise das circunstâncias do caso concreto.

A natureza social do direito à saúde conduz, como regra, ao raciocínio de que a sua fruição deve ser conferida sob a dimensão coletiva, o que é concretizado através de políticas públicas. Tal pensamento, no entanto, é incompleto, visto que, como um direito fundamental, ele é usufruído na esfera individual. Essa é a lição de Sarlet (2018, p. 621), que afirma que "os direitos sociais não se confundem com a figura dos direitos coletivos, pelo menos não podem ser identificados apenas com a figura de direitos coletivos". A presente assertiva justifica-se, de acordo com o autor, em virtude de serem os direitos fundamentais (neles incluídos os sociais) titularizados por sujeitos considerados individualmente. Nesse sentido, não é aceitável a concepção *a priori* da prevalência do interesse público sobre o privado no que concerne ao custeio das despesas relacionadas aos tratamentos experimentais.

Deve-se ressaltar, ainda, que, relativamente aos direitos sociais, a sua manifestação individual sustenta-se nos alicerces da dignidade e do mínimo existencial, que são percebidos especialmente no plano individual. Destarte, de acordo com Sarlet (2018, p. 621-622), a colisão entre os interesses individual e coletivo em matéria de direitos fundamentais sociais "não pode servir de argumento para refutar a titularidade individual dos direitos sociais, visto não se pode confundir a condição de titular (sujeito) de direitos fundamentais com a técnica processual de sua efetivação".

Os argumentos acima sustentados não encerram a discussão concernente aos tratamentos experimentais. Há de se frisar que o custeio

---

programa de acesso expandido ou de pesquisa clínica, ainda sem registro na Anvisa, que esteja em processo de desenvolvimento clínico, destinado a pacientes portadores de doenças debilitantes graves e/ou que ameacem a vida e sem alternativa terapêutica satisfatória com produtos registrados no país".

de tratamento experimental pelo Poder Público não contempla interesses exclusivamente privados. Essa é a conclusão aclarada por Figueiredo (2014, p. 182-183), que afirma que, em matéria de judicialização das políticas públicas de saúde, resultados positivos no plano coletivo foram alcançados a partir de experimentos com grupos limitados de indivíduos. Ilustrativamente, os experimentos com os tratamentos de AIDS no Brasil conduziram à incorporação de medicamentos retrovirais ao Sistema Único de Saúde, tendo como efeito positivo a redução dos índices de provocação judicial relativos à doença.

Os elementos analisados na discussão impedem que sejam tomadas posições definitivas quanto à proibição de custeio de tratamento experimentais. Especialmente quando se está diante de *demandas de saúde de primeira necessidade*, e não havendo tratamentos alternativos para atender às necessidades dos pacientes, deve preponderar, conforme visto, a proteção à vida e à dignidade.

Como se vê, a proporcionalidade deve conduzir a análise do acesso de pacientes a tratamento experimental, mediante custeio pelo ente público. A oferta pelo Estado de tratamento reconhecidamente ineficaz não passa pelo primeiro filtro da proporcionalidade, qual seja, a já mencionada submáxima da adequação. A eficácia incerta, e, portanto, a adequação nebulosa, exige o exame das outras duas submáximas, a da necessidade e a da proporcionalidade em sentido estrito. Não havendo outro tratamento viável para determinada doença, será, de fato, necessário ao paciente o recurso ao tratamento experimental, posto que outra via menos gravosa não lhe estará disponível. Também sob o prisma do custo-benefício, a medida reputa-se razoável, posto que a vida e a proteção de condições mínimas de dignidade prevalecem sobre o risco e os aportes financeiros necessários para a sua proteção. Havendo, entretanto, outra via adequada para o tratamento da doença e de eficácia comprovada, mormente se já oferecida pela rede pública para casos de igual jaez, induvidosamente, será exigida pela máxima da proporcionalidade.

3.4.2 Conclusões sobre a alocação ética diante da escassez natural severa

Como se viu, mais de um critério de alocação de recursos escassos na seara da saúde pode ter sustentabilidade jurídica. Importa, pois, a análise da adequação técnica de cada um à situação concreta submetida à decisão, que, mormente por ser trágica, deve ser conduzida por padrões morais de equidade e justiça distributiva, conforme proposto por Dworkin (2002) e Rawls (2008), que reduzam sua tragicidade. Este é o caso dos critérios do grupo favorecido (no que tange à proximidade do recurso ao beneficiário, quando seu transporte para localidades mais distantes implicar em seu perecimento), das responsabilidades especiais (a ser aplicado em circunstâncias muito excepcionais), da idade (para priorizar crianças e adolescentes, consoante mandamento constitucional), do benefício médico (em relação a recursos sujeitos à *escassez natural severa*), da morte iminente (diante das condições estabelecidas) e do critério randomizado, nas suas versões de sorteio e cronológico. Muitas vezes, a proposta ótima consistirá na conjugação de vários destes, observadas, sempre, as ressalvas que lhes resguardam a juridicidade.

Lado outro, alguns fatores de *discrímen* deverão ser descartados de pronto, por imperativos de justiça e igualdade. É o que sucede com os critérios do valor social, dos recursos requeridos, da responsabilidade, da idade (para rejeitar os idosos), da capacidade de pagar e do progresso científico. O primeiro, o segundo e o último, decorrentes de concepções eminentemente utilitaristas, propõem o inaceitável cálculo custo-benefício em relação à dignidade e ao direito à vida, cujo valor intrínseco não permite seu manuseio com vistas à consecução de finalidades outras, ainda que de interesse da maioria da população. O critério da responsabilidade, em suma, caracteriza a atribuição de penalidade de morte vedada pela Constituição de 1988. O critério da idade, usado em desprezo dos idosos, atenta contra a igualdade constitucional e a Lei nº 10.741 (BRASIL, 2003b), que lhes assegura acesso às prestações de saúde estatais. O critério da capacidade de pagar, por fim, sacrifica a vida daqueles que já são os mais injustiçados no sistema e que careceriam, para a salvaguarda deste bem jurídico maior, da ação estatal apta a resgatar, no que lhe avulta o interesse, sua condição de igualdade.

Infere-se, portanto, que as decisões concernentes aos conflitos envolvendo *demandas de saúde de primeira necessidade de uns versus demandas de saúde de primeira necessidade de outros*, diante da *escassez natural severa*, não é infensa ao controle judicial. Ao avesso, urge a aferição da juridicidade dos critérios utilizados para a alocação dos recursos escassos, por ser um imperativo da equidade erigida como esteio constitucional da justiça.

CAPÍTULO 4

FUNDAMENTOS DO CONTROLE JUDICIAL SOBRE AS POLÍTICAS PÚBLICAS

Relata Di Pietro (2018, p. 127) que, por um período, no Brasil – durante a vigência da Constituição de 1937 e até mesmo depois dela – difundiu-se o entendimento de que os atos políticos seriam imunes ao controle judicial. Esta concepção fundamentava-se na compreensão de ato político como aquele que diz respeito aos interesses superiores da nação e que, assim, não afetavam direitos individuais. Encontrava lastro, outrossim, nos princípios democrático e da separação dos poderes, que apontavam o Executivo e o Legislativo como competentes para a sua edição. Esse posicionamento aplicava-se aos atos de formulação e execução das políticas públicas, tradicionalmente concebidos como atos políticos. Também Medauar (2018, p. 147) relata que a insubordinação dos atos políticos – nos quais se enquadram os alusivos às políticas públicas – ao controle jurisdicional era verdadeiro "chavão" do Direito Administrativo.

Enterría (2004, p. 592) explica que esta doutrina surgiu como fruto de uma construção do Conselho de Estado Francês, que se movia dentro de infranqueáveis limites para não exceder em seu papel de controlador, ou seja, sem poder de intervenção no funcionamento da Administração.

Denuncia Binenbojm (2006, p. 195), porém, que esta concepção nada mais consistiu do que numa herança da tradição monárquica francesa e numa tentativa desesperada de conter as grandes alterações propostas pelas revoluções burguesas. Delata, portanto, seu escopo de conservar, na medida possível, aspectos do Antigo Regime. Confirma esta assertiva a criação da jurisdição administrativa do Conselho de Estado, que teria encontrado, no princípio da separação dos poderes, segundo o autor, mero pretexto para imunizar a Administração ao controle judicial

(BINENBOJM, 2006, p. 13-14). Consoante seus apontamentos, mesmo no âmbito do Conselho de Estado, as construções teóricas conservadoras não cessaram, entre as quais insere a exclusão dos atos de governo da apreciação pelo Judiciário.

O entendimento de que os atos políticos e, assim, as políticas públicas são blindados contra o controle judicial, entretanto, não subsiste à luz da Constituição de 1988 e da teoria dos direitos fundamentais apresentada nos Capítulos 1 e 2 deste trabalho. Neste sentido, é uníssono o entendimento da doutrina, nacional e estrangeira, a respeito. Afirma Medauar (2018, p. 147) que "firmou-se no Direito pátrio a orientação no sentido da admissibilidade da apreciação jurisdicional do ato de governo se deste decorrer lesão ou ameaça de lesão a direito". Corroboram sua postura, entre muitos outros, Meirelles (2016, p. 845), Carvalho Filho (2015, p. 1051) e Toledo (2017, p. 282). Serão, então, apresentados os fundamentos que conduzem à superação da doutrina da imunidade dos atos políticos ao controle judicial e à formulação da teoria que sustenta o controle, em juízo, das políticas públicas, inclusive as pertinentes à concretização do direito fundamental à saúde. Segundo Dias *et al.* (2008), fundamenta o controle jurisdicional das políticas públicas "o art. 5º, XXXV, da CR/1988, que trata do direito à inafastabilidade da tutela jurisdicional, e ainda no princípio da tripartição dos poderes e funções, tal como descrito no art. 2º, da Carta Magna, segundo um modelo de freios e contrapesos".

O tema do controle judicial dos atos políticos, todavia, é inserto em discussões de grande monta, uma vez que da demarcação de suas possibilidades e limites infere-se a postura que se deve esperar do Poder Judiciário perante a problemática da eficácia dos direitos sociais. Questiona-se, entretanto, se a sua maior ingerência nas atividades político-administrativas não redundaria em ofensa aos preceitos republicanos, uma vez que o Judiciário não seria dotado da necessária legitimidade para tomar decisões que, a princípio, seriam próprias dos poderes eleitos democraticamente. Pergunta-se, ainda, se sua atuação marcante não inibiria a participação popular, representando uma substituição da atuação cidadã pela burocratização institucional da política.

Certo é que o órgão jurisdicional foi preconizado pela estrutura constitucional calcada na separação de poderes como ferramenta de cerceamento dos outros dois poderes do Estado, com o escólio de que as funções públicas não poderiam ficar imunes ao controle, sob pena de abuso. Dessa forma, antes de impedir, a teoria da separação dos poderes, corretamente compreendida e aplicada, fundamenta a imissão do Poder Judiciário nas atividades dos outros dois poderes, com base na engrenagem democrática do sistema de freios e contrapesos. Outrossim, a normatividade dos direitos sociais, que, matizados na Constituição, assumem vinculação jurídica, justifica seu controle em juízo. De igual maneira, o princípio da inafastabilidade da tutela jurisdicional o garante. Estes, os principais fundamentos do controle judicial das políticas públicas, que, a seguir, serão apresentados. Logo após, será demonstrado que a ingerência judicial nas políticas públicas, longe de representar um retrocesso democrático, é sintoma de amadurecimento da cidadania e que a atuação do Judiciário em defesa dos direitos sociais apenas colabora para o robustecimento das bases necessárias para a participação popular na vida pública e o desenvolvimento institucional das atividades políticas, pelo Legislativo e pelo Executivo, de forma justa e aperfeiçoada.

4.1 Teoria da separação de poderes e controle mútuo dos poderes

A separação de poderes consiste em um sistema adotado pelos Estados modernos como instrumento de controle do Poder Público, tendo sido perfilhada pelos ideários do Iluminismo como uma das teorias que deu suporte às revoluções burguesas de reação ao modelo de Estado Absolutista.

Já na Antiguidade, Aristóteles (2004, p. 199)[116] formulou um esboço da separação de poderes, assim classificando as funções do Estado:

a) a que deliberava acerca dos negócios públicos;
b) a que exercia a magistratura (uma espécie de função executiva); e
c) a que fornecia a Justiça.

---

[116] "Existem em todo governo as três partes nas quais o legislador consciente deve fazer valer o interesse e a conveniência particulares. Quando elas são bem formadas, o governo é necessariamente bom e as diversidades existentes entre tais partes formam os diversos governos. Uma dessas três partes está com o encargo de resolver sobre os negócios públicos; a segunda é aquela que desempenha as magistraturas — e aqui é necessário estabelecer quais as que devem ser criadas, qual precisa ser a sua autoridade especial e como devem ser eleitos os juízes; a terceira é aquela que fornece a justiça. A parte da resolução decide de modo soberano sobre a guerra, sobre a paz, da aliança, da ruptura dos tratados, promulga as leis, dá a sentença da morte, o exílio, o confisco e passa em exame as contas do Estado" (ARISTÓTELES, 2004, p. 199).

Para Aristóteles (2004), a separação do governo em "partes" mostrava-se imprescindível para viabilizar que ele fosse "bom", entendido pelo filósofo como aquele que promove a justiça. Maquiavel (2005) também participou da formação desta ideia, revelando uma França com três poderes bastante distintos: Legislativo (representado pelo Parlamento), Executivo (materializado na figura do Rei) e um Judiciário autônomo.

Já no século XVII, com Locke (2006), inaugura-se a primeira sistematização doutrinária efetiva da separação de poderes, com a teoria que propunha a segregação das funções estatais entre os Poderes Executivo, incumbido da execução das leis naturais da sociedade; Legislativo, que teria o direito de estabelecer como se deveria utilizar a força da comunidade no sentido de preservação dela própria e de seus membros; e Federativo, responsável pelos assuntos afetos à guerra, à paz, a alianças e "transações com pessoas e comunidades estranhas à sociedade". A chamada função federativa de Locke (2006) pode ser contemplada no conceito da função administrativa, de maneira que, na verdade, o autor propõe uma "separação dual" do poder, que segrega o poder Legislativo, de um lado, Executivo e Federativo, de outro.

Ressalta o filósofo a necessidade de que os Poderes Executivo e Legislativo fiquem separados, em virtude de o risco da pessoalidade e de o desvio de finalidade perverterem a condução dos assuntos públicos, caso o mesmo poder elaborasse as leis e também as aplicasse.[117]

Apenas com Montesquieu (2004, p. 165) se tem a teoria da separação de poderes assemelhada à adotada em grande parte das Constituições modernas. O autor os indica como sendo "o legislativo, o poder executivo das coisas que dependem do direito das gentes e o poder executivo daquelas que dependem do direito civil", respectivamente caracterizados como Legislativo, Executivo e Judiciário, sendo estes poderes harmônicos e independentes entre si. Esta formulação foi enunciada após a observação, pelo filósofo, das principais Constituições de sua época. Para ele, a divisão do Poder tinha fundamento na garantia da liberdade dos cidadãos. Considerou como indispensável, para a superação dos excessos do Absolutismo, a organização em três poderes exercidos por órgãos diferentes, encarregados, em suma, da

---

[117] "E como pode ser tentação demasiado grande para a fraqueza humana, capaz de tomar conta do poder, para que as mesmas pessoas que têm por missão elaborar as leis também tenham nas mãos a faculdade de pô-las em prática, ficando dessa maneira isentas de obediência às leis que fazem, e podendo amoldar a lei, não só quando a elaboram como quando a põem em prática, a favor delas mesmas, e assim passarem a ter interesse distinto do resto da comunidade, contrário ao fim da sociedade e do governo" (LOCKE, 2006, p. 106).

seguinte forma: a) o Legislativo, da enunciação das leis, com o escopo de disciplinar as relações entre as pessoas públicas e entre estas e os particulares; b) o Executivo, da administração do Estado e da proteção contra agressões externas; c) o Judiciário, de punir os crimes e julgar "as questões dos indivíduos" (MONTESQUIEU, 2004, p. 165).

De fato, sob a égide do Absolutismo, quando o monarca concentrava em suas mãos todas as prerrogativas de Estado, não havia limites, internos nem externos, para seu poder; este governava conforme suas concepções pessoais de bem comum e justiça e centralizava as tarefas de editar leis, julgar os conflitos e administrar os negócios públicos, de forma que os funcionários só exerciam poder por delegação. Como o Estado era o formulador das normas e, consoante a concepção da época, não se submetia a elas, os atos do soberano não podiam ser questionados em qualquer tribunal nem se lhe atribuía alguma responsabilidade jurídica. Como assevera Sundfeld (2000, p. 34), "parecia ilógico que o Estado julgasse a si mesmo ou que, sendo soberano, fosse submetido a algum controle externo".

Durante o reinado das monarquias absolutistas, o Estado exercia sobre os indivíduos um poder de polícia, que impunha, de modo ilimitado, quaisquer obrigações ou restrições às atividades dos particulares, inclusive tributos exacerbados e sanções penais severas e cruéis. A elevada pessoalidade que marcava o exercício do poder pelo monarca e a ausência de parâmetros para a atividade estatal impedia, inclusive, a sistematização jurídico-científica sobre a forma de atuação do ente público.

Tal modelo de Estado, entretanto, não perdurou em virtude da dissociação entre o poder político e o poder econômico, entre outras razões. A burguesia, classe então financeiramente hegemônica, não se satisfazia com este sistema de ingerência estatal ilimitada em seus negócios e articulou-se de forma a angariar apoio da massa trabalhadora (campesinato) para seus anseios.[118] Este fator, aliado a problemas religiosos e à assunção da filosofia iluminista, impulsionou as revoluções burguesas, que marcaram, com a "queda da Bastilha", a derrocada desse sistema e sua substituição pelo Estado Democrático de Direito, calcado nas premissas de igualdade, liberdade e fraternidade.

---

[118] Arruda (1984, p. 101) esclarece que, inicialmente, o absolutismo atendia aos interesses da burguesia, que carecia de um Estado forte para viabilizar a expansão mercantilista. Depois, entretanto, de consolidado este modelo, o absolutismo monárquico tornou-se desnecessário e indesejável aos burgueses, pois o rei ficara mais poderoso do que eles e atrapalhava seus projetos de controle direto do Estado.

O novo ideário encampado para a gestão estatal preconiza a submissão do Estado ao Direito e tem como pilares as noções de democracia, direitos fundamentais e constituição, viabilizados pela teoria da separação de poderes em comento. De fato, as garantias esperadas pelo novo modelo de Estado somente seriam possíveis com a segregação dos poderes de elaborar e aplicar as leis. A concentração de ambos os poderes em únicas mãos permitia que leis fossem elaboradas e aplicadas com maior ou menor rigor de acordo com o destinatário e consoante as antipatias ou simpatias que convergissem do monarca, instituindo a situação de constante e ameaçadora insegurança contra a qual se insurgiu a população.

A segregação dos poderes estatais entre diversos órgãos, mediante a criação de um poder com a prerrogativa única de elaborar as leis, consistia, assim, em eficaz recurso para a implantação das almejadas igualdade, impessoalidade e previsibilidade. Sendo elaboradas com generalidade e abstração e antes da ocorrência dos fatos aos quais seriam aplicadas, as leis garantiam o tratamento isonômico de todos os administrados e permitiam que os mesmos conhecessem, com antecedência, as reações estatais que seriam esperadas de suas condutas, para que pudessem decidir livremente se desejariam ou não se submeter àquelas consequências jurídicas.

Dessa forma, agregando a doutrina liberal que marcou a primeira versão do Estado de Direito e a teoria democrática da autodeterminação dos povos, permitir-se-ia, também, a satisfação da liberdade, segundo anseio revolucionário. De fato, se as leis fossem elaboradas por corpos legislativos compostos por representantes do povo (registre-se que existem variações na proposta democrática de cada autor iluminista), as normas de conduta dos indivíduos (que, em essência, cerceiam a sua liberdade) e as previsões das ações estatais (que podem restringir a sua liberdade e propriedade) representariam limitações autorizadas pelos próprios sujeitos à sua esfera individual, que estaria, dessa forma, abrigada contra os excessos do monarca. Como leciona Canotilho (2002, p. 710): "A lei geral e abstrata é entendida já como a proteção da liberdade e propriedade dos cidadãos ante o arbítrio do soberano".

Não obstante, a separação do poder de editar as leis daquele que deve aplicá-las não seria suficiente para a garantia da igualdade e da liberdade se não houvesse um terceiro poder com a missão de verificar a conformidade da ação executiva a elas. Dessa forma, o Poder Judiciário avulta como importante instrumento de garantia da observância das normas elaboradas pelo povo e a ação jurisdicional, como único mecanismo capaz de corrigir as distorções perpetradas pelo

Estado quando da implementação das leis. Como afirmou Montesquieu (2004, p. 164, 166), "Para que não se possa abusar do poder, é preciso que, pela disposição das coisas, o poder contenha o poder". Este sistema garante, segundo o autor, "a tranquilidade, a segurança de que um cidadão não precisa temer o outro que incorpora o poder estatal, que não poderá criar leis tirânicas para executá-las arbitrariamente". Conclui: "Tudo estaria perdido se o mesmo homem, ou o mesmo corpo dos principais [...] exercesse estes três poderes: o de criar as leis, o de executar as resoluções públicas e o de julgar os crimes e as querelas dos particulares".

Sistematizada e consagrada, a doutrina da separação de poderes converteu-se em dogma da organização política dos Estados modernos, coroada no art. 16 da Declaração dos Direitos do Homem e do Cidadão, que versa que "qualquer sociedade em que não esteja assegurada a garantia dos direitos, nem estabelecida a separação dos poderes, não tem Constituição", donde se extrai ser ela uma das pedras de toque do constitucionalismo contemporâneo.

Grau (2002, p. 225-226), entretanto, adverte que a separação de poderes constitui em "um dos mitos mais eficazes do Estado liberal", demonstrando que a mesma fez parte do discurso ideológico forjado em prol da mobilização das massas para a Revolução Francesa, ao passo que se constitui, segundo ele, apenas em mais um instrumento de manutenção da hegemonia da elite dominante. Critica o autor, assim, a legalidade meramente formal, que seria, de acordo com o autor, insuficiente para a proteção do interesse público.

Ainda que se observe a insuficiência da lei, ferramenta maior do sistema garantista preconizado pela doutrina da separação de poderes em cotejo como único instrumento de proteção da liberdade, em virtude da possibilidade de sua utilização como veículo de dominação disfarçada e aparentemente legitimada,[119] certo é que sua assunção como parâmetro de ação estatal conteve, em grandes proporções, os desatinos que eram

---

[119] Assim denuncia Grau (2002, p. 168), quando critica o mero formalismo democrático, que instrumentaliza o direito às necessidades capitalistas, exigindo, para a real legitimação do poder estatal, a legalidade material: "ainda que a *legalidade*, na dinâmica do Estado de Direito, preencha, enquanto noção formal, todos os espaços no âmbito dos quais estaria em pauta o debate a respeito da *legitimidade* do direito (noção material) — problema que, nestas condições, é ignorado ou equivocadamente atrelado à questão do direito natural, ou meramente considerado desde a perspectiva formal —, embora o direito cumpra, também, no modo de produção capitalista, a função de legitimação da classe dominante, ainda assim é marcante, sobretudo nessas sociedades, a importância do *domínio da lei*".

perpetrados pelo Estado que concentrava todas as prerrogativas de império nas mãos do monarca.

Não obstante as críticas apresentadas, Bonavides (2003a, p. 555) exalta o princípio da separação de poderes como "a melhor das garantias tutelares com que estabelecer as bases de um sistema de leis onde o exercício do poder se inspire na legitimidade dos valores que fazem a supremacia do regime representativo em todas as suas modalidades democráticas de concretização".

Neste contexto, o Poder Judiciário apresenta-se como o órgão próprio para efetuar o controle das ações administrativas (e legislativas) estatais, sendo este controle impostergável, sob pena de colocar por terra o sistema de limitação do poder objetivado pela doutrina da separação dos poderes.[120] Dias (2007, p. 90-91) enfatiza que a função de controle mútuo dos poderes consiste, apenas, no viés negativo da teoria separatista, que apresentaria, também, aspectos positivos, como a especialização das funções, com vistas ao melhor desempenho das mesmas, a defesa dos direitos fundamentais e a viabilização do ideal democrático. Tais funções positivas do Judiciário são ressaltadas por Rawls (2003, p. 284), quando destaca que "o papel do Tribunal não é meramente defensivo, mas também o de dar uma existência apropriada e contínua à razão pública, ao servir de exemplo institucional".

É certo, entretanto, que até mesmo a função concretizadora do Poder Judiciário apresenta-se como um instrumento de controle, no caso, político ou da eficácia dos direitos fundamentais, de importância proeminente para este trabalho.

Registre-se, por oportuno, que a doutrina da separação dos poderes não preconiza uma separação estanque entre os órgãos estatais; ao revés, consigna que cada um deles exerce, neste sistema, funções típicas, a saber, a de elaboração das normas, desempenhada pelo Legislativo; a executiva, de resolução de problemas concretos e individualizados, de acordo com as leis, exercida pelo Executivo, e a de solução de conflitos de interesses, protagonizada pelo Judiciário. Cumpre anotar, ainda, conforme consigna Silva, J. (2014, p. 111), que a função executiva desdobra-se em administrativa, de intervenção, fomento e prestação de serviços públicos, desempenhada em conformidade com

---

[120] Neste sentido, afirma Bonavides (2003, p. 217): "A liberdade política, como artigo constitucional, requer indispensavelmente a técnica separatista, seu principal ponto de sustentação. O regime de separação complementa de tal modo aquele conceito de liberdade política do cidadão que Montesquieu assinala categoricamente o dever do governo organizar-se, segundo tais preceitos que nenhum cidadão possa temer outro cidadão. A separação de poderes é pois o remédio supremo".

as leis, e a política, também denominada *função de governo*, que alberga a tomada de decisões em nome do interesse público. Esta é a atividade objeto do controle judicial aqui estudado, especificamente no que diz respeito à saúde pública.

Não obstante, todos os poderes exercem, outrossim, funções atípicas, de maneira que os três poderes do Estado administram, elaboram normas e julgam. A função típica de um poder reputa-se atípica aos outros, sendo que a tipicidade é determinada em função da preponderância de uma função enquanto prerrogativa de um órgão do Estado. A ausência de uma separação absoluta entre as funções da entidade pública tem o escopo de determinar o chamado *sistema de freios e contrapesos*, que viabiliza o equilíbrio imprescindível à realização do bem da coletividade e contém os desmandos.[121]

Desta maneira, no processo de elaboração de normas gerais e abstratas, inovadoras no ordenamento jurídico, de competência preponderante do Legislativo, a Constituição de 1988, *verbi gratia*, prevê a participação do Executivo, tanto nas oportunidades de iniciativa como na sanção ou veto.[122] Esta interferência, entretanto, do Executivo no processo legislativo é contrabalançada pela possibilidade de a Casa Parlamentar (Congresso, Assembleia Legislativa ou Câmara Municipal) modificar o projeto de lei iniciado pelo Executivo através de emendas ou rejeitá-lo e, também, pela possibilidade de derrubada de seu veto mediante voto da maioria absoluta de seus membros. Ademais, também cumpre ao Presidente da República a edição de medidas provisórias com *força de lei*. Tais limitações ao Poder Legislativo impostas pelo Executivo foram idealizadas pelo próprio Montesquieu (2004, p. 171), que averbou: "se o poder executivo não tem o direito de controlar os empreendimentos do corpo legislativo, este tornar-se-á despótico, pois, como pode atribuir a si todo o poder que pode imaginar, destruirá todos os outros poderes".

Já os tribunais não têm ingerência no Legislativo, mas efetuam o controle de constitucionalidade das normas por ele elaboradas, podendo,

---

[121] Considerando que cada uma das funções estatais é exercida pelos três poderes e não apenas por aquele que apresenta-lhe o nome, Grau (2002, p. 236-238) propõe a classificação material das funções do Estado, dividindo-as em normativa (produção das normas jurídicas, assim entendidas aquelas estatuições primárias que valem com força própria, gerais, abstratas, inovadoras e tendentes a regular o comportamento social), administrativa (execução das normas jurídicas) e jurisdicional (aplicação das normas jurídicas), substituindo, assim, o critério subjetivo da separação de poderes pelo critério substancial.

[122] Montesquieu (2004, p. 173) já havia sugerido que "O poder executivo [...] deve tomar parte na legislação por meio do seu direito de veto, sem o que logo ficaria despojado de suas prerrogativas".

quando constatarem a sua antijuridicidade, retirar-lhes a vigência. Nesta oportunidade, o tribunal opera como verdadeiro "legislador negativo".

A função jurisdicional é exercida pelo Poder Judiciário, havendo, entretanto, exceções constitucionais, como a previsão de julgamento do Presidente da República pelo Senado em relação aos crimes de responsabilidade.[123] O Executivo não interfere no mérito das decisões do Judiciário, mas nomeia, após sabatina pelo Senado, os ministros dos tribunais superiores. Alguns autores costumam exemplificar, também, a interferência mútua entre os poderes com o julgamento dos processos administrativos pelo Executivo; não obstante, a decisão da Administração Pública em tais processos não forma a coisa julgada, atributo da função jurisdicional, razão pela qual se considera inadequada sua concepção como forma de exercício da função jurisdicional pelo Executivo.

A função administrativa é exercida pelo Executivo, sendo que, entretanto, os outros dois poderes também a exercem de forma instrumental, como, por exemplo, na gestão de seu patrimônio e servidores. Lado outro, o exercício da função administrativa é controlado previamente pelo Legislativo, com a edição de leis que autorizam a sua conduta (princípio da legalidade) e, *a posteriori*, mediante a fiscalização financeira e contábil, implementada com e sem o auxílio do Tribunal de Contas.[124] A função administrativa sofre interferência, outrossim, do Poder Judiciário, através de ações ordinárias ou típicas (mandado de segurança, ação popular, ação civil pública, *habeas data*), quando efetua o controle da legalidade do Executivo.

De clareza hialina, portanto, que, desde a sua formulação teórica por Montesquieu (2004), a doutrina da separação de poderes não consiste numa proposta de isolamento funcional nem material das autoridades estatais. Antes, propôs o filósofo um sistema em que as funções estatais ficassem distribuídas de forma a evitar que, concentradas, fossem exercidas autoritária e arbitrariamente. Organizou-as, assim, de maneira

---

[123] Esta exceção também já havia sido preconizada por Montesquieu (2004, p. 172), que considerava que "Os poderosos estão sempre expostos à inveja e se eles fossem julgados pelo povo não gozariam do privilégio que assiste ao mais humilde dos cidadãos em um Estado livre, isto é, o de ser julgado pelos seus pares. É preciso, portanto, que os nobres sejam citados a comparecer não diante dos tribunais ordinários da nação, mas diante da parte do corpo legislativo composta de nobres".

[124] Também esta espécie de controle do Legislativo sobre o Executivo fora proposta por Montesquieu (2004, p. 171) como importante instrumento de garantia da liberdade: "Contudo, se em um Estado livre o poder legislativo não deve ter o direito de cercear o poder executivo, tem o direito e deve ter a faculdade de examinar de que modo as leis que promulgou foram executadas. Essa é a vantagem que tem esse governo sobre o de Creta e o da Lacedemônia, onde os cosmos e os éforos não prestavam conta de sua administração".

a permitir o controle mútuo entre os poderes e, com isso, a proteção dos indivíduos perante o Estado, coibindo qualquer espécie de abuso das prerrogativas públicas em detrimento do interesse dos cidadãos.

Não se olvide, ademais, que o Estado de Direito ergueu-se sob este viés separatista que abriga o controle mútuo entre os Poderes como um de seus pilares, ladeado pelo pilar democrático, que também contempla a sindicabilidade das instituições estatais como um de seus alicerces. A atuação em benefício do povo é pressuposto do Estado Democrático; dessa forma, nada mais legítimo do que permitir a este próprio povo acesso e controle ao que é feito em seu nome e supostamente em seu proveito.

Este é, portanto, o paradigma diante do qual deve ser estudada a função estatal de tutela das políticas de saúde pública. Haverá a repartição de competências entre os poderes estatais constituídos, permitindo, assim, que as mesmas sejam desempenhadas livres da tirania e do abuso, já que submetidas a controle. A implementação pelo Executivo das políticas públicas será controlada pelo Legislativo nos mesmos moldes anunciados em relação à função administrativa (ou seja, *a priori*, através da determinação legal de condutas, consoante preceitos do princípio da legalidade, e *a posteriori*, no que diz respeito à execução do orçamento). Necessária, outrossim, para o abrigo do direito dos administrados contra eventuais desmandos da Administração, a sindicância judicial da sua função política.

As competências referentes às políticas públicas são repartidas entre os poderes estatais, de forma a promover a sua juridicidade, eficácia e legitimidade. Assim, toca ao Legislativo a competência para traçar, em lei, as diretrizes das políticas públicas e, ao Executivo, a prerrogativa de formulá-las, implementá-las e materializá-las. Bucci (2002, p. 271) afirma que a atuação do Legislativo não deve ultrapassar os lindes da disciplina de proposições genéricas, sob pena de esvaziamento da competência própria do Executivo.

Se a participação preponderante na implementação do poder político incumbe aos órgãos legitimados pela eletividade diante do princípio da separação de poderes, não se pode afirmar, entretanto, que o seu controle judicial é inviável. Ao Judiciário caberá, sob o entendimento que norteia a doutrina da separação de poderes de que só o poder controla o poder e que o controle das ações estatais é corolário da democracia, a fiscalização sobre o seu exercício, em conformidade com os parâmetros e valores esculpidos na Constituição de 1988, bem como a sua adequação às diretrizes delineadas em lei. A forma de exercício desse mister, objeto do presente estudo no que tange às políticas públicas de saúde, será esboçada no capítulo posterior.

4.1.1 A separação de poderes no Estado Liberal e no Estado Social

Inicialmente, como antes dito, o Estado de Direito assumiu a roupagem liberal, sob os pressupostos da pouca intervenção na vida da sociedade. Ainda que a retórica utilizada para a legitimação desse modelo de Estado tenha sido calcada na liberdade individual, sabe-se que o real escopo da teoria do absenteísmo foi a necessidade da burguesia de maior espaço para a gestão de seus interesses econômicos. Esta assertiva é facilmente comprovada pela associação da defesa da propriedade privada ao individualismo liberal.[125] Dentro deste cenário, portanto, poucas eram as demandas de ação estatal. Como se extrai da passagem de Montesquieu (2002, p. 164-166) *suso* transcrita, a ação executiva da época cingia-se à promoção da segurança pública e à proteção da segurança nacional, tarefas estas que se concretizavam através de ações estatais restritivas caracterizadas pelo Direito Administrativo moderno como atividades de polícia da Administração Pública.

Dessa forma, agregaram-se ao sistema garantista da separação de poderes os direitos fundamentais, que, de início, apresentaram-se apenas como inibidores de ação estatal que os violasse, exigindo uma postura negativa do ente público para a sua proteção.[126] [127]

Justifica-se, assim, a edificação da teoria juspublicista de então, sob o paradigma da ausência de intervenção judicial, sobre a atividade da Administração de formulação das políticas públicas que implementassem

---

[125] É o que se extrai, igualmente, da lição de Bonavides (2003, p. 217): "A Inglaterra, desde a alvorada da Revolução Industrial, levantara o protesto contra a interferência do Estado. E o pensamento dessa rivalidade dali se irradia a todo o continente com os ideólogos do século XVIII. Desponta, pois, Montesquieu na primeira linha dos que preparam o adubo revolucionário da concepção que, libertando as energias individuais no campo econômico, liberta também o homem dos grilhões políticos do absolutismo".

[126] Neste sentido, afirma André (1989, p. 50): "O E. D. Liberal reserva-se um limitado campo de acção. 'Quanto menos Estado, melhor'. Limita-se, no tocante aos direitos e liberdades, a protegê-los".

[127] Não se olvida, com tal assertiva, a necessidade de desenvolvimento de uma estrutura pública para a proteção desses direitos, como já se demonstrou mediante a apresentação da tese de Holmes e Sunstein (1999). Os autores afirmam que todos os direitos são positivos, uma vez que o exercício de todos depende das instituições públicas que os protegem e asseguram (*verbi gratia*, o Judiciário, as corporações de polícia e dos bombeiros, que defendem, entre outros bens, a propriedade privada), e que, assim, todos demandam o investimento de recursos públicos e concorrem por eles, de forma que a sua proteção representa uma opção estatal de redistribuição de riqueza (HOLMES; SUNSTEIN, 1999).

os direitos sociais. A ausência desses (só posteriormente advindos das novas demandas decorrentes do pós-guerra e do surgimento do socialismo) tornava inviável – por falta do pressuposto lógico – a atuação positiva do Poder Judiciário. Seria inviável que se determinasse à Administração Pública a adoção de medidas que dessem eficácia a direitos inexistentes.

O absenteísmo, entretanto, do Estado Liberal, operou consequências catastróficas do ponto de vista social, como já se demonstrou. A burguesia industrial, embebecida pelo sucesso revolucionário da expansão de sua atividade produtiva, engajou-se no processo de concentração de riquezas, do qual a exploração da massa proletária era inafastável. Nesse contexto, as jornadas de trabalho eram exacerbadas e as condições laborativas, precárias, associadas a uma baixa remuneração que culminou com a extrema desigualdade e injustiça social.[128]

A situação de miserabilidade das massas trabalhadoras, entretanto, não tardou a provocar manifestações populares, entre as quais as mais proeminentes continham uma proposta socialista, calcada na abolição da propriedade privada e na consequente estatização dos meios de produção, de maneira a viabilizar uma sociedade igualitária, na qual todos pudessem viver dignamente por meio dos frutos de seu trabalho.[129]

Em 1917, o ideário socialista foi, pela primeira vez na história, implantado, ensejando a transformação no regime político da Rússia.

---

[128] Assim Silva, L. (2008, p. 01) descreve as condições sociais da Inglaterra na época da Revolução Industrial: "A Revolução Industrial concentrou os trabalhadores em fábricas. O aspecto mais importante, que trouxe radical transformação no caráter do trabalho, foi esta separação: de um lado, capital e meios de produção de outro, o trabalho. Os operários passaram a assalariados dos capitalistas. [...] O progresso deslocou-se para o norte; centros como Manchester, abrigavam massas de trabalhadores, em condições miseráveis. Os artesãos, acostumados a controlar o ritmo de seu trabalho, agora tinham de submeter-se à disciplina da fábrica. Passaram a sofrer a concorrência de mulheres e crianças. Na indústria têxtil do algodão, as mulheres formavam mais de metade da massa trabalhadora. Crianças começavam a trabalhar aos 6 anos de idade. Não havia garantia contra acidente nem indenização ou pagamento de dias parados neste caso. A mecanização desqualificava o trabalho, o que tendia a reduzir o salário. Havia frequentes paradas da produção, provocando desemprego. Nas novas condições, caíam os rendimentos, contribuindo para reduzir a média de vida. Uns se entregavam ao alcoolismo. Outros se rebelavam contra as máquinas e as fábricas, destruídas em Lancaster (1769) e em Lancashire (1779)".

[129] O fomento deste contexto histórico para os ideais socialistas foi retratado por Arruda (1984, p. 201): "A Revolução Industrial provocara a concentração de trabalhadores paupérrimos nos centros urbanos; sua miséria chamou a atenção, pela primeira vez, para a necessidade das reformas sociais. Procurava-se compreender as causas das injustiças sociais e os meios de solucionar esse problema. Antes mesmo do século XVIII, vários pensadores já tinham imaginado sociedades em que todos vivessem do seu trabalho, em igualdade de condições, sem que houvesse ricos nem pobres, privilegiados nem injustiçados".

"A nova organização econômica e social baseou-se na propriedade coletiva e na igualdade social" (ARRUDA, 1984, p. 287). O novo regime permitiu à União Soviética transformar-se numa das primeiras potências do mundo.

Na América, os Estados Unidos experimentaram período de grande êxito econômico no primeiro pós-guerra, quando suas exportações bateram recordes ao sustentarem com alimentos e materiais bélicos os países envolvidos no conflito. Entretanto, cessada a guerra, os países europeus consumidores da produção norte-americana retornaram ao processo produtivo, gerando o acúmulo de estoques nos Estados Unidos e, consequentemente, a quebra de muitos industriais e fazendeiros. O capitalismo liberal adotado até então deixou de ser um modelo sustentável, e gerou a necessidade de novas posturas do governo para conter a crise. A política arquitetada pelo então presidente eleito, Franklin Delano Roosevelt, contou com o aumento dos salários, a fixação de salários-mínimos, a determinação de jornadas máximas de trabalho, a abolição do labor infantil, a legalização das organizações sociais e a criação de um sistema de previdência social, tudo isto associado a uma intensificação de obras públicas para absorver a massa desempregada. A esta nova roupagem do Estado, gizada pela intervenção e preocupação com o bem-estar das massas populares, denominou-se Estado Social.

Ainda que esta postura estatal seja veiculada oficialmente como estratégia de reação à crise e avanço na justiça social, com a contenção do abuso da exploração da classe trabalhadora pelo governo, sabe-se que ela consistiu, outrossim, em um mecanismo de proteção do capitalismo contra o crescimento do socialismo soviético. A estatização dos meios de produção ameaçava fortemente a manutenção da propriedade privada, fazendo com que pequenas concessões do capital à força de trabalho fossem preferíveis à revolução que alterasse mais significativamente o modo de produção.[130] [131]

---

[130] A veracidade dessa ilação confirma-se quando se percebe que, com a derrocada do socialismo na Rússia, no final da década de 80, o liberalismo retomou seu posto, agora, entretanto, com a nova fardagem, intitulando-se neoliberal. É certo que, depois da experiência do Estado de Bem-Estar Social, o minimalismo estatal oitocentista não encontra mais espaço para ser implantado em sua versão pura. Retornou, portanto, agora, mediante uma nova versão que representa a síntese entre a tese liberal e a antítese social, mediante um movimento aludido pela ciência política de "Reforma do Estado". Assim, o Estado Neoliberal, denominado por alguns Estado Pós-Social, propõe a prestação de serviços públicos mediante delegação, e não mais diretamente pelo Poder Público, que se restringe à postura de regulador e fiscalizador da atividade prestacionista de terceiros. Justifica sua retirada da execução direta de atividades prestacionistas com a necessidade de enxugamento da máquina pública, de forma a viabilizar sua concentração em tarefas mais importantes, que poderão ser executadas com mais eficiência. Para tanto, a Administração Pública também substituiria

sua postura burocrática por uma atuação gerencial, que valoriza o alcance de resultados ótimos. Outro objetivo divulgado para a implantação da chamada "Reforma do Estado" consiste na redução dos gastos públicos, que viabilizaria o equilíbrio das contas públicas e a redução da carga tributária e, assim, maior circulação de riqueza na sociedade, favorecendo o crescimento econômico. Neste contexto, sucedeu a privatização de várias empresas estatais, sob o argumento de que a iniciativa privada teria mais recursos para investir em tecnologia e viabilizaria a prestação de serviços públicos com mais qualidade, além de, ao retomar setores importantes do mercado, fomentar o desenvolvimento econômico. Tais propostas foram muito bem sucedidas nos Estados de primeiro mundo (*v.g.*, Nova Zelândia, Austrália e Inglaterra, a pioneira neste processo, sob a condução de Margareth Tatcher), que já haviam alcançado os propósitos do Estado Social de redistribuição de renda e de reestruturação social. No Brasil, entretanto, o processo de implantação da ideologia neoliberal apresenta muitos pontos controversos. As privatizações resultaram na alienação de empresas públicas de elevado porte por preços vis, em alguns casos, mediante financiamento público (recursos do Banco Nacional de Desenvolvimento Social – BNDS) e, em hipóteses outras, para grupos multinacionais interessados, tão somente, em exploração da mão de obra barata do povo brasileiro e na oferta de serviços e produtos para o mercado de consumo nacional, para posterior remessa dos lucros para o estrangeiro. Após a delegação da execução direta dos serviços públicos viabilizada pelas privatizações, assistiu-se, outrossim, à criação das agências reguladoras, às quais foi atribuída, entretanto, uma formatação questionável, já que elas são detentoras de poder normativo em relação a importantes setores da vida socioeconômica, sem que, para tanto, haja algum processo de legitimação democrática de seus dirigentes ou de controle externo de suas atividades. Assim, as agências figuram como "ilhas de poder" completamente infensas às pressões populares e, assim, passíveis de manipulação pelos grandes detentores de poder econômico (BINENBOJM, 2005). Ademais, à redução dos gastos públicos com a atividade prestacionista do Estado — capaz de redistribuir riqueza e preservar parcela de dignidade à população carente — sucedeu a economia de verbas públicas para o pagamento de juros da dívida externa. Tudo isso suscita questionamentos acerca da real conveniência social da implantação da proposta neoliberal no Brasil, que ainda não havia cumprido as tarefas do *Welfare State* de promoção da igualdade e justiça social. Ao revés, a Reforma do Estado provocou o aumento das diferenças sociais, no Brasil, processo este só estancado quando o Governo Federal retomou as medidas de assistência social e de fortalecimento dos serviços públicos que remanesceram sob a competência do Poder Público. As recentes transformações do Estado (de Liberal para Social, e deste para Neoliberal) demonstram, ao lado de outros exemplos históricos, como o Poder Público encontra-se associado às classes financeiramente hegemônicas e como se mascara para despersonificar o poder econômico, atendendo a ele, entretanto, como servo fiel (DUARTE, 2006).

[131] Duarte e Galvão (2017b, p. 117 e 118) corroboram o perigo do manejo dos direitos fundamentais, inclusive os sociais, como instrumento de dominação estatal: "Promover direitos; fomentá-los; estimulá-los para que ele mesmo (Estado) pudesse manter a sua legitimidade existencial enquanto missão precípua durante o século XIX e início do século XX. Para tanto, ele organiza-se de maneira a assim ser visto: como um 'Estado-Providência'. Obviamente, que o discurso dos direitos fundamentais, nessa fase, também acobertava interesses parciais da sociedade; fato que implicou, também, aqui, uma má utilização do núcleo compreensivo dos direitos fundamentais. Não é surpresa que o Estado, apoiado tanto na pretensa legitimidade obtida CIRO DI BENATTI GALVÃO / LUCIANA GASPAR MELQUÍADES DUARTE 118 Revista de Direitos Fundamentais & Democracia, Curitiba, v. 22, n. 3, p. 109-129, set./dez., de 2017. junto ao meio social, apresentando-se como o maior responsável pela aquisição de melhores condições de desenvolvimento pessoal (graças à ideia de fomento do livre aperfeiçoamento dos indivíduos mediante prestações estatais), quanto na ideia de preservação da capacidade de autodeterminação dos cidadãos face ao Estado, tenha astutamente percebido a utilidade que o discurso dos direitos fundamentais poderia ter." Os autores, ao final, consignam que apenas a democracia substantiva, compreendida

Certo é, entretanto, que a opção do Estado pela proteção das massas foi a gênese de uma série de direitos outros, caracterizados como sociais e qualificados, portanto, como direitos fundamentais de segunda dimensão. Agora, pois, podia-se exigir do ente público não apenas uma atitude negativa perante o indivíduo, mas também, e sobretudo, uma postura proativa, capaz de garantir e promover bem-estar e justiça social. Passou, portanto, a ser tarefa estatal a oferta de condições para a vida digna, que contempla acesso a serviços como saúde e educação, à previdência social, à moradia, transporte, a proteção dos empregados nas relações de trabalho, etc. Os direitos sociais passaram, inclusive, a ser analisados como necessários para que os direitos individuais pudessem ser efetivos. Nas palavras de Magalhães (2002, p. 46), "se o liberalismo proclama a liberdade de expressão e de consciência, deve toda população ter acesso ao direito social à educação para formar livremente a sua consciência política, filosófica e religiosa". A esse entendimento a doutrina denomina, como já se afirmou, indivisibilidade dos direitos fundamentais.[132]

Tais direitos, ditos sociais, para serem concretizados, carecem de ações prestacionistas, a despeito de existirem, também, alguns que não implicam uma ação estatal positiva diretamente relacionada a eles, como os direitos à greve e à sindicalização. Em regra, entretanto, os direitos sociais demandam a formulação de políticas públicas para serem concretizados e estas implicam o dispêndio de recursos públicos. Como os mesmos são marcados pela finitude, existe a necessidade de elaboração de estratégias para a sua realização, que se traduzem em escolhas alocativas, a serem conduzidas por juízos políticos.

Por ser a promoção dos direitos sociais uma nova tarefa da Administração Pública, resultante da transformação do Estado Liberal em Social, decorre, por óbvio, a necessidade de seu controle pelo Poder Judiciário, dentro da mesma proposta constitucional engendrada para a limitação do poder estatal. Surge, então, o problema sobre o qual esta obra se debruça: como efetuar este controle, já que a efetivação dos direitos sociais demanda a tomada de decisões políticas positivas,

---

como aquela que confira ao povo o protagonismo no processo decisório do Estado através da criação de mecanismos vários que garantam a participação na definição das prestações públicas civilizatórias, pode impedir que os direitos fundamentais sejam determinados e aplicados de forma a permitir a realização de interesses das elites econômicas que cooptam o agir estatal.

[132] Cumpre registrar, outrossim, o entendimento de Pergolesi (apud MAGALHÃES, 2002, p. 84) de que a distinção entre direitos individuais e sociais não é absoluta, mas meramente convencional, uma vez que todo direito seria, ao mesmo tempo, social e individual.

prerrogativa esta que carece ao Judiciário? De fato, leciona Hesse (1998, p. 412) que a formação democrática da vontade política deve ser feita pelo Legislativo, cabendo ao Judiciário a aplicação do direito formulado pelo parlamento aos casos concretos onde houver conflito, de modo a proporcionar a necessária segurança jurídica para o desenrolar das relações sociais.[133]

Abordando o problema em questão, Bucci (2002, p. 269) afirma que "Parece relativamente tranquila a idéia de que as grandes linhas das políticas públicas, as diretrizes, os objetivos, são opções políticas que cabem aos representantes do povo [...]", sendo claro que estes se encontram nos Poderes Legislativo e Executivo, que têm seus cargos providos mediante eletividade.

Certo é, entretanto, que o princípio da separação de poderes, inicialmente formulado sob a égide do paradigma liberal, carecerá de adaptações para acompanhar as mudanças na realidade político-jurídica, que ora contempla a proposta social, uma vez que o referido princípio consiste em um fenômeno jurídico contextualizado historicamente.[134][135]

Dessa forma, não toca ao Poder Judiciário a prerrogativa de formulação nem de implementação de políticas públicas, mas, sim, o poder-dever de impor a execução das medidas estabelecidas em lei, de acordo com sua matriz constitucional, sendo esta a acepção da função

---

[133] "Direito Judicial não nasce no processo de formação da vontade política; ele, por conseguinte, não é capaz de substituir o direito nascido no procedimento legislativo democrático e ele não é legitimado democraticamente em medida igual como o direito decidido pelo parlamento. Os efeitos racionalizadores e estabilizadores da sentença judicial mal chegam àqueles das leis. Sem dúvida, decisão judicial é capaz de diferenciar, mais cuidadosamente, ela facilita o ajuste a situações problemáticas alterantes e ela é capaz de satisfazer antes as exigências, características da atualidade, de uma justiça concreta e relacionada com o caso; mas, mesmo uma prática judicial consolidada, não pode desenvolver os mesmos efeitos racionalizadores e estabilizadores como uma regulação legal clara" (HESSE, 1988, p. 412).

[134] Assim, inclusive, formulou Hesse (1998, p. 368): "As doutrinas da divisão de poderes de Locke, Montesquieu ou do *federalista*, nas quais ele se moldou, mal tem em comum algo com as dogmatizações posteriores, as quais têm em vista o legislativo como estabelecimento de normas, a atividade judicial como procedimento que se efetua mecânico-logicamente e pretendem validez e supra-temporal-geral; mas, sim, elas são doutrinas históricas que, em uma situação histórica determinada, querem trazer forças políticas reais e sua atividade em uma liberdade política asseguradora de ordem. Tampouco como naquela época, o princípio da divisão de poderes deixa-se, hoje, separar da ordem estatal histórico-concreta e de seus pressupostos. Ela ganha configuração na Constituição e, com a divisão de poderes, tem consideração jurídico-constitucional como uma forma histórica atual e contornos claros" Negrito próprio.

[135] A primeira aplicação prática da teoria da separação de poderes se deu na Constituição norte-americana de 1787. E nela já foram inseridas modificações significativas em relação à doutrina de Montesquieu (2004) para adaptá-la à realidade dos Estados Unidos, como, por exemplo, a substituição do monarca pelo Presidente da República.

política do Poder Judiciário. Segundo Krell (2002, p. 97), "a atividade de interpretação e realização das normas sociais na constituição implicaria, necessariamente, um alto grau de *criatividade* do juiz, o que, por si, não o tornaria um 'legislador'".

Além de determinar a concretização dos direitos sociais nos termos estabelecidos em lei, o Poder Judiciário deverá, de acordo com o que foi exposto nos capítulos anteriores, proceder a um juízo de ponderação entre os direitos conflitantes e, com base nas máximas da concordância prática e da proporcionalidade, levar a efeito os retoques necessários às escolhas alocativas implementadas pela Administração Pública, sempre que esta deixar de observar, neste processo decisório, os parâmetros jurídicos corretos. A intervenção do Judiciário será induvidosa, como se viu, diante da ausência de satisfação do núcleo essencial do direito social, que não comporta restrição juridicamente aceitável a sua concretização. Será, de igual modo, imperativa a sua manifestação perante a violação dos demais limites registrados à restrição dos direitos fundamentais, quais sejam, a generalidade, a abstração e a irretroatividade da lei limitadora. Por fim, deve ser observada, também, sua satisfação ao requisito finalístico, uma vez que só se admite a restrição de um direito fundamental para a implementação de outro de maior peso, o que remete, novamente, o Judiciário, ao juízo de ponderação, para o exercício do controle da atividade administrativa de concretização dos direitos sociais.

Não se olvide que, para tanto, o Judiciário se erige em órgão devidamente legitimado. A legitimidade, segundo Böckenförde (2000, p. 48) consiste na justificativa racional oferecida pelo povo do domínio político, assim entendido o poder de homens sobre homens. Segundo o autor, o poder político exercido pelos órgãos estatais deve, sempre, num Estado Democrático, retrotrair à vontade do povo, de maneira que se possa concluir que é o próprio povo que atua através dos mesmos.

Para Böckenförde (2000, p. 57), os poderes estatais Legislativo, Executivo e Judiciário receberam legitimação do Constituinte, sendo detentores da chamada legitimidade democrática funcional e institucional. Esta espécie de legitimidade, todavia, deve ser complementada pela orgânico-pessoal, que pressupõe a ocupação de cargos públicos responsáveis pela gestão dos assuntos estatais a uma cadeia de legitimação ininterrupta que retrotrai ao povo, e pela material, que exige que o conteúdo da ação estatal se concilie com a vontade deste povo, podendo ser concretizada através da atribuição do poder de legislar a um Parlamento composto por representantes eleitos e pela vinculação dos outros poderes do Estado às leis por ele elaboradas. Desta maneira, a legitimidade do Judiciário advém de sua instituição como poder estatal pela própria Constituição, pela nomeação ou indicação dos juízes e por sua vinculação à lei.

A ofensa à separação de poderes quando do controle judicial das políticas públicas concretizadoras dos direitos sociais foi afastada pelo Supremo Tribunal Federal, sendo tal entendimento consolidado na jurisprudência do referido tribunal, conforme exemplifica a ementa do agravo regimental em recurso extraordinário nº 1.165.054 (BRASIL, 2019):

> RECURSO EXTRAORDINÁRIO – AÇÃO CIVIL PÚBLICA PARA ELABORAÇÃO DE PLANO MUNICIPAL DE CONTROLE DA TUBERCULOSE – OBRIGAÇÃO JURÍDICO- –CONSTITUCIONAL QUE IMPÕE AO PODER PÚBLICO O DEVER DE OBSERVÂNCIA DO DIREITO CONSTITUCIONAL DA SAÚDE (CF, ART. 196 E SEGUINTES) – IMPLEMENTAÇÃO DE POLÍTICAS PÚBLICAS – VIOLAÇÃO AOS PRINCÍPIOS DA SEPARAÇÃO DOS PODERES E DA RESERVA DO POSSÍVEL – INOCORRÊNCIA – DECISÃO QUE SE AJUSTA À JURISPRUDÊNCIA PREVALECENTE NO SUPREMO TRIBUNAL FEDERAL – CONSEQUENTE INVIABILIDADE DO RECURSO QUE A IMPUGNA – SUCUMBÊNCIA RECURSAL – (CPC, ART. 85, § 11) – NÃO DECRETAÇÃO, NO CASO, ANTE A AUSÊNCIA DE CONDENAÇÃO EM VERBA HONORÁRIA NA ORIGEM – AGRAVO INTERNO IMPROVIDO. (BRASIL, 2019)

Como se percebe, o Supremo Tribunal Federal considera legítimo o controle do Poder Judiciário sobre as políticas públicas, e registra, inclusive, que, como foi dito, a despeito da reserva do possível, a intervenção deve se dar em garantia da preservação do mínimo existencial ou do núcleo essencial de cada direito fundamental social. No caso do direito à saúde, ficou assentado que ele consiste nos serviços públicos de saúde imprescindíveis para a preservação da vida. Nestas hipóteses, sem a exclusão de outras, é iniludível e inquestionável a possibilidade de controle judicial das políticas públicas de saúde. Este entendimento consolidou-se, acertadamente, após a realização da audiência pública da saúde em abril de 2009, como se infere do julgamento do Agravo Regimental na Suspensão de Liminar nº 47 (BRASIL, 2010b), que teve por agravante o Estado de Pernambuco; por agravada, a União Federal e por relator, o Ministro Gilmar Mendes. Por unanimidade de votos, os ministros do Supremo Tribunal Federal mantiveram a liminar proferida em ação civil pública que determinou ao Estado a manutenção do hospital público do Município de Petrolina em condições adequadas de funcionamento. Demonstraram que não se tratava, na espécie, de implementação de política pública pelo Poder Judiciário, mas apenas de determinação ao Executivo que implementasse, em virtude de sua essencialidade, a já existente.

De igual turno, o Superior Tribunal de Justiça, ao julgar o Recurso Especial nº 1.734.315 (BRASIL, 2018), tendo por relator o Ministro Herman Benjamin, exarou acórdão decidindo apelação em ação civil pública visando a obrigar o Estado de Goiás a melhorar as instalações do Instituto Médico Legal localizado no Município de Luziânia, responsável por atender outros oito municípios da região. Com fundamento nos direitos à saúde e ao meio ambiente ecologicamente equilibrado, a decisão da referida corte ressaltou a importância da atuação da instituição na satisfação das necessidades locais, sendo reputada como inadmissível a demora do Poder Executivo na melhoria das suas instalações. Ressaltou a decisão, ainda, que o Superior Tribunal de Justiça possui entendimento consolidado no sentido de que pode o Poder Judiciário, em caráter excepcional e constatada a demora da atuação dos demais poderes, determinar "[...] a implementação de políticas públicas de interesse social, sem que haja invasão da discricionariedade ou afronta à reserva do possível" (BRASIL, 2018). Complementa a decisão com o posicionamento ora sustentado por este trabalho, qual seja, da viabilidade da intervenção judicial sempre que se encontra ameaçado o mínimo social pela atuação deficiente ou invasiva dos poderes públicos (BRASIL, 2018).

Assim, o controle do Judiciário sobre a atividade política dos Poderes Legislativo e Executivo de concreção dos direitos sociais reputa-se consentâneo com o princípio da separação dos poderes, uma vez que atende ao pressuposto que orientou a própria edificação da doutrina separatista, qual seja, o de que todo poder deve ser limitado. A implementação dos direitos sociais consiste em nova tarefa administrativa decorrente da versão social do Estado, e, por esta razão, não subsiste óbice para sua sujeição ao Poder Judiciário.

Ressalte-se, como se viu, que o controle judicial sobre tal atividade dar-se-á consoante parâmetros jurídicos, extraídos da teoria dos direitos fundamentais. Alguns doutrinadores, entretanto, consideram que este controle jurídico sobre a concreção dos direitos sociais consiste em atividade política do Judiciário, conformada à Constituição e às leis existentes.

Realçam, contudo, que a função política do Judiciário não se confunde com uma assunção de decisões políticas que caberiam aos poderes eleitos pelo povo, consoante repartição de competências operada pela Constituição, nem num alinhamento com estes poderes, mas reputa-se, tão somente, no exercício de seu dever de controle. A independência do Judiciário, especialmente na aplicação da vontade política constitucional, é a forma de cumprimento de sua missão, inclusive em seu aspecto político. O eventual apoio do Judiciário ao Executivo e ao Legislativo consistiria num retrocesso no modelo organizacional do Estado, conduzindo à arbitrariedade e instabilidade institucionais, próprios de regimes anteriores à formação da República.

Ainda que se reconheça legitimidade ao Judiciário para exercer o controle da função política, devem-lhe ser gizados limites para o exercício dessa competência, como a não deliberação sobre questões cuja decisão política foi atribuída constitucionalmente aos outros dois poderes ou à sociedade, mediante procedimentos de participação popular. Registre-se, entretanto, que, com a submissão do ato político ao Direito procedida pelo novo constitucionalismo, o espaço para a sua imunidade ao controle judicial restou muito restrito, senão eliminado. De fato, toda competência política deve ser exercida sob os ditames jurídicos da Constituição e das leis, cuja efetividade é controlável, pois, pelo Judiciário.

4.2 O caráter normativo dos direitos sociais

A incorporação dos direitos sociais nas Constituições modernas alterou substancialmente o seu perfil. As Constituições liberais primavam pela concisão e instituíam um Estado apto a proteger um rol de direitos fundamentais individuais. Bonavides (2003a, p. 228) chega a afirmar que "a brevidade de seus textos impressiona", tributando tal laconismo "à sua inteira indiferença ao conteúdo e substância das relações sociais". Sendo negativa a natureza dos direitos individuais por ela consagrados, a Constituição poderia limitar-se a prever as formas de sua sustentação, através da edificação de uma estrutura estatal apta para tanto. A atividade legislativa dessa época era, portanto, mais enxuta, o que viabilizava, inclusive, a elaboração de leis mais perfeitas. Viável, outrossim, que o Legislativo pudesse se anteceder às ações estatais – visto que estas seriam em menor número – e, dessa forma, disciplina-las em lei, dando ensejo, assim, ao clássico princípio da legalidade.[136] De

---

[136] Sob a égide do Estado Liberal, o princípio da legalidade apresentava a concepção de que "na Administração Pública só é permitido fazer o que lei autoriza" (MEIRELLES, 2016, p. 93). Esta acepção do princípio era possível, como dito, porque as tarefas administrativas eram parcas; o Estado Liberal limitava-se a prover a ordem pública e proteger a nação contra agressões externas. Além de poucas, as tarefas administrativas de então se caracterizavam

igual sorte, a ação jurisdicional de controle do Estado estava voltada à contenção de qualquer vilipêndio aos direitos fundamentais e à checagem da adequação do agir administrativo às leis.

O surgimento dos direitos sociais implicou transformações substanciais e formais nos textos constitucionais. "Direitos sociais concernentes às relações de produção, ao trabalho, à educação, à cultura, à previdência, representavam uma estupenda novidade, um campo por inteiro distinto, desconhecido ao Direito Constitucional clássico" (BONAVIDES, 2003a, p. 233). Não houve, entretanto, apenas um alargamento no rol dos direitos colocados sob a tutela estatal, mas as Cartas Magnas passaram, sobretudo, a contemplar a forma de sua implementação, regulando, em suma, o poder estatal, a sociedade e o indivíduo. Com a extensão material das demandas estatais, aliada ao crescente incremento na complexidade dos serviços públicos, o Legislativo não mais conseguiu disciplinar, em lei, toda e qualquer ação administrativa.

Inicialmente, percebeu-se que os direitos sociais não teriam a mesma aplicabilidade imediata que os então direitos de liberdade, o que implicou, neste momento, uma queda da juridicidade constitucional, mediante socorro à programaticidade. De fato, as normas programáticas, permitindo os primeiros contornos do Estado Social, surgiram como o remédio para a crise do Estado Liberal e tiveram a importante missão de resgatar o consenso entre o Estado e a sociedade, com escólio na proposta intervencionista.

Logo, porém, ressurgiram os teóricos da juridicidade constitucional, consolidando a natureza jurídica da Constituição mediante o entendimento da força vinculante das suas normas. De mera "folha de papel" – para usar a expressão de Lassale (2001, p. 17) –, com conteúdo meramente diretivo, as Constituições passaram a ser concebidas como

---

por ser marcantemente interventivas, o que exigia que as mesmas fossem disciplinadas e autorizadas por lei. Com a transmutação para o Estado Social, entretanto, multiplicadas as demandas do Estado, tal entendimento sobre o princípio da legalidade deixou de ser sustentável, uma vez que, diante do incremento no volume e na complexidade dos serviços públicos, o Legislativo não mais teve condições de prever em lei todas as ações estatais necessárias para o cumprimento dos misteres sociais que lhe passaram a ser constitucionalmente outorgados. Assim, no implemento de ações positivas, o Estado passou a ter legitimidade para agir com lastro unicamente na Constituição, observadas suas normas. Para agir restritivamente, porém, permaneceu a necessidade de previsão legal da conduta. Esta mudança, ao lado da assunção da força normativa das normas constitucionais, implicou a transformação do conteúdo jurídico do princípio da legalidade, que passou a significar a vinculação da Administração ao ordenamento jurídico como um todo, e não apenas às leis. Em virtude disso, fala-se, hodiernamente, em *princípio da juridicidade*, em substituição ao *princípio da legalidade*, como sugere Baptista (2003, p. 107-116).

normas jurídicas que ocupam a cúspide do sistema, tornando, pois, obrigatória a sua observância pelos poderes constituídos e pelo povo. Elucidativas são as palavras de Barcellos (2006, p. 32) a respeito deste momento do constitucionalismo, ao qual a doutrina convencionou denominar neoconstitucionalismo:

> Do ponto de vista metodológico-formal, o constitucionalismo atual opera três premissas fundamentais, das quais depende em boa parte a compreensão dos sistemas jurídicos ocidentais contemporâneos. São elas: **(i)** a normatividade da Constituição, isto é, o reconhecimento de que as disposições constitucionais são normas jurídicas dotadas, como as demais, de imperatividade; **(ii)** a superioridade da Constituição sobre o restante da ordem jurídica (cuida-se aqui de Constituições rígidas, portanto); e **(iii)** a centralidade da Carta nos sistemas jurídicos, por força do fato de que os demais ramos do Direito devem ser compreendidos e interpretados a partir do que dispõe a Constituição. Essas três características são herdeiras do processo histórico que levou a Constituição de documento essencialmente político e dotado de baixíssima imperatividade, à norma jurídica suprema, com todos os corolários técnicos que essa expressão carrega.

Bonavides (2003a, p. 226) explica que a assunção da normatividade dos textos constitucionais apenas foi possível quando foram consolidadas as conquistas liberais de superação do modelo absolutista de Estado, uma vez que, até então, a Constituição, ao revés de apresentar-se como documento jurídico, continha nítida faceta político-filosófica. Relata o autor que, inicialmente, a Declaração de Direitos fora apresentada por Robespierre como a Constituição de todos os povos, o que demonstrou que a mesma nasceu como uma carta de princípios, com a índole de um manifesto ou plataforma revolucionária, antiabsolutista. Apenas no início do século XX teve início o desenvolvimento das doutrinas que a qualificavam como parte positiva do Texto Constitucional.

Já nas últimas décadas do século passado, as novas Constituições ressaltaram a natureza axiológica dos princípios, que passaram a ocupar o pedestal do arcabouço jurídico, e deram início, portanto, à fase denominada de Pós-Positivismo.

Enquanto norma jurídica, surgiu o dever estatal de cumprimento dos preceitos constitucionais e o dever do Poder Judiciário de verificar a adequação da atividade administrativa a seus contornos. Este, portanto, é o fundamento jurídico para o controle jurisdicional das políticas públicas e da eficácia dos direitos sociais: como normas, centrais e superiores do sistema jurídico, cumpre ao Poder Judiciário, no exercício de sua competência de controle, o poder-dever de garantir a eficácia dos direitos sociais. É o que percebe Carvalho Filho (2015, p. 1058), ao afirmar, em relação aos atos políticos, entre os quais se situam os de formulação das políticas públicas de implementação dos direitos sociais, que "[...] a doutrina já se pacificou no sentido de que mesmo tais atos são sujeitos a controle pelo Judiciário quando ofendem direito individual ou coletivo [...], porque, nesse caso, preleva o princípio da supremacia da Constituição".

A vinculação do Poder Executivo aos direitos sociais, inclusive no que tange à formulação de políticas públicas, é inolvidável, como deixa claro Canotilho (2002, p. 445):

> A força dirigente dos direitos fundamentais relativamente ao poder executivo impõe-se mesmo perante os tradicionais *actos de governo*, praticados no exercício de uma função política ou governamental. Se, em geral, é difícil dar operatividade prática ao controlo dos actos políticos, embora seja inequívoca sua vinculação ao princípio da constitucionalidade – art. 3º/3 – e ao princípio da eficácia direta dos direitos fundamentais – art. 18ª/1 –, parece segura a aplicação destes dois princípios, com a consequente possibilidade de controlo judicial, quanto um "acto político" é, na realidade, um acto administrativo directamente violador de direitos fundamentais (ex.: a chamada *vinculação aos direitos fundamentais do poder dirigente da política externa*).

A teoria dos princípios, aliada à máxima da proporcionalidade,[137] responde à indagação sobre como este controle deve ser feito, considerando as limitações democráticas do órgão judicial perante a necessidade da tomada de decisões políticas para a alocação dos escassos recursos públicos. Esta, outrossim, a conclusão de Dias *et al.* (2008),

---

[137] Deve-se registrar que novas contribuições teóricas têm proporcionado o desenvolvimento de novos parâmetros para a melhor aplicabilidade da máxima da proporcionalidade e, em especial, da sua terceira submáxima, qual seja, a proporcionalidade em sentido estrito. Ilustrativamente, Klatt e Meister (2015, p. 33) definem que a técnica do sopesamento, aplicada ao último estágio do exame proporcionalidade, deve considerar "[...]o peso abstrato de princípios colidentes e a segurança cognitiva das premissas adotadas". O primeiro critério enunciado pelos autores suscita a demarcação, abstratamente, de maiores pesos a determinados princípios quando comparados a outros princípios em rota de colisão. Tal situação é verificada, por exemplo, quando são cotejados os pesos de princípios definidores de direitos fundamentais e os pesos de princípios que não portadores da referida qualidade. Como consequência dessa análise, maior ônus argumentativo deverá ser desempenhado para a intervenção no primeiro princípio em comparação ao segundo. No tocante ao segundo parâmetro definido pelos autores, procede-se à avaliação entre o nível de interferência nos princípios e a utilização de argumentos suficientemente seguros para tanto. Corresponde o segundo parâmetro a uma avaliação de cunho prognóstico (KLATT; MEISTER, 2015, p. 33).

que reconhecem a ampliação do controle dos atos administrativos pelo Poder Judiciário e a tributa à mudança de perspectiva da legalidade administrativa para a juridicidade, à análise da constitucionalidade dos atos administrativos, no âmbito de um controle difuso de constitucionalidade e ainda à possibilidade de aplicação de outros métodos hermenêuticos na interpretação das normas jurídicas, que ampliam a própria ideia de ordenamento jurídico, incluindo nele também os princípios positivados. Concluindo a análise desses fatores, arremata a autora registrando que a ampliação desse controle "deriva de novos arsenais teóricos construídos nas últimas décadas, entre os quais se destacam, pela sua importância: o princípio da proporcionalidade" (DIAS *et al.*, 2008), entre outros.

É certo que, diante da imperatividade das normas constitucionais, diferentes posturas jusfilosóficas podem ser assumidas, o que impinge a existência de diversas concepções teórico-jurídicas a respeito do controle constitucional das políticas públicas. A primeira acepção consiste na versão *substancialista*, centrada na ideia de que cabe, apenas, à Constituição definir o conjunto axiológico que norteia as decisões políticas; a segunda, designada de *procedimentalista*, considera que apenas toca ao Texto Constitucional o dever de garantir o funcionamento adequado do sistema de participação democrática, de forma que cada geração possa efetuar suas próprias decisões materiais. A postura procedimentalista[138]

---

[138] Hart foi o maior defensor do procedimentalismo. Na concepção de Silva, C. (2005, p. 01), "qualquer que seja a postura de 'preenchimento do significado da norma constitucional' que se filie (valores do juiz, direito natural, razão, tradição, consenso, princípios neutros ou predição do progresso) não há qualquer motivo para supor que os juízes possam por si só alcançar tais 'verdades' ou que o parlamento não seja mais legítimo para esta procura. Não há por que continuar a aceitar a tese da relativa inofensividade do judiciário ('least dangerous branch'), diz Ely, quando constatamos a progressiva ingerência nas esferas dos demais poderes (sob pena de crime de 'desobediência') e a ausência de qualquer espécie de controle sobre si próprio. O autopoliciamento do Poder Judiciário é necessário para evitar o risco da desmoralização deste fundamental poder. [...] Reforça, portanto, um esquema de atuação mais processualista em detrimento de uma concepção 'paternalista' (3) de controle de constitucionalidade em que o jurista protege o povo da irracionalidade do legislador. Suas palavras aqui são categóricas: 'se o parlamento não é suficientemente democrático, então o que devemos fazer é reforçar a democracia do Parlamento e não colocar os juízes acima deles por considerá-los mais capazes de interpretar o sentimento popular'. Não por coincidência, sua teoria é chamada de 'democratic reinforcement'. Sua leitura da Constituição americana a vê como dotada, na sua parte mais ampla e relevante, de uma série de mecanismos que fizeram possível a participação, em condição de igualdade, de todos os interessados na tomada de decisões que lhes afetem ('our constitution has always been substantially concerned with preserving liberty... The principle answers to that are by a quite extensive set of procedural protections, and by a still more elaborate scheme designed to censure that in the making of substantive choices the decision process will be open to all on something approaching an equal basis, with the decision makers held to a duty to take into account the interests of all those their decisions affect' (4). A única tarefa jurisdicional

permite às decisões políticas maior imunidade ao controle judicial, uma vez que, a despeito de reconhecer algumas premissas materiais como substrato para as decisões democráticas subsequentes, hesita em considerar vinculante às gerações seguintes o conteúdo ético-valorativo registrado constitucionalmente por outra, em determinado contexto histórico. A concepção substancialista, ao revés, exige que tal controle seja rigorosamente efetuado em juízo.

Substancialistas e procedimentalistas, entretanto, fazem uma só voz para considerar que os direitos fundamentais consistem num "consenso mínimo" oponível a qualquer grupo político e a qualquer geração, uma vez que são considerados tanto como elementos valorativos essenciais como garantias mínimas necessárias ao bom funcionamento do procedimento de deliberação democrática.

O que se infere, portanto, é que a assunção dos direitos sociais implicou alterações profundas na postura do Direito e do Judiciário, e ensejou o que Cappelletti (1999, p. 34) denominou "revolta contra o formalismo" e o exercício da atividade de ponderação do juiz na aplicação dos direitos sociais, já que, agora, vazados em normas, são vinculantes a todos os poderes constituídos do Estado.

4.3 A inafastabilidade da jurisdição

Uma das garantias constitucionais referentes ao processo diz respeito ao controle jurisdicional, expresso na Constituição no inciso XXXV do art. 5º sob o texto de que "a lei não excluirá da apreciação do judiciário lesão ou ameaça a direito" (BRASIL, 1988).

Se ao Poder Judiciário não cabe a formulação das políticas públicas de concreção dos direitos sociais, daí não se infere que não compete a ele efetuar o controle do exercício dessa função. Dessa forma, se uma política pública viola direitos ou deixa de contemplá-los indevidamente, a questão assume a roupagem de um conflito jurídico.

Esse dispositivo é interpretado pelos autores de Direito Processual como o que alberga o princípio da inafastabilidade, universalidade ou da unicidade de jurisdição, que, nas palavras de Theodoro Jr. (2018, p. 66), corresponde a "direito subjetivo público reconhecido a todos de acesso à Justiça estatal para dela obter a tutela aos direitos subjetivos

---

adequada à separação de poderes é garantir que estes canais funcionem adequadamente. Então duas grandes qualidades dos juízes reforçam sua predisposição para esta tarefa: a familiaridade com processos e procedimentos e a sua citada imparcialidade frente ao sistema político".

lesados ou ameaçados de lesão". Tal assertiva vincula-se ao impedimento de que o juiz deixe de decidir, sob qualquer pretexto, como determina, inclusive, a regra inserta no art. 140 da Lei nº 13.105 (BRASIL, 2015), que versa que "O juiz não se exime de decidir sob a alegação de lacuna ou obscuridade do ordenamento jurídico" (BRASIL, 2015).

Bandeira de Mello (2013, p. 124) lembra que os atos praticados pela Administração Pública também se submetem ao controle do Judiciário em virtude do princípio em questão, e aduz que, ao contrário do que ocorre em outros países, "não há órgãos jurisdicionais estranhos ao Poder Judiciário para decidir, com força específica, sobre as contendas entre Administração e administrados".

Dessa forma, cabe ao Poder Judiciário todo o controle sobre a juridicidade dos atos administrativos de implementação das políticas públicas,[139] comissivos ou omissivos, de efeitos concretos ou não, devendo, no exercício deste mister, anular atos inválidos, aplicar condenações pecuniárias ou impor à Administração a adoção de condutas necessárias.

Freitas (2004, p. 68-71) elenca, ainda, alguns outros desdobramentos deste princípio, como a desnecessidade de exaurimento da via administrativa para a provocação do Judiciário e a exclusividade da coisa julgada proferida em juízo. A ação jurisdicional sobre a qualidade dos atos administrativos faz-se imperativa para que o Judiciário não se torne, como afirmou Montesquieu (2004, p. 167), um "poder nulo".

Cumpre rememorar, todavia, que a tutela jurisdicional dos interesses legítimos oponíveis ao Estado apenas é possível nos países, como o Brasil, que adotam jurisdição una. De fato, explica Virga (2001, p. 155) que alguns Estados entenderam que o princípio do Estado de Direito e seu corolário princípio da separação dos poderes exigia a edificação de uma jurisdição administrativa na qual as eventuais ilicitudes da Administração Pública pudessem ser corrigidas e afastadas.[140] Reconhece o autor que, na realidade, tais princípios constitucionais não são obstáculo para o controle judicial do Poder Executivo, que pode

---

[139] Davi (2008, p. 93) esclarece que, com a assunção da normatividade constitucional, que conduz à vinculação da Administração Pública em relação a todas as suas atividades, e ao estreitamento do diálogo entre a burocracia e política, não se pode sequer sustentar uma diferença de fato entre ato administrativo e ato político.

[140] Explica Rivero (1981, p. 24) que a separação entre a jurisdição ordinária e a administrativa, confiada ao Conselho de Estado, é um dos traços essenciais do sistema francês, tendo sido importantíssima para o desenvolvimento autônomo do Direito Administrativo, uma vez que o juiz ordinário ter-lhes-ia dispensado o tratamento usual que lhes era familiar, qual seja, o do direito privado.

ser efetuado dentro de limites assinalados constitucionalmente, apesar de considerar problemática a possibilidade de o Judiciário anular um ato administrativo ou determinar à Administração Pública a adoção de uma ação positiva.

Acrescente-se, ainda, que a mera subordinação institucional da Administração Pública ao controle do Judiciário também não se faz suficiente para garantir o controle das ações executivas e coarctar as antijuridicidades ou omissões perpetradas no desempenho dessa função estatal. Apostolova (1998, p. 38) reconhece que a universalidade e a inafastabilidade da tutela jurisdicional representa um avanço em relação à coibição dos excessos do poder, mas denuncia que, sob o prisma sociológico, o monopólio da jurisdição não corresponde à realidade das rotinas. Segundo ele, as classes sociais mais baixas não têm, de fato, acesso ao Judiciário "a não ser na condição de réus em processos criminais" (APOSTOLOVA, 1998, p. 38). Essa realidade fez surgir, de acordo com o autor, um direito paralelo e uma justiça paralela – menos justa, entretanto, que a oficial – para os marginalizados, de forma que seria necessária a real democratização e aperfeiçoamento do Poder Judiciário para garantir a eficácia das conquistas políticas da modernidade.

Considera ele, ademais, que parte do insucesso social da atuação do Judiciário deve-se à sua recusa, arraigada em sua estrutura liberal, em assumir parte da sua responsabilidade na concretização das políticas públicas típicas do Estado Social. Apostolova (1998, p. 41) acredita que, no Brasil, o movimento dos Juízes Alternativos e Democráticos, a despeito de minoritário, apresenta o necessário perfil pós-moderno apto a resgatar o Poder Judiciário da crise de legitimidade em que se inseriu. Santos (1996a, p. 45 *apud* APOSTOLOVA, 1998, p. 185) perfilha o mesmo entendimento, destacando "o Brasil como o país no qual, apesar do predomínio de uma cultura jurídica cínica e autoritária, se multiplicam os sinais do ativismo dos juízes comprometidos com a tutela judicial eficaz de direitos".

De fato, a mudança na estrutura normativa em virtude do advento do princípio da socialidade do Estado engendrou uma série de alterações no sistema jurídico que permite a preocupação do jurista com os menos favorecidos e a sua proteção contra a marginalização econômica própria do capitalismo. Cumpre, portanto, ao Judiciário responder a essa exigência, social e normativa, e garantir, de fato, não somente o acesso à justiça formal, mas o real acesso aos direitos ou à justiça material.

Este papel, importante por si só, ganha ainda mais realce na temática do controle dos direitos sociais, mormente do direito à saúde, quando a ingerência do Poder Judiciário pode representar a salvaguarda de condições necessárias à preservação da dignidade humana (como é próprio de todo direito social) e também da vida de muitos.

Certo é que o controle judicial há de ser feito à luz dos parâmetros jurídicos já apontados e que, desta maneira, não remanesce ao juiz um poder de decisão arbitrário ou, até mesmo, caridoso, como se pode supor, quando questões de vida ou morte são levadas à sua apreciação. Entretanto, a existência da esfera jurisdicional como instância de controle das ações administrativas, inclusive as pertinentes às políticas públicas de implementação dos direitos sociais, implica inafastável garantia de que as decisões da Administração Pública poderão, caso necessário, ser retocadas e reconduzidas ao trilho da juridicidade, apta a viabilizar a almejada justiça social. De fato, o Direito visa a oferecer parâmetros de organização social que propiciem condições de vida e de dignidade equânimes a todos. Deve, pois, ser o fio condutor da atividade estatal exercida por quaisquer dos poderes constituídos; a sua garantia é a missão do controle judicial.

4.4 Perspectivas democráticas do controle judicial das políticas públicas

O atual estágio de desenvolvimento do princípio democrático tem ocasionado, nas palavras de Vianna *et al.* (1999, p. 15), "uma crescente institucionalização do Direito na vida social", fazendo com que relações há pouco inacessíveis a ele passem a sofrer, cada vez mais, a influência da jurisdição. Na vida pública, este fenômeno cresce progressivamente, conduzindo ao que se denomina judicialização da política ou ativismo judicial. Nas palavras de Toledo (2017, p. 279), esse fenômeno debate se a "[...] atuação do Judiciário é decorrência do devido cumprimento de sua função de controle dos atos (e omissões) dos outros poderes públicos, segundo as determinações constitucionais, ou se ela configura ativismo judicial [...]" e, portanto, interferência indevida na competência dos Poderes Executivo e Legislativo.

Os estudiosos das ciências sociais apontam no sentido de que as frustrações decorrentes das promessas não cumpridas do Estado Social colaboram para a busca da realização dos direitos através do Judiciário, como um indicador de que ele teria se tornado um refúgio de um ideal desencantado. Assim, o recurso ao Judiciário representa antes um fenômeno social, e não jurídico, "uma resposta à desqualificação da política e ao derruimento do homem democrático", de acordo com Vianna *et al.* (1999, p. 25). Os autores analisam o incremento da participação do Judiciário nas decisões políticas como inversamente proporcional ao descrédito que afeta as demais instituições, justificando a "migração do ideal simbólico da democracia para o da Justiça". A intervenção judicial figura, neste contexto, como a última esperança de realização dos valores igualitários perseguidos pelo Estado Social e pela democracia, implicando uma transformação da própria concepção do Poder Judiciário, que, até então visto como o *locus* da punição, da retaliação social, passa a ser concebido como instituição construtiva.

Casagrande (2008, p. 46) apresenta outros relevantes fatores que contribuíram para o fenômeno do incremento da atuação do Judiciário na vida pública, quais sejam, a ampliação do sistema de controle de constitucionalidade, a independência do Poder Judiciário e do Ministério Público, o alargamento do acesso ao Judiciário através de novas formas processuais, como as ações coletivas, e das instituições como a Defensoria Pública e o Ministério Público.

Como efeito colateral dessa transmutação institucional do Judiciário, outras vias de mediação, como as associações e os partidos políticos, terminam enfraquecidos. Sob esta perspectiva, a judicialização das relações sociais e políticas representaria a ruína do paradigma da "soberania popular" construído desde os idos da Revolução Francesa, e substitui a autonomia cidadã pela figura do "cidadão-cliente" ou do "cidadão-vítima" (VIANNA *et al.*, 1999, p. 16). A erosão do civismo redunda na busca desesperada da salvaguarda dos direitos fundamentais. Implica, entretanto, a exclusão do indivíduo do processo de formação da vontade pública.

Esta concepção encontra asilo na proposta de Habermas (2003), para quem os cidadãos devem atuar politicamente, sem dependência da intermediação dos tribunais. Isto justifica sua assertiva procedimentalista, por meio da qual o Direito deveria limitar-se a assegurar as condições necessárias para a concretização dos ideais insertos na Constituição a ser levada a cabo pelos próprios membros da comunidade jurídica.

Para ele, numa democracia, a Corte Constitucional deve cingir-se a garantir o funcionamento legítimo das instituições, como, por exemplo, através da proteção do devido processo legislativo, e não como guardiã de uma ordem suprapositiva de valores substanciais.

Se, entretanto, não se coaduna com esta concepção formal que deposita todas as oportunidades de realização democrática na deliberação popular, sabidamente adormecida na sociedade brasileira, também se reconhece, lado outro, o risco que o excesso de outorga de poder ao Judiciário pode representar para os ideais democráticos. É o que se constata, por exemplo, com a adoção do modelo das súmulas vinculantes no Brasil, mediante a inserção constitucional do art. 103-A pela Emenda Constitucional nº 45 (BRASIL, 2004a).[141] Tal modelo, à guisa de oferecer uma resposta ao amontoado de processos no Judiciário que arranhavam sua legitimidade com a consequente delonga do pronunciamento jurisdicional, oculta o principal problema da magistratura nacional, qual seja, o seu persistente despreparo para lidar com conflitos transindividuais, próprios de uma sociedade conflituosa pela desilusão com o paradigma não alcançado da socialidade do Estado.

Streck (1999, p. 259) denuncia que adoção da súmula vinculante no Brasil resulta da simplista importação do instituto norte-americano do *stare decisis*, apontando, entretanto, o equívoco, uma vez que, nos Estados Unidos, a "força do precedente reside na tradição, não estando estabelecida em qualquer regra escrita, quer nas leis, quer na Constituição e tampouco em regra de ofício". Sendo aceita pela respectiva comunidade política como uma técnica de decisão que garante a necessária igualdade e segurança jurídica, fica legitimado o recurso ao precedente.[142] Ao mesmo tempo, ele não se converte

---

[141] "Art. 103-A. O Supremo Tribunal Federal poderá, de ofício ou por provocação, mediante decisão de dois terços dos seus membros, após reiteradas decisões sobre matéria constitucional, aprovar súmula que, a partir de sua publicação na imprensa oficial, terá efeito vinculante em relação aos demais órgãos do Poder Judiciário e à administração pública direta e indireta, nas esferas federal, estadual e municipal, bem como proceder à sua revisão ou cancelamento, na forma estabelecida em lei.
§1º A súmula terá por objetivo a validade, a interpretação e a eficácia de normas determinadas, acerca das quais haja controvérsia atual entre órgãos judiciários ou entre esses e a administração pública que acarrete grave insegurança jurídica e relevante multiplicação de processos sobre questão idêntica.
§2º Sem prejuízo do que vier a ser estabelecido em lei, a aprovação, revisão ou cancelamento de súmula poderá ser provocada por aqueles que podem propor a ação direta de inconstitucionalidade.
§3º Do ato administrativo ou decisão judicial que contrariar a súmula aplicável ou que indevidamente a aplicar, caberá reclamação ao Supremo Tribunal Federal que, julgando-a procedente, anulará o ato administrativo ou cassará a decisão judicial reclamada, e determinará que outra seja proferida com ou sem a aplicação da súmula, conforme o caso" (BRASIL, 2004a).

[142] Não é, entretanto, o que se verifica com o instituto da súmula vinculante no Brasil, quando a permissão para que a Corte Constitucional brasileira a edite, sem o necessário respaldo sociocultural, tem demonstrado, num pequeno espaço de tempo, seu uso abusivo e autoritário, abrindo brecha para um verdadeiro despotismo judicial. Ilustra a afirmação a edição da Súmula Vinculante nº 11 (BRASIL, 2008g), que, com base em apenas quatro decisões de *habeas corpus* (muito aquém do que poderia se imaginar como uma interpretação razoável da expressão "após reiteradas decisões sobre matéria constitucional" erigida como requisito para a sua edição), considerou o uso de algemas, em regra, abusivo, e apenas o permitiu

em precedentismo, já que não fica impedida a refutação da decisão anterior, sempre que novas razões, associadas ou não a outro momento histórico, exijam uma decisão diferente. Ademais, salienta o autor que o precedente norte-americano consiste num padrão normativo casuístico, isto é, associado às circunstâncias de particularidades de um caso concreto, e não possuem o atributo da generalidade das súmulas vinculantes, que, segundo ele, implicam o emprego de uma técnica e uma fundamentação diferenciada. Com base nestes argumentos, Streck (1998, p. 262) consigna os pertinentes fundamentos de sua aversão à vinculatividade das súmulas, recentemente instituída no Brasil:

> Destarte, torna-se muito difícil sustentar a "importação" da doutrina do *stare decisis* pela simples razão de que, nos Estados Unidos, por exemplo, como lembra D. Ré, os precedentes não se devem aplicar de forma automática. Ou seja, o precedente deve ser analisado amiúde, para que se possa determinar se existem (ou não) similaridades de fato e de direito, bem como para determinar a posição atual da Corte com relação ao Direito anterior. E, continua o autor, o que é fundamental, estuda-se o *precedent* para determinar se o princípio nele deduzido constitui a fundamentação da decisão ou tão-somente um *dictum*. Somente os fundamentos da decisão merecem reconhecimento e acatamento com força vinculante. Um *dictum* é apenas uma observação ou opinião e, como tal, goza tão-somente de força persuasiva.

Ainda que se deite a devida ojeriza sobre o abuso de poder pelo Judiciário, não se pode olvidar a importância de sua participação na vida pública como instância de controle das políticas públicas. Não obstante, isso não deve ser apreciado como uma ode ao Judiciário. Não se olvida que a magistratura brasileira encontra-se imersa em problemas de grande vulto, que começam em sua formação preponderantemente dogmática e conservadora, passam pela despreocupação com a justiça efetiva e alçam, até mesmo, os lamentáveis patamares da corrupção. Os problemas não se esgotam aí; desdobram-se na ausência de um controle, interno e externo, efetivo, na vaidade institucional, bem como no descaso, por grande parte de magistrados, em relação aos problemas individuais e sociais que lhe são apresentados.

---

em hipóteses excepcionais devidamente justificadas. As Corporações de Polícia, apoiadas por diversos setores da sociedade, inclusive pela comunidade jurídica, combateram com veemência — porém, em vão — a edição de referido entendimento sumulado, que se revelou grandemente dissonante da realidade de um país com índices ainda alarmantes de violência e com corporações já sobejamente desestimuladas pela baixa remuneração e pelas más condições de trabalho.

Em seu programa de governo para a campanha para a Presidência da República em 1994,[143] o Partido dos Trabalhadores apresentou sua diagnose sobre o Poder Judiciário, indicando, como razões para sua ineficiência, a legislação brasileira, tradutora de interesses elitistas, e sua aplicação formalista – estrita e literal – em juízo; a formação inadequada da magistratura para o enfrentamento dos conflitos da sociedade; a impropriedade da legislação processual; a multiplicidade de justiças; a complexidade do sistema recursal; a reserva de mercado para advogados, em atividades cuja atuação seria despicienda; a mercantilização dos serviços de perícia e o excesso de despesas judiciais e extrajudiciais. Diante deste cenário, foram desenhadas propostas para uma Reforma do Judiciário que, entretanto, não se refletiu no momento em que o partido logrou vitória nas urnas. As propostas contemplavam o aperfeiçoamento dos serviços da Defensoria e do Ministério Público; a instituição do controle externo do Judiciário; o investimento na formação dos juízes integrado às universidades; a redução das despesas judicantes, entre outras (*apud* CASTRO JÚNIOR, 1998, p. 103/104).

Analisando, sobretudo, a ausência de condições de sindicabilidade da atividade jurisdicional, Castro Júnior (1998, p. 62) registra que "este modelo hermético do Poder Judiciário brasileiro, que é um entulho jurídico-político autoritário, deixa a sociedade sem qualquer efetivo instrumento para o controle de suas atribuições [...]". Todavia, reconhecendo o dilema entre a importância da ingerência judicial na vida pública e o risco que isso representa para a cidadania, o autor consigna que, "no Brasil, o Poder Judiciário tem um papel extremamente relevante para a consolidação da democracia", admoestando, entretanto, que "este processo passará, inevitavelmente, pela sua própria democratização e envolverá controles sociais eficazes sobre toda a administração da justiça, inclusive com a prestação de contas de suas atribuições" (CASTRO JÚNIOR, 1998, p. 37).

Também já advertiram Vianna *et al.* (1999, p. 35) que "os juízes têm seus próprios interesses ideológicos e pessoais envolvidos nos processos sob seu julgamento, e podem também ser tiranos", mas que, a despeito disso, "não há razão *a priori* para considerá-los teóricos políticos menos competentes que os legisladores". Ao revés, segundo os autores, a concepção de Dworkin (2002) do direito como integridade é capaz de conceder "ao Poder Judiciário uma nova inserção no âmbito

---

[143] A despeito de já ter completado 25 anos, a realidade descrita no documento aludido assemelha-se integralmente à atual, razão pela qual os apontamentos dele constantes estão sendo utilizados neste trabalho.

das relações entre os três Poderes, levando-o a transcender as funções de *checks and balances*" (VIANNA *et al.*, 1999, p. 37).

Outras muitas propostas podem contribuir para a democratização do Judiciário e, assim, para o seu aperfeiçoamento como instância de controle dos outros dois poderes e de realização dos direitos sociais. Entre elas, Castro Júnior (1998, p. 141 *et seq.*) sobreleva a importância de uma reforma do ensino jurídico e dos métodos de seleção empregados nos concursos públicos para cargos jurídicos e propõe a substituição da cultura individualista e de defesa da propriedade por uma formação atenta aos preceitos democráticos; o fortalecimento e a expansão dos juizados especiais e dos juízes de paz; a criação de uma Justiça especializada na proteção de direitos humanos; a extinção da Justiça Militar nos Estados e a criação de bancos de dados nas Justiças Federal e Estaduais.

A judicialização da política não deve, de fato, significar a transferência da soberania popular para um corpo especializado de intérpretes do Direito, nem a substituição do Estado Social por um assistencialismo demagógico do Judiciário, o que, decerto, ensejará o exercício ativo da cidadania e a formação de homens livres e participantes da construção do destino de sua comunidade política. Lado outro, não se pode reduzir o fenômeno democrático ao da representatividade, numa crença cega e já desiludida de que o Executivo e o Legislativo são capazes de proceder às melhores opções para a condução da vida pública, nem se pode confiar que a participação popular direta, reprimida desde o seu nascedouro pela falta de educação do povo e ausência de uma cultura democrática, possam ser as únicas vias de garantia dos direitos fundamentais, da reestruturação social e do fazimento da justiça.

Como pontuou Casagrande (2008, p. 282), o Judiciário, dentro da proposta constitucional garantidora dos direitos sociais e do acesso à justiça, "é um *locus* de exercício ativo da cidadania [...] que se dá através de seus procedimentos não majoritários, que priorizam a formação da vontade soberana através do contraditório e da argumentação jurídica". Essa é também a conclusão de Barroso (2018, p. 2198), que vislumbra nas decisões judiciais contramajoritárias verdadeiro recurso democrático, haja vista a sua função de defesa das minorias. De acordo com o autor, essa assertiva resulta do significado contemporâneo de democracia, em que há relativização da noção de democracia em benefício da proteção dos direitos fundamentais.

Neste contexto de provocada inércia social e de falência da representatividade, a recusa às portas de acesso ao Judiciário, que permite, em alguma escala, a realização dos direitos sociais e de condições mínimas para o exercício do civismo, representaria um retrocesso político, o distanciamento da esperança da redução das desigualdades sociais. A provocação do Judiciário consiste, ao revés, em uma das mais factíveis ferramentas de participação popular direta, que não impede, em momento algum, a continuidade do processo representativo instituído constitucionalmente nem o associativismo, a mobilização autônoma da comunidade política em torno da eficácia dos direitos sociais.

Deve-se, portanto, atentar para o discurso avesso ao ativismo judicial enquanto tentativa reacionária de manutenção do *status quo*. Certo é que o crescimento institucional do Judiciário representa flagrante ameaça ao sistema político instituído, que tão bem resguarda o jogo de interesses das elites financeiras e permite a manipulação popular para o continuísmo de sua hegemonia. Ainda que os olhos devam permanecer atentos em relação aos excessos praticados pela magistratura e que propostas de coação dos abusos sejam engendradas, ao mesmo tempo em que a cidadania deve buscar, também, realizar-se pelos próprios cidadãos, não se pode negligenciar o apoio que o Judiciário pode oferecer para a realização de um terreno social fértil para a frutificação de uma verdadeira democracia.

CAPÍTULO 5

POSSIBILIDADES E LIMITES DO CONTROLE JUDICIAL SOBRE AS POLÍTICAS PÚBLICAS

O Poder Judiciário, submetido ao princípio da inércia da jurisdição, carece ser provocado para que possa proceder ao controle da Administração Pública. Essa provocação pode se dar pela propositura de uma ação ordinária por qualquer pessoa que se sentir lesada ou ameaçada de sofrer lesão por parte do Estado-Administração, ou ainda pelo ingresso em juízo com ações próprias para o controle da Administração Pública, erigidas constitucionalmente como garantias[144] do indivíduo perante o Estado. Comumente denominadas pela doutrina constitucionalista como "remédios constitucionais", essas ações representam, nas palavras de Freitas (2004, p. 105), "institutos de colaboração e de ingerência da cidadania nos destinos da gestão pública, porquanto são mecanismos de proteção não apenas dos direitos individuais ou transindividuais, mas de certa maneira, do ordenamento jurídico". Acrescenta, ainda, o autor que, "no mais das vezes, não se cuida de mera proteção dos 'direitos subjetivos públicos', tampouco de direitos políticos, mas de direitos fundamentais indescartáveis", sendo, de fato, o que ocorre em relação aos atos inerentes à concreção das políticas públicas de saúde.

O cidadão é titular de direitos a serem arguidos perante o Estado e seu fiscal, portanto, pode, como acontece na ação popular, figurar como um representante da própria sociedade. Emerge também a importância institucional do Ministério Público, como fiscal da lei e da observância dos direitos chamados difusos ou coletivos. O controle jurisdicional é

---

[144] Bonavides (2003, p. 529) explica que garantias constitucionais são instrumentos formais de asseguramento dos direitos materiais, sendo importante, portanto, a distinção entre ambos, direitos e garantias constitucionais.

externo e direto, possuindo, ainda, o condão da definitividade acerca da questão proposta à sua apreciação.

Demarcados, portanto, os liames da existência do direito social à saúde sob o foco da teoria dos direitos fundamentais de Alexy (2015), bem como apresentados os fundamentos que permitem e exigem o controle judicial sobre as respectivas políticas públicas, insta, então, analisar suas possibilidades e seus limites.

Primeiramente, impõe-se o estudo material do controle judicial da elaboração e da execução das políticas públicas. Logo após, serão examinadas as ações próprias para tanto, quando terá espaço a apreciação crítica de decisões judiciais pertinentes ao tema. Finalmente, serão propostos parâmetros seguros para o controle judicial das políticas públicas de saúde.

5.1 Controle da elaboração das políticas públicas de saúde

Um dos misteres jurisdicionais mais tormentosos consiste, induvidosamente, no controle da elaboração das políticas públicas de saúde. Urge, entretanto, proceder a ele, uma vez que esta é uma exigência da força normativa dos preceitos constitucionais afetos ao direito social à saúde, da garantia fundamental da inafastabilidade da tutela jurisdicional e da proposta de controle mútuo entre os poderes edificada pela doutrina que preconiza sua separação. Decorre, sobretudo, do princípio constitucional do planejamento, afeto à gestão das finanças públicas, imposto pela Constituição de 1988 à Administração Pública.

De fato, este princípio, denominado por Silva, J. (2014, p. 752) *princípio da programação*, orienta toda a vida financeira do Estado, dele sendo extraída, portanto, a necessidade de elaboração do plano plurianual, da lei de diretrizes orçamentárias e da lei orçamentária constante do art. 165 da Constituição de 1988. Foi integralmente recepcionado pela Lei Complementar nº 101 (BRASIL, 2000b), que o adotou, no §1º do seu art. 1º, como fio condutor do diploma normativo que visou à moralização da gestão financeira do Estado, ao estabelecer que "a responsabilidade na gestão fiscal pressupõe a ação planejada e transparente, em que se previnem riscos e corrigem desvios capazes de afetar o equilíbrio das contas públicas [...]".

Consigna aludido dispositivo que o plano plurianual estabelecerá as diretrizes, objetivos e metas da Administração Pública para as despesas de capital e para as relativas aos programas de duração continuada, restando claro seu intento de conduzir o Poder Público ao planejamento de seus investimentos, planos e programas. Já a lei de diretrizes orçamentárias compreenderá as metas e prioridades da Administração Pública para o exercício financeiro subsequente e orientará a elaboração da lei orçamentária anual, que, por sua vez, deverá estimar a receita e reparti-la consoante os projetos elaborados para a concretização das competências constitucionais de cada ente público.

Como se aufere dos preceitos constitucionais, este planejamento será veiculado em lei, o que implica dizer que será formulado pelos poderes legitimados para o processo de sua edição, quais sejam, o Executivo e o Legislativo.

Certo é, à luz do que já foi dito, que tais projetos deverão, à vista da escassez, traduzir estas escolhas alocativas, que revelarão juízos de ponderação levados a cabo pelos aludidos poderes competentes para o processo legislativo e resultarão na formulação das políticas públicas que implementarão os direitos sociais. Em relação ao orçamento, Torres (1999, p. 278) bem afirmou-o como o "documento de quantificação dos valores éticos, a conta corrente da ponderação dos princípios constitucionais, o plano contábil da justiça social, o balanço das escolhas dramáticas por políticas públicas em um universo fechado de recursos [...]". Esta atividade de ponderação, entretanto, deverá ser efetivada mediante parâmetros jurídicos, o que, por sua vez, possibilita e torna imperativo o controle judicial sobre ela.

De fato, as máximas da concordância prática e da proporcionalidade constituem-se nos vetores da ponderação, devendo-se aludir, outrossim, como afirma Dworkin (2002), à dimensão de peso dos princípios que albergam os direitos sociais em tensão. Não se olvide, ademais, que o núcleo essencial dos direitos sociais deve ser preservado, visto que consiste no mínimo imprescindível para a dignidade humana e, portanto, em limite material para a sua restrição. Esta, inclusive, é a conclusão de Barcellos (2006, p. 45), que, em relação às políticas públicas, asseverou que "controlar as decisões do Poder Público nesse particular significará, *e.g.*, concluir que determinada meta constitucional é prioritária e, por isso, a autoridade pública está obrigada a adotar políticas a ela associadas".

Em relação ao direito à saúde, concluiu-se que seu conteúdo mínimo diz respeito às *demandas de primeira necessidade*, assim consideradas aquelas imprescindíveis para a preservação da vida humana e da dignidade de forma essencial. Desta sorte, deve o plano plurianual, a lei de diretrizes orçamentárias e a lei orçamentária propriamente proceder à sua salvaguarda, mediante previsão de estratégias aptas a tanto e destinação de verbas suficientes. Para cumprir este desiderato, deverão os Poderes Executivo e Legislativo socorrer-se de levantamentos, estimativas e dados estatísticos comparativos dos gastos com esse objeto nos exercícios anteriores, preservando-se seu valor nominal. Por óbvio, caber-lhe-á lançar mão, neste momento, do discurso empírico, que será inafastável, também, para o controle judicial em questão.

Krell (2002, p. 99), acertadamente, observa que o baixo nível de qualidade dos serviços públicos "está concentrado na não-alocação de recursos suficientes nos orçamentos públicos, seja da União, dos Estados ou dos Municípios e, parcialmente também, da não execução dos respectivos orçamentos pelos órgãos governamentais". Assim, averba o autor que, diante da constatação de que a peça orçamentária não atende aos preceitos constitucionais, "ele pode e deve ser corrigido mediante alteração do orçamento consecutivo, logicamente com a devida cautela".[145]

Diante, portanto, de dados consistentes sobre o montante das verbas necessárias para a proteção do núcleo essencial do direito social à saúde, deve-se proceder ao seu cotejo com os projetos de lei respectivos ao plano plurianual, lei de diretrizes orçamentárias e lei orçamentária. Caso se constate a insuficiência de planos ou verbas, caberá a intervenção judicial no processo legislativo, mediante, inclusive, a determinação de inclusão de projetos ou recursos financeiros para este propósito. Sancionadas e publicadas, entretanto, as respectivas leis, remanescem íntegras as mesmas possibilidades de controle.

Afora as leis financeiras (plano plurianual, lei de diretrizes orçamentárias e orçamento) acima comentadas, muitas outras poderão surgir para disciplinar as políticas públicas, inclusive do direito à saúde, como o fazem a Lei nº 8.080 (BRASIL, 1990b), a Lei nº 8.142 (BRASIL, 1990c), a Lei nº 9.434 (BRASIL, 1997b), parcialmente alterada pela Lei nº 10.211 (BRASIL, 2001). Estas, bem como outras leis, federais, estaduais, municipais ou distritais que instituam os programas de governo alusivos à concretização de direitos sociais, de igual turno, poderão ser submetidas

---

[145] Esta, assim como outras espécies do controle judicial das leis que traduzem políticas públicas, como as aludidas lei orçamentária, lei de diretrizes orçamentárias e plano plurianual, devem ser controladas através de instrumentos próprios para o controle de constitucionalidade das leis, que, contudo, escapam ao objeto desta tese, que se propôs à formulação de uma proposta ao problema do controle judicial da Administração Pública na implementação das políticas públicas de saúde. Não obstante, serão dedicadas algumas linhas genéricas ao apontamento da possibilidade de controle, em juízo, dos veículos legais próprios para albergar o planejamento da concreção dos direitos sociais, em virtude da sua elevada importância. Deixarão, porém, de ser analisadas, individualmente, as ações próprias deste controle.

à ingerência judicial, caso deixem de contemplar instrumentos de proteção do conteúdo mínimo do direito ou contemplem juízo de ponderação equivocado de valores conflitantes, oferecendo precedência a questões secundárias em detrimento de demandas essenciais.[146]

Assim, as leis referentes ao direito social à saúde carecem, para ter assegurada a sua constitucionalidade, contemplar medidas suficientes para a proteção do núcleo essencial do direito à saúde. Ainda que as *demandas de primeira necessidade* sejam marcadas pela excepcionalidade e imprevisibilidade, dados existem que convergem para um patamar em que o conteúdo essencial do direito será resguardado com segurança. Este precisa ser necessariamente protegido em lei, justificando-se a ingerência do Judiciário em sua defesa. Neste campo de "restrição às restrições" aos direitos fundamentais sociais, estar-se-á, como afirmou Alexy (2015), diante de um direito social definitivo e não apenas *prima facie* e, portanto, vazado em regra que obriga, parafraseando Dworkin (2002), na medida do "tudo ou nada". É possível, pois, a prolação de ordem mandamental pelo Judiciário aos poderes formuladores das políticas públicas para que a cumpram integralmente (na medida do "tudo"), uma vez que sua ineficácia (aplicação na medida do "nada") apenas se justificaria caso fosse inválida, o que, em relação ao direito à saúde e à vida, não é o caso.

Outra possibilidade jurídica de controle judicial da formulação de políticas públicas reside no exame da compatibilidade da lei orçamentária com os objetivos e metas fixados na lei de diretrizes orçamentárias e no plano plurianual. Esta afinidade é um dos grandes consectários do planejamento na gestão financeira pública exigido pela Constituição. Como afirma Barros (2008, p. 178), "esta idéia é ínsita ao novo modelo de Estado de Direito, um verdadeiro Estado Orçamentário", uma vez que as escolhas sobre a alocação de recursos públicos é disciplinada constitucionalmente como fruto do processo legislativo democrático para ser consignado em lei, que, portanto, vincula a Administração Pública.

De fato, o planejamento consubstanciado nas leis em questão não pode ser mera retórica; a ausência de sua eficácia implica dizer que seriam letra morta na Constituição, o que não é compatível com sua natureza normativa. Enquanto normas, portanto, os dispositivos constitucionais que preveem e exigem a programação dos gastos públicos ensejam o seu controle jurídico em juízo. Assim, ao ser constatado que o

---

[146] Reitera-se, entretanto, não ser objeto de estudo desta tese o controle de constitucionalidade dos diplomas normativos referentes ao direito social à saúde, aqui aludido apenas em virtude de sua proximidade à delimitação de tema procedida pela autora.

projeto de lei orçamentária ou a própria e respectiva lei não contemplam recursos correlatos às metas e objetivos previamente estipulados, é possível ao Poder Judiciário exigir sua adequação, mediante imposição de obrigações de fazer ou não fazer.

Outras restrições devem ser observadas em relação aos diplomas normativos que disciplinam as políticas públicas. Como afirmou Alexy (2015), o conteúdo indefinido dos direitos sociais implica que, na demarcação das prestações a serem oferecidas pelo Poder Público, algumas serão excluídas. Assim, caso, suponha-se, seja definida em lei a oferta dos medicamentos e tratamentos médicos imprescindíveis para a preservação da vida humana e o atendimento básico de saúde, estarão excluídos, por exemplo, os serviços médicos de dermatologia estética. Por isso, tais leis serão, também, restritivas e deverão, assim, resguardar a generalidade e abstração, além de ser vedada a retroatividade.

As máximas da concordância prática e da proporcionalidade representam o instrumental jurídico necessário para o exame da correção das escolhas feitas pelos órgãos legitimados para a formulação das políticas públicas a serem controladas em juízo. Frise-se, outrossim, que este juízo de ponderação não pode se perverter em subjetivismos ou em decisões tradutoras da mera consciência do julgador. Antes, as decisões judiciais devem ser calcadas na teoria da argumentação jurídica, que exige a apresentação de motivos legais, racionais e científicos, que conduzem o juiz aos seus pronunciamentos, sendo-lhe, ademais, exigida a resposta a eventuais contra-argumentos possíveis de serem opostos às suas conclusões, para que estas se corroborem como verdadeiras.

Registre-se, ademais, que o já citado *princípio do planejamento* ou *da programação* indica a maior conveniência do controle das políticas públicas em sua fase de elaboração e não na de aplicação ou avaliação, uma vez que, considerando o direito social à saúde e à vida, evita escolhas equivocadas revestidas de tragicidade. Impede, outrossim, que a ingerência do Judiciário para coarctar o equívoco e a tragicidade sacrifique desnecessariamente os cofres públicos, com ordens judiciais a serem cumpridas em curto espaço de tempo que torne inviável a instauração de processo licitatório capaz de resguardar o princípio da economicidade.

Converge, ainda, a importante vantagem da universalidade, afastando o tratamento desigual daqueles que têm acesso às prestações estatais mediante ordem judicial e aqueles que permanecem privados dela por não se socorrerem à Justiça. Registre-se, inclusive, que esta última situação resulta, normalmente, de ausência de informação dos administrados acerca de seus direitos e garantias, decorrentes, por si só, de uma organização social que distribui mal a riqueza, concentrando-a nas mãos de poucos e relegando boa parte da população a precárias condições de vida e de formação cidadã. Assim, as ações individuais, ainda que necessárias para resguardar eventual direito fundamental indevidamente preterido pelo Poder Público, apresentam o viés negativo de contribuir para o aumento da iniquidade social, ao revés do que sucede com o controle em abstrato, que serve a todos, sem distinção.

Anote-se, por fim, que o controle da elaboração das políticas públicas, ao resguardar devidamente os direitos sociais justiciáveis, torna desnecessária a propositura de muitas ações individuais que sobrecarregam o Poder Judiciário, contribuindo para sua morosidade e para a queda da qualidade das decisões por ele proferidas. Induvidosamente, justiça tardia já implica injustiça e esta ainda é incrementada quando a magistratura nacional, sufocada por uma demanda de litígios muito acima de sua capacidade de solução harmoniosa, vê-se compelida à prolação de decisões pouco ponderadas e, muitas vezes, por isso, equivocadas.

Este controle judicial da elaboração das políticas públicas poderá desenrolar-se nas ações típicas do controle de constitucionalidade ou em ações ordinárias, ações civis públicas ou ações populares. O controle de constitucionalidade, que tem o condão de "servir como via de resistência às investidas dos Poderes Executivo e Legislativo, que representem retrocesso social ou a ineficácia dos direitos individuais ou sociais" (STRECK, 2003, p. 53). Segundo ele, este controle deve ser utilizado no combate de *"alterações feitas por maiorias políticas eventuais, que, legislando na contramão da programaticidade constitucional*, retiram (ou tentam retirar) conquistas da sociedade".

Corresponde a atividade supramencionada, segundo Sarlet (2015, p. 481), à noção de proibição de retrocesso, que, em primeira linha, tem no núcleo essencial dos direitos fundamentais sociais um nível inafastável de vinculação pelo Poder Público. Em matéria orçamentária, tal garantia corresponde, segundo Fonte (2015, p. 345), à aplicação do princípio da vedação de proteção deficitária, que sustenta que o Estado tem o dever de promoção e proteção dos direitos fundamentais, sob pena de intervenção judicial. A ingerência judicial, segundo o autor, efetiva-se mediante a análise não somente dos planos públicos, como também das metas orçamentárias e das leis que determinam a prestação de serviços públicos mediante a observância de parâmetros mínimos de qualidade.

Por seu turno, Krell (2002, p. 102) enxerga no controle da constitucionalidade das leis orçamentárias a solução do problema da dedicação insuficiente de verbas públicas para a realização de serviços sociais. Outra perspectiva de controle judicial da formulação das políticas públicas de saúde consiste na averiguação da destinação do montante mínimo de verbas assim imposto pela Emenda Constitucional nº 29, no art. 77 do Ato das Disposições Constitucionais Transitórias.

Segundo Barcellos (2006, p. 46-47), esta é a modalidade de controle mais simples e objetiva, relacionada, tão somente, com o montante de verbas a ser destinado na implementação das respectivas políticas públicas. Bastam, segundo ela, duas operações:

> (i) apurar a quanto correspondem os percentuais referidos pela Constituição em matéria de saúde e educação, considerando a arrecadação dos impostos referidos nos dispositivos e o valor total da receita gerada pelas contribuições; e
> (ii) verificar se tais recursos estão efetivamente sendo investidos em políticas públicas vinculadas aos fins constitucionais referidos acima.

O Supremo Tribunal Federal corroborou a possibilidade jurídica desta modalidade de controle judicial das políticas públicas na já citada Ação de Descumprimento de Preceito Fundamental nº 45, do Distrito Federal, quando foi questionada a Lei nº 10.707 (BRASIL, 2003a), que continha as diretrizes para a elaboração da lei orçamentária da União para 2004. Motivou a propositura da ação o veto presidencial ao dispositivo que garantia a destinação dos recursos mínimos ao setor da saúde determinado pela Emenda Constitucional 29. Após a propositura da ação, o Presidente da República encaminhou ao Congresso novo projeto de lei restaurando o dispositivo vetado, que, aprovado, deu origem à Lei nº 10.777 (BRASIL, 2003c), tornando desnecessária a própria ação. Entretanto, quando de sua apreciação, a despeito de reconhecê-la prejudicada, o Ministro Relator Celso de Mello pronunciou-se de maneira relevante, demonstrando a possibilidade do controle em questão. Veja-se importante excerto da decisão:

> Não obstante a superveniência desse fato juridicamente relevante, capaz de fazer instaurar situação de prejudicialidade da presente arguição de descumprimento de preceito fundamental, não posso deixar de reconhecer que a ação constitucional em referência, considerado o contexto em exame, qualifica-se como instrumento idôneo e apto a viabilizar a concretização de políticas públicas, quando, previstas no texto da Carta Política, tal como sucede no caso (EC 29/2000), venham a ser descumpridas, total ou parcialmente, pelas instâncias governamentais destinatárias do comando inscrito na própria Constituição da República.

Deve-se ressaltar que, muito embora o controle do cumprimento das despesas mínimas com os direitos à saúde e à educação previstos no âmbito constitucional seja um instrumento efetivo para a implementação dos preceitos contidos no artigo 212 da Constituição (BRASIL, 1988), este não é suficiente para a plena garantia dos referidos direitos. Segundo Pinto e Ximenes (2018, p. 994), com o novo regime fiscal imposto pela Emenda Constitucional nº 95 (BRASIL, 2016), que determinou a inclusão do novo artigo 110 do ADCT, há manifesta vinculação, por vinte anos, entre o possível crescimento das receitas derivadas dos tributos e os gastos com saúde e educação, sendo estes subordinados a mera correção inflacionária das despesas realizadas no anterior, a partir do ano de 2017.

À medida que o novo regime fiscal restringe o crescimento real das despesas com direitos sociais, haverá, proporcionalmente, segundo os autores, aplicação deficitária de recursos nessas áreas, quando comparados com as disposições contidas no texto constitucional. Corresponde a medida em tela, portanto, à captura, pela via das disposições transitórias e, portanto, de mecanismos normativos que deveriam apresentar tão somente caráter acessório na ordem jurídica, "[...] o texto permanente da Constituição, como se lhe fosse possível falsear o próprio desmonte estrutural do Estado social e de seu pacto assimétrico" (PINTO; XIMENES, 2018, p. 995).

Outros mecanismos de intervenção na esfera orçamentária referem-se, por exemplo, à situação em que, não sendo possível o controle quando da elaboração da lei orçamentária, adota-se a "alternativa de buscar, no Judiciário, através de uma tutela inibitória coletiva, a obrigação de que seja destinada verba no orçamento do ano seguinte para a referida política" (BARROS, 2008, p. 184). Esta solução é, em sua íntegra, pertinente, podendo ser utilizada, com frequência, para proteger as *demandas de saúde de primeira necessidade* que impliquem elevados custos, não contemplados no orçamento, mas capazes de impactá-los. Além de resguardar o conteúdo mínimo do direito social, esta medida protege, ainda, os princípios financeiros do planejamento e do equilíbrio entre receitas e despesas públicas. De fato, se determinado importe financeiro foi consumido pelo ente público, no cumprimento de seu mister constitucional de promoção do direito à saúde dentro do liame justiciável, mas não estava na disponibilidade estatal no exercício em curso, há que se entender que deve ser subtraído do exercício posterior. Dessa forma, evita-se o endividamento público rechaçado pela Constituição Financeira, bem como se confere a devida eficácia ao direito social à saúde.

Esta espécie de controle também já foi levada a cabo pelas cortes superiores. Cite-se, à guisa de ilustração, o Recurso Especial nº 493.811, que teve por relatora a Ministra Eliana Calmon. Neste julgado, foi determinada a obrigação de se implantar serviço oficial de auxílio, orientação e tratamento de alcoólatras e toxicômanos, decidida pelo Conselho Municipal dos Direitos da Criança e do Adolescente do Município de Santos, mediante a alocação, para tanto, de verbas orçamentárias do exercício seguinte. A ministra relatora fundamentou seu voto com a análise da mudança do perfil do Estado Liberal, em que se sustentava a imunidade do mérito administrativo ao controle judicial, para o Estado Social, no qual os direitos sociais são matizados na Constituição, que, em virtude de sua supremacia normativa, vincula os poderes estatais à sua consecução e controle. A ação foi julgada procedente por maioria de votos, vencido apenas o Ministro Francisco Peçanha Martins[147] (BRASIL, 2003d).

A despeito da inafastabilidade do controle judicial sobre a eficácia dos direitos sociais, adverte Streck (2003, p. 52), entretanto, que a magistratura brasileira ainda não se encontra preparada para lidar com conflitos transindividuais próprios do modelo de Estado de Direito instituído pela Constituição de 1988, uma vez que se estruturou sob a égide de um modelo liberal-individualista. Não obstante, denuncia o autor a necessidade de adequação dessa postura, uma vez que "no processo constituinte, optou-se por um Estado intervencionista, visando a uma sociedade mais justa, com a erradicação da pobreza, etc.". A opção constitucional por um Estado Social impinge ao Poder Público a tarefa de conter os excessos do capitalismo mediante a redistribuição de riqueza, o que deve ser feito através da tributação daqueles que apresentam capacidade contributiva para viabilizar a prestação de serviços públicos aos marginalizados e, assim, oferecer-lhes condições dignas de vida que seus salários não são capazes de custear. "Acontece que a Constituição não está sendo cumprida. [...] Por isso, na falta de políticas públicas cumpridoras dos ditames do Estado Democrático de

---

[147] A decisão em cotejo restou assim ementada: "Administrativo e processo civil – Ação civil pública – Ato administrativo discricionário: nova visão. 1. Na atualidade, o império da lei e o seu controle, a cargo do Judiciário, autoriza que se examinem, inclusive, as razões de conveniência e oportunidade do administrador. 2. Legitimidade do Ministério Público para exigir do Município a execução de política específica, a qual se tornou obrigatória por meio de resolução do Conselho Municipal dos Direitos da Criança e do Adolescente. 3. Tutela específica para que seja incluída verba no próximo orçamento, a fim de atender a propostas políticas certas e determinadas. 4. Recurso especial provido".

Direito, *surge o Judiciário como instrumento para o resgate dos direitos não realizados"* (STRECK, 2003, p. 53).

Este posicionamento, entretanto, não é unânime. Muitos autores consideram que o controle judicial da formulação das políticas públicas geraria um "governo de juízes", ou, como afirma Barros (2008, p. 175), uma "perniciosa aristocracia judiciária". A postura reacionária, entretanto, deve ser tributada à novidade que a normatividade constitucional representa, decorrente do pós-positivismo jurídico e do princípio da socialidade do Estado incorporada pela Constituição de 1988. Urge, contudo, à doutrina e à jurisprudência, a assimilação dos consectários do neoconstitucionalismo, em virtude do grande instrumental de concretização da justiça material que ele apresenta.

5.2 Controle da execução das políticas públicas de saúde

O controle judicial da execução das políticas públicas de saúde já se encontra livre de muitas vicissitudes da fiscalização de sua elaboração. De fato, estando elas previamente definidas pelos Poderes Executivo e Legislativo, a incursão judicial far-se-á tão somente para exigir a sua implementação e para corrigir seus equívocos.

Não se olvide, todavia, que, a tal propósito, poderá o Judiciário constatar que as políticas públicas formuladas terão procedido a um juízo de ponderação viciado por escolhas valorativas indevidas. Isso ocorre com a contemplação, na peça orçamentária, de vultosos recursos para uma seara de serviços públicos de menor importância, enquanto setores de elevada essencialidade como a saúde remanescem à míngua de verbas suficientes. A situação será ainda mais grave caso o núcleo essencial de um direito encontre-se desprovido dos recursos necessários para sua salvaguarda, mormente na hipótese da saúde, quando seu conteúdo mínimo confunde-se com a preservação da vida humana, cuja ausência de proteção resultará uma escolha trágica. Este caso, porém, será solucionado consoante as diretrizes apresentadas no item anterior, uma vez que o vício reside na formulação, e não na execução da política.

O controle da execução da política pública dar-se-á sobre os atos administrativos e financeiros que a concretizam e depende intimamente da execução orçamentária, sendo, portanto, o objeto de estudo deste trabalho.

Aponta Riani (2005, p. 233) que esta atividade é infralegal e, assim, administrativa por natureza, subordinando-se plenamente ao controle judicial. Explica o autor que o orçamento consiste em ato complexo, que demanda a participação dos dois poderes (Executivo e Legislativo) para sua elaboração e que, dessa forma, não pode ser modificado unilateralmente, quando de sua execução. Segundo ele, a discricionariedade para as decisões alocativas dos recursos públicos afetos a direitos sociais apenas existe na fase de elaboração do projeto de lei orçamentária, e não na oportunidade de sua aplicação, depois de aprovado pelo Legislativo. Corrobora sua conclusão com a demonstração de que é vedada a edição de lei delegada – inciso III do art. 68 da Constituição de 1988 – ou medida provisória – alínea *d* do inciso I do §1º do art. 62 da Constituição de 1988 – que verse sobre plano plurianual, lei de diretrizes orçamentárias ou lei orçamentária. Calcado na concepção da força reguladora das normas constitucionais, inclusive daquelas que demandam o empenho de recursos públicos para sua concreção material, o autor conclui que o orçamento, em relação a mandamentos constitucionais, é vinculante, e não autorizativo, como veicula a doutrina corrente. Dessa forma, qualquer contingenciamento de verbas que se fizer necessário deve recair sobre as despesas que não se destinam à satisfação de direitos constitucionais, sem que se olvide a responsabilidade fiscal.

Também Barros (2008, p. 180) consigna que a normatividade constitucional dos direitos fundamentais não permite a livre realocação de despesas e recursos, sendo cabível o controle jurisdicional sempre que se proceder a ela. Adverte, inclusive, que o controle deve ser efetuado em virtude de seu "efeito pedagógico à Administração, que restará com o sentimento de que o planejamento não é simples promessa constitucional".

Outrossim, a Lei Complementar nº 101 (BRASIL, 2000b) impôs a observância do princípio do planejamento através da exigência, esculpida no seu art. 16, de que a "criação, expansão ou aperfeiçoamento de ação governamental que acarrete aumento da despesa será acompanhado", entre outras previsões, "de declaração do ordenador da despesa de que o aumento tem adequação orçamentária e financeira com a lei orçamentária anual e compatibilidade com o plano plurianual e com a lei de diretrizes orçamentárias".

Equivocada, portanto, está a concepção de Krell (2002, p. 100) de que, "no Brasil, não há vinculação legal dos governos de executar o orçamento". Segundo ele, "muitos governantes interpretam a aprovação do Legislativo a sua proposta orçamentária não como uma *imposição*, mas simples *autorização* para gastar dinheiro nas respectivas áreas" (KRELL, 2002, p. 100).

Assim, uma vez verificada a conformidade do orçamento público com as prioridades constitucionais, com o plano plurianual e a lei de diretrizes orçamentárias, far-se-á cabível o controle da sua execução, de maneira a se coibirem os contingenciamentos de despesa operados à revelia dos preceitos jurídicos apresentados. Pode ter lugar, também, a tutela de urgência, já que a natural delonga do processo judicial e a própria inocuidade desta espécie de controle, caso se ultrapasse o exercício financeiro em que vige o orçamento cuja observância é objeto da investigação em juízo.

Em síntese, tem-se que a ausência de verbas suficientes para a satisfação das *demandas de saúde de primeira necessidade* de todos será um indicativo de que as decisões alocativas dos recursos públicos, quando da elaboração do orçamento, observaram critérios jurídicos equivocados, e que, assim, são merecedores do reparo em juízo. Dessa forma, um pleito individual de oferta de uma *demanda de saúde de primeira necessidade* não disponível na rede pública deverá ser atendido, uma vez que a ausência do serviço denotará a antijuridicidade da política pública consagrada no orçamento. De igual forma, as ações que permitem decisões judiciais com efeitos *erga omnes* deverão ser providas sempre que se destinarem à garantia da eficácia do núcleo essencial do direito à saúde.

Lado outro, um pedido referente às *demandas de saúde de segunda necessidade* impõe um trabalho mais complexo para o juiz. A ausência de sua disponibilidade não implicará, de pronto, uma inconstitucionalidade, uma vez que tais espécies de demanda disputam os limitados recursos públicos com os demais direitos. Deve-se, portanto, nesta oportunidade, averiguar quais espécies de direitos foram merecedores de verbas públicas e proceder ao exame do acerto ou não, sob o lume da máxima da proporcionalidade, da decisão alocativa que os privilegiou. Caso se constate que direitos de menor peso receberam recursos públicos em detrimento de *demandas de saúde de segunda necessidade* de maior essencialidade que eles, haverá, também, espaço para a ingerência judicial, determinando ao Poder Público a satisfação da demanda. Se, ao avesso, não for apurada a equivocada distribuição dos recursos públicos, não será devido o provimento jurisdicional do pedido.[148]

---

[148] Sobre o controle judicial das demandas de saúde de segunda necessidade, Duarte (2013, p. 100) consigna que, a despeito de sua maior complexidade em comparação com o esforço exigido para o controle em juízo das demandas de saúde de primeira necessidade, faz-se possível a presença de uma racionalidade que implique a correção jurídica e a justiça da decisão. Isso se dará, de acordo com a autora, através do emprego da máxima da proporcionalidade, que deverá orientar a solução do conflito do direito à saúde *prima facie* do postulante com o direito à saúde dos demais membros da coletividade, bem como com

Insta registrar que as provas que deverão ser apresentadas não poderão ser restringidas ao atestado médico que confirma a necessidade da prestação estatal que satisfaça a *demanda de saúde de segunda necessidade*. Impor-se-á a demonstração de que o Estado tem condições de atender ao pleito ou que eventual impossibilidade deve-se, como já dito, a escolhas alocativas juridicamente equivocadas, que justifiquem a intervenção judicial.

5.3 Ações próprias para o controle judicial das políticas públicas de saúde

Para provocar o Poder Judiciário em defesa do direito social à saúde, podem ser usadas a via ordinária, mediante procedimento comum, ou ações próprias para o controle da Administração Pública. A natureza do conflito a ser submetido à apreciação judicial pode sugerir a maior conveniência do emprego de um ou outro procedimento, de acordo com as peculiaridades de cada caso.

O sistema processual hodierno disponibiliza diversos instrumentos para a defesa dos direitos sociais, individual ou coletivamente. Viabilizam o respectivo amparo particular a direitos sociais não satisfeitos a ação ordinária e o mandado de segurança individual. Já a tutela de interesses coletivos conta com um sistema que pode ser assim descrito, conforme propõe Casagrande (2008, p. 78-79): ações para defesa coletiva de interesses individuais, como o mandado de segurança coletivo, e as ações civis coletivas; ações para defesa de interesses essencialmente difusos ou coletivos, como as ações civis públicas e as ações populares; ações para defesa da constitucionalidade das leis e afirmação de direitos em face da Constituição (como as ações diretas de controle concentrado e difuso de constitucionalidade das leis e as

---

os demais direitos sociais de ambos, como se vê: "Ainda que essa proposição de análise das demandas de saúde de segunda necessidade seja induvidosamente mais tormentosa que aquela proposta para as demandas de saúde de primeira necessidade, acredita-se na sua correção jurídica à medida que ela prestigia a técnica da proporcionalidade disponibilizada pela teoria dos direitos fundamentais para a solução do conflito entre eles. Ademais, esta proposta reconhece a limitação das possibilidades administrativas de prover a todos os direitos em sua plenitude, mas remete ao Estado a séria tarefa de proceder ao exame da essencialidade na definição das políticas públicas que assistirão a alguns direitos em detrimento de outros, demarcando a justiciabilidade daqueles que forem indevidamente preteridos" (DUARTE, 2013, p. 100).

ações que buscam a afirmação de direitos constitucionais por falta de regulamentação pelo Poder Legislativo).[149]

Nos subitens seguintes, serão apresentados os diversos instrumentos processuais que viabilizam o controle das políticas públicas de saúde em juízo. Certo é, entretanto, que, a despeito da via eleita, tal controle consiste num corolário do Estado Democrático de Direito.

De fato, foi demonstrado que o princípio da separação de poderes exige o controle de um poder sobre outro, uma vez que permanece íntegra a percepção de Montesquieu (2004) de que só o poder controla o poder. Portanto, a separação de poderes, alicerce do Estado de Direito Liberal e de sua proposta de superação do arbítrio do Absolutismo, continua tendo um importante papel a desempenhar. Sob a égide do Estado Social de então, urge o controle da eficácia das normas constitucionais garantidoras dos direitos sociais capazes de promover a redistribuição da riqueza concentrada como fruto do capitalismo.

Ademais, se o Estado angaria a legitimidade para o exercício do poder, na acepção democrática, nada mais justo do que permitir ao povo, razão de ser de suas ações, acesso àquilo que é feito em seu nome e a consequente fiscalização. Este controle pode ser exercido pessoalmente ou por meio da provocação do Judiciário. Como assevera Freitas (2004, p. 67), a fiscalização da Administração Pública deve ser ampla, abrangendo suas ações e omissões, positivas ou negativas, de forma, pois, a efetivar o ideal democrático na plenitude que sugere a Constituição de 1988.

Para tanto, as ações judiciais apresentam-se como legítimos instrumentos, capazes de sulcar o itinerário necessário para a garantia dos direitos subjetivos. Não é demais lembrar que, em se tratando do controle judicial do direito social à saúde, o instrumental processual revela-se assecuratório dos valores maiores do arcabouço jurídico-axiológico inaugurado em 1988, quais sejam, a dignidade e a vida humana.

5.3.1 Ação ordinária

Denomina-se vulgarmente "ação ordinária"[150] aquela que tem seu curso no leito do procedimento comum, que dispensa rito sumário

---

[149] Como já aludido, estas últimas não serão objeto de estudo nesta tese, que tem seu corte epistemológico no controle da Administração Pública, excluindo o controle do Poder Legislativo, por vezes mencionado apenas perfunctoriamente, em virtude de eventuais correlações com o objeto de estudo deste trabalho.

[150] A despeito de se reconhecer a impropriedade técnica da expressão "ação ordinária", que deveria ser corretamente referida como "ação sob rito ordinário", cede-se à praxe forense

ou especial. Portanto, seu âmbito é delimitado por exclusão: onde não houver previsão legal de um procedimento especial ou sumário, a causa será processada sob as regras do procedimento comum ordinário. Ainda que possível seja o manejo de ação própria, pode, também, a parte interessada, em defesa de direitos fundamentais, valer-se do procedimento ordinário.

As diversas espécies de conflito protagonizadas pelo direito social à saúde podem ter sua arena na ação ordinária. De fato, a mesma pode contemplar a colisão entre o direito à saúde de um e o direito à saúde de outros; o direito à saúde de um e outros direitos sociais; e o direito à saúde e os princípios financeiros. Estes conflitos podem ser suscitados em abstrato, quando da apreciação da formulação das políticas públicas e o controle da execução orçamentária, ou em concreto, quando terá lugar o exame da existência ou não do direito subjetivo, ensejando a aplicação da dogmática do direito à saúde apresentada no Capítulo 3.

Urge uma proposta em relação às provas nas ações referentes ao direito social à saúde. É induvidosa a importância de seu controle judicial, cabendo a ingerência do Poder Judiciário sempre que se constatar a omissão indevida do Poder Executivo na implementação das políticas públicas adequadas à concretização do direito à luz da teoria dos direitos fundamentais. Não obstante, é sabido que abusos existem por parte dos jurisdicionados.[151] E, como já se demonstrou, a contemplação do direito social à saúde desloca, imediatamente, recursos públicos escassos que poderiam ser utilizados para a satisfação do direito à saúde de outros ou de demais espécies de direitos sociais.

Como afirma Theodoro Júnior (2018, p. 882), "todos os pretensos direitos subjetivos que podem figurar nos litígios a serem solucionados pelo processo se originam de fatos". Assim, todo aquele que pretende postular, em juízo, um direito subjetivo, como autor, ou que intenta resistir a ele, enquanto réu, tem o ônus de apresentar e provar os fatos

---

para permitir-se o emprego da expressão mais difundida, pela ausência de prejuízo que se vislumbra.

[151] Este sistema de abuso dos jurisdicionados foi constatado por Aaron, Cox e Schwartz (2005, p. 146), que aludiu a eles com a expressão *mal practice litigation*. Afirmaram os autores que "Esta litigância pode ameaçar a sustentabilidade do controle dos gastos a menos que emerja um critério nacional de julgamento das omissões. A redefinição da omissão deverá ser cautelosa e contenciosa. A litigância sobre uma miríade de decisões médicas sob o ordenamento jurídico vigente pode tanto chocar os tribunais como paralisar a prática médica". No original: "Such litigation could threaten the sustainability of expenditure controls unless national criteria for judging negligence emerged. The redefinition of negligence would be slow and contentious. Litigation over the myriad medical decisions appleable under current law would could both choke the courts and paralyze medical practice".

que dão lastro à pretensão deduzida ou resistida em juízo. As provas apresentam-se, portanto, imprescindíveis para a solução da lide, uma vez que, "do exame dos fatos e de sua adequação ao direito objetivo, o juiz extrairá a solução do litígio que será revelada na sentença" (THEODORO JÚNIOR, 2018, p. 882).

Afirma, ainda, Monteiro (1912, p. 90 *apud* THEODORO JÚNIOR, 2018, p. 882) que a prova não é mero fato processual, "mas ainda uma indução lógica, é um meio com que se estabelece a existência positiva ou negativa do fato probando, e é a própria certeza dessa existência".

Por isso, as provas devem ser robustas, mormente no que tange aos litígios envolvendo direitos sociais, quando elas podem ser a gênese de um provimento jurisdicional favorável ao autor da ação, que, ao contemplá-lo, sacrificará, a um só tempo, os direitos sociais (inclusive o direito à saúde) de outros e, quiçá, os princípios que regem as finanças públicas, uma vez que, como visto, eles se encontram em permanente tensão com o direito social à saúde. Tais direitos também possuem normatividade que deve ter guarida em juízo e carecem de meios processuais adequados para tanto. Portanto, a contundência das provas resulta de uma exigência da máxima constitucional da concordância prática, que impõe a preservação máxima de todos os valores colidentes a um só tempo.

Percebe-se que o incremento no rigor probatório nos processos em que se postula qualquer prestação estatal positiva, inclusive afeta à saúde, é útil para permitir uma melhor distribuição dos recursos disponíveis, evitando que direitos subjetivos impertinentes sejam salvaguardados em detrimento de outros, de fato, existentes e merecedores de eficácia. Cumpre esta análise no que tange ao direito social à saúde.

Certo é que, em casos de urgência alusiva a *demandas de saúde de primeira necessidade* urgentes, o rigor probatório não deve ser aumentado, antes, reduzido, haja vista o risco de perecimento da vida ou de grave afetação da dignidade dos indivíduos, bens de valor maior no ordenamento jurídico vigente.[152] Ao avesso, diante de *demandas de saúde de*

---

[152] A depender da situação analisada, outros critérios podem ser utilizados para a satisfação do ônus probatório. A relativização do rigor probatório no tocante à comprovação da segurança e da eficácia de medicamentos e tratamentos de saúde é um exemplo. Dadas as dificuldades atreladas ao desenvolvimento desses medicamentos e à realização de pesquisas com os mesmos e o grave risco de prejuízo à saúde e à vida dos portadores dessas doenças, há posicionamentos doutrinários no sentido de recomendação de afastamento dos critérios probatórios tradicionais para a concessão de prestações de saúde nesse âmbito. Dallari (2015, p. 259) destaca, por exemplo, que, nos Estados Unidos, existem mecanismos de "fast track" para o registro de novos fármacos, em que o controle dos mesmos é realizado, observados alguns requisitos, especialmente após a sua distribuição no mercado consumidor. Com

segunda necessidade, a instrução do pedido deve ser rigorosa e eloquente, apta a convencer o magistrado da real necessidade fática da prestação requerida judicialmente. Não deve ser suficiente, para tais efeitos, a apresentação de um único atestado médico, indicando a necessidade de um tratamento ou remédio para a preservação da saúde do autor. De fato, a apreciação clínica de um profissional da Medicina pode variar em relação a outro, fato este que ocorre com razoável frequência na área médica. Não obstante, a eficácia de outros direitos sociais ou do direito social à saúde de terceiros não deve ser sacrificada em decorrência de uma análise clínica equivocada ou sujeita a oscilações. Considera-se, portanto, razoável a exigência de mais de um atestado médico para tais fins. Adicione-se que os pedidos referentes a prestações estatais onerosas, cujo marco deve ser apreciado em relação a cada entidade pública da Administração direta, consoante sua realidade financeira, devem ser subordinados a um conjunto probatório ainda mais rígido, dele devendo fazer parte, inafastavelmente, a perícia por junta médica indicada pelo Juízo.

Discorda-se, entretanto, do posicionamento firmado pelo Supremo Tribunal Federal, após a realização da audiência pública de abril de 2009, no sentido de que o atestado que instrui o pedido judicial a tratamento médico deva, necessariamente, advir de profissional da rede pública de saúde.[153] Os atos de direito privado, entre os quais se encontram os atestados advindos de médicos da rede privada de saúde, assim como os atos administrativos, também gozam de presunção de legitimidade, e esta apenas pode ser afastada mediante prova em contrário. A procura, pelo paciente, de médico da rede privada não é indício suficiente para demonstrar a sua capacidade financeira para custear todo o tratamento.

---

relação à matéria ora em análise, o Supremo Tribunal Federal reconheceu, com acerto, a necessidade de relativização dos requisitos aplicáveis para a concessão de tratamentos. No Recurso Extraordinário nº 657.718 (BRASIL, 2012), o tribunal fixou a tese, no dia 22 de maio de 2019, em regime de repercussão geral, de que, no tocante às doenças raras, é possível a concessão de medicamentos sem registro na ANVISA, mesmo que não haja pedido do seu registro perante a agência oficial, critério não aplicável às outras enfermidades.

[153] É o que se aufere do julgado prolatado quando da apreciação do agravo regimental na suspensão de Tutela Antecipada nº 334, sob a relatoria do Ministro Presidente do Supremo Tribunal Federal Cezar Peluso, publicado em 24 de junho de 2010. Veja-se excerto de sua ementa (BRASIL, 2010c): "Pretensão de fornecimento de medicamento (Entecavir). Alegação de mera comprovação de ser o requerente portador de hepatite viral crônica B e coinfecções. Insuficiência. Necessidade de prescrição por médico do SUS. Tutela antecipada. Suspensão deferida. Agravo regimental não provido. Para obtenção de medicamento pelo Sistema Único de Saúde, não basta ao paciente comprovar ser portador de doença que o justifique, exigindo-se prescrição formulada por médico do Sistema".

Tais medidas podem ser abraçadas por proposta legislativa e, a despeito dela, podem ser aplicadas, de imediato, pela magistratura nacional. Entretanto, não se olvida sua conveniência e necessidade, uma vez que a ausência de parâmetros mais severos de comprovação das necessidades efetivas daqueles que se socorrem à Justiça conduz a situações insustentáveis, como a compra de medicamentos de elevado importe financeiro pelo ente público para atender a ordem judicial que, entretanto, não chega a gozar de eficácia, uma vez que o requerente não comparece para buscar o medicamento. Existem relatos de medicamentos que chegam a vencer nas prateleiras públicas, visto que, vinculados a determinado processo jurisdicional, não podem ser redistribuídos a outros pacientes, sob pena de vir a autoridade pública a responder por descumprimento de ordem judicial. Situações desse jaez não são críveis num país de parcas condições econômicas e com grande parte da população que desfruta precária qualidade de vida. Questiona-se, obviamente, a real necessidade do postulante em juízo, ao passo que muitos outros administrados em situação de igual ou maior carência podem remanescer à margem das prestações estatais necessárias em virtude da míngua de recursos públicos para custear-lhes tais préstimos.

A insuficiência de provas ensejou devidamente o julgamento improcedente, em reexame necessário, da Ação nº 0145.03.100728-2, na qual a autora pleiteava o fornecimento gratuito, pelo Município de Juiz de Fora, de medicamento específico, enquanto seu similar ou genérico é disponibilizado pelo Sistema Único de Saúde. De fato, ao reformar a decisão de primeira instância, o Tribunal de Justiça de Minas Gerais considerou corretamente que o pedido fora instruído com um atestado médico datado de setembro de 2002, enquanto a ação foi ajuizada em novembro de 2005. Até o ajuizamento da ação, o paciente manteve seu tratamento com os medicamentos fornecidos pela rede pública sem prejuízo para sua sobrevida, de onde se extrai que sua pretensão não consiste em uma *demanda de saúde de primeira necessidade*, que justificaria uma restrição do rigor probatório. Deste modo, em vista da potencialidade de lesão, pelo deferimento do pedido, aos outros direitos em colisão com o do requerente, conclui-se que, de fato, o indeferimento do pedido é a medida mais adequada diante uma filtragem acurada pela máxima da proporcionalidade (MINAS GERAIS, 2007).

5.3.1.1 Tutela antecipada

Situações existem em que, em face de prova inequívoca e verossimilhança das alegações do postulante e diante de fundado receio de dano irreparável ou de difícil reparação, abuso de direito de defesa ou o manifesto propósito protelatório do réu, poderá haver a antecipação dos efeitos da tutela pleiteada em juízo. É a situação disciplinada no art. 294 e seguintes do Código de Processo Civil de 2015. Na decisão que antecipar a tutela, o juiz deverá indicar, de modo claro e preciso, as razões do seu convencimento.

A prova inequívoca é ora equiparada ao *fumus boni juris* e, outras vezes, à certeza e liquidez do direito exigidas no mandado de segurança. Já a verossimilhança das alegações conduz à constatação de elevada probabilidade da existência do fato narrado. O fundado receio de dano irreparável ou de difícil reparação implica o receio genérico da inefetividade da prestação jurisdicional, equiparando-se, neste aspecto, ao *periculum in mora* necessário para o deferimento da cautelar, a despeito de este referir-se a receio diverso do perecimento do direito final.

A antecipação da tutela, segundo Marinoni, Arenhart e Mitidiero (2016, p. 108), tem como escopo "[...] distribuir de forma isonômica o ônus do processo". Isso quer dizer, de acordo com Didier Jr., Braga e Oliveira (2015, p. 567), que o legislador estabelece técnica processual que possibilita "[...] abrandar os efeitos perniciosos do tempo do processo", por meio da permissão "[...] de gozo antecipado e imediato dos efeitos próprios da tutela definitiva pretendida". Em matéria de saúde, a aplicação dessa medida torna-se de fundamental importância, especialmente quando são considerados os graves riscos à vida e à dignidade dos enfermos resultantes da demora do provimento judicial.

Certo é, porém, que este fenômeno implica parcial restrição da segurança jurídica, visto que a redução cognitiva que se opera incorre em risco de uma decisão equivocada. Assim, o instituto guarda a tensão entre os princípios da efetividade e da segurança jurídica, a ser diluído por uma ponderação entre os interesses colidentes. Didier Jr. Braga e Oliveira (2015, p. 567) demonstram com precisão o conflito de interesses ora invocado:[154]

---

[154] Insta distinguir a antecipação da tutela com a tutela cautelar e a liminar. A tutela cautelar tem por objetivo, tão somente, a salvaguarda de uma relação jurídica. Possui sempre caráter instrumental, uma vez que, conforme Marinoni, Arenhart e Mitidiero (2016, p. 228), "[...] desenvolve uma *função preparatória* em relação à tutela satisfativa", além de ser temporária. A última característica vincula-se à limitação da sua eficácia no tempo, que é restrita ao lapso temporal necessário para a proteção daquilo que é de interesse no processo (DIDIER JR; BRAGA;OLIVEIRA, 2016, p. 563). Distingue-se a tutela cautelar da tutela antecipada pela seguinte razão: esta possui natureza satisfativa, enquanto aquela, natureza preventiva. Essa relação está expressa com nitidez nos artigos 303 e 305 do Código de Processo Civil de 2015.

A rigor, o tempo é um mal necessário para a boa tutela dos direitos. É imprescindível um lapso temporal considerável (e razoável) para que se realize plenamente o devido processo legal e todos os seus consectários, produzindo-se resultados justos e predispostos à imutabilidade. É garantia da segurança jurídica. Bem pensadas as coisas, o processo "demorado" é uma conquista da sociedade: os "poderosos" de antanho poderiam decidir imediatamente.

O que atormenta o processualista contemporâneo, contudo, é a necessidade de razoabilidade na gestão de tempo, com olhos fixos na: i) demora irrazoável, o abuso de tempo, pois um processo demasiadamente lento pode colocar em risco a efetividade da tutela jurisdicional, sobretudo em casos de urgência; e na ii) razoabilidade da escolha de quem arcará com ônus de passar do tempo necessário para concessão de tutela definitiva, tutelando-se provisoriamente aquele cujo direito se encontre em estado de evidência.

Essa seria a função constitucional das tutelas provisórias: a harmonização de tais direitos fundamentais (segurança e efetividade) em tensão.

Com muita frequência, afigura-se, em relação ao direito social à saúde, a hipótese alusiva ao dano de difícil reparação, qual seja, o perecimento da vida ou a afetação da dignidade de modo intenso do paciente que postula alguma prestação estatal de saúde. A prova inequívoca de sua necessidade para a sobrevida do paciente ou para a proteção da sua dignidade de forma essencial pode, então, ensejar a antecipação dos efeitos da tutela, inclusive, de tutela específica, como propõe o artigo 303 do Código de Processo Civil de 2015. A tutela específica consiste em outro instrumento da efetividade da decisão, nas ações que tenham por objeto obrigação de fazer ou não fazer,[155] mediante a aplicação de multa cominatória, busca e apreensão, remoção de pessoas e coisas, desfazimento de obras ou impedimento de atividade nociva, se necessário com requisição de força policial. O juiz poderá, de ofício, modificar o valor ou a periodicidade da multa, caso verifique que se tornou insuficiente ou excessiva.

A medida liminar consiste numa antecipação daquilo que só seria concedido ao final da ação, com a prolação da sentença, *in limine litis* e *inaudita altera pars*. A antecipação da tutela pode ser feita liminarmente ou não. Ademais, a liminar nem sempre caracterizará uma antecipação de tutela, uma vez que diz respeito ao momento processual em que diversas espécies de decisão podem ser proferidas.

[155] Advertem Gloeckner e Schwartz (2003, p. 155) que "no caso específico do direito à saúde, o magistrado deve se ater exclusivamente à tutela específica da obrigação de fazer, visto que o direito à saúde é personalíssimo, o que engendraria um dano irreparável".

A combinação de ambas (tutela antecipada e específica) pode ser imprescindível para assegurar a eficácia do acesso à justiça, garantia fundamental típica do Estado de Direito consagrada pela Constituição de 1988 no inciso XXXV do art. 5º (BRASIL, 1988). Cabe, pois, resgatar o célebre brocardo jurídico que consigna: "justiça tardia não é justiça, senão injustiça manifesta".

Versa o §3º do art. 300 da Lei nº 13.105 (BRASIL, 2015), que "A tutela de urgência de natureza antecipada não será concedida quando houver perigo de irreversibilidade dos efeitos da decisão". De fato, diante dela, inviável será a possibilidade de sua revogação ou modificação, a qualquer tempo. Isso porque a antecipação da tutela não impede o curso normal do processo, que pode prosseguir até o final do julgamento, caso não incida o instituto de estabilização da tutela provisória contido no artigo 304 da Lei nº 13.105 (BRASIL, 2016) e se proceda à confirmação do pedido definitivo, conforme prevê o inciso I do §1º do artigo 303 da referida lei.

A partir do Código de Processo Civil de 2015, a discussão relativa à admissibilidade da tutela provisória em face de entes públicos perdeu relevância, haja vista o seu disciplinamento pelo referido diploma (DIDIER JR.; BRAGA; OLIVEIRA, 2015, p. 635). Isso é o que dispõe o seu artigo 1.059, que limita as hipóteses de impedimento à utilização do recurso em tela às disposições dos artigos 1º a 4º da Lei nº 8.437 (BRASIL, 1992) e ao §2º do artigo 7º da Lei nº 12.016 (BRASIL, 2009).[156]

Argumentam, para tanto, também com o reexame necessário das decisões desfavoráveis à Fazenda Pública, determinado pelo inciso II do art. 475 do Código de Processo Civil.

O entendimento de que não cabem liminares ou medidas cautelares contra o Poder Público foi afastado pelo Ministro Celso de Mello, quando incumbiu-se da relatoria da Ação Direta de Inconstitucionalidade nº 975-3/DF. Nesta oportunidade, o ministro (a despeito de votar pela prejudicialidade da ação direta em decorrência da ausência de sua conversão em lei, que implicou a sua extinção do ordenamento

---

[156] De forma didática, são três as hipóteses em que resta vedada a tutela provisória em face do Estado: "a) 'a reclassificação ou equiparação de servidores públicos e a concessão de aumento ou a extensão de vantagens ou pagamento de qualquer natureza' (art. 7º, §2º, da Lei n. 12.016/2009); b) medida que 'esgote, no todo ou em qualquer parte, o objeto da ação' (art. 1º, §3º, Lei n. 8.437/1992) – que, na pior das hipóteses, é mera repetição da vedação (já mitigada) à irreversibilidade (cf. art. 300, §3º, CPC), como já se disse; e, enfim, c) a impugnação, em primeira instância, de ato de autoridade sujeita, na via de mandado de segurança, à competência originária do tribunal – ressalvados a ação popular e a ação civil pública (art. 1º, §§ 1º e 2º, Lei n. 8.437/1992)" (DIDIER JR.; BRAGA; OLIVEIRA, 2015, p. 632).

jurídico) pronunciou-se expressamente sobre a inconstitucionalidade da vedação das liminares contra o Estado. Acolheu, como fundamento, trecho do parecer da Procuradoria-Geral da República que consignou que tal restrição "acaba por vedar a concessão de tais medidas, além de obstruir o serviço da Justiça, criando obstáculos à obtenção da prestação jurisdicional e atentando contra a separação dos poderes, porque sujeita o Judiciário ao Poder Executivo" (BRASIL, 1993).

No que toca, especificamente, à vedação legal à antecipação dos efeitos da tutela diante de medidas irreversíveis, a solução exigirá uma ponderação dos valores colidentes. Segundo Gloeckner e Schwartz (2003, p. 158), "[...] o julgador deve perquirir acerca da imediatidade do dano (estado de saúde, gravidade da doença, prontidão do atendimento à enfermidade) e das condições do requerente da medida".

Diante da colisão da restrição legal com *demandas de saúde de segunda necessidade*, sustenta-se, nesta obra, que a primeira deve prosperar. Justifica-se este entendimento não só com a importância da regra, mas com os outros valores afetos ao interesse público que ela preserva. Isso porque, ao se antecipar uma tutela que implique prestações estatais positivas, estarão, a um só tempo, restringindo outros direitos sociais ou o próprio direito social à saúde de demais administrados, além de princípios constitucionais afetos às finanças públicas. Por isso, como a restrição de todo princípio deve passar pelo crivo da proporcionalidade, impõe-se que ela seja necessária. Ora, o atendimento a *demandas de saúde de segunda necessidade* sempre poderá esperar o decurso do processo, por um período razoável, que permite uma melhor apuração dos fatos e do direito pelo Judiciário. Ao revés, diante de *demandas de saúde de primeira necessidade urgentes*, apresenta-se imperativa a prevalência da vida, como bem concluíram Gloeckner e Schwartz (2003, p. 158):

> Na grande maioria dos casos, mesmo que o provimento antecipatório se revista de irreversibilidade, dos males o menor: consolida-se o direito à vida e à saúde, enaltece-se a função sanitária estatal e mais do que isso, cria-se na sociedade, no indivíduo e também, (por que não?), na própria consciência do julgador, uma mentalidade voltada à vida, sabendo-se que o dever foi cumprido e a justiça distribuída.
> Na dúvida sobre a concessão ou não da tutela antecipada, à evidência, tendo em vista os interesses em jogo, deve ela ser concedida. Na apreciação dos requisitos para consecução eficaz do modelo ponderativo construído (e isto é algo inarredável), entre causar um dano irreparável (saúde) e outro de menor gravidade (prejuízo do erário público)

sobrepõe-se a tutela antecipada. Até mesmo pelo fato de que a prova de necessidade (no sentido de falta de recursos econômicos) é um horizonte mediato, que serve de guia do julgador, nunca, ao revés, óbice à implementação do direito à saúde, que primeiramente, em um metanível, a todos se estende.

Foi o caso do Agravo de Instrumento nº 1.0000.19.023336-1/001, em que a paciente idosa que necessitava de transferência da unidade hospitalar para a UTI teve deferido seu pedido de antecipação de tutela confirmado pelo Tribunal de Justiça de Minas Gerais. No acórdão em questão, foi abordado, inicialmente, o entendimento consolidado nos tribunais superiores acerca da solidariedade da responsabilidade dos entes federativas em matéria de tutela do direito à saúde. Posteriormente, foi ressaltada a imprescindibilidade da medida requerida, haja vista o grave quadro de saúde da paciente idoso portadora de edema pulmonar, condição fartamente comprovada, segundo o acórdão, por relato médico. Em adição à premência da ação, a decisão analisou a dogmática do direito social à saúde, oportunidade em que se demonstrou a posição destacada dos valores vida e dignidade no ordenamento jurídico nacional. Dessa forma, procedeu-se ao afastamento do comando previsto pelo §3º do artigo 300 da Lei nº 13.105 (BRASIL, 2015), ante o sopesamento entre os princípios financeiros e o direito à vida digna que, como *demanda de saúde de primeira necessidade da requerente*, deve prevalecer, especialmente em situações de urgência, estando comprovados os requisitos da imprescindibilidade e da urgência. Breves excertos do julgado confirmam a pertinência das questões suscitadas neste trabalho e que rendem ensejo ao cabimento da antecipação de tutela, diante de prova razoável, para resguardar o direito aludido:

> II – Comprovada a imprescindibilidade da transferência de paciente idosa com quadro de edema pulmonar para UTI, com base em categórico relato médico que descreve a moléstia e necessidade de internação, sob pena de risco de dano grave, é imperativa a da decisão agravada, em face da inequívoca premência de proteção à vida digna, bem jurídico maior. III – Não obstante o disposto no art. 300, § 3º, do CPC/15, a **irreversibilidade** da decisão de concessão da antecipação da tutela deve ser analisada sopesando-se os princípios da dignidade da pessoa humana e da razoabilidade/proporcionalidade, sob pena de se tornar inviável a implementação do instituto jurídico em comento. IV – Constatados, ainda que em cognição sumária, os requisitos elencados no art. 300 do CPC/2015, pois verossímeis as alegações de imprescindibilidade e urgência de transferência hospitalar para UTI de paciente idosa, incensurável o

deferimento tutela de urgência, mormente em face da inequívoca premência de proteção à saúde e vida digna, bem jurídico maior, que justifica a relativização da vedação legal. V – Possível a fixação de multa cominatória em desfavor da Fazenda **Pública**, com a qual objetiva-se não o pagamento do valor a ela relativo, mas que a parte cumpra a obrigação imposta na decisão. Apesar da finalidade coercitiva da multa, com intuito de compelir o devedor ao cumprimento da obrigação, ao magistrado é reconhecida a possibilidade de reduzi-la quanto for excessiva ou fixar um valor limite/teto para cobrança, conforme art. 497, "caput", c/c art. 537, § 1º, ambos do CPC/15 (MINAS GERAIS, 2019).

Diante, porém, de situações que permitem maior dilação probatória, esta deve ser exigida, como forma de se resguardar a máxima da concordância prática, ou seja, de se permitir aos princípios colidentes com as *demandas de saúde de primeira necessidade* melhores condições de eficácia.

5.4 Mandado de segurança individual

A mais frequentemente articulada garantia constitucional contra as ilicitudes do Poder Público consiste no mandado de segurança, que, verdadeiro instrumento de liberdade civil e política, tem sua matriz normativa no inciso LXIX do art. 5º, versando que "conceder-se-á mandado de segurança para proteger direito líquido e certo [...] quando o responsável pela ilegalidade ou abuso de poder for autoridade pública ou agente de pessoa jurídica no exercício de atribuições do Poder Público", desde que o direito lesionado ou ameaçado não seja amparável por *habeas corpus* ou por *habeas data*.

De acordo com Theodoro Jr. (2019, p. 46) a referência a "direito líquido e certo" deve ser compreendida no sentido de que o ajuizamento da ação só é eficaz "[...] com base em prova documental pré-constituída, sem ulterior dilação para produção de outros elementos probatórios, e sem ensejo a incidentes, como a assistência e as intervenções de terceiro previstas para as ações comuns". Desse modo, o direito apenas resulta de um confronto do fato com a norma, devendo, pois, estar esta relação devidamente comprovada para que se possa afirmar a sua existência.

Por isso, para ser amparado em juízo, o direito deve ser incontroverso. Para ser protegido pela via mandamental, existe a necessidade da prova pré-constituída em virtude de seu rito especial, que não comporta dilação probatória. Quando, portanto, a comprovação do direito demandar inquirição de testemunhas, oitiva das partes, perícia ou outras espécies de provas, o mandado de segurança não será cabível; deve o interessado valer-se das vias ordinárias.

A via do *mandamus* se presta para o controle da eficácia do direito social à saúde em ambas as suas facetas (*demandas de saúde de primeira e de segunda necessidade*). Ocorre que, como foi registrado, as primeiras, em virtude de sua maior relevância, dispensam mais estrito rigor instrutório nos casos de urgência. Não havendo, entretanto, esta excepcionalidade imposta pelo risco de perecimento da vida ou de grave afetação da dignidade em curto espaço de tempo, há que se ressaltar que a prova pré-constituída imposta para a concessão do *writ* em questões afetas a direitos sociais, inclusive o direito à saúde, deve abranger a demonstração não apenas de necessidade da prestação estatal, mas de sua prevalência diante de outros direitos sociais, perante o mesmo direito social de terceiros e sobre os princípios financeiros. Deve, ainda, demonstrar a possibilidade do Estado de atender a todos que se encontrarem em idêntica situação jurídica.

Como visto, do art. 196 da Constituição de 1988, enquanto norma-princípio que versa que "a saúde é direito de todos e dever do Estado", extrai-se um direito subjetivo meramente *prima facie*, cuja existência em definitivo há de ser comprovada pela demonstração de sua superioridade, no caso concreto, sobre outros princípios colidentes. Dessa forma, a conclusão pela existência do direito "líquido e certo" à saúde há que ser extraída não apenas da comprovação, de plano, da necessidade do impetrante; deve ele apresentar, junto à petição inicial, também elementos que assegurem que sua demanda sobressai às demais que podem ser contrapostas ao Estado, sob a égide da máxima da proporcionalidade, bem como que seu pedido pode ser suportado pelo orçamento público.

Salta aos olhos a dificuldade da formulação de tal prova *ab initio*, para que venha, toda ela, carreada à petição inicial. Isto torna o manejo do mandado de segurança para a defesa de direitos sociais, inclusive do direito à saúde, improvável, em virtude de sua elevada dificuldade. Satisfeitos, porém, estes requisitos instrutórios, a ação será cabível.

Com acerto, foi manifestado na Apelação nº 1.0414.18.000141-7/001, do Tribunal de Justiça de Minas Gerais, o entendimento no sentido de que a via do mandado de segurança não constitui, como regra, o meio mais adequado para o fornecimento de prestações de saúde, haja vista a necessidade de garantia de dilação probatória para a adequada aferição do estado de saúde do paciente requente e da necessidade do tratamento pleiteado. Isso não impede, no caso concreto, conforme relatado no acórdão, que o referido remédio constitucional seja utilizado, atendido o requisito da instrução com documentos e provas suficientes para a apreciação do pedido. Estando comprovado em sede de sentença a necessidade do tratamento pleiteado, o tribunal manteve a decisão proferida em primeira instância invocando o argumento de que a reserva do possível não é argumento válido "quando comprometer o núcleo mínimo dos direitos fundamentais que gravitam em torno da dignidade da pessoa humana, fundamento da República Federativa do Brasil (art. 1º, III, da CF/88)" (MINAS GERAIS, 2019).

De modo a restringir a utilização do remédio constitucional em tela, o Enunciado nº 96 da III Jornada de Direito à Saúde promovida pelo Conselho Nacional de Justiça sugere que a impetração do *writ* seja realizada somente para requerer "[...] medicamento, produto, órtese, prótese ou procedimento" que conste em "[...] lista RENAME, RENASES ou protocolo do Sistema Único de Saúde – SUS" (BRASIL, 2019). Diverge-se do posicionamento adotado no referido encontro pelas seguintes razões. Embora o mandado de segurança se preste à provocação dos órgãos públicos sem que haja necessidade de maior dilação probatória, o que se relaciona de forma adequada à exigência do fornecimento das prestações de saúde contidas nas listas definidoras, conforme visto acima, de políticas públicas de saúde, há determinadas situações, mormente no que tange às *demandas de saúde de primeira necessidade urgentes*, em que a restrição aos recursos disponibilizados pelo SUS se revela insuficiente para proteção da vida e da dignidade dos indivíduos. Justamente esse foi o caso referido na decisão do Tribunal de Justiça de Minas Gerais relatada anteriormente. Destarte, desde que estejam suficientemente reunidas provas documentais para tanto, dispensando, assim, outros instrumentos probatórios, não há que se opor aos pacientes, quando é ameaçado o núcleo essencial do direito, requisitos de ordem burocrática ou procedimental, quando desprovidos de racionalidade perante os valores materiais em jogo. Reitere-se, nesse sentido, que, como a vida e a dignidade constituem-se como fundamentos do ordenamento jurídico, a atenuação dos rigores processuais torna-se necessária, em determinadas situações, tendo em vista o seu caráter eminentemente instrumental à proteção dos direitos.

Registre-se o cabimento do mandado de segurança repressivo, que tem o condão de suprimir antijuridicidade já perpetrada pelo Poder Público, e do preventivo, que traz o escopo de evitar o dano ao direito tutelável em juízo. Em ambos os casos, portanto, a prova pré-constituída deve ser apta a demonstrar a existência definitiva do direito à saúde, não apenas *prima facie*.

Em relação ao direito à saúde, importa resgatar discussão já apresentada no que tange à repartição de competências entre os entes federativos. A Constituição de 1988, no já citado art. 198, institui um sistema único de saúde que coobriga, num regime de solidariedade, todos os entes federativos. Deste modo, a jurisprudência dominante e aqui corroborada sustenta a possibilidade de qualquer entidade da Administração direta figurar no polo passivo do mandado de segurança e das demais ações próprias para o controle das políticas públicas de saúde. Alguns arestos, dos quais se diverge, apontam que os entes públicos responsáveis, inevitavelmente, dividem entre si as competências para a prestação dos serviços de saúde e exigem a observância de tais normas para a correta identificação, no mandado de segurança, da autoridade que deve figurar como coatora. Aparta-se de tal possibilidade em virtude da natureza constitucional do art. 198, que, ocupando o cume do sistema jurídico, vincula e condiciona os poderes públicos, de forma que as normas infraconstitucionais (como as que operam a citada repartição de competências) com ele colidentes encontram-se maculadas de inconstitucionalidade.

Assim, considera-se que tais normas poderão, tão somente, produzir efeitos entre os entes federativos, que deverão criar um sistema próprio para a compensação de haveres financeiros sempre que uma entidade custear, por determinação judicial ou não, prestações de saúde afetas à competência de outra. Não poderão ser opostas aos administrados, de maneira a furtar-lhes um direito fundamental, em virtude da supremacia constitucional. Não se argumente que a repartição de competências é própria do sistema federativo, que também tem sede constitucional, e que, por esta razão, instauraria um conflito de normas de mesma hierarquia. O princípio federativo implica, sim, repartição de competências levadas a cabo pela própria Carta Constitucional, que não o fez, entretanto, em relação ao serviço de saúde. Ao avesso, atribui-o como dever de todos os entes federados. Acrescente-se, ainda, que os direitos fundamentais representam o ápice normativo do sistema constitucional, mormente no que tange à proteção da vida e da garantia de condições mínimas de dignidade. Assim, qualquer conflito entre o princípio do direito fundamental social à saúde e os outros princípios constitucionais (o que sequer é o caso, já que o princípio federativo não impede a atribuição da responsabilidade pelo serviço de saúde a nenhuma entidade federada) apresentará uma preferência *prima facie* aos primeiros, impondo, pois, um ônus argumentativo maior a quem pretenda dar primazia ao segundo (o que, na hipótese em questão, não será possível).

Comparativamente ao diploma original regente do mandado de segurança – a Lei nº 1.533 (BRASIL, 1951), a Lei nº 12.016 (BRASIL, 2009) apresenta importantes alterações no tocante à facilitação do procedimento. Nesse sentido, a nova disposição legal permite, em caso de urgência, a impetração do mandado de segurança não somente por meios tradicionais de comunicação, como possibilita a utilização de qualquer meio eletrônico eficaz em casos de urgência. A Lei nº 1.533 (BRASIL, 1951) já previa a possibilidade de impetração do *mandamus* por outras vias, como o telegrama e o radiograma, atualmente em desuso. A atualização legislativa permite, assim, a impetração do *writ* e a transmissão da prova de modo facilitado. Essa disposição tem significativa importância especialmente em relação às *demandas de saúde de primeira necessidade urgentes*, quando a vida e a saúde estão em risco.

Considera-se relevante a divulgação da existência deste meio processual facilitado nos ambientes hospitalares, inclusive nos privados, que carecem de ordem judicial para receber pacientes não conveniados a planos de saúde particulares ou que não se apresentem com condições financeiras para custear um tratamento de saúde urgente. O manejo deste instrumental pode implicar o maior objetivo de um Estado Democrático de Direito que leva os indivíduos a sério, qual seja, a preservação da vida e da dignidade.

A lei aludida restringe a impetração do *writ* quando couber recurso administrativo com efeito suspensivo, independente de caução, ou quando houver recurso previsto nas leis processuais contra o ato judicial a ser questionado ou o mesmo possa ser modificado por via de correição. Tal previsão legal, entretanto, não se sustenta à luz do princípio da inafastabilidade da jurisdição, sendo, portanto, amplamente reconhecida, pela doutrina e pela jurisprudência, sua inaplicabilidade. De fato, Gasparini (2012, p. 972) consigna que "para a interposição não há necessidade do esgotamento das vias administrativas". O Supremo Tribunal Federal estatui, em sua Súmula nº 429, que a existência de recurso administrativo com efeito suspensivo não impede a propositura da ação (BRASIL, 1964) e não o faz, todavia, em relação a ato judicial passível de recurso ou correição, como esclarece sua Súmula nº 267 (BRASIL, 1963b). Algumas vozes, contudo, ainda avaliam como admissível até mesmo a restrição ao mandado de segurança antes de exaurida a instância administrativa, considerando-a necessária para a boa demarcação do leito dessa ação especial.[157] As restrições em questão, não obstante, são claramente desproporcionais, e não existe outro valor a ser por elas tutelado que as justifique, além de atingirem o próprio núcleo essencial da garantia mandamental, visto que aniquilam, por completo, a possibilidade de impetração do remédio constitucional. Quando em conflito com o direito à saúde, sua fundamentalidade subjuga ainda mais os supostos impedimentos legais à propositura do *writ*, mormente quando disser respeito a *demandas de saúde de primeira necessidade*.

Não se faz possível a impetração do *mandamus* contra lei em tese, como cristaliza a Súmula nº 266 do Supremo Tribunal Federal (BRASIL, 1963a), impedindo que tal via se substitua às ações de controle de constitucionalidade. Esta intelecção aplica-se, igualmente, aos atos administrativos normativos. Porém, possível se faz o seu manejo contra leis de efeitos concretos, que são concebidas como atos administrativos materiais, em face da ausência de generalidade e abstração que caracterizam o ato legislativo.

O que já se afirmou em relação ao rigor probatório a ser exigido na propositura de ação ordinária aplica-se integralmente à hipótese de impetração de mandado de segurança. Seu incremento há de ser exigido nos processos em que se postula qualquer prestação estatal positiva, inclusive afeta à saúde, de forma a viabilizar a aferição correta da existência definitiva do direito e não apenas *prima facie*. Faz-se exceção em relação às *demandas de saúde de primeira necessidade urgentes*, como uma exigência do risco de perecimento da vida ou de grave afetação de condições mínimas de dignidade do paciente, valores que se sobrepõem aos demais, no procedimento de ponderação.

Já as *demandas de saúde de segunda necessidade* impõem uma instrução substanciosa da petição inicial do mandado de segurança; não basta, para tanto, como dito, um único atestado médico. Nos casos em que o pedido referente à prestação estatal for excepcionalmente oneroso, e apontar a necessidade da perícia por junta médica indicada pelo Juízo, conforme sugerido, sequer será cabível o mandado de segurança, que não comporta, em seu rito, dilação probatória.

Reafirme-se, ademais, que a instrução inicial deve permitir um correto juízo de proporcionalidade da concessão da segurança diante

---

[157] Este, por exemplo, é o entendimento de Freitas (2004, p. 128), que considera que a largueza de seu cabimento pode conduzir ao seu desprestígio.

do conflito com os outros direitos sociais a serem sacrificados por ela, que consumirá recursos escassos para sua concreção.

Ao despachar a inicial, o juiz ordenará a notificação do coator do conteúdo da petição, entregando-lhe a segunda via apresentada pelo requerente com as cópias dos documentos, a fim de que, no prazo de dez dias, preste as informações que achar necessárias. Poderá, ainda, ser determinada liminarmente a suspensão do ato que deu motivo ao pedido quando for relevante o seu fundamento e da demora puder resultar a ineficácia da medida, caso seja deferida. De ver-se, portanto, que os requisitos para a concessão da liminar no mandado de segurança, na verdade, coincidem com aqueles previstos genericamente para a antecipação da tutela jurisdicional, quais sejam, o indício do bom direito e o perigo na demora do provimento.

A ausência do indício do bom direito ensejou a reforma da decisão proferida em primeira instância pela 5ª Câmara Cível do Tribunal de Justiça de Minas Gerais em sede de reexame necessário do Mandado de Segurança nº 1.0378.15.003102-9/001 (MINAS GERAIS, 2019), impetrado contra o Município de Lambari. Pretendia o impetrante obter medicamento não constante da lista oficial do SUS. A reforma da decisão *a quo*, de acordo com o acórdão, efetivou-se em razão da não comprovação do preenchimento dos requisitos da imprescindibilidade do fármaco e da inadequação dos meios disponibilizados pela rede pública de saúde.

O Supremo Tribunal Federal estatui, na Súmula nº 405 (BRASIL, 1964b), que, "denegado o mandado de segurança pela sentença, ou no julgamento do agravo, dela interposto, fica sem efeito a liminar concedida, retroagindo os efeitos da decisão contrária". Em questões alusivas à saúde, contudo, podem suceder situações em que a perda dos efeitos da liminar não possa ser operada por decisão final denegatória da segurança. Este é o entendimento recentemente exarado pelo Superior Tribunal de Justiça, quando do julgamento do Agravo Regimental no Agravo em Recurso Especial nº 99.413-MG, sob a relatoria do Ministro Gurgel de Faria. Na ação mandamental, fora deferida à impetrante liminar para que lhe fosse disponibilizado, pela União, o importe de R$106.102,48 (cento e seis mil, cento e dois reais e quarenta e oito centavos), para realização de cirurgia oftalmológica em Cuba, frequentemente disponibilizada, na época, a pacientes portadores da mesma patologia. Não obstante, foi proibido, pelo Ministério da Saúde, com base em parecer técnico do Conselho de Oftalmologia Brasileiro, o custeio de aludida cirurgia pelo Sistema Único de Saúde. Por essas razões, a liminar deixou de ser confirmada, quando, porém, a cirurgia já havia sido efetuada. Em virtude da denegação da segurança, a União moveu, contra a paciente, ação de cobrança do valor disponibilizado, quando, diante do repúdio ao seu pedido em primeira e segunda instância, interpôs o recurso especial em cotejo, também julgado improcedente. Acertadamente, reconheceu o Superior Tribunal de Justiça que, embora seja possível a repetição dos valores pagos pelo Estado, quando revogada a medida provisória, haja vista o escopo de impedir o enriquecimento sem causa do beneficiário, "[...] o cidadão hipossuficiente não pode ser penalizado pelas oscilações jurisprudenciais ocorridas após a concessão da liminar" (BRASIL, 2016).

A sentença que negar ou deferir a segurança desafia o recurso de apelação. Concedendo o mandado, fica sujeita ao duplo grau de jurisdição obrigatório, podendo, entretanto, ser executada provisoriamente. Quando o mandado for concedido e o presidente do tribunal ao qual competir o conhecimento do recurso entender pela impossibilidade da execução provisória, poderá determinar a sua suspensão, cabendo, desse seu ato, agravo para o tribunal a que presida.

É sabido que a execução provisória de sentenças que concedem ao impetrante acesso a prestações estatais de saúde serão marcadas, em sua grande maioria, pela irreversibilidade. Assim, o presidente do tribunal, ao receber o recurso, deverá efetuar novo juízo de proporcionalidade sobre a oportunidade ou não da execução provisória. O exame sucederá sobre o confronto entre o cabimento da manutenção do direito material concedido e a conveniência de um novo exame que venha a proteger outros direitos sociais, o direito à saúde dos demais e os princípios constitucionais financeiros.

Os processos de mandado de segurança terão prioridade sobre todos os atos judiciais, salvo *habeas corpus*. Registre-se, entretanto, que, dizendo respeito a *demandas de saúde de primeira necessidade urgentes*, e, em especial, quando a vida é ameaçada, o mandado de segurança pode preterir o próprio *habeas corpus*, que tutela a liberdade, secundária e dependente do bem jurídico a ser resguardado pelo *mandamus*.

5.4.1 Mandado de segurança coletivo

O mandado de segurança coletivo coincide com o individual no que tange às hipóteses de cabimento definidas constitucionalmente, embora dele difira no que tange à legitimidade ativa disciplinada no inciso LXX do art. 5º da Constituição de 1988, que prevê a figura do partido político com representação no Congresso Nacional e de organização sindical, entidade de classe ou associação legalmente constituída e em funcionamento há pelo menos um ano, em defesa dos interesses de seus membros ou associados. Trata-se de legitimação extraordinária, ocorrendo, no caso, substituição processual. É cabível, outrossim, o litisconsórcio entre os legitimados ativos para a ação.

Sua disciplina legal comporta algumas peculiaridades. No tocante aos bens jurídicos tutelados, o parágrafo único do artigo 21 da Lei nº 12.016 (BRASIL, 2009) dispõe que são protegidos pelo referido remédio constitucional tanto os bens coletivos, compreendidos como aqueles "[...] transindividuais, de natureza indivisível, de que seja titular grupo ou categoria de pessoas ligadas entre si ou com a parte contrária por uma relação jurídica básica", quanto os individuais homogêneos, equivalentes aos "[...] bens decorrentes de origem comum e da atividade ou situação específica da totalidade ou de parte dos associados ou membros do impetrante".

Relativamente ao procedimento, a Lei nº 12.016 (BRASIL, 2009) estipula as seguintes diferenças com relação ao mandado de segurança singular: a) limitação da coisa julgada aos "membros do grupo ou categoria substituídos pelo impetrante", conforme estabelece o *caput* do artigo 29; b) inexistência de litispendência entre o mandado de segurança coletivo e as ações individuais, conforme prevê o §1º do artigo 22, o que possibilita que os membros individualmente considerados de determinado grupo ou categoria possam provocar singularmente o Poder Judiciário; c) não extensão dos benefícios oriundos da coisa julgada auferidos no âmbito coletivo naqueles que optaram pela via individual, paralelamente ao coletivo. Para que haja a extensão dos benefícios, deve haver desistência da ação individual em até 30 dias, contados do conhecimento da impetração do mandado de segurança coletivo, conforme dispõe o §1º do artigo 22; d) exigência, para a concessão de liminar, de audiência do representante judicial da pessoa jurídica de direito público, que "deverá se pronunciar no prazo de 72 (setenta e duas) horas", conforme dispõe o §2º do artigo 22 (THEODORO JR., 2019, p. 418).

Quando da apreciação do Recurso Extraordinário nº 181.438-1/SP, que teve por relator o Ministro Carlos Velloso, o Supremo Tribunal Federal consignou seu entendimento de que não existe necessidade de "vínculo com os fins próprios da entidade de classe impetrante do *writ*". Foi exigido, porém, "que o direito esteja compreendido na titularidade dos associados e que exista ele em razão das atividades exercidas pelos associados, mas não se exigindo que o direito seja peculiar, próprio da classe" (BRASIL, 2004f).

Não obstante, o Superior Tribunal de Justiça, apreciando o Mandado de Segurança nº 197/DF, sob a relatoria do Ministro Garcia Vieira, considerou que a autorização constitucional para a impetração do mandado de segurança coletivo por partido político seria apenas para a defesa dos seus filiados em questões políticas e desde que autorizado por lei ou pelo estatuto (BRASIL, 1990d). Certamente, esta não foi a interpretação adequada da garantia constitucional em questão, uma vez que são tuteláveis, pela via em questão, os direitos coletivos em sentido estrito, assim entendidos os interesses individuais homogêneos e os interesses difusos ligados à sociedade. O cerceamento à sua legitimação para a defesa dos interesses da sociedade consiste em equipará-los a mera associação privada, retirando-lhes o caráter principal de instituição responsável pela preservação e eficácia dos anseios do Estado Democrático de Direito.

No que tange, porém, aos sindicatos e às associações legitimadas, exige-se a pertinência temática do direito subjetivo comum aos seus integrantes, a ser tutelado pelo mandado de segurança coletivo e os objetivos institucionais da entidade. Satisfeito este requisito, não há que se requerer autorização específica dos associados para a impetração do *mandamus*. Basta, para tanto, autorização genérica constante de seu estatuto. Assim decidiu a Suprema Corte Brasileira (1998), quando, na apreciação do recurso extraordinário nº 223.151-9/DF, considerou dispensável a autorização aludida no inciso XXI do art. 5º da Constituição de 1988, que diria respeito, tão somente, às entidades associativas na representação judicial de seus filiados quando da propositura de ação ordinária (BRASIL, 1999b).

Assim, não existe a necessidade de fazer constar, na petição inicial, os nomes de todos os associados ou filiados. O enquadramento da situação individual de cada um nas hipóteses descritas no mandado de segurança coletivo deve ser apreciado quando da execução da sentença. Irrelevante, inclusive, a circunstância do ingresso do associado nos quadros da entidade impetrante ter sido anterior ou posterior à propositura da ação, uma vez que o Judiciário já terá se manifestado acerca da ilicitude do ato coator questionado; a antijuridicidade não pode prevalecer contra ninguém.

Moraes (2018, p. 181) demonstra que a garantia constitucional do mandado de segurança coletivo representou importante novidade facilitadora do acesso à justiça, evitando a "multiplicidade de demandas idênticas e consequente demora na prestação jurisdicional e fortalecendo as organizações classistas". Assim, essa ação consiste em importante conquista democrática, e encontra-se no contexto do fortalecimento do espírito publicístico que norteou o Constituinte de 1988, por representar um aperfeiçoamento da defesa da legalidade.

É o que se infere da análise do Mandado de Segurança nº 2007.004.01476, que teve por impetrante o Grupo de Pacientes Artríticos do Rio de Janeiro e por impetrado o Secretário de Estado de Saúde e Defesa Civil do Estado do Rio de Janeiro (RIO DE JANEIRO, 2007). A associação, fundada com o escopo de assistir portadores de doenças reumáticas, postulou a concessão da ordem para determinar à autoridade coatora a aquisição e fornecimento dos medicamentos necessários ao tratamento dos seus substituídos processuais elencados na inicial, a despeito de ser isso desnecessário. Alegou, para tanto, que os seus associados são pessoas economicamente hipossuficientes, que não têm condições de adquirir os medicamentos dos quais carecem, que também não podem ser obtidos gratuitamente, porquanto a autoridade dita coatora tem se furtado a efetuar os atos de sua competência para sua aquisição. Sustentou, ainda, que tais medicamentos são indispensáveis à saúde desses pacientes, juntando, para comprovar sua assertiva, laudos, exames e atestados médicos. Requereu, com base nisso, a concessão da ordem para o fornecimento imediato e sem solução de continuidade dos remédios que relacionou, nas quantidades e dosagens indicadas nos respectivos receituários, sem óbice aos demais que porventura sejam prescritos posteriormente, sempre vinculados à doença. Foi deferida a medida liminar pleiteada, cumulada com a tutela específica, que consistiu na fixação de multa diária e pessoal no valor de R$1.000,00 (um mil reais), sem prejuízo da configuração de crime de desobediência, conforme artigo 330 do Decreto-lei nº 2.848 (BRASIL, 1940).

O Estado do Rio de Janeiro deixou de prestar informações, o que foi considerado confissão ficta quanto aos fatos alinhados na inicial, conforme leciona Meirelles (2000, p. 86): "A falta das informações pode importar confissão ficta dos fatos arguidos na inicial, se isto autorizar a prova oferecida pelo impetrante". Os elementos de prova foram considerados suficientes a amparar a pretensão. Considerou o Tribunal de Justiça do Rio de Janeiro aplicável à espécie sua Súmula de nº 116, que propõe que "na condenação do ente público à entrega de medicamento necessário ao tratamento de doença, a sua substituição não infringe o princípio da correlação, desde que relativa à mesma moléstia"[158] (RIO DE JANEIRO, 2006). Assim, concedeu a ordem, com

---

[158] Ainda em relação à condenação do ente público a oferecer todos os medicamentos que vierem a ser prescritos em relação à mesma doença, vale destacar interessante trecho do acordão, em que o tribunal sobrepôs a efetividade do processo "Importante ressaltar que

fulcro no direito social à saúde previsto no art. 196 da Constituição de 1988, e condicionou a segurança, entretanto, à apresentação de receita fornecida pelo Sistema Único de Saúde atualizada semestralmente.

Ainda que diga respeito a um conjunto de pacientes com a mesma necessidade, o direito líquido e certo a ser amparado pela via mandamental não se resume à necessidade da prestação estatal de saúde. Para a demonstração de sua existência em definitivo, deve haver a comprovação, mediante prova pré-constituída, de que ele se sobrepõe ao direito à saúde de outros e a demais direitos sociais. A natureza principiológica da norma constitucional apontada como fundamento único da decisão não lhe retira a vinculatividade, mas impõe, consoante já sobejamente demonstrado neste estudo, a necessidade da ponderação com os interesses colidentes, caso a pretensão não esteja incluída no núcleo essencial do direito. Não se afirma, com isso, que a segurança devia ter sido denegada, mas que a correta argumentação, capaz de contemplar a pretensão de correção da sentença, precisava ter abordado tais apontamentos inerentes à teoria dos direitos fundamentais.

Registre-se, por fim, em relação ao mandado de segurança coletivo, que o mesmo comporta execução individual ou coletiva. Pretendeu a associação executar, em nome próprio, o julgado que lhe foi favorável e receber o medicamento requerido. No caso *sub ocullis*, verificou-se que o remédio foi adquirido e que deveria, entretanto, ser entregue pessoalmente a cada uma das beneficiárias.

5.5 Ação civil pública

A ação civil pública consiste em importante instrumento de acesso à justiça de grupos de interesse, viabilizado pela Constituição de 1988 como fruto da redemocratização e do desenvolvimento teórico,

---

a possibilidade de substituição dos medicamentos por similares ou genéricos, em atenção à prescrição médica, não se traduz em condenação genérica, vez que não seria razoável compelir o hipossuficiente a ajuizar uma nova demanda, a cada alteração de orientação médica ou evolução da medicina. Destarte, é dever do Estado, promover a adequada tutela jurisdicional. E um destes escopos a serem alcançados com a prestação da tutela adequada é a efetividade de seu alcance. Quando se fala em tutela efetiva, fala-se na necessidade de a tutela jurisdicional poder realizar, concretamente, os direitos pleiteados. E para tal efetividade, torna-se necessário o fornecimento de medicação necessária ao tratamento da enfermidade, buscando, assim, concretizar o anseio constitucional de assegurar a saúde da população, não havendo que se falar em condenação genérica".

na comunidade jurídica, de reflexos desse novo movimento jurídico-político.[159]

Relata Casagrande (2008, p. 68) que a discussão sobre o acesso à justiça teve início em meados dos anos 70 e sofreu grande influência do jurista alemão Mauro Cappelletti, uma das maiores autoridades mundiais em Direito Processual Comparado. O processualista viveu e lecionou muitos anos nos Estados Unidos da América, onde percebeu a importância de duas ferramentas de processualização dos conflitos sociais, quais sejam, a *class action for demages*, pela qual um ilícito gerador de dano a uma coletividade dispersa, porém determinável, pode ser apreciado em juízo, e a *public interest litigation*, processo coletivo em que se busca a observância de direitos sociais a minorias ou a hipossuficientes. Suas percepções foram difundidas por ele em vários congressos jurídicos mundiais e repercutiram no Brasil.

O debate em questão motivou a elaboração do projeto que se converteu na Lei nº 7.347 (BRASIL, 1985), que rege a ação civil pública e alcançou os trabalhos da Assembleia Nacional Constituinte. Foi-lhe conferido *status* constitucional, erigindo-a como imprescindível utensílio do controle da Administração Pública, e pode ser utilizada para responsabilizar os causadores de danos morais e patrimoniais ao meio ambiente, ao consumidor, à ordem urbanística, a bens e direitos de valor artístico, estético, histórico, turístico e paisagístico, a qualquer outro interesse difuso ou coletivo ou por infração da ordem econômica. A legislação infraconstitucional alargou suas hipóteses de cabimento para a defesa dos deficientes, dos investidores no mercado de ações, da criança e do adolescente, dos consumidores, da ordem econômica, do meio urbanístico e do idoso.

Os interesses difusos são aqueles que abrangem número indeterminado de pessoas unidas pelo mesmo fato, enquanto os interesses coletivos são afetos a grupos ou categorias de pessoas determináveis, e possuem uma só base jurídica. Ambos, entretanto, são espécies do mesmo gênero, o de interesses metaindividuais, assim entendidos como aqueles que superam o paradigma individualista para preocupar-se com a proteção do gênero humano, confundindo-se, portanto, com os

---

[159] Casagrande (2008, p. 72) aponta, também, como catalisadores deste processo de aparecimento de novas formas de conflituosidade de massa "o grande desenvolvimento do associativismo urbano e da militância civil, o debate sobre a reconstitucionalização do País, a reação contra a forte centralização política resultante do regime militar, o surgimento de uma consciência ecológica, a emergência dos direitos do consumidor, o despertar das minorias discriminadas". Segundo o autor, "tudo isto esteve em grande destaque na agenda política daquela época".

direitos humanos, na percepção de Lozer (2004, p. 10). Nessa esteira, Cappelletti (1975 *apud* MANCUSO, 2004, p. 83) reduz a discrepância entre as duas espécies, aludindo a interesses difusos e coletivos como aqueles que, "típicos deste mundo novo, como o direito à saúde e ao meio ambiente saudável, têm caráter difuso, coletivo, porque não se atêm a indivíduos singulares enquanto tais, mas à coletividade".[160] Da sua natureza de direito fundamental e de seu enquadramento como direito difuso ou coletivo, aufere-se a possibilidade de tutela do direito à saúde pela ação civil pública.

Insta trazer à colação, a respeito, as importantes palavras de Casagrande (2008, p. 84):

> Muito embora em sua concepção original (Lei nº 7347/85) estivesse a ação civil pública destinada tão somente à proteção de certos direitos difusos e coletivos, ao ser erigida à categoria de ação constitucional, *transformou-se no mais importante e eficaz instrumento de concreção judicial dos direitos sociais e constitucionais,* cumprindo o papel que originariamente fora imaginado pelos constituintes para o mandado de injunção.
>
> Entre outros fins, a ação civil pública permite ao Ministério Público ou a associações requerer que o Judiciário inste o Executivo a adotar determinadas providências administrativas para assegurar direitos constitucionais, isto é, a "consecução de atos e fatos jurídicos (providências materiais e positivas) que dependeriam da livre e prévia opção dos agentes políticos ou previsão orçamentária"[161]

A ação civil pública é regida pela Lei nº 7.347 (BRASIL, 1985), alterada pelas Leis nº 9.494 (BRASIL, 1997c), nº 11.448 (BRASIL, 2007a), nº 12.529 (BRASIL, 2011), nº 12.966 (BRASIL, 2014) e nº 13.004 (BRASIL, 2014). A competência para a sua apreciação será determinada pelo foro do local onde ocorrer o dano, cujo juízo terá competência funcional para processar e julgar a causa, não se aplicando, portanto, nenhuma norma de prerrogativa de foro.

Como ação civil, poderá ter por objeto a condenação em dinheiro ou o cumprimento de obrigação de fazer ou não fazer, e pode ser ajuizada ação cautelar para evitar o dano aos valores tuteláveis por esta via. Recentemente, assistiu-se, na Apelação nº 1000314-42.2015.8.26.0344, interposta pela Prefeitura Municipal de Marília, em ação civil pública

---

[160] No original: "tipici di questo mondo nuovo, come quelli alla salute e all'ámbiente naturale, hanno carattere diffuso, colletivo, poichè non appartengono a singoli individui in quanto tali ma allá colletività" (Cappelletti, 1975 *apud* MANCUSO, 2004, p. 83).

[161] Palu, 1997, p. 131 *apud* CASAGRANDE, 2008, p. 85.

ajuizada pelo Ministério Público do Estado de São Paulo, que teve por relatora a Desembargadora Flora Maria Nesi Tossi Silva, à condenação do ente público na obrigação de elaborar e executar projetos de micro e macrodrenagem, com o fim de eliminar a ocorrência de inundações em determinadas localidades do Município apelante. Na decisão, restou assentada a possibilidade de intervenção judicial para se garantir os direitos à vida e à saúde, por meio de adequada prestação de serviço de saneamento básico, a despeito das alegações de invasão da discricionariedade administrativa e da suposta falta de recursos para a realização de obras, o que não foi comprovado (SÃO PAULO, 2018).

Em seu voto condutor, a ministra relatora da apelação fundamentou sua decisão na concepção de que, embora, em regra, não caiba ao Poder Judiciário intervir no mérito administrativo de atos praticados pelo Poder Executivo, "nada impede que se opere o exame quanto às escolhas do gestor público municipal, quando levado a juízo referido exame de escolhas", especialmente quando são afetadas as garantias constitucionais, entre elas os direitos à vida, à segurança e à saúde (SÃO PAULO, 2018).

Recentemente, o Supremo Tribunal Federal manifestou-se, no Agravo Regimental no Recurso Extraordinário nº 1.165.054 (BRASIL, 2019), acerca do controle de políticas de saúde. Na ação civil pública ajuizada pelo Ministério Público do Estado do Rio Grande do Norte em face do Município de Natal, foi concedido pedido, posteriormente confirmado pelo Tribunal de Justiça do Rio Grande do Norte e pelo Supremo Tribunal Federal, quanto à elaboração e à implantação de programa municipal de controle de tuberculose. Retomando os argumentos proferidos no acórdão prolatado na segunda instância, o Ministro Celso de Mello, relator do recurso de agravo, destacou que a questão em exame suscita a discussão acerca da violação da separação dos poderes, conforme tutela o artigo 2º da Constituição (BRASIL, 1988). Para o ministro, o qual foi acompanhado pelos demais membros da Segunda Turma do Supremo Tribunal Federal, são inteiramente corretos os argumentos utilizados nas instâncias superiores no tocante à possibilidade de que o Poder Judiciário determine aos entes públicos, quando verificada omissão no cumprimento das políticas públicas constitucionalmente previstas, que procedam ao cumprimento de seus deveres jurídico-constitucionais de modo a conferir eficácia aos direitos da população. Excertos do voto do relator da decisão evidenciam o acerto da posição da corte no tocante ao controle judicial de políticas públicas:

Não se ignora que a realização dos direitos econômicos, sociais e culturais – além de caracterizar-se pela gradualidade de seu processo de concretização – depende, em grande medida, de um inescapável vínculo financeiro subordinado às possibilidades orçamentárias do Estado, de tal modo que, comprovada, objetivamente, a alegação de incapacidade econômico-financeira da pessoa estatal, desta não se poderá razoavelmente exigir, então, considerada a limitação material referida, a imediata efetivação do comando fundado no texto da Carta Política. Não se mostrará lícito, contudo, ao Poder Público, em tal hipótese, criar obstáculo artificial que revele – a partir de indevida manipulação de sua atividade financeira e/ou político-administrativa – o ilegítimo, arbitrário e censurável propósito de fraudar, de frustrar e de inviabilizar o estabelecimento e a preservação, em favor da pessoa e dos cidadãos, de condições materiais mínimas de existência (ADPF 45/DF, Rel. Min. CELSO DE MELLO, Informativo/STF nº 345/2004). (BRASIL, 2019)

Conforme torna nítida a decisão, a invocação da cláusula da reserva do possível, para que tenha validade no discurso jurídico, deve ser provada de forma suficientemente objetiva, não sendo aceitável, portanto, a sua mera menção para afastar o dever estatal de cumprir com as determinações constitucionais, especialmente quando a omissão da Administração Pública repercute na efetivação dos direitos fundamentais. Complementando a argumentação, destacou o ministro que o direito à saúde, como direito a prestações positivas a cargo do Estado, requer a adoção de "políticas públicas para redução do risco de doença e de outros agravos", o que, na situação em exame, atende pela garantia de elaboração do plano de controle da tuberculose. Conforme restou assentado, não pode o pode o Poder Público, portanto, sob o pretexto de preservação da sua competência constitucional, utilizar-se do argumento da conveniência e da oportunidade ínsitas à discricionariedade administrativa para se eximir da responsabilidade constitucional de preservação da vida e da saúde.

A decisão acima revela a adequada ponderação dos valores concernentes ao direito fundamental à saúde. Sendo a tuberculose uma enfermidade de elevado potencial lesivo à saúde e à vida das pessoas, não podem argumentos financeiros, sem que seja evidenciada a real inviabilidade de se levar a curso a política pública requerida pelo Ministério Público, serem suscitados, especialmente quando se está diante de *demandas de saúde de primeira necessidade*. O caráter contagioso da doença em tela, por constituir-se como uma séria ameaça à vida dos munícipes de Natal, não pode ser relevado, devendo o Poder Público adotar as medidas adequadas para evitar a sua disseminação.

São partes legítimas para a sua propositura o Ministério Público – nos termos, inclusive, do inciso III do art. 129 da Constituição de 1988 –, a Defensoria Pública, as entidades da Administração direta e indireta e a associação que, concomitantemente, esteja constituída há pelo menos 1 (um) ano nos termos da lei civil e que inclua, entre suas finalidades institucionais, a "proteção ao patrimônio público e social, ao meio ambiente, ao consumidor, à ordem econômica, à livre concorrência, aos direitos de grupos raciais, étnicos ou religiosos ou ao patrimônio artístico, estético, histórico, turístico e paisagístico" (BRASIL, 1985).

A despeito de serem vários os legitimados ativos para a propositura da ação civil pública, consoante reconhece Casagrande (2008, p. 88), o Ministério Público protagoniza a maioria delas. Segundo o autor, isso se deve a alguns fatores, como a participação de seus membros quando da elaboração do anteprojeto que deu origem à Lei nº 7.347 (BRASIL, 1985); a sua localização topográfica, na Constituição de 1988, no rol das suas atribuições e não ao lado das demais garantias individuais; o seu poder investigativo e a possibilidade de celebração de termo de compromisso de ajustamento de conduta. Não se pode, entretanto, analisar este dado como inibidor do civismo, uma vez que a lei não apenas viabiliza, mas, ainda, facilita a propositura da ação pelos outros legitimados ativos, permitindo que requeiram às autoridades competentes as certidões e informações que julgar necessárias, a serem fornecidas no prazo de 15 (quinze) dias. Demais disso, qualquer pessoa poderá e o servidor público deverá provocar a iniciativa do Ministério Público, ministrando-lhe informações sobre fatos que constituam objeto da ação civil e indicando-lhe os elementos de convicção. Como se vê, as portas para o exercício direto da cidadania encontram-se abertas, operando o Judiciário como receptor da mesma e o Ministério Público, como catalisador da eficácia dos direitos sociais.

Em ação civil pública interposta pelo Ministério Público do Rio de Janeiro, que tramitou na Comarca de Teresópolis, foi negada a antecipação da tutela em primeira instância e confirmada a recusa a ela pelo Tribunal de Justiça do Rio de Janeiro (RIO DE JANEIRO, 2008c) pela ausência dos requisitos de prova inequívoca e urgência ou perigo de dano irreparável ou de difícil reparação. Argumentou o Ministério Público que a implantação de Casas Coletoras de Lixos pelo Município de Teresópolis vem trazendo diversos danos ao meio ambiente e à saúde pública, uma vez que tais construções estão se transformando em verdadeiros pontos de criação dos mais diversos tipos de roedores, insetos e animais. Destacou a urgência do provimento antecipatório pleiteado, por entender que a população teresopolitana vem experimentando danos irreparáveis em virtude do acúmulo de lixos e do inadequado tratamento e seletividade dos resíduos sólidos, e que há notícias de que pessoas morreram em decorrência de doenças relacionadas à proliferação de roedores. Acrescentou que estudos elaborados pela Fundação Oswaldo Cruz aventam a possibilidade de a população teresopolitana enfrentar epidemias veiculadas pelos roedores, tais como peste bubônica e leptospirose, e ressaltou, ainda, que, como se não bastasse, o Município vem se mostrando ineficiente na coleta do lixo. Assim, pleiteou o Ministério Público que o Município fosse compelido judicialmente a atualizar o seu Plano Diretor de Resíduos Sólidos, acompanhado de cronograma de implantação, no qual devem vir discriminados os serviços de coleta seletiva de lixo; a elaborar um projeto de sistema de coleta de lixo, acompanhado de cronograma de implantação e dos programas de incentivo à separação de lixo reciclável e de conscientização e educação ambiental; a elaborar projeto de demolição das centrais coletoras e cronograma, acompanhado de sistema substitutivo dos serviços, e projeto de educação ambiental a ser implementado paralelamente, a fim de orientar a população quanto à nova metodologia de coleta domiciliar.

Apreciando o Agravo de Instrumento nº 2008.002.26609, em que negou a antecipação da tutela, o Tribunal de Justiça do Rio de Janeiro ponderou que "de fato, a concessão da antecipação da tutela pleiteada, importaria em plena satisfação do provimento judicial, em sede de cognição perfunctória, invadindo-se, ainda, a esfera administrativa". Ressaltou, também, que "não há qualquer prejuízo em que se aguarde a instrução probatória para, no momento adequado, decidir-se quanto às alegações do agravante, notadamente quando se trata de situação fática consolidada" (RIO DE JANEIRO, 2008c).

Outro, entretanto, foi o desate do Agravo de Instrumento nº 70025395674, em ação de execução de obrigação de fazer resultante de termo de ajustamento de conduta celebrado em ação civil pública interposta pelo Ministério Público do Estado do Rio Grande do Sul em litisconsórcio ativo com a Fundação de Proteção Ambiental Henrique Luis Roessler contra o Município de Uruguaiana. Negada em primeira instância a antecipação da tutela que requeria o impedimento do depósito de resíduos sólidos urbanos no "lixão" municipal e a correlata ordem de encaminhamento dos dejetos a "aterro sanitário devidamente licenciado pela FEPAM" (RIO GRANDE DO SUL, 2008a), os exequentes agravaram de instrumento ao Tribunal de Justiça do Rio Grande do Sul.

Relataram que a ação civil pública fora interposta em 10 de julho de 1992 visando à condenação do Poder Público local a dar uma solução ao 'lixão', e que fora definitivamente julgada apenas em 14 de maio de 2004, condenando o ente público a realizar obras de melhoria retratada nos estudos técnicos. O Termo de Ajustamento de Conduta previa a realização de obras e medidas, a serem implementadas no prazo de 30 meses, mediante a apresentação de relatórios trimestrais, os quais deveriam descrever o andamento e o estágio de execução das ações a que restou obrigado o Município. Não obstante, o Município de Uruguaiana não procedeu a nenhuma das cláusulas acordadas judicialmente como também deixou de diligenciar qualquer manejo ambiental adequado para ao menos reduzir os riscos de degradação. Argumentaram existir "completo esgotamento da capacidade da atual área ocupada pelo 'lixão' de continuar recebendo cargas de resíduos sólidos urbanos, sob pena de danos de imensas proporções à saúde pública e ao meio ambiente local" (RIO GRANDE DO SUL, 2008a) e que "a interdição é uma medida adequada para cessar a extrema degradação ambiental causada pela deposição caótica dos resíduos urbanos" (RIO GRANDE DO SUL, 2008a).

    O tribunal reconheceu o acerto da decisão liminar que acolheu o relatório de vistoria realizado pelo órgão próprio e que constatou a ausência de qualquer medida acordada em sede da ação civil pública, considerando, ao revés, a forte probabilidade de agravamento dos prejuízos ambientais já verificados. Tudo isto, segundo ele, recomendou a interdição do local com correlato encaminhamento dos "resíduos sólidos urbanos coletados a um aterro sanitário devidamente licenciado pela FEPAM". A decisão foi fundamentada em entendimento doutrinário que aponta que "o direito ao meio ambiente, em verdade, é pressuposto de exercício lógico dos demais direitos do homem, vez que, em sendo o direito à vida 'o objeto do direito ambiental'" (RIO GRANDE DO SUL, 2008a). Conclui o tribunal, de maneira irretocável, que "somente aqueles que possuírem vida e, mais ainda, vida com qualidade e saúde, é que terão condições de exercitarem os demais direitos humanos"[162] (RIO GRANDE DO SUL, 2008a). Acrescentou, ainda, que, à luz dos princípios da prevenção e da precaução,[163] "deve ser dada prioridade às medidas que evitem o nascimento de atentados ao ambiente, de

---

[162] FIORILLO, Celso Antonio Pacheco; RODRIGUES, Marcelo Abelha. *Manual de direito ambiental e legislação aplicável*. São Paulo: Max Limonad, 1997. p. 27-28.

[163] "Em que pese a inegável relação entre eles, identifica-se a seguinte distinção: a prevenção trata de riscos ou impactos já conhecidos pela ciência, ao passo que a precaução vai além, alcançando também as atividades sobre cujos efeitos ainda não haja uma certeza científica" (MARCHESAN, Ana Maria Moreira; STEIGLEDER, Annelise Monteiro; CAPPELI, Sílvia. *Direito ambiental*. Porto Alegre: Verbo Jurídico, 2007. p. 29).

molde a reduzir ou a eliminar as causas de ações suscetíveis de alterar a sua qualidade"[164] (RIO GRANDE DO SUL, 2008a).

Mais acertada foi a segunda decisão, do Tribunal de Justiça do Rio Grande do Sul. Na segunda hipótese, tratava-se de ação de execução de obrigação de fazer cominada em ação civil pública e, no primeiro caso, ainda se estava diante da ação de conhecimento. Não obstante, ambas as ações diziam respeito ao mesmo objeto, qual seja, a exposição a risco da saúde pública e do meio ambiente em virtude de má prestação do serviço municipal de coleta e tratamento do lixo. Não se olvide que este serviço, ao lado do saneamento básico, está contemplado nas *demandas de saúde de primeira necessidade*, já que possui implicação direta na preservação da vida humana.[165] Portanto, integram o núcleo essencial do direito à saúde, que não comporta inobservância pelo Poder Público, e exige a efetivação de ações materiais aptas para a sua proteção. Descumprida, entretanto, a obrigação pelo Poder Público, existe, de fato, o direito à tutela coletiva, integralmente adequada à espécie, já que se está diante de um direito social cuja ação pública é indivisível e sua omissão pode prejudicar a todos, indistintamente.

Versando, portanto, sobre *demanda de saúde de primeira necessidade*, aufere-se, num exame de sua dimensão de peso, que ele precede aos princípios processuais que exigem maior dilação probatória, podendo fazê-los sucumbir perante a necessidade urgente de preservação da vida e da dignidade. A tutela antecipada mostra-se adequada para hipóteses desse jaez, pois evita que perdure a situação passível de causar dano à saúde das pessoas e conduzi-las a enfermidades que podem redundar no óbito.

Na ação que tenha por objeto o cumprimento de obrigação de fazer ou não fazer, o juiz determinará o cumprimento da prestação da atividade devida ou a cessação da atividade nociva, sob pena de execução específica, ou de cominação de multa diária, se esta for suficiente ou compatível, independentemente de requerimento do autor. Havendo condenação em dinheiro, a indenização pelo dano causado reverterá a um fundo gerido por um conselho federal ou por conselhos estaduais, de que participarão

---

[164] *Idem*.

[165] "O lixo é também o ambiente perfeito para a proliferação de doenças. A ameba transmissora da disenteria permanece viva nos lixões de 8 a 12 dias, o vírus da poliomielite de 20 a 27 dias, larvas de vermes causadores de verminoses e parasitoses intestinais de 25 a 40 dias e leptospira responsável pela leptospirose de 15 a 43 dias. Segundo a ONU (Organização das Nações Unidas), 5,2 milhões de pessoas, entre elas quatro milhões de crianças menores de cinco anos, morrem a cada ano devido a enfermidades com os resíduos sólidos, ou seja, o lixo" (*O MOSSOROENSE*, Mossoró-RN, 17 nov. 2002).

necessariamente o Ministério Público e representantes da comunidade. Seus recursos serão destinados à reconstituição dos bens lesados.

Nas hipóteses de danos ao meio ambiente, o poluidor deverá, de acordo com o art. 15 da Lei nº 6.938 (BRASIL, 1981), indenizar ou reparar os danos causados ao meio ambiente e a terceiros. O Ministério Público tem legitimidade para propor a ação de responsabilidade civil.

A sentença civil fará coisa julgada *erga omnes*, nos limites da competência territorial do órgão prolator, exceto se o pedido for julgado improcedente por insuficiência de provas, hipótese em que qualquer legitimado poderá intentar outra ação com idêntico fundamento, valendo-se de nova prova.

Reconhecendo a possibilidade de controle judicial sobre as decisões dos órgãos estatais legitimados para a condução de políticas públicas que concretizem os direitos sociais, de forma a se verificar a devida valoração jurídica atribuída por eles aos bens jurídicos conflitantes, sob o amparo da máxima da proporcionalidade, Leivas (2006, p. 106) sugere o uso prioritário das ações coletivas, "em especial da ação civil pública, para que seja garantida a universalidade da decisão e seja evitada uma priorização apenas dos demandantes judiciais individuais".

Foi o que sucedeu na ação que originou o Recurso Especial nº 851.174-RS, interposto pelo Ministério Público do Estado do Rio Grande do Sul, que teve como relator o Ministro Luiz Fux, com fulcro no art. 105, inciso III, alínea, "a", da Carta Maior, no intuito de ver reformado acórdão prolatado pelo Tribunal de Justiça do Estado do Rio Grande do Sul. A ação foi promovida contra o referido Estado para constrangê-lo a providenciar o medicamento Rivastigmina Gel 3 mg, para portadora do Mal de Alzheimer de parcos recursos financeiros. O Ministério Público sustentou sua legitimidade ativa para o feito com lastro na disciplina dos arts. 43 e 45 da Lei nº 10.741 (BRASIL, 2003b), que dispõem que o Poder Judiciário poderá, mediante seu requerimento, determinar as medidas de proteção ao idoso, tais como tratamento de sua saúde, em regime ambulatorial, hospitalar ou domiciliar, sempre que seus direitos forem ameaçados ou violados por ação ou omissão da sociedade ou do Estado. Ainda, o art. 74 do mesmo diploma legal atribui a ele competência para instaurar o inquérito civil e a ação civil pública para a proteção dos direitos individuais indisponíveis e individuais homogêneos do idoso, e que pode atuar como seu substituto processual em situação de risco, legitimidade esta que também se extrai do art. 127 da Constituição de 1988. Neste diapasão, decidiu o Superior Tribunal de Justiça, com lastro na sua jurisprudência hodierna, o cabimento de ação individual capitaneada pelo Ministério Público (BRASIL, 2008c).

No mérito, considerou o Superior Tribunal que o art. 15 da Lei nº 10.741 (BRASIL, 2003b) assegura a atenção integral à sua saúde, por intermédio do Sistema Único de Saúde, garantindo-lhe o acesso universal e igualitário, em conjunto articulado e contínuo das ações e serviços, para a prevenção, promoção, proteção e recuperação da saúde, que inclui a atenção especial às doenças que os afetam preferencialmente. Incumbiu, ainda, ao Poder Público fornecer aos idosos, gratuitamente, medicamentos, especialmente os de uso continuado, assim como próteses, órteses e outros recursos relativos ao tratamento, habilitação ou reabilitação (BRASIL, 2008c).

Nenhuma objeção há que se fazer em relação à preliminar de legitimidade do Ministério Público para a tutela de interesses individuais indisponíveis, perante previsão legal neste sentido, integralmente afinada aos propósitos constitucionais de proteção dos hipossuficientes para a promoção da igualdade material. Na hipótese, afigura-se situação peculiar em relação ao mérito. Prescinde-se da análise da essencialidade ou não do remédio para a preservação da vida do idoso, uma vez que o princípio constitucional do direito à saúde foi densificado, em relação a ele, em seu estatuto, no dispositivo acima apontado. O Estatuto do Idoso pode ser considerado como a lei definidora das políticas públicas em relação a esta categoria de indivíduos, inclusive daquelas referentes à saúde. Incumbiu-se o art. 15 de traduzir o juízo de ponderação dos poderes democraticamente legitimados acerca dos conflitos em que os direitos sociais podem figurar, indicando que o direito à saúde dos senis deve prevalecer perante outros eventualmente colidentes. Isso porque, diante do dispositivo em cotejo, não pode o Poder Público deixar de fornecer medicamentos necessários para um ancião, especialmente aqueles imprescindíveis para o tratamento de doenças típicas da senilidade. Assim, diante de previsão legal expressa neste sentido, qualquer omissão estatal na disponibilização dos recursos para o tratamento da saúde e a preservação da vida do idoso reputa-se antijurídica, dando ensejo, de fato, ao controle judicial, que pode redundar em imposições de obrigações de fazer, como a que se apreciou na ação analisada.

5.6 Ação popular

A ação popular foi o primeiro instrumento de tutela coletiva de interesses difusos disponibilizado pelo ordenamento jurídico brasileiro. Sua matriz constitucional encontra-se no inciso LXXIII do art. 5º, que versa que "qualquer cidadão é parte legítima para propor ação popular que vise a anular ato lesivo ao patrimônio público ou de entidade de que o Estado participe, à moralidade administrativa, ao meio ambiente e ao patrimônio histórico e cultural", e permite a qualquer indivíduo, uma vez comprovada a sua adimplência com as obrigações políticas, o controle dos atos alusivos ao interesse público que ofendam os valores referidos.[166] A ação ganha espaço nas questões afetas à saúde pública quando tem por objeto o repúdio a ato lesivo ao meio ambiente, que, como se viu, consiste num direito fundamental de terceira geração e assim, num desdobramento numa outra dimensão do mesmo valor abrigado pelo direito à vida e à saúde, que, por sua vez, já consiste num desdobramento ou numa segunda dimensão do primeiro.

Reza, ainda, o texto constitucional que, salvo em caso de má-fé, o autor ficará "isento de custas judiciais e do ônus da sucumbência", de forma que o exercício da cidadania através da propositura da ação não poderá redundar em prejuízos financeiros ao autor popular, o que representa, deveras, importante mecanismo de desinibição da sua propositura.[167]

Importante inovação trazida pela Constituição de 1988 no que tange à ação popular consiste na admissão da violação ao princípio da moralidade como requisito autônomo para o ingresso da ação, o que representou um avanço democrático em relação ao texto constitucional antecedente, quando era indispensável a ofensa ao erário para que o Judiciário pudesse ser acionado por esta via.

A Lei nº 4.717 (BRASIL, 1965), foi recepcionada pela Constituição de 1988 como disciplina processual da garantia em questão.

Referida ação pode ser proposta não apenas contra as entidades da administração estatal direta e indireta, mas contra qualquer instituição da qual o Estado participe ou que tenha suas atividades, total ou parcialmente, custeadas ou subvencionadas com recursos do tesouro público. Assim, as entidades privadas filantrópicas de saúde que recebem dinheiro do erário podem figurar no polo passivo da ação popular. Curioso dispositivo alberga a possibilidade de a entidade que figurar

---

[166] A ação admite o instituto do litisconsórcio, não sendo possível, consoante larga jurisprudência e Súmula nº 365 do STF, a sua propositura por pessoas jurídicas, o que inibe significativamente o manejo deste remédio, restringindo seu objetivo democrático de controle. A despeito dessa grave limitação ao uso da ação popular, Freitas (2004, p. 107) reconhece, com muito acerto, que o maior entrave à eficácia do instituto é cultural.

[167] Comprovada a má-fé na propositura da ação, o autor popular poderá ser condenado ao pagamento do décuplo das custas processuais, conforme estabelece o artigo 13 da Lei nº 4.717 (BRASIL, 1965).

no polo passivo da ação deixar de contestá-la para, ao revés, aliar-se ao autor popular. Tal disposição justifica-se pelo fato de que a ação não se dirige contra os interesses da entidade figurante no polo passivo, mas em prol dos mesmos.

A lei que disciplina a ação popular prevê uma série de mecanismos facilitadores da sua propositura e de sua condução, como a possibilidade de que inicial deixe de vir instruída quando o autor popular não conseguir as certidões e informações necessárias para tanto sob a alegação de sigilo.

O art. 2º da lei em questão tornou-se clássico na doutrina administrativista brasileira como veiculador de supostos cinco elementos do ato administrativo (competência, forma, objeto, motivo e finalidade), e dispõe sobre os vícios que podem sobre eles recair, justificando a propositura da ação como mecanismo de sua correção. Ao anular um ato administrativo ilícito (assim considerado não apenas aquele desconforme à lei, mas ao ordenamento jurídico como um todo), o Poder Judiciário funciona como um "administrador negativo". A anulação consiste na sanção decorrente da ilicitude.

A ação, cujo prazo prescricional é de cinco anos, deverá ser proposta consoante as regras de definição de competência demarcadas em razão da pessoa jurídica de direito público que tiver seu ato – ou de entidade por ela auxiliada – questionado através dessa garantia constitucional. Não se aplicam, aqui, as normas que determinam a prerrogativa de foro, o que se revela, de todo, conveniente, "para não serem criados óbices invencíveis numa Federação com as características brasileiras" (FREITAS, 2004, p. 117).

A ação seguirá o rito ordinário, matizado, entretanto, por peculiaridades que tendem a otimizar seu caráter democrático. Deve o Ministério Público ser intimado para acompanhá-la, podendo, ademais, exigir a apresentação dos documentos requisitados pelo juiz, cujo desatendimento poderá redundar, para o requisitado, na imposição da pena de desobediência. Assistirá, ainda, ao Ministério Público, nos termos do art. 9º da lei em comento, caso o autor desista da ação, assumir seu polo ativo, dando-lhe prosseguimento. O art. 16 dispõe, também, que o Ministério Público poderá promover a execução da sentença condenatória, caso o autor popular não o faça.

Cabível é, outrossim, a antecipação da tutela, caso estejam presentes os pressupostos do risco irreparável e forte verossimilhança das alegações.

Julgada procedente a ação popular, poderá ser decretada a invalidade do ato impugnado, e os responsáveis pela sua prática, condenados ao pagamento de perdas e danos e dos consectários da sucumbência. Cabe ação regressiva contra os funcionários eventualmente causadores do dano. A parte condenada a restituir bens e valores poderá se sujeitar à medida cautelar de sequestro e penhora, desde a prolação da sentença condenatória.

O art. 18, por fim, prevê a eficácia *erga omnes* das decisões judiciais condenatórias proferidas em ação popular, exceto no caso de haver sido a ação julgada improcedente por deficiência de prova; neste caso, qualquer cidadão poderá intentar outra ação com idêntico fundamento, valendo-se de nova prova. Ainda, a sentença que reconhecer a carência ou a improcedência da ação estará sujeita ao reexame necessário, ao passo que, julgando-a procedente, caberá apenas apelação, no prazo de 15 dias.

Como se vê, a ação popular consiste em importantíssimo canal institucionalizado para a manifestação cívica da comunidade no controle dos atos estatais. Não obstante, seu manejo é raro, o que denuncia a ausência da cultura participativa na sociedade brasileira, ainda carecedora de mecanismos institucionais mais efetivos para o desenvolvimento de um espaço para o amadurecimento democrático e a efetiva defesa dos interesses sociais.

O Tribunal de Justiça do Estado do Rio de Janeiro apreciou, versando sobre a problemática do meio ambiente e, assim, da saúde, o Agravo de Instrumento nº 2006.002.17475, interposto contra o indeferimento de liminar na ação popular proposta contra a Companhia Municipal de Limpeza Urbana (COMLURB). Pretendia o autor popular que fosse decretada a interdição de empresa de coleta de lixo, a qual se utiliza de pátio da COMLURB para lavagem, abastecimento e manutenção de dezenas de caminhões de transporte de lixo, causando poluição sonora e ambiental em área residencial. Alegou, para tanto, que a empresa não possui o licenciamento devido e que mantém no local grande tanque de óleo diesel sem dique de contenção. Deixou, entretanto, o tribunal, de reformar a decisão interlocutória de primeira instância por considerar que os fatos alegados na inicial dependiam de dilação probatória e que, ao revés, a interdição da empresa que presta o mister de coleta de lixo poderia implicar *periculum in mora* ao reverso, ou seja, para a população atendida pelos seus serviços (RIO DE JANEIRO, 2008a).

Há que se perceber, no caso, que o pedido fora mal formulado pelo autor popular. De fato, a paralisação das atividades da empresa que efetua a coleta de lixo compromete sobremaneira a saúde pública de toda a população beneficiada. Não se refuta que existe, de igual maneira, exposição a risco da saúde do autor e dos demais moradores das adjacências de onde as atividades impugnadas estão sendo realizadas. Urge, portanto, um juízo de ponderação das diversas manifestações do direito à saúde colidentes. Ambos consistem em *demandas de saúde de primeira necessidade*, já que a ausência de recolhimento de lixo expõe, como já afirmado, imediatamente a risco a vida das pessoas, em virtude da facilidade de proliferação de doenças nestas circunstâncias. Da mesma forma, as atividades questionadas o fazem em relação à vizinhança do local. O conflito entre *demandas de saúde de primeira necessidade* de uns e *demandas de saúde de primeira necessidade* de outros há de ser solucionado mediante critérios que garantam condições de equidade, consoante analisado nos capítulos anteriores. Verifica-se, na hipótese, o cabimento do critério dos recursos requeridos às avessas. Trata-se, na verdade, não de privilegiar aqueles que solicitam menos recursos para terem suas demandas satisfeitas, mas, apenas, de visar ao mesmo resultado, qual seja, o atendimento de um número maior de pessoas e, assim, ao salvamento de mais vidas. Certo é que, como já dito, a vida não é quantificável em números, mas, já que todas têm o mesmo valor, insta preservá-las o máximo possível.

Deste modo, a decisão do Tribunal de Justiça do Rio de Janeiro, ainda que num juízo de cognição sumário da tutela de urgência, ponderou devidamente os valores colidentes, mediante critério equânime que não merece reformas.

5.6.1 Responsabilidade civil do Estado em relação ao serviço de saúde

5.6.1.1 Responsabilidade civil do Estado

A responsabilidade civil consiste na obrigação de reparar o prejuízo decorrente da violação de dever jurídico. Desta sorte, só se cogita de responsabilidade quando houver violação de um dever jurídico e um dano. Segundo Pereira (2002, p. 127), o instituto da reparação "é uma das mais velhas ideias morais da humanidade", e extrai seu fundamento das próprias noções de civilidade, o que lhe impinge ainda maior relevo no que tange à responsabilidade do ente público, em que deve preponderar a atenção aos direitos da pessoa humana.

A responsabilidade civil do Estado rege-se por normas próprias e encontra-se entre os casos de responsabilidade objetiva prevista na legislação nacional. Esta concepção foi, entretanto, fruto da evolução doutrinária, viabilizada, sobretudo, pelo Direito francês, através da construção pretoriana do Conselho de Estado. Realmente, como afirma Dias (2006, p. 772), "a responsabilidade do Estado governa-se por princípios próprios, compatíveis com a peculiaridade de sua posição jurídica e, por isso, é mais extensa que a responsabilidade que pode calhar às pessoas privadas".

De fato, sob a égide do Absolutismo despótico, vigorou a regra da irresponsabilidade do Estado. Este não era submetido ao Direito, de forma que não se pode afirmar que sua conduta seria ilícita e que deveria, assim, ensejar sua responsabilização. Os administrados teriam, apenas, direito de acionar o funcionário que lhes causasse algum dano, mas jamais o ente público. Entretanto, a teoria da irresponsabilidade consistia na própria negação do Direito.

Esta situação reverteu-se, sobretudo, quando do advento do Estado de Direito, uma vez que o Poder Público submeteu-se à lei, sendo a assunção da sua responsabilidade mero corolário lógico dessa submissão. Ademais, a teoria do órgão, que implica não a representação do estado por seus órgãos, mas a sua ação através deles, fez vir à tona a identidade entre o Estado e seus agentes. O órgão supõe a existência do Estado como organismo, de cuja estrutura participa o funcionário causador do dano. Assim, a atividade do funcionário configura-se como atividade da própria pessoa jurídica, e devem ser atribuídas a ela as consequências, danosas ou não, da sua conduta, fazendo surgir, então, a ideia de culpa anônima ou impessoal entre os princípios publicísticos. A noção civilística da culpa ficou ultrapassada; passou-se a falar em *culpa do serviço* ou *falta do serviço* (*faute du service*).

Não obstante, a transição da irresponsabilidade absoluta do Estado para sua responsabilização foi intermediada pela distinção, para este fim, entre os atos de império e os atos de gestão do Poder Público, ao escopo de se estabelecer a responsabilidade estatal apenas para aqueles atos em que manifestava seu poder de império e sua soberania. Quando, ao revés, o Estado apenas atuasse administrando seu patrimônio ou prestando serviços públicos, deveria ser equiparado aos cidadãos comuns, imputados à luz da teoria da responsabilidade subjetiva.

Dias (2006, p. 773) demonstra que a irresponsabilidade do Estado já foi rejeitada em todo o mundo. Na Inglaterra, onde vigorou, por muito tempo, a doutrina da irresponsabilidade foi reformulada, a despeito de conservar algumas imunidades e de instituir uma série de dificuldades para as ações contra os funcionários, com a edição do Statutory Instrument 2005 n. 2712, elaborado após ampla consulta pública em 2004. Também nos Estados Unidos, por influência do

Direito inglês, vigorava o sistema da responsabilidade do funcionário e da irresponsabilidade do Estado, até o advento do *Federal Tort Claims Act (FTCA)*, que estabeleceu uma série de hipóteses em que o governo abdica de sua imunidade.

A responsabilidade objetiva do Estado, entretanto, foi desenvolvida como um desdobramento dos princípios da equidade e da igualdade de ônus e encargos sociais. Cavalieri Filho (2015, p. 323) explica que "a atividade administrativa do Estado é exercida em prol da coletividade se traz benefícios para todos, justo é, também, que todos respondam pelos seus ônus, a serem custeados pelos impostos". De igual forma, Tepedino (2004, p. 205) afirma que a responsabilidade estatal deveria ser objetiva para que "os ônus decorrentes dos danos produzidos pela administração pública fossem igualmente repartidos por toda a comunidade, não recaindo somente sobre a vítima". De fato, como afirma Castro (2000, p. 62), a socialização dos prejuízos atende a padrões de civilidade que se devem buscar num Estado Democrático. Assim, não cabe inquirir a culpa do funcionário causador do dano; a responsabilidade do Estado decorrerá, simplesmente, do dano causado ao administrado.

Outrossim, a responsabilidade objetiva do Estado justifica-se pela teoria do risco administrativo, que considera que a Administração, no exercício de suas atividades, gera risco para os administrados, qual seja, a possibilidade de ocorrência de algum dano. Considerando que esta atividade é desenvolvida em proveito de todos, o princípio da solidariedade exige que seus ônus também devem ser suportados por todos e não apenas pelas vítimas de atos danosos, de forma a conduzir mais adequadamente à justiça distributiva e a revelar, assim, o amadurecimento político do Estado contemporâneo.

Assim, o §6º do art. 37 da Constituição de 1988 consigna que "as pessoas jurídicas de direito público e as de direito privado prestadoras de serviços públicos responderão pelos danos que seus agentes, nessa qualidade, causarem a terceiros", ficando, ademais, "assegurado o direito de regresso contra o responsável nos casos de dolo ou culpa".

Na mesma esteira, o art. 43 da Lei nº 10.406 (BRASIL, 2002) prevê que "as pessoas jurídicas de direito público interno são civilmente responsáveis por atos dos seus agentes que nessa qualidade causem danos a terceiros", estando, de igual maneira, "ressalvado o direito regressivo contra os causadores do dano, se houver, por parte destes, culpa ou dolo" (BRASIL, 2002).

Na prestação dos serviços públicos de saúde, o Estado pode vir a causar danos a alguém, oportunidade em que emerge, induvidosamente, sua responsabilidade objetiva. Ilustram a assertiva os casos de erro médico na rede pública e os acidentes de trânsito causados, por exemplo, por ambulâncias. Surge, nestas hipóteses, o dever do Estado de indenizar a vítima ou sua família, quando do evento danoso resulta o próprio falecimento do paciente. Caberá, outrossim, regresso contra os agentes públicos que atuavam em nome do Estado quando da ocorrência do episódio lesivo, caso tenham eivado sua conduta do elemento subjetivo. Assim, nos exemplos trazidos à colação, poderão sofrer a imputação do dano tanto o médico responsável pelo erro quanto o motorista causador do acidente, caso tenham agido com dolo ou culpa.

A responsabilidade estatal por atos comissivos, entretanto, não apresenta maiores dificuldades, uma vez que os pressupostos teóricos que a sustentam encontram-se, no estágio atual do desenvolvimento da ciência do Direito Administrativo, bem sedimentados, doutrinária e jurisprudencialmente, e, assim, não oferecem margens a grandes discrepâncias ou controvérsias justificáveis. Assim, na prestação dos serviços públicos de saúde, far-se-á presente a responsabilidade civil do Estado por qualquer ato que cause dano a alguém, como se extrai da ementa ora colacionada:

> Responsabilidade civil objetiva do poder público. Elementos estruturais. [...] Teoria do risco administrativo. Fato danoso para o ofendido, resultante de atuação de servidor público no desempenho de atividade médica. Procedimento executado em hospital público. Dano moral. Ressarcibilidade. Dupla função da indenização civil por dano moral (reparação-sanção): caráter punitivo ou inibitório (*exemplary or punitive damages*) e natureza compensatória ou reparatória. (BRASIL, 2004c)

A responsabilidade civil pode ser pleiteada em sede de ação ordinária; sua abordagem em item próprio, neste livro, deve-se, apenas, às peculiaridades materiais da demanda e não a questões processuais.

As vicissitudes aparecem, porém, no que diz respeito aos atos omissivos do Poder Público em relação à saúde pública (também no que diz respeito a questões materiais, e não processuais, uma vez que a ação ordinária permanece como o veículo processual próprio para a formulação do pedido de responsabilidade estatal por omissão), sendo este o objeto de preocupação desta pesquisa. A celeuma mostra-se inflamada já em relação à responsabilidade do Estado por qualquer ato omissivo, acentuando-se ainda mais em relação à problemática específica da saúde.

Assim, serão estudadas as premissas teóricas da responsabilidade do Estado por omissão e apresentada a polêmica que gera divergências doutrinárias e jurisprudenciais a respeito, para, após, formular-se uma proposta material para a questão, que será especificada para a omissão do Estado em relação aos serviços públicos de saúde.

5.6.1.2 Responsabilidade civil do Estado por omissão

Não apenas a ação é causadora de danos; também a omissão pode ocasionar prejuízos ao administrado e à própria Administração. Afirma Gonçalves (2003, p. 178) que "a omissão configura culpa *in omittendo* e a culpa *in vigilando*".

Todavia, Cavalieri Filho (2015, p. 336) indica que a responsabilidade do Estado por omissão ainda é controvertida, tanto na doutrina quanto na jurisprudência. De acordo com seu entendimento, o dispositivo constitucional que determina a responsabilidade civil estatal objetiva refere-se tanto à atividade comissiva quanto omissiva do Estado, bastando, para o dever do ente público de indenizar, o surgimento do dano para o administrado.

Distingue o autor, porém, entre a *omissão genérica* do Estado, assim entendida qualquer omissão do Poder Público perante ato que lhe caiba praticar, e a *omissão específica*, considerada como quando o Estado, por omissão, cria situação propícia para a ocorrência do evento em situação em que tinha o dever de agir para impedi-lo.

Carvalho Filho (2015, p. 589) considera que "nem toda conduta omissiva retrata um desleixo do Estado em cumprir um dever legal; se assim for, não se configurará a responsabilidade estatal". Conclui o autor que "somente quando o Estado se omitir diante do dever legal de impedir a ocorrência do dano é que será responsável civilmente e obrigado a reparar os prejuízos". Segundo ele, caso induvidoso de culpa em conduta omissiva da Administração é a que resulta do descumprimento de ordem judicial.

Di Pietro (2018, p. 899) registra que apenas pode ensejar a responsabilidade do Estado o dano causado por uma omissão sua quando a ação lhe era exigível; tem aplicação, no caso, "o princípio da reserva do possível, que constitui aplicação do princípio da razoabilidade: o que seria razoável exigir do Estado para impedir o dano". Assim, a omissão passível de responsabilidade seria apenas aquela que se caracterizar como antijurídica. Deste modo, a autora filia-se à corrente que considera subjetiva a responsabilidade do Estado por omissão.

Já Tepedino (2004, p. 210) refuta esta noção, considerando que, como não foi feita nenhuma restrição pelo Constituinte quando da regulação da responsabilidade extracontratual do Estado, não poderá o intérprete proceder a ela. O autor objeta, outrossim, o argumento de que este entendimento conduziria a uma absurda *panresponsabilização* do Estado diante de todos os danos sofridos pelo particular, uma vez que, segundo ele, "a teoria da responsabilidade objetiva do Estado comporta excludentes, que atuam [...] sobre o nexo causal entre o fato danoso (a ação administrativa) e o dano, de tal sorte a mitigar a responsabilização".

Castro (2000, p. 62), todavia, comentando decisão proferida pelo Tribunal de Justiça do Rio de Janeiro que condenou o Município a arcar com prejuízos sofridos pela proprietária com a desvalorização de uma mansão no Itanhangá em virtude da instalação de uma favela em suas proximidades, critica os fundamentos da decisão, calcada na tese da responsabilidade estatal objetiva por atos omissivos. Demonstra o autor que o prejuízo com a suposta omissão do Poder Público na contenção do crescimento da favela já é repartido entre todos os moradores da região e da própria cidade, de forma que, sob esta ótica, todos teriam direito à indenização. Ademais, argumenta que a socialização dos prejuízos nos casos de omissão pode apresentar aspectos até mesmo irônicos, por impingir a todos os prejudicados o ônus do custeio do prejuízo, já que os recursos públicos são oriundos da tributação que alcança até mesmo os favelados, no caso dos impostos indiretos.

A despeito de remanescerem controvérsias na Suprema Corte brasileira, a tendência existente é pela objetivação da responsabilidade do Poder Público. Afirma Calixto (2008, p. 237) que o fundamento deste posicionamento é a tentativa de aliviar o ônus probatório da vítima e acelerar o processo pela simplificação da fase instrutória, facilitando, outrossim, sua eficácia.

Este entendimento, porém, não pode prosperar, mormente em relação às omissões estatais no serviço público de saúde. A análise escorreita da teoria dos direitos fundamentais indica que, nem sempre, a omissão estatal será antijurídica e sujeita a responsabilização. Ao revés, de seu exame extraiu-se que o dever do ente público de provimento das políticas públicas de saúde opera-se lado a lado com outros misteres constitucionais, jungido, entretanto, a uma limitação de recursos, financeiros ou não. Viu-se, outrossim, que os direitos sociais contemplados pela Constituição de 1988 são vazados em normas-princípio e que, portanto, representam direitos apenas *prima facie*, que comportam concretização gradual, dependente das possibilidades fáticas e jurídicas. As possibilidades fáticas dizem respeito à existência de recursos necessários à sua materialização, enquanto as jurídicas aludem à solução do conflito com outros direitos, que procede sob o lume da máxima da proporcionalidade.

Disso resulta que o Estado não está, em virtude dos dispositivos constitucionais que lhe atribuem o dever de prestação de serviços públicos de saúde, obrigado a toda e qualquer demanda e que pode ser responsabilizado perante toda e qualquer omissão. Ao avesso, da natureza *prima facie* do direito à saúde decorre, também, a natureza *prima facie* do dever estatal relacionado a ela.

Após, contudo, o exame das possibilidades fáticas e jurídicas da realização do direito social à saúde, poder-se-á concluir pela existência ou não do dever estatal de proceder à sua prestação. Na primeira hipótese, o direito à saúde afigura-se, então, como definitivo e, nesta circunstância, renderá ensejo à responsabilização do Estado, caso ele se omita no cumprimento de seu dever jurídico.

Correta, portanto, está a corrente que considera o princípio da reserva do possível como limitador da responsabilidade do Estado por omissão. Não obstante, isto não permite inferir o afastamento da natureza objetiva da responsabilidade estatal por atos omissivos e a caracterização, neste caso, da responsabilidade subjetiva. O surgimento da responsabilidade estatal por omissão depende da existência efetiva do direito material; existindo esta, continua prescindível o elemento subjetivo da conduta (dolo ou culpa, em quaisquer modalidades); basta a falha estatal perante um dever definitivo referente às prestações de saúde para defluir o dever de indenizar.

Registre-se, apenas, que, em alguns casos, como foi visto, o direito social não comportará restrição legítima, sendo definitivo *ab initio*. É o que ocorre com o seu núcleo essencial. Nestas circunstâncias, o dever da prestação estatal decorre de uma regra, aplicável, pois, "à maneira do tudo ou nada", vinculando plenamente o ente público. Assim, a omissão do Estado perante o núcleo essencial dos direitos sociais inaugura a sua responsabilidade civil. Em relação ao direito à saúde, restou sedimentado que o seu núcleo essencial alberga as *demandas de saúde de primeira necessidade*, assim entendidas aquelas prestações necessárias para a preservação da vida humana. Desta maneira, caracterizada a exigência de um medicamento, de um tratamento hospitalar, de um equipamento, etc. para a manutenção da vida, densificado estará o dever estatal de provê-la ou de responder civilmente caso quede inoperante.

De igual sorte, o direito social torna-se definitivo quando consagrado em lei, ou seja, quando determinada política pública que pretenda concretizá-lo é definida em conjunto pelos Poderes Executivo e Legislativo, legitimados para o processo legislativo de deliberação das prioridades públicas. É o que ocorre, por exemplo, no que tange ao direito à saúde, com a Lei nº 9.908 (RIO GRANDE DO SUL, 1993), que garante o fornecimento gratuito de medicamentos excepcionais a pessoas carentes, e com a Lei nº 10.741 (BRASIL, 2003b), que assegura atenção integral à saúde do idoso. Diante de tais proscrições, a omissão do Estado que resulte em dano será passível de indenização.

Em relação às prestações estatais de saúde indivisíveis, há que se analisar, outrossim, a sua essencialidade para a preservação da vida e também de condições mínimas de dignidade, o que caracterizará uma *demanda de saúde de primeira necessidade*, ou seu caráter secundário para tanto, que a qualifica como *demanda de saúde de segunda necessidade*. As consequências jurídicas de uma outra não divergem das apresentadas em relação às prestações divisíveis, mas exigem uma ressalva. A sua indivisibilidade requer a execução plena do serviço ou do atendimento, no caso de *demandas de primeira necessidade*, contentando-se com a disponibilização parcial e razoável apenas no que diz respeito às *demandas de segunda necessidade*.

Esta, inclusive, a análise a que se procedeu quando do exame do Recurso Especial nº 703.471/RN, relatado pelo Ministro João Otávio de Noronha e publicado no *Diário de Justiça da União* do dia 21 de novembro de 2005. Tratava-se de ação civil pública interposta pelo Ministério Público em que se pleiteava a responsabilidade civil por omissão do Município de Currais Novos, do Estado do Rio Grande do Norte, por epidemia de dengue. As políticas públicas de combate a doença caracterizam-se como *demandas de saúde de primeira necessidade* indivisíveis, e, por isso, impõem a execução plena do serviço público. Tal hipótese restou comprovada no caso em apreço, em que, entretanto, sucedeu uma epidemia por questões alheias ao controle do Poder Público e que excluem sua responsabilidade[168] (BRASIL, 2006c).

---

[168] Veja-se importante e esclarecedor trecho do acórdão: "[...] 3. A responsabilidade civil do Estado, em se tratando de implementação de programas de prevenção e combate à dengue, é verificada nas seguintes situações distintas: a) quando não são implementados tais programas; b) quando, apesar de existirem programas de eficácia comprovada, mesmo que levados a efeito em países estrangeiros, o Estado, em momento de alastramento de focos epidêmicos, decida pela implementação experimental de outros; c) quando verificada a negligência ou imperícia na condução de aludidos programas. 4. Incabível a reparação de danos ocasionada pela *faute du service publique* quando não seja possível registrar o número de vítimas contaminadas em decorrência de atraso na implementação de programa de combate à dengue, não tendo sido sequer comprovado o efetivo atraso ou se ele teria provocado o alastramento do foco epidêmico. [...]" (STJ, Segunda Turma, REsp 703.471/RN, Rel. Min. João Otávio de Noronha, j. em 25.10.2005, DJ, 21.11.2005). "Afastada a teorização do extremado risco integral ou do risco administrativo, não é possível amoldar-se a obrigação de indenizar,

Importante, outrossim, se mostra a manifestação do Superior Tribunal de Justiça no Recurso Especial nº 338.373-PR, relatado pela Ministra Eliana Calmon, no qual a União foi condenada à indenização de paciente que, esgotadas as possibilidades de tratamento no país, procedeu a transplante de medula óssea no exterior em condições de urgência e sem autorização do Poder Público. A despeito disso, ficou corretamente estabelecido pelo tribunal que "pretender que o fato de não ter havido autorização do órgão público exima o Estado da responsabilidade de indenizar equivaleria a sempre permitir, diante de atitude omissiva da Administração, a escusa" (BRASIL, 2002b). A despeito de o art. 60 do Decreto nº 89.312 (BRASIL, 1984) – hoje já revogado – exigir, à época, tal autorização, ementou brilhantemente o Superior Tribunal de Justiça que "não se admite que regulamentos possam sustar, por completo, todo e qualquer tipo de custeio desses tratamentos excepcionais e urgentes, porquanto implicaria simplesmente negativa do direito fundamental à saúde e à vida [...] sentenciando o paciente à morte" (BRASIL, 2002b). A responsabilidade do Estado restou, pois, devidamente assentada em virtude de sua omissão diante de uma *demanda de saúde de primeira necessidade,* como aqui se propõe.

se a lesividade teria ocorrido por omissão, que pode condicionar sua ocorrência, mas não a causou. Assim, se a indenização, no caso, só poderia ser inculcada com a prova de culpa ou dolo (responsabilidade subjetiva), hipóteses descogitadas no julgado, inaceitável a acenada responsabilidade objetiva" (BRASIL, 2006c).

CONCLUSÕES

Esta obra teve por escopo oferecer parâmetros para o intrincado problema do controle judicial dos atos administrativos referentes às políticas públicas de saúde. Se a inferência, em juízo, de quaisquer políticas públicas já se revela tormentosa, a celeuma ainda se avulta quando entra na arena o direito social à saúde. Foi demonstrado que, em virtude da limitação de recursos, financeiros ou não, o Poder Público encontra-se impedido de contemplar à exaustão os direitos sociais, impondo-se, portanto, escolhas alocativas dos bens escassos. Contudo, se, em relação aos demais direitos sociais, a aceitação de restrições na oferta do serviço já se apresenta desgostosa, no que tange ao direito à saúde, a limitação da oferta do serviço público causa ainda maior espécie, visto que pode implicar o perecimento da vida ou a grave afetação da dignidade, bens maiores consagrados no ordenamento jurídico vigente.

Assim, se por um lado, o controle em juízo do direito social à saúde apresenta-se excitante, por representar importante oportunidade de proteção da vida e da dignidade humana, por outro, a intervenção judicial sobre as decisões políticas amofina o jurista, mormente aquele que teve sua formação calcada no paradigma do Estado Liberal. Destacam-se como constrangedoras aquelas decisões que imputam ao ente público obrigações de fazer, que exigem o contingenciamento de verbas públicas repartidas democraticamente, mas, muitas vezes, insuficientes para o cumprimento de todos os misteres constitucionais das entidades administrativas. Rondam a problemática, ainda, os princípios que regem a gestão financeira do Estado e que lhe impõem o equilíbrio entre as receitas e as despesas, bem como a programação dos gastos públicos. Tais valores podem, ambos, restar sacrificados pela ingerência judicial sobre as políticas públicas, mormente aqueles inerentes ao direito social à saúde. Ademais, a questão ética circunda todo o debate, já que envolve o direito à vida, a dignidade e o princípio da igualdade, incisivamente desafiado pela escassez de recursos.

A judicialização da política também vem suscitando reflexões de diversas espécies, uma vez que o indispensável papel de controlador dos outros dois poderes exercido pelo Judiciário, apesar de ser fruto da erosão das instituições democráticas, do advento do neoconstitucionalismo e da socialidade do Estado, é imputado como colidente com o exercício da cidadania e inibidor do desenvolvimento do espírito cívico na população.

Todas estas questões que incomodam a consciência jurídica nacional motivaram a pesquisa realizada e instigaram sobremaneira a busca por respostas objetivas e racionais aos entraves constatados. Norteou-a a teoria dos direitos fundamentais de Alexy (2015), que ofereceu incalculável contributo à ciência jurídica ao desvendar a natureza híbrida, principiológica e de regras, das normas constitucionais contempladoras dos direitos sociais. Assim, permitiu o autor a necessária vinculatividade dos aludidos dispositivos, em substituição da concepção anterior que lhes atribuía, tão somente, programaticidade. Ressalvou, porém, a possibilidade de sua concreção gradual, de acordo com as possibilidades fáticas e jurídicas, próprias dos princípios, mas impôs, todavia, a devida motivação e comprovação de eventuais restrições a eles condicionadas. Reconheceu, ainda, um nível de vinculação plena do Poder Público, correspondente ao das regras, a saber, o referente ao seu núcleo essencial.

Foi demonstrado que a eficácia dos direitos sociais depende das possibilidades fáticas, o que viabiliza que a escassez dos recursos para sua implementação exclua a responsabilidade pela ausência de sua concreção ou pela sua materialização parcial. Outrossim, evidenciou-se que outros direitos sociais e princípios financeiros, inclusive as normas limitadoras da capacidade de tributar do Estado, que lhe permite o acesso aos recursos indispensáveis para a prestação de serviços públicos, consistem em restrições jurídicas à materialização absoluta dos direitos fundamentais. Em relação à escassez de recursos, afirmou-se que ela assume níveis e características distintas, e que, por isso, pode ser qualificada como natural severa, quase-natural, natural suave ou artificial. Ao Judiciário cumpre, no exercício de sua competência de controle, identificar a que tipo de escassez o direito pleiteado está subordinado para, então, analisar a possibilidade jurídica de seu deferimento.

Assim, ficou assentado que os direitos sociais, inclusive o direito social à saúde, não podem ser exigidos pelo Judiciário da Administração Pública tal como se vazados apenas em regras, espécie de normas às quais Alexy (2015) contrapõe os princípios e que qualifica como aplicáveis integralmente, caso sejam válidas. Antes, foi elucidado que os direitos sociais são, na maior parte das vezes, veiculados por princípios, e, portanto, direitos apenas *prima facie*, sendo imperiosa a análise das possibilidades fáticas e jurídicas para a determinação de sua existência definitiva e, assim, para o provimento do pedido formulado em juízo. Auferiu-se, portanto, que os direitos sociais, assim como todos os direitos fundamentais, segundo o autor, não são absolutos, mas passíveis de restrição; reside, entre eles, uma conflituosidade latente, que deve ser dissolvida mediante uma argumentação jurídica racional, que conduza à pretensão de correção, conforme proposta de Alexy (2005), ou de acordo com uma concepção de Direito como integridade, consoante leciona Dworkin (2002).

A conclusão de que é possível restringir um direito fundamental deve ser obtida após o exame dos limites dessas restrições. Os primeiros liames traçados a elas consistem nas máximas constitucionais da concordância prática e da proporcionalidade. A máxima da concordância prática exige a concretização ótima de todos os princípios colidentes, e a da proporcionalidade impõe, para a limitação de um direito fundamental, o exame da sua adequação ao fim perseguido e da inexistência de medida menos onerosa que alcance o mesmo resultado; a proporcionalidade em sentido estrito requer que os ônus da restrição sejam superados pelos bônus. Essas duas máximas consistem em verdadeiros fios condutores da análise da colisão entre princípios e direitos e orientam a proposta edificada neste estudo.

O segundo limite consiste na preservação do núcleo essencial, assim entendida a parcela do Direito estreitamente vinculada à dignidade humana e ao mínimo existencial, que não pode ser preterida por nenhuma outra razão. A preservação da vida e a garantia de condições mínimas de dignidade, a que se conferiu o nome de prestações de elevada essencialidade, foram definidas como núcleo essencial do direito à saúde. Demonstrou-se que este consiste numa segunda dimensão do direito fundamental à vida e também da dignidade, ou seja, numa expansão do conteúdo jurídico dos respectivos valores. De fato, restou exposto que apenas opor ao Estado a ausência de violação da vida e dos outros direitos fundamentais de primeira dimensão não é suficiente para a garantia da igualdade, já que os mais fortes, detentores do poder econômico, teriam condições de provê-la, enquanto não o fariam os dominados. Assim, em relação à saúde, a preservação do seu valor fundante, enquanto direito social, só teria lugar quando a própria vida fosse protegida. Ademais, ela é condição para a existência e fruição de todos os outros direitos, e, por isso, ocupa o ápice axiológico-normativo do sistema jurídico. Dessa forma, sedimentou-se que a parcela do direito social à saúde equivalente ao direito à vida não pode ser preterida por nenhum outro bem ou valor, nenhum existe que a supere, num exame de ponderação norteado pelas citadas máximas da concordância prática e da proporcionalidade.

Lado outro, como as discussões presentes nesta edição resultaram na expansão do núcleo essencial do direito fundamental à saúde, abarcando, conforme já explicitado, a tutela da dignidade, ainda que sob a garantia de preservação de condições mínimas para a sua fruição. A dignidade, como valor intrínseco à vida, é medida que permite conceber os seres humanos em mínimas condições de igualdade. Sendo considerada como valor autônomo e, também, como instrumento para o exercício dos demais direitos fundamentais, a sua proteção pelo ordenamento jurídico mostrou-se também inafastável. Como os recursos são limitados e não se mostra razoável a exigência de que o Estado forneça toda e qualquer prestação para o desenvolvimento da dignidade, defendeu-se que a parcela considerada como núcleo essencial do direito fundamental à saúde é aquela relativa à preservação de condições mínimas de saúde, estando especialmente relacionada à autonomia. Por meio das prestações de elevada essencialidade, definidas através da prática discursiva, a dignidade é tutelada dentro da moldura do núcleo essencial da saúde, estando vinculada à noção de mínimo existencial.

Dessa forma, foi cunhada a expressão *demandas de saúde de primeira necessidade* para aludir àquelas que se confundiam com a proteção da vida e a garantia de condições mínimas de dignidade, núcleo essencial do direito à saúde, e que, por isso, não podem ser restringidas pela Administração. Evidenciou-se que a ausência de sua oferta autorizará o provimento judicial do pedido. Em contraposição a elas, foram designadas as *demandas de saúde de segunda necessidade,* cujo conteúdo jurídico diz respeito a prestações estatais alusivas ao direito social à saúde cuja omissão não implica perecimento da vida nem afetam a dignidade de forma intensa. Esta característica não supõe, de forma alguma, a sua prescindibilidade ou a ausência de possibilidade de sua postulação em juízo, mas condiciona o provimento jurisdicional à ponderação com os demais princípios colidentes e à apresentação de provas acerca da superioridade da prestação pleiteada sobre outros direitos sociais e da existência de recursos para o ente público providenciar a sua disponibilização. Certo é que, muitas delas, em virtude de sua importância para a dignidade humana, farão sucumbir grande parte dos outros direitos e princípios a elas opostos.

Foram analisados os conflitos que podem ser protagonizados pelo direito à saúde, como o direito à saúde de uns e o mesmo direito dos demais; o direito à saúde e outros direitos sociais; o direito à saúde e princípios financeiros, ao escopo de materializar, em relação a elas, a teoria de Alexy (2015) e determinar as condições de precedência de um direito sobre o outro. Teceram-se, nesta oportunidade, diretrizes para sua análise abstrata.

A problemática galgou maiores dificuldades, entretanto, quando da análise da colisão entre as *demandas de saúde de primeira necessidade* de uns e *demandas de saúde de primeira necessidade* de outros diante da escassez severa, hipótese ilustrada por situações como ausência de leitos de terapia intensiva ou órgãos para transplante em número insuficiente. Foi evidenciado que a impossibilidade de atendimento de todas essas demandas exige o emprego, tanto pelo Judiciário quanto pela Administração Pública, de critérios alocativos de recursos escassos, que devem estritamente observar preceitos éticos, já que sua incidência implica a ausência de satisfação da *demanda de saúde de primeira necessidade* de uns e resultará, portanto, na sua morte ou na grave afetação de sua dignidade. Por estas razões, tais escolhas alocativas foram aludidas como trágicas. A seriedade e o relevo da questão conduziram ao estudo detido de critérios alocativos de bens severamente escassos examinados por Kilner (1990). Os argumentos e contra-argumentos por ele suscitados foram todos apresentados e analisados à luz da teoria dos direitos fundamentais de Alexy (2015) e de sua teoria da argumentação jurídica, bem como sob o foco da Constituição de 1988. Assim, alguns critérios foram integralmente repudiados; outros, aceitos com reservas; por fim, alguns indicados para o melhor resguardo da justiça e da equidade, valores mais caros ao ordenamento jurídico.

Sedimentada uma proposta dogmática sobre o direito social à saúde capaz de delinear os parâmetros de existência definitiva do direito, necessário para permitir o provimento jurisdicional do pedido de sua oferta, foram estudados, então, os fundamentos deste controle judicial sobre as políticas públicas. Inicialmente, destacou-se que o dogma da impossibilidade da ingerência judicial sobre os direitos fundamentais sociais é afeto ao Estado Liberal, sob cuja égide edificou-se, primeiramente, a teoria moderna da Separação dos Poderes, que previa a segregação das funções estatais para que o poder pudesse controlar o poder. A transmutação em Estado Social, porém, impingiu a necessidade de amoldamento desta teoria, preservando-lhe, entretanto, o escopo maior, qual seja, o controle de um poder sobre o outro. Assim, restou concluído que o Estado que tem por incumbência a prestação de serviços públicos para a promoção da dignidade humana deve ter tal atribuição também controlada em juízo.

Adentrou-se, após, a análise da força normativa dos preceitos constitucionais que instituem e asseguram os direitos sociais, quando remanesceu clara sua vinculatividade como fruto do neoconstitucionalismo. Não se olvide que sua normatividade não implica exigência absoluta dos direitos sociais, já que são veiculados, muitas vezes, por normas-princípio, que comportam concreção gradual. Dessa forma, o controle jurisdicional a ser operado sobre sua efetividade não consiste num controle político, mas jurídico, à luz da teoria dos direitos fundamentais, que orienta as escolhas alocativas dos recursos escassos consoante parâmetros científico-racionais de valoração.

Por fim, demonstrou-se que explica a justiciabilidade dos direitos sociais, inclusive do direito à saúde, o princípio da inafastabilidade da tutela jurisdicional, que garante o acesso à Justiça perante qualquer lesão ou ameaça de lesão a direito. Ainda que se acrescentem outros fundamentos, estes já se reputam conclusivos para a determinação do controle judicial das políticas públicas, e, assim, também das referentes à saúde, pelo Poder Judiciário.

Analisou-se, porém, que tal controle judicial das políticas públicas não consiste num fenômeno apenas jurídico, mas, sobretudo, reputa-se um fato sociopolítico, que enseja o exame também pelas lentes das respectivas ciências. A despeito de sua elevada relevância, não foi esse o escopo deste trabalho, que se restringiu ao estudo da questão pela ótica do Direito. É sabido que o excesso de intervenção judicial nas relações sociais e políticas é sintoma de crise das demais instituições democráticas, representativas ou não, e que a hipertrofia do Poder Judiciário pode inibir a manifestação cívica diretamente pelos cidadãos. Todavia, inferiu-se, por fim, que, no atual contexto histórico de descrença nos Poderes constituídos mediante o sufrágio eleitoral e de uma cultura de cidadania atrancada, é relevante a importância da ação judicial para a garantia dos direitos sociais, capazes de promover a redução da desigualdade social e a salvaguarda de condições mínimas de dignidade humana. No caso do direito à saúde, a ingerência judicial pode ser necessária para a proteção da própria vida. Recusar ao Judiciário a possibilidade de atuação em defesa desses interesses consiste não apenas numa afronta à normatividade constitucional dos direitos fundamentais, do princípio do controle inerente à separação dos poderes, ao Estado Democrático e à garantia do acesso à justiça e, assim, num vilipêndio ao Direito posto, mas, também, num golpe fatal contra o que se apresenta como a mais factível ferramenta de resgate do civismo e de preparo da sociedade para uma democracia mais participativa.

Ultrapassadas estas questões, pôde-se proceder ao exame das possibilidades e dos limites do controle judicial dos atos administrativos referentes às políticas públicas de saúde. Foi demonstrada a existência de veículos processuais típicos para o controle da Administração Pública (o mandado de segurança, individual e coletivo, a ação civil pública e a ação popular), a despeito da possibilidade de manejo da ação ordinária, inclusive para a verificação de existência ou não da responsabilidade civil do Estado em decorrência de atos comissivos ou omissivos pertinentes às políticas públicas de saúde.

Foram estudadas as peculiaridades de cada espécie de ação, e ficou gizada a necessidade de incremento do rigor probatório perante as *demandas de saúde de segunda necessidade*. Sustentou-se que a existência definitiva destas depende da solução do conflito com outros bens ou princípios jurídicos e da existência de recursos para promovê-las. Em relação a elas, ficou corroborado que a práxis judicial tem deixado, muitas vezes, de proceder ao devido exame das possibilidades fáticas e jurídicas de sua disponibilização, o que tem justificado muitas decisões antijurídicas porque excessivamente condescendentes com os pedidos formulados e pouco comprometidas com a realização do direito à saúde de outros, dos demais direitos sociais e com a observância dos princípios financeiros. Ficou assentado ser imprescindível, portanto, para o deferimento do pedido de acesso a uma *demanda de saúde de segunda necessidade*, a demonstração de sua superior essencialidade após o cotejo com os outros bens e valores colidentes, bem como a comprovação da existência de condições fáticas e jurídicas para o Poder Público implementá-las. Estes requisitos consistem, pois, em limites à intervenção do Poder Judiciário sobre as políticas públicas de saúde. Sem a sua satisfação, o provimento judicial da demanda será indevido e afrontante aos preceitos democráticos.

Propôs-se, ao revés, a simplicidade da instrução perante as *demandas de saúde de primeira necessidade* urgentes, uma vez que os objetivos resguardados pelos ditames instrutórios do processo não superam os bens de valor maior do ordenamento jurídico, quais sejam, a preservação da vida humana e da dignidade. Assim, as decisões judiciais denegatórias de *demandas de saúde de primeira necessidade* urgentes foram concebidas como fruto de um juízo de ponderação equivocado de valores colidentes, visto que nenhum é capaz de superar a vida, condição de existência e fruição de todos os demais. Do mesmo modo, sendo elemento central do ordenamento jurídico a garantia de uma vida digna às pessoas, mostrou-se a inafastabilidade do valor dignidade, ainda que estando inseridas no conteúdo da norma-regra apenas aquelas prestações consideradas como de elevada essencialidade. Para o provimento judicial das *demandas de saúde de primeira necessidade* desprovidas da característica da urgência, assentou-se que as provas devem demonstrar seu enquadramento nesta categoria, ou seja, devem revelar que, de fato, a demanda pleiteada é inafastável para a preservação da vida e de condições mínimas de dignidade. A instrução do processo deve permitir ao juiz tal conclusão; o resultado do juízo de ponderação com os demais direitos confrontantes, apontará, novamente, pela superioridade induvidosa da vida digna, pressuposto para a fruição de todos os demais direitos eventualmente conflitantes.

Ficou constatado que a decisão mandamental consiste numa interferência do Poder Judiciário nas políticas públicas necessária para a correção de distorções levadas a cabo pelos poderes constituídos quando de sua elaboração e do respectivo orçamento público. O juízo de ponderação entre os direitos colidentes e limitados pela escassez de recursos a ser levado a cabo pelo Poder Judiciário para lograr a conclusão sobre qual deve prevalecer também carece ser promovido pelos Poderes Executivo e Legislativo, responsáveis pela criação das políticas públicas e do orçamento. Concluiu-se, pois, que a ingerência judicial nas mesmas apenas terá lugar quando o procedimento de ponderação efetuado pelos demais poderes tiver sido eivado de vício e redundar na promoção de direitos menos essenciais, em detrimento de outros mais importantes para a vida e para a dignidade humana.

Assim, esta pesquisa resvalou, como foi dito na introdução, com a hostilidade à hipótese inicial, de índole marcantemente utilitarista e calcada no já superado paradigma liberal da doutrina da separação de poderes, que considerava como tarefa prioritária do Poder Público a promoção de políticas públicas que beneficiassem o maior número possível de pessoas e como descabida a intervenção judicial sobre os direitos sociais. Ao avesso, concluiu-se que as políticas públicas devem ser elaboradas de forma a se tutelar os direitos mais essenciais, e que aqueles assim concebidos devem ser garantidos a todos, mediante ações administrativas universais. Sob esse enfoque, revelou-se insuperável o argumento de que a preservação da vida e de condições mínimas de dignidade são valores precedentes a todos os outros, uma vez que constituem requisitos indispensáveis para a fruição dos demais direitos, e que, à luz do princípio da igualdade, a vida e a dignidade de todos devem receber proteção. Certo é que uns carecerão de mais, outros de menos recursos para a salvaguarda de tais valores, mas todos têm o mesmo direito, que, sempre que não for promovido pelo Poder Público, merecerá guarida judicial, a despeito de seu custo.

Em decisão proferida pelo Supremo Tribunal Federal nos autos do pedido de suspensão de tutela antecipada (BRASIL, 2009) após a oitiva da sociedade civil na audiência pública convocada nos idos de 2009 para discutir a responsabilidade do Sistema Único de Saúde, o Ministro Gilmar Ferreira Mendes determinou à União o fornecimento de medicamento que aumenta a capacidade de sobrevida de uma jovem portadora de patologia neurodegenerativa rara a despeito de sua ausência nas políticas públicas por ela formuladas. Dessa forma, restou sedimentado, pela Suprema Corte Brasileira, sua concepção até então predominante no sentido de que o direito à vida merece proteção em juízo quando não for oportunamente salvaguardado pelo Poder Público. Esta manifestação, proferida após a instauração de um canal para a participação popular direta no processo de interpretação constitucional, veio ao encontro, pois, das conclusões aqui perfilhadas e robustece sua pretensão de validade e de legitimidade.

Atribuir ao Estado a responsabilidade pela promoção dos direitos sociais mais essenciais, custeáveis por tributos arrecadados, obviamente, daqueles que possuem capacidade contributiva, permite-lhe minimizar os efeitos nefastos de sua atuação em defesa da propriedade privada. A eficácia, portanto, dos direitos sociais, consiste numa esperança última de promoção da justiça social num Estado capitalista. Neste mister, há que se contar com a colaboração do Poder Judiciário, sem exclusão de outras entidades e da comunidade. Este, diante da cidadania de baixa intensidade lamentavelmente típica da nação brasileira, desenvolve importante papel na correção de distorções na distribuição de bens e direitos ao promover a vida e a dignidade tantas vezes silenciosamente solapadas pelas iniquidades de um sistema em que prepondera, quase sempre, o poderio financeiro.

A apresentação de uma proposta jurídica para o controle dos atos administrativos alusivos ao direito social à saúde que demonstra que, em se tratando ingerência sobre as políticas públicas, o Judiciário não pode tudo, mas deve sobrelevar os direitos de maior essencialidade, mormente o direito à vida digna, aos demais valores abrigados no ordenamento jurídico vigente, permite a assertiva de que este estudo cumpriu seu objetivo científico. Porém, apenas se ganhar "vida" e desgarrar-se das folhas de papel, galgando espaço nos foros e tribunais, poder-se-á afirmar que logrou seu real propósito. Cumprida a primeira etapa, passa-se à segunda, mais árdua, porém, a de fato, eficaz.

REFERÊNCIAS

25 ANOS de Alma-Ata: Saúde é direito de todos. Disponível em: http://www.opas.org.br/mostrant.cfm?codigodest=195. Acesso em: 25 out. 2008.

AARON, Henry J.; SCHWARTZ, William B. *The painful prescription*: Rationing Hospital Care. Washington, D. C.: The Brookings Institution, 1984.

AARON, Henry J.; SCHWARTZ, William B.; COX, Melissa. *Can we say no?*: the Challenge of Rationing Health Care. Washington, D. C.: The Brookings Institution, 2005.

AGÊNCIA NACIONAL DE SAÚDE (Brasil). Resolução Normativa nº 424, de 26 de junho de 2017. Brasília, DF. Disponível em: https://www.ans.gov.br/component/legislacao/?view=legislacao&task=TextoLei&format=raw&id=MzQzOQ==. Acesso em: 31 ago. 2019.

AGÊNCIA NACIONAL DE VIGILÂNCIA SANITÁRIA (Brasil). Resolução da Diretoria Colegiada nº 38, de 12 de agosto de 2013. Brasília, DF. Disponível em: http://bvsms.saude.gov.br/bvs/saudelegis/anvisa/2013/rdc0038_12_08_2013.html. Acesso em: 28 ago. 2019.

A HISTÓRIA DA SAÚDE PÚBLICA NO BRASIL E A EVOLUÇÃO DO DIREITO À SAÚDE. Disponível em: https://www.politize.com.br/direito-a-saude-historia-da-saude-publica-no-brasil/. Acesso em: 10 set 2019.

AITH, Fernando Mussa Abujamra. O direito à saúde e a política nacional de atenção integral aos portadores de doenças raras no Brasil. *Jornal Brasileiro de economia da saúde*: JBES, São Paulo, v. 6, n. supl. 1, p. 4-12, 2014. Disponível em: http://www.jbes.com.br/images/edicao-especial2014/jbes-especial01.pdf. Acesso em: 06 fev. 2019.

AITH, Fernando Mussa Abujamra *et al*. Os princípios da universalidade e integralidade do SUS sob a perspectiva da política de doenças raras e da incorporação tecnológica. *Revista de Direito Sanitário*, São Paulo, v. 15, n. 1, p. 10-39, mar./jun. 2014. Disponível em: http://www.revistas.usp.br/rdisan/article/view/82804. Acesso em: 22 jan. 2019.

ALEXY, Robert. *Constitucionalismo discursivo*. Tradução de Luís Afonso Heck. 2. ed. Porto Alegre: Livraria do Advogado, 2008.

ALEXY, Robert. *El concepto y la validez del derecho*. Trad. Jorge M. Sena. 2. ed. Barcelona: Gedisa, 2004.

ALEXY, Robert. *Teoria da argumentação jurídica*: a teoria do discurso racional como teoria da justificação jurídica. Tradução de Zilda Hutchinson Schild Silva. São Paulo: Landy, 2005.

ALEXY, Robert. *Teoria dos direitos fundamentais*. Tradução de Virgílio Afonso da Silva. 2. ed. São Paulo: Malheiros, 2015.

ALEXY, Robert. *Tres escritos sobre los derechos fundamentales y la teoriza de los principios*. Trad. Carlos Bernal Pulido. Colombia: Departamento de Publicaciones de la Universidad de Colombia, 2003.

ALMEIDA, Silmara J. A. Chinelato e. *Tutela civil do nascituro*. São Paulo: Saraiva, 2000.

AMARAL, Gustavo. *Direito, escassez e escolha*. Rio de Janeiro: Renovar, 2001.

AMARO, Luciano. *Direito tributário brasileiro*. 21. ed. São Paulo: Saraiva, 2016.

ANDRÉ, Adélio Pereira. *Vinculação da administração e proteção dos administrados*. Coimbra: Coimbra Ed., 1989.

APOSTOLOVA, Bistra Stefanova. *Poder Judiciário*: do moderno ao contemporâneo. Porto Alegre: Sergio Antonio Fabris, 1998.

APPIO, Eduardo. *Controle judicial das políticas públicas no Brasil*. Curitiba: Juruá, 2007.

ARAÚJO, Florivaldo Dutra de. *Motivação e controle do ato administrativo*. 2. ed. Belo Horizonte: Del Rey, 2005.

ARISTÓTELES. *Política*. Tradução de Torrieri Guimarães. São Paulo: Martin Claret, 2004.

ARRUDA, José Jobson de A. *História moderna e contemporânea*. 17. ed. São Paulo: Ática, 1984.

ASENSI, Felipe Dutra; PINHEIRO, Roseni. Defensoria pública e diálogo institucional em saúde: a experiência de Brasília-DF / Public defense and institutional dialogue on health. *Revista Direito e Práxis*, [S.l.], v. 6, n. 12, p.11-36, 4 nov. 2015. Universidade de Estado do Rio de Janeiro. http://dx.doi.org/10.12957/dep.2015.15113. Disponível em: https://www.e-publicacoes.uerj.br/index.php/revistaceaju/article/view/15113. Acesso em: 27 jun. 2019.

ASENSI, Felipe. Responsabilidade solidária dos entes da federação e "efeitos colaterais" no direito à saúde. *Revista de Direito Sanitário*, [S.l.], v. 16, n. 3, p. 145-156, 30 dez. 2015. Universidade de São Paulo Sistema Integrado de Bibliotecas – SIBiUSP. http://dx.doi.org/10.11606/issn.2316-9044.v16i3p145-156. Disponível em: http://www.revistas.usp.br/rdisan/article/view/111658. Acesso em: 27 jun. 2019.

ATIENZA, Manuel. *As razões do direito*: teorias da argumentação jurídica, Perelman, Viehweg, Alexy, Maccormick. São Paulo: Landy, 2003.

ÁVILA, Humberto. Argumentação jurídica e a imunidade do livro eletrônico. *Revista Diálogo Jurídico*, Salvador, v. 1, n. 5, ago. 2001a. Disponível em: http://www.direitopublico.com.br. Acesso em: 25 ago. 2008.

ÁVILA, Humberto. Repensando a supremacia do interesse público sobre o privado. *Revista Diálogo Jurídico*, Salvador, v. 1, n. 07, out. 2001b. Disponível em: http://direitopublico.com.br.. Acesso em: 21 jan. 2005.

ÁVILA, Humberto. *Teoria dos princípios*: da definição à aplicação dos princípios jurídicos. 4. ed. São Paulo: Malheiros, 2004.

AZEVEDO, Marco Antônio Oliveira. Direitos à saúde: demandas crescentes e recursos escassos. *In*: ÁVILA, Gerson Noronha de; ÁVILA, Gustavo Noronha de; GAUER, Gabriel José Chittó (Org.). *Ciclo de conferências em bioética I*. Rio de Janeiro: Lumen Juris, 2005.

BACHOF, Otto. *Normas constitucionais inconstitucionais?*. Tradução e nota prévia de José Manuel M. Cardoso da Costa. Coimbra: Almedina, 1994.

BANDEIRA DE MELLO, Celso Antônio. *Curso de direito administrativo*. 30. ed. São Paulo: Malheiros, 2013.

BANDEIRA DE MELLO, Celso Antônio. *O conteúdo jurídico do princípio da igualdade*. 3. ed. São Paulo: Malheiros, 2006.

BAPTISTA, Patrícia. *Transformações do direito administrativo*. Rio de Janeiro: Renovar, 2003.

BARBOSA, Ana Paula Costa. *A legitimação dos princípios constitucionais fundamentais*. Rio de Janeiro: Renovar, 2002.

BARCELLOS, Ana Paula de. Neoconstitucionalismo, direitos fundamentais e controle judicial das políticas públicas. *In*: SARMENTO, Daniel; GALDINO, Flávio. *Direitos fundamentais*: estudos em homenagem ao Professor Ricardo Lobo Torres. Rio de Janeiro: Renovar, 2006.

BARCELLOS, Ana Paula de. O direito a prestações de saúde: complexidade, mínimo existencial e o valor das abordagens coletiva e abstrata. *In*: GUERRA, Sidney; EMERIQUE, Lilian Balmant. (Org.). *Perspectivas constitucionais contemporâneas*. Rio de Janeiro: Lumen Juris, 2010, v. 1, p. 221-247.

BARROS, Marcus Aurélio de Freitas. *Controle jurisdicional de políticas públicas*: parâmetros objetivos e tutela coletiva. Porto Alegre: Sergio Antonio Fabris, 2008.

BARROSO, Luís Roberto. Aqui, lá e em todo lugar: A dignidade humana no direito contemporâneo e no discurso transnacional. *Revista dos Tribunais*, São Paulo, v. 919, p. 123-196, 2012.

BARROSO, Luís Roberto. A razão sem o voto: o Supremo Tribunal Federal e o governo da maioria. *Revista Brasileira de Políticas Públicas*, Brasília, v. 5, n. 2, p. 23-50, 2015. Disponível em: https://www.publicacoesacademicas.uniceub.br/RBPP/article/view/3412/2685. Acesso em: 01 jun. 2019.

BARROSO, Luís Roberto. Contramajoritário, representativo, e iluminista: os papéis dos tribunais constitucionais nas democracias representativas. *Revista Direito e Práxis*, [S.l.], v. 9, n. 4, p. 2171-2228, out. 2018. FapUNIFESP (SciELO). Disponível em: http://dx.doi.org/10.1590/2179-8966/2017/30806. Acesso em: 07 jul. 2019.

BARROSO, Luís Roberto. *Da falta de efetividade à judicialização excessiva*: direito à saúde, fornecimento gratuito de medicamentos e parâmetros para a atuação judicial. Disponível em: http://www.lrbarroso.com.br/pt/noticias/medicamentos.pdf. Acesso em: 30 out. 2008.

BENTHAM, Jeremy. Uma introdução aos princípios da moral e da legislação. Tradução de Luiz João Baraúna. *In*: MILL, John Stuart. *Sistema de lógica dedutiva e indutiva e outros textos*. Tradução de João Marcos Coelho e Pablo Rubén Mariconda. 2. ed. São Paulo: Abril Cultural, 1979.

BIAGI, Cláudia Perotto. *A garantia do conteúdo essencial dos direitos fundamentais na jurisprudência constitucional brasileira*. Porto Alegre: Sergio Antonio Fabris, 2005.

BINENBOJM, Gustavo. Agências reguladoras independentes e democracia no Brasil. *Revista Eletrônica de Direito Administrativo Econômico*, Salvador, n. 03, p. 01-20, 2005. Disponível em: http://www.direitodoestado.com/revista/REDAE-3-AGOSTO-2005-GUSTAVO%20BINENBOJM.pdf. Acesso em: 17 fev. 2009.

BINENBOJM, Gustavo. *Uma teoria do direito administrativo*: direitos fundamentais, democracia e constitucionalização. Rio de Janeiro: Renovar, 2006.

BOBBITT, Philip; CALABRESI, Guido. *Tragic Choices*: the Conflicts Society Confronts in the Allocation Of Tragically Scarce Resources. New York, London: W.W. Norton & Company, 1978.

BÖCKENFÖRDE, Ernst Wolfgang. *Estudios sobre el Estado de derecho y la democracia*. Trad. Rafael de Agapito Serrano. Madrid: Trotta, 2000.

BÖCKENFÖRDE, Ernst Wolfgang. *Teoría e interpretación de los derechos fundamentales*. Escritos sobre Derechos Fundamentales. Baden-Baden: Nomos, 1993.

BONAVIDES, Paulo. *Curso de direito constitucional*. 13. ed. São Paulo: Malheiros, 2003a.

BONAVIDES, Paulo. *Teoria constitucional da democracia participativa*: por um direito constitucional de luta e resistência, por uma nova hermenêutica, por uma repolitização da legitimidade. 2. ed. São Paulo: Malheiros, 2003b.

BOTTI, Flávia Bomtempo. *Saneamento básico no Brasil*: quais são os deveres definitivos da Administração Pública?. 2018. 122 f. Dissertação (Mestrado) – Curso de Direito, Universidade Federal de Juiz de Fora, Juiz de Fora, 2018.

BOURGEOIS, Bernard. *O pensamento político de Hegel*. São Leopoldo: Unisinos, 1999.

BRANCO, Paulo Gustavo Gonet. Direitos fundamentais em espécie. In: MENDES, Gilmar Ferreira; BRANCO, Paulo Gustavo Gonet. *Curso de Direito Constitucional*. 8. ed. São Paulo: Saraiva, 2013. Cap. 4. p. 285-605.

BRASIL. Carolina Gonçalves. Empresa Brasil de Comunicação. Doenças ligadas à falta de saneamento geram custo de R$ 100 mi ao SUS. 2018. Disponível em: http://agenciabrasil.ebc.com.br/saude/noticia/2018-09/doencas-ligadas-falta-de-saneamento-geram-custo-de-r-100-mi-ao-sus. Acesso em: 26 ago. 2019.

BRASIL. Constituição (1988). *Constituição da República Federativa do Brasil*, 05 out. 1988. Brasília. Disponível em: http://www.planalto.gov.br/ccivil_03/Constituicao/Constituicao.htm. Acesso em: 04 jun. 2019.

BRASIL. Decreto nº 591, de 6 de julho de 1992. Atos Internacionais. Pacto Internacional sobre Direitos Econômicos, Sociais e Culturais. Promulgação. Brasília, DF. Disponível em: http://www.planalto.gov.br/ccivil_03/decreto/1990-1994/d0591.htm. Acesso em: 29 jun. 2019.

BRASIL. Decreto nº 7.646, de 21 de dezembro de 2011. Dispõe sobre a Comissão Nacional de Incorporação de Tecnologias no Sistema Único de Saúde e sobre o processo administrativo para incorporação, exclusão e alteração de tecnologias em saúde pelo Sistema Único de Saúde – SUS, e dá outras providências. Brasília, Disponível em: http://www.planalto.gov.br/CCIVIL_03/_Ato2011-2014/2011/Decreto/D7646.htm. Acesso em: 11 fev. 2019.

BRASIL. Decreto nº 89.312, de 23 de janeiro de 1984. Expede nova edição de Consolidação das Leis da Previdência Social. *Diário Oficial da União*, Brasília, DF, 24 jan. 1984. Disponível em: www010.dataprev.gov.br/sislex/paginas/23/1984/89312.htm. Acesso em: 25 ago. 2019.

BRASIL. Decreto-lei nº 2.848, de 07 de dezembro de 1940. Código Penal. *Diário Oficial da União*, Brasília, DF, 31 dez. 1940. Disponível em: http://www.planalto.gov.br/ccivil_03/Decreto-Lei/Del2848.htm. Acesso em: 20 ago. 2019.

BRASIL. Decreto-lei nº 4.657, de 04 de setembro de 1942. Lei de introdução às normas do Direito Brasileiro. Disponível em: http://www.planalto.gov.br/ccivil_03/Decreto-Lei/Del4657.htm. Acesso em: 10 jul. 2019.

BRASIL. Emenda Constitucional nº 29, de 13 de setembro de 2000. Altera os arts. 34, 35, 156, 160, 167 e 198 da Constituição Federal e acrescenta artigo ao Ato das Disposições Constitucionais Transitórias, para assegurar os recursos mínimos para o financiamento das ações e serviços públicos de saúde. *Diário Oficial da União*, Brasília, DF, 14 set. 2000a. Disponível em: http://www010.dataprev.gov.br/sislex/paginas/30/2000/29.htm. Acesso em: 02 jul. 2019.

BRASIL. Emenda Constitucional nº 45. de 30 de dezembro de 2004. Altera dispositivos dos arts. 5º, 36, 52, 92, 93, 95, 98, 99, 102, 103, 104, 105, 107, 109, 111, 112, 114, 115, 125, 126, 127, 128, 129, 134 e 168 da Constituição Federal, e acrescenta os arts. 103-A, 103B, 111-A e 130-A, e dá outras providências. *Diário Oficial da União*, Brasília, DF, 31 dez. 2004a. Disponível em: http://www.planalto.gov.br/ccivil_03/Constituicao/Emendas/Emc/emc45.htm. Acesso em: 20 ago. 2019.

BRASIL. Emenda Constitucional nº 95. de 15 de dezembro de 2016. Altera o Ato das Disposições Constitucionais Transitórias, para instituir o Novo Regime Fiscal, e dá outras providências. *Diário Oficial da União*, Brasília, DF, 15 dez. 2016. Disponível em: http://www.planalto.gov.br/ccivil_03/Constituicao/Emendas/Emc/emc95.htm. Acesso em: 16 fev. 2009.

BRASIL. Enunciados da I, II e III Jornadas de Direito da Saúde do Conselho Nacional de Justiça. Brasília, 21 mar. 2019. Disponível em: http://www.cnj.jus.br/files/conteudo/arquivo/2019/03/e8661c101b2d80ec95593d03dc1f1d3e.pdf. Acesso em: 11 jun. 2019.

BRASIL. Lei complementar nº 101, de 04 de maio de 2000b. Estabelece normas de finanças públicas voltadas para a responsabilidade na gestão fiscal e dá outras providências. *Diário Oficial da União*, Brasília, DF, 05 maio 2000. Disponível em: http://www.planalto.gov.br/ccivil_03/Leis/LCP/Lcp101.htm. Acesso em: 02 jul. 2008.

BRASIL. Lei nº 1.060, de 05 de fevereiro de 1950. Estabelece normas para a concessão de assistência judiciária aos necessitados. Diário Oficial da União, Rio de Janeiro, 5 de fevereiro de 1950. Disponível em: http://www.planalto.gov.br/ccivil_03/leis/l1060.htm. Acesso em: 29 jun. 2019.

BRASIL. Lei nº 7.347, de 24 de julho de 1985. Disciplina a ação civil pública de responsabilidade por danos causados ao meio-ambiente, ao consumidor, a bens e direitos de valor artístico, estético, histórico, turístico e paisagístico (VETADO) e dá outras providências. *Diário Oficial da União*, Brasília, DF, 25 jul. 1985. Disponível em: http://www.planalto.gov.br/ccivil_03/Leis/L7347orig.htm. Acesso em: 25 ago. 2019.

BRASIL. Lei nº 1.533, de 31 de dezembro de 1951. Altera disposições do Código de Processo Civil relativas ao mandado de segurança. *Diário Oficial da União*, Brasília, DF, 31 dez. 1951. Disponível em: http://www.planalto.gov.br/ccivil_03/Leis/L1533.htm. Acesso em: 25 ago. 2019.

BRASIL. Lei nº 4.717, de 29 de junho de 1965. Dispõe sobre o Estatuto do Idoso e dá outras providências. *Diário Oficial da União*, Brasília, DF, 03 out. 2003. Disponível em: http://www.planalto.gov.br/ccivil_03/Leis/2003/L10.741.htm. Acesso em: 25 ago. 2019.

BRASIL. Lei nº 6.938, de 31 de agosto de 1981. Dispõe sobre a Política Nacional do Meio Ambiente, seus fins e mecanismos de formulação e aplicação, e dá outras providências. *Diário Oficial da União*, Brasília, DF, 31 ago. 1981. Disponível em: http://www.planalto.gov.br/ccivil_03/Leis/L6938.htm. Acesso em: 02 nov. 2008.

BRASIL. Lei nº 8.080, de 19 de setembro de 1990. Dispõe sobre as condições para promoção, proteção e recuperação da saúde, a organização e o funcionamento dos serviços correspondentes e dá outras providências. *Diário oficial da União*, Brasília, DF, 20 set. 1990b. Disponível em: http://www.planalto.gov.br/ccivil_03/Leis/L8080.htm. Acesso em: 05 jul. 2019.

BRASIL. Lei nº 8.142, de 28 de dezembro de 1.990. Dispõe sobre a participação da comunidade na gestão do Sistema Único de Saúde (SUS) e sobre as transferências intergovernamentais de recursos financeiros na área da saúde e dá outras providências. *Diário Oficial da União*, Brasília, DF, 31 dez. 1990c. Disponível em: http://www.planalto. gov.br/ccivil_03/Leis/L8142.htm. Acesso em: 10 jul. 2019.

BRASIL. Lei nº 8.437, de 30 de junho de 1992. Dispõe sobre a concessão de medidas cautelares contra atos do Poder Público e dá outras providências. *Diário Oficial da União*, Brasília, DF, 01 jul. 1992b. Disponível em: http://www.planalto.gov.br/ccivil_03/Leis/L8437.htm. Acesso em: 05 jul. 2008.

BRASIL. Lei nº 9.434, de 4 de fevereiro de 1997b. Dispõe sobre a remoção de órgãos, tecidos e partes do corpo humano para fins de transplante e tratamento e dá outras providências. *Diário Oficial da União*, Brasília, DF, 05 fev. 1997. Disponível em: http://www.planalto.gov.br/ccivil_03/Leis/L9434.htm. Acesso em: 07 ago. 2008.

BRASIL. Lei nº 9.494, de 10 de setembro de 1997c. Disciplina a aplicação da tutela antecipada contra a Fazenda Pública, altera a Lei nº 7.347, de 24 de julho de 1985, e dá outras providências. *Diário Oficial da União*, Brasília, DF, 24 dez. 1997. Disponível em: http://www.planalto.gov.br/ccivil_03/Leis/L9494.htm. Acesso em: 08 set. 2008.

BRASIL. Lei nº 10.211, de 23 de março de 2001. Altera dispositivos da Lei nº 9.434, de 4 de fevereiro de 1997, que "dispõe sobre a remoção de órgãos, tecidos e partes do corpo humano para fins de transplante e tratamento". *Diário Oficial da União*, Brasília, DF, 24 mar. 2001. Disponível em: http://www.planalto.gov.br/ccivil_03/Leis/LEIS_2001/L10211. htm. Acesso em: 07 ago. 2019.

BRASIL. Lei nº 10.406, de 10 de janeiro de 2002. Institui o Código Civil. *Diário Oficial da União*, Brasília, DF, 11 jan. 2002. Disponível em: http://www.planalto.gov.br/ccivil_03/LEIS/2002/L10406.htm. Acesso em: 12 ago. 2019.

BRASIL. Lei nº 10.707, de 30 de julho de 2003a. Dispõe sobre as diretrizes para a elaboração da lei orçamentária de 2004 e dá outras providências. *Diário Oficial da União*, Brasília, DF, 31 jul. 2003. Disponível em: http://www.planalto.gov.br/ccivil_03/Leis/2003/L10.707. htm. Acesso em: 20 ago. 2019.

BRASIL. Lei nº 10.858, de 13 de abril de 2004. Autoriza a Fundação Oswaldo Cruz – Fiocruz a disponibilizar medicamentos, mediante ressarcimento, e dá outras providências. *Diário Oficial da União*, Brasília, DF, 13 abr. 2004. Disponível em: http://www.planalto.gov.br/ccivil_03/_ato2004-2006/2004/lei/l10.858.htm. Acesso em: 23 abr. 2019.

BRASIL. Lei nº 11.105, de 24 de março de 2005a. Regulamenta os incisos II, IV e V do §1º do art. 225 da Constituição Federal, estabelece normas de segurança e mecanismos de fiscalização de atividades que envolvam organismos geneticamente modificados – OGM e seus derivados, cria o Conselho Nacional de Biossegurança – CNBS, reestrutura a Comissão Técnica Nacional de Biossegurança – CTNBio, dispõe sobre a Política Nacional de Biossegurança – PNB, revoga a Lei nº 8.974, de 5 de janeiro de 1995, e a Medida Provisória nº 2.191-9, de 23 de agosto de 2001, e os arts. 5º, 6º, 7º, 8º, 9º, 10 e 16 da Lei nº 10.814, de 15 de dezembro de 2003, e dá outras providências. *Diário Oficial da União*, Brasília, DF,

28 mar. 2005. Disponível em: http://www.planalto.gov.br/ccivil_03/_Ato2004-2006/2005/Lei/L11105.htm. Acesso em: 20 fev. 2009.

BRASIL. Lei nº 11.448, de 15 de janeiro de 2007a. Altera o art. 5º da Lei nº 7.347, de 24 de julho de 1985, que disciplina a ação civil pública, legitimando para sua propositura a Defensoria Pública. *Diário Oficial da União*, Brasília, DF, 16 jan. 2007. Disponível em: http://www.planalto.gov.br/ccivil_03/_Ato2007-2010/2007/Lei/L11448.htm. Acesso em: 24 out. 2008.

BRASIL. Lei nº 11.521, de 18 de dezembro de 2007. Altera a Lei nº 9.434, de 4 de fevereiro de 1997, para permitir a retirada pelo Sistema Único de Saúde de órgãos e tecidos de doadores que se encontrem em instituições hospitalares não autorizadas a realizar transplantes. *Diário Oficial da União*, Brasília, DF, 19 set. 2007. Disponível em: http://www.planalto.gov.br/ccivil_03/_Ato2007-2010/2007/Lei/L11521.htm. Acesso em: 29 jun. 2019.

BRASIL. Lei nº 11.633, de 27 de dezembro de 2007. Altera a Lei nº 9.434, de 4 de fevereiro de 1997. *Diário Oficial da União*, Brasília, DF, 27 dez. 2007. Disponível em: http://www.planalto.gov.br/ccivil_03/_Ato2007-2010/2007/Lei/L11633.htm. Acesso em: 29 jun. 2019.

BRASIL. Lei nº 12.401, de 28 de abril de 2011. Altera a Lei nº 8.080, de 19 de setembro de 1990, para dispor sobre a assistência terapêutica e a incorporação de tecnologia em saúde no âmbito do Sistema Único de Saúde – SUS. *Diário Oficial da União*, Brasília, DF, 28 abr. 2011. Disponível em: http://www.planalto.gov.br/ccivil_03/_Ato2011-2014/2011/Lei/L12401.htm. Acesso em: 11 jul. 2019.

BRASIL. Lei nº 12.529, de 30 de novembro de 2011. Estrutura o Sistema Brasileiro de Defesa da Concorrência; dispõe sobre a prevenção e repressão às infrações contra a ordem econômica; altera a Lei nº 8.137, de 27 de dezembro de 1990, o Decreto-Lei nº 3.689, de 3 de outubro de 1941 – Código de Processo Penal, e a Lei nº 7.347, de 24 de julho de 1985; revoga dispositivos da Lei nº 8.884, de 11 de junho de 1994, e a Lei nº 9.781, de 19 de janeiro de 1999; e dá outras providências. *Diário Oficial da União*, Brasília, DF, 30 nov. 2011. Disponível em: http://www.planalto.gov.br/ccivil_03/_ato2011-2014/2011/Lei/L12529.htm. Acesso em: 28 ago. 2019.

BRASIL. Lei nº 12.678, de 25 de junho de 2012. Dispõe sobre alterações nos limites dos Parques Nacionais da Amazônia, dos Campos Amazônicos e Mapinguari, das Florestas Nacionais de Itaituba I, Itaituba II e do Crepori e da Área de Proteção Ambiental do Tapajós; altera a Lei nº 12.249, de 11 de junho de 2010; e dá outras providências. *Diário Oficial da União*, Brasília, 26 jun. 2012 Disponível em: http://www.planalto.gov.br/ccivil_03/_Ato2011-2014/2012/Lei/L12678.htm. Acesso em: 05 set. 2019.

BRASIL. Lei nº 12.966, de 18 de junho de 2014. Altera as Leis nºs 12.715, de 17 de setembro de 2012, que institui o Programa de Incentivo à Inovação Tecnológica e Adensamento da Cadeia Produtiva de Veículos Automotores – INOVAR-AUTO, 12.873, de 24 de outubro de 2013, e 10.233, de 5 de junho de 2001; e dá outras providências *Diário Oficial da União*, Brasília, DF, 18 jun. 2014. Disponível em: http://www.planalto.gov.br/ccivil_03/_Ato2011-2014/2014/Lei/L12996.htm. Acesso em: 28 ago. 2019.

BRASIL. Lei nº 13.004, de 24 de junho de 2014. Altera os arts. 1º, 4º e 5º da Lei nº 7.347, de 24 de julho de 1985, para incluir, entre as finalidades da ação civil pública, a proteção do patrimônio público e social. *Diário Oficial da União*, Brasília, DF, 25 jun. 2014. Disponível em: http://www.planalto.gov.br/ccivil_03/_Ato2011-2014/2014/Lei/L13004.htm. Acesso em: 28 ago. 2019.

BRASIL. Lei nº 13.104, de 09 de março de 2015. Altera o art. 121 do Decreto-Lei nº 2.848, de 7 de dezembro de 1940 – Código Penal, para prever o feminicídio como circunstância qualificadora do crime de homicídio, e o art. 1º da Lei nº 8.072, de 25 de julho de 1990, para incluir o feminicídio no rol dos crimes hediondos. *Diário Oficial da União*, Brasília, DF, 09 mar. 2015. Disponível em: http://www.planalto.gov.br/ccivil_03/_ato2015-2018/2015/lei/l13104.htm> Acesso em: 11 fev. 2019.

BRASIL. Lei nº 13.105, de 16 de março de 2015. Código de Processo Civil. *Diário Oficial da União*. Brasília, DF, 16 mar. 2015. Disponível em: http://www.planalto.gov.br/ccivil_03/_ato2015-2018/2015/lei/l13105.htm. Acesso em: 27/ ago. 2019.

BRASIL. Lei nº 13.142, de 06 de julho de 2015. Altera os arts. 121 e 129 do Decreto-Lei nº 2.848, de 7 de dezembro de 1940 (Código Penal), e o art. 1º da Lei nº 8.072, de 25 de julho de 1990 (Lei de Crimes Hediondos). *Diário Oficial da União*, Brasília, DF, 06 jul. 2015. Disponível em: http://www.planalto.gov.br/ccivil_03/_Ato2015-2018/2015/Lei/L13142.htm. Acesso em: 11 fev. 2019.

BRASIL. Lei nº 13.146, de 6 de julho de 2015. Institui a Lei Brasileira de Inclusão da Pessoa com Deficiência (Estatuto da Pessoa com Deficiência). *Diário Oficial da União*, Brasília, DF, 07 jul. 2015. Disponível em: http://www.planalto.gov.br/ccivil_03/_Ato2015-2018/2015/Lei/L13146.htm#art114. Acesso em: 31 ago. 2019.

BRASIL. Lei nº 13.771, de 19 de dezembro de 2018. Altera o art. 121 do Decreto-Lei nº 2.848, de 7 de dezembro de 1940 (Código Penal). *Diário Oficial da União*, Brasília, DF, 19 dez. 2018. Disponível em: http://www.planalto.gov.br/ccivil_03/_ato2015-2018/2018/lei/L13771.htm. Acesso em: 11 fev. 2019.

BRASIL. Medida Provisória nº 558, de 5 de janeiro de 2012. Dispõe sobre alterações nos limites dos Parques Nacionais da Amazônia, dos Campos Amazônicos e Mapinguari, das Florestas Nacionais de Itaituba I, Itaituba II e do Crepori e da Área de Proteção Ambiental do Tapajós, e dá outras providências. *Diário Oficial da União*. Brasília, DF, 06 jan. 2012. Disponível em: http://www.planalto.gov.br/ccivil_03/_Ato2011-2014/2012/Mpv/558.htm. Acesso em: 05 set. 2012. BRASIL. Ministério da Saúde. Gestão da atenção básica. Disponível em: http://dtr2004.saude.gov.br/dab/cgab/. Acesso em: 29 jul. 2019.

BRASIL. Portaria GM EM nº 935, 22 de julho de 1999. Dispõe sobre as atividades de transplante conjugado de rim e de pâncreas e do transplante isolado de pâncreas. *Diário Oficial da União*, Brasília, DF, 23 jul. 1999. Disponível em: http://dtr2001.saude.gov.br/sas/PORTARIAS/Port99/GM/GM-0935.html. Acesso em: 02 jul. 2008.

BRASIL. Portaria GM nº 263, de 31 de março de 1999. A utilização de tecidos, órgãos ou partes do corpo humano para fins científicos somente será permitida depois de esgotadas as possibilidades de sua utilização em transplantes. *Diário Oficial da União*, Brasília, DF, 05 abr. 1999. Disponível em: http://e-legis.anvisa.gov.br/leisref/public/showAct.php?id=1019&word=. Acesso em: 02 maio 2008.

BRASIL. Portaria GM nº 2.600, de 21 de outubro de 2009. Aprova o Regulamento Técnico do Sistema Nacional de Transplantes. *Diário Oficial da União, Brasília, DF*, 21 out. 2009. Disponível em: http://bvsms.saude.gov.br/bvs/saudelegis/gm/2009/prt2600_21_10_2009.html. Acesso em: 29 ago. 2019.

BRASIL. Portaria GM nº 3.916, de 30 de outubro de 1998a. Aprova a Política Nacional de Medicamentos, cuja íntegra consta do anexo desta Portaria. *Diário Oficial da União*, Brasília, DF, 10 nov. 1998. Disponível em: http://e-legis.anvisa.gov.br/leisref/public/showAct.php?id=751. Acesso em: 02 jul. 2019.

BRASIL. Portaria MS nº 116, de 28 de janeiro de 2016. Dispõe sobre o Programa Farmácia Popular do Brasil (PFPB). *Diário Oficial da União*, Brasília, DF, 28 janeiro de 2006. Disponível em: http://bvsms.saude.gov.br/bvs/saudelegis/gm/2016/prt0111_28_01_2016.html. Acesso em: 23 abr. 2019.

BRASIL. Portaria MS nº 931, de 2 de maio de 2006a. Aprova o Regulamento Técnico para Transplante de Células-Tronco Hematopoéticas. *Diário Oficial da União*, Brasília, DF, 03 maio 2006. Disponível em: http://www.sbhh.com.br/biblioteca/leis/Portaria931.pdf. Acesso em: 02 jul. 2019.

BRASIL. Portaria nº 204, de 29 de janeiro de 2008. Regulamenta o financiamento e a transferência dos recursos federais para as ações e os serviços de saúde, na forma de blocos de financiamento, com o respectivo monitoramento e controle. *Diário Oficial da União*, Brasília, DF, 29 de janeiro de 2008. Disponível em: http://bvsms.saude.gov.br/bvs/saudelegis/gm/2007/prt0204_29_01_2007_comp.html. Acesso em: 23 jul. 2019.

BRASIL. Portaria nº 344, de 12 de maio de 1988. Aprova o Regulamento Técnico sobre substâncias e medicamentos sujeitos a controle especial. Brasília, DF, 12 de maio de 1998. Disponível em: http://portal.anvisa.gov.br/documents/10181/2718376/%2816%29PRT_SVS_344_1998_CO MP.pdf/9c46ef47-1d8a-4ca8-b6bc-639bdbc9e7f8. Acesso em: 28 ago. 2019.

BRASIL. Portaria nº 1.160/GM de 29 de maio de 2006b. Modifica os critérios de distribuição de fígado de doadores cadáveres para transplante, implantando o critério de gravidade de estado clínico do paciente. *Diário Oficial da União*, Brasília, DF, n. 103, 31 maio 2006. Disponível em: http://dtr2001.saude.gov.br/sas/PORTARIAS/Port2006/GM/GM-1160re2.htm. Acesso em: 10 jul. 2019.

BRASIL. Portaria nº 1.544, de 30 de julho de 2013. Dispõe sobre as regras de financiamento e execução do Componente Especializado da Assistência Farmacêutica no âmbito do Sistema Único de Saúde (SUS). *Diário Oficial da União*, Brasília, DF, n. 103, 30 de julho de 2013. Disponível em: http://bvsms.saude.gov.br/bvs/saudelegis/gm/2013/prt1554_30_07_2013.html. Acesso em: 11 jun. 2019.

BRASIL. Portaria nº 1.555, de 30 de julho de 2013. Dispõe sobre as normas de financiamento e de execução do Componente Básico da Assistência Farmacêutica no âmbito do Sistema Único de Saúde (SUS). *Diário Oficial da União*, Brasília, DF, n. 103, 30 de julho de 2013. Disponível em: http://bvsms.saude.gov.br/bvs/saudelegis/gm/2013/prt1555_30_07_2013.html. Acesso em: 11 jul. 2019.

BRASIL. Superior Tribunal de Justiça. Agravo regimental em suspensão de tutela antecipada nº 59. Agravante: Ministério Público Federal. Agravado: União. Requerido: Tribunal Regional Federal da 4ª Região. Relator: Ministro Presidente Nilson Naves. Brasília, 28 fev. 2005c. Disponível em: http://www.stj.jus.br/webstj/Processo/justica/detalhe.asp?numreg=200302323823. Acesso em: 31 ago. 2008.

BRASIL. Superior Tribunal de Justiça. Agravo regimental na suspensão da segurança nº 1.467 – DF. Agravante: Natália Lira Vieira. Agravado: União. Relator: Ministro Edson Vidigal. Brasília, 16 fev. 2005b. Disponível em: http://www.stj.jus.br/SCON/jurisprudencia/doc.jsp?livre=1467&processo=1467&&b=ACOR&p=true&t=&l=10&i=2. Acesso em: 02 set. 2008.

BRASIL.. Superior Tribunal de Justiça. Agravo regimental no agravo em recurso especial nº 99.413 – MG. Agravante: União. Agravado: Vanessa Cristina Santana. Relator: Ministro Gurgel de Faria. Brasília, 25 nov. 2016. Disponível em: https://scon.stj.jus.br/SCON/jurisprudencia/toc.jsp?livre=RETINOSE+PIGMENTAR&b=ACOR&thesaurus=JURIDICO&p=true. Acesso: 28 ago. 2019.

BRASIL. Superior Tribunal de Justiça. Mandado de segurança nº 197/DF. Impetrante: Partido dos Trabalhadores. Impetrado: Ministro de Estado da Previdência Social. Relator: Ministro José de Jesus Filho. Brasília, 15 out. 1990d. Disponível em: http://www.stj.gov.br/webstj/processo/Justica/detalhe.asp?numreg=198900096311&pv=020000000000&tp=51. Acesso em: 01 out. 2008.

BRASIL. Superior Tribunal de Justiça. Recurso especial nº 338.373/PR. Recorrente: União. Recorrido: Sandro Sávio Petrucci Machado. Relatora: Ministra Eliana Calmon. Brasília, 10 set. 2002b. Disponível em: http://www.stj.gov.br/webstj/processo/Justica/detalhe.asp?numreg=200100973236&pv=010000000000&tp=51. Acesso em: 29 out. 2008.

BRASIL. Superior Tribunal de Justiça. Recurso especial nº 493.811 – SP. Recorrente: Ministério Público do Estado do Estado de São Paulo. Recorrido: Município de Santos. Relatora: Ministra Eliana Calmon. Brasília, 11 de novembro de 2003d. Disponível em: http://www.stj.gov.br/webstj/processo/Justica/detalhe.asp?numreg=200201696195&pv=010000000000&tp=51. Acesso em: 29 out. 2008.

BRASIL. Superior Tribunal de Justiça. Recurso especial nº 703.471 – RN. Recorrente: Município de Currais Novos. Recorrido: Ministério Público Federal. Relator: Ministro João Otávio de Noronha. Brasília, 13 mar. 2006c. Disponível em: http://www.stj.gov.br/webstj/processo/Justica/detalhe.asp?numreg=200401626243&pv=010000000000&tp=51. Acesso em: 13 out. 2008.

BRASIL. Superior Tribunal de Justiça. Recurso especial nº 1.069.810 – RS. Recorrente: Neida Terezinha Garlet Belle. Recorrido: Estado do Rio Grande do Sul. Relator: Ministro Napoleão Nunes Maia Filho. Brasília, 06 nov. 2011. Disponível em: https://scon.stj.jus.br/SCON/jurisprudencia/toc.jsp?livre=SEQUESTRO+VERBAS&repetitivos=REPETITIVOS&b=ACOR&thesaurus=JURIDICO&p=true. Acesso em: 26 ago. 2019.

BRASIL. Superior Tribunal de Justiça. Recurso especial nº 1.366.331 – RS. Recorrente: Ministério Público do Estado do Rio Grande do Sul. Recorrido: Município de São Jerônimo. Relator: Ministro Humberto Martins. Brasília, 16 dez. 2014. Disponível em: https://scon.stj.jus.br/SCON/jurisprudencia/toc.jsp?processo=1366331&b=ACOR&thesaurus=JURIDICO&p=true. Acesso em: 26 ago. 2019.

BRASIL. Superior Tribunal de Justiça. Recurso especial nº 1.657.156 – RJ. Recorrente: Estado do Rio de Janeiro. Recorrido. Fátima Theresa Esteves dos Santos de Oliveira. Relator: Ministro Benedito Gonçalves. Brasília, DF, 04 mai. 2018. Disponível em: https://scon.stj.jus.br/SCON/jurisprudencia/toc.jsp?repetitivos=REPETITIVOS&processo=1657156&b=ACOR&thesaurus=JURIDICO&p=true. Acesso em: 31 ago. 2019.

BRASIL. Superior Tribunal de Justiça. Recurso especial nº 1.734.315 – GO. Recorrente: Estado de Goiás. Recorrido: Ministério Público do Estado de Goiás. Relator: Ministro Herman Benjamin. Disponível em: https://ww2.stj.jus.br/processo/revista/inteiroteor/?num_registro=201800723603&dt_publicacao=23/11/2018. Acesso em: 26 ago. 2019.

BRASIL. Superior Tribunal de Justiça. Recurso ordinário em mandado de segurança nº 11.183/PR. Recorrente: Cármen Lúcia Fernandes Miguel. Recorrido: Estado do Paraná. Relator: Ministro José Delgado. Brasília, 04 set. 2000c. Disponível em: http://www.stj.gov.br/webstj/Processo/JurImagem/frame.asp?registro=199900838840&data=04/09/2000. Acesso em: 29 ago. 2008.

BRASIL. Supremo Tribunal Federal. Ação de descumprimento de preceito fundamental nº 45. Agravante: Partido Social da Democracia Brasileira – PSDB. Agravado: Presidente da República. Relator: Ministro Celso de Mello. Brasília, 29 abr. 2004c. Disponível em: http://www.stf.jus.br/portal/processo/verProcessoAndamento. asp?numero=45&classe=ADPF&origem=AP&recurso=0&tipoJulgamento=M. Acesso em: 28 out. 2008.

BRASIL. Supremo Tribunal Federal. Ação de descumprimento de preceito fundamental nº 54. Agravante: Confederação Nacional dos Trabalhadores da Saúde – CNTS. Agravado: Presidente da República. Relator: Ministro Marco Aurélio. Brasília, 12 abr. 2012. Disponível em: http://redir.stf.jus.br/paginadorpub/paginador.jsp?docTP=TP&docID=3707334. Acesso em: 08 jun. 2019.

BRASIL. Supremo Tribunal Federal. Ação Direta de Inconstitucionalidade nº 466/DF. Requerente: Partido Socialista Brasileiro. Requerido: Comissão de Constituição e Justiça e de Redação da Câmara dos Deputados. Relator: Ministro Celso de Mello. Brasília, 10 mai. 1991. Disponível em: http://www.stf.jus.br/portal/jurisprudencia/listarJurisprudencia. asp?s1=%28ADI+466%29&pagina=2&base=baseAcordaos&url=http://tinyurl.com/yytndbue. Acesso em: 26 jun. 2019.

BRASIL. Supremo Tribunal Federal. Ação direta de inconstitucionalidade nº 815. Requerente: Governador do Estado do Rio Grande do Sul. Requerido: Congresso Nacional. Relator: Ministro Moreira Alves. Brasília, 28 mar. 1996. Disponível em http://www.stf.jus.br/portal/jurisprudencia/listarJurisprudencia.asp. Acesso em: 23 jul. 2008.

BRASIL. Supremo Tribunal Federal. Ação Direta de Inconstitucionalidade nº 975-3/DF. Requerente: Conselho Federal da Ordem dos Advogados do Brasil. Requerido: Presidente da República. Relator: Ministro Carlos Veloso. Brasília, 09 dez. 1993b. Disponível em: http://www.stf.jus.br/portal/inteiroTeor/pesquisarInteiroTeor.asp#resultado. Acesso em: 03 nov. 2008.

BRASIL. Supremo Tribunal Federal. Ação Direta de Inconstitucionalidade nº 3.510-0/DF. Requerente: Procurador Geral da República. Requeridos: Presidente da República e Congresso Nacional. Relator: Ministro Carlos Britto. Brasília, 20 jun. 2008. Disponível em: http://www.stf.jus.br/arquivo/cms/noticiaNoticiaStf/anexo/adi3510relator.pdf. Acesso em: 20 fev. 2009.

BRASIL. Supremo Tribunal Federal. Ação Direta de Inconstitucionalidade nº 4717/DF. Requerente: Procurador Geral da República. Requerido: Presidente da República. Ministra Cármen Lúcia. Brasília, 15 fev. 2019. Disponível em: http://redir.stf.jus.br/paginadorpub/paginador.jsp?docTP=TP&docID=749158743. Acesso em: 26 mai. 2019.

BRASIL. Supremo Tribunal Federal. Agravo regimental em recurso extraordinário nº 271.286/RS. Agravante: Município de Porto Alegre. Agravado: Diná Rosa Vieira. Relator: Ministro Celso de Mello. Brasília, 12 set. 2000d. Disponível em: http://www.stf.jus.br/portal/inteiroTeor/pesquisarInteiroTeor.asp#resultado. Acesso em: 27 ago. 2008.

BRASIL. Supremo Tribunal Federal. Agravo regimental em suspensão de liminar nº 47. Agravante: Estado de Pernambuco. Agravado: União. Relator: Ministro Gilmar Mendes. Brasília, 17 mar. 2010b. Disponível em: http://www.stf.jus.br/portal/inteiroTeor/pesquisarInteiroTeor.asp#resultado. Acesso em: 19 fev. 2010.

BRASIL. Supremo Tribunal Federal. Agravo regimental em suspensão de tutela antecipada nº 2006.002444-8. Requerente: Estado de Alagoas. Requerido: Presidente do Tribunal de Justiça do Estado de Alagoas. Interessado: Ministério Público do Estado de Alagoas. Relatora: Ministra Presidente Ellen Gracie. Brasília, 26 fev. 2007b. Disponível em: http://www.stf.jus.br/portal/jurisprudencia/listarJurisprudencia.asp?s1=2006.002444-8%20 E%20S.PRES.&base=basePresidencia. Acesso em: 01 out. 2008.

BRASIL. Supremo Tribunal Federal. Agravo regimental em suspensão de tutela antecipada nº 334. Agravante: União. Agravado: Ministério Público Federal. Relator: Ministro Cezar Peluso (Presidente). Brasília, 24 jun. 2010c. Disponível em: http://redir.stf.jus.br/paginador/paginador.jsp?docTP=AC&docID=613300. Acesso em: 12 fev. 2011.

BRASIL. Supremo Tribunal Federal. Agravo regimental em suspensão de tutela antecipada nº 761. Agravante: Município de São Paulo. Agravado: Rafael Fabrício Viscardi Kawasacki. Relator: Ministro Presidente Ricardo Lewandowski. Brasília, 07 mai. 2015. Disponível em: http://www.stf.jus.br/portal/jurisprudencia/listarJurisprudencia.asp?s1=%28DOEN%C7A+RARA%29&base=baseAcordaos&url=http://tinyurl.com/y8my6a6a. Acesso em: 26 jun. 2019.

BRASIL. Supremo Tribunal Federal. Agravo regimental na suspensão de liminar nº 558/DF. Agravante: União. Agravados: Martin Souto Jentzsch e outros. Relator: Ministra Cármen Lúcia. Brasília, 25 ago. 2017. Disponível em: http://portal.stf.jus.br/processos/detalhe.asp?incidente=4185736. Acesso em: 26 ago. 2019.

BRASIL. Supremo Tribunal Federal. Agravo regimental no recurso extraordinário com agravo nº 685.230. Agravante: Estado do Mato Grosso do Sul. Agravado: Handel Correa de Campos. Relator: Ministro Celso de Mello. Brasília, 25 mar. 2013. Disponível em: http://www.stf.jus.br/portal/jurisprudencia/listarJurisprudencia.asp?s1=%28 PROMESSA+CONSTITUCIONAL+INCONSEQUENTE%29&base=baseAcordaos&url=http://tinyurl.com/y2qnjvs4. Acesso em: 26 ago. 2019.

BRASIL. Supremo Tribunal Federal. Agravo regimental no recurso extraordinário com agravo nº 745.745. Agravante: Município de Belo Horizonte. Agravado: Ministério Público do Estado de Minas Gerais. Relator: Ministro Celso de Mello. Brasília, 19 dez. 2014. Disponível em: http://www.stf.jus.br/portal/jurisprudencia/listarJurisprudencia.asp?s1=%28MINIMO+EXISTENCIAL+SAUDE%29&base=baseAcordaos&url=http://tinyurl.com/y6qg9nub. Acesso em: 26 ago. 2019.

BRASIL. Supremo Tribunal Federal. Agravo regimental no recurso extraordinário com agravo nº 968.012. Agravante: Marcelo Pedrazzoli Júnior. Agravado: Estado de São Paulo. Relator: Ministro Ricardo Lewandowski. Brasília, 08 mar. 2017. Disponível em: http://www.stf.jus.br/portal/jurisprudencia/listarJurisprudencia.asp?s1=%28HIPOSSUFICIENCIA+SA%DADE%29&base=baseAcordaos&url=Error. Acesso em: 29 jun. 2019.

BRASIL. Supremo Tribunal Federal. Agravo regimental no recurso extraordinário nº 1.165.054/RN. Agravo: Município de Natal. Agravado: Ministério Público do Estado do Rio Grande do Norte. Relator: Celso de Mello. Brasília, 27 jun. 2019. Disponível em: http://www.stf.jus.br/portal/jurisprudencia/listarJurisprudencia.asp?s1=%28SEPARA%C7% C3O+PODERES+POLITICAS+PUBLICAS%29&base=baseAcordaos&url=http://tinyurl.com/y2w3s9xr. Acesso em: 26 jun. 2019.

BRASIL. Supremo Tribunal Federal. *Habeas corpus* nº 124.306/RJ. Relator: Ministro Marco Aurélio. Relator para acórdão: Ministro Luís Roberto Barroso. Brasília, 08 mar. 2017. Disponível em: http://www.stf.jus.br/portal/jurisprudencia/listarJurisprudencia. asp?s1=%28HC+124306%29&base=baseAcordaos&url=http://tinyurl.com/y3gaklfk. Acesso em: 26 jun. 2019.

BRASIL. Supremo Tribunal Federal. Pedido de suspensão da tutela antecipada 278-6. Requerente: Estado de Alagoas. Requerido: Maria de Lourdes da Silva. Relator: Ministro Gilmar Ferreira Mendes. Brasília, 22 out. 2008f. Disponível em: www.conjur.com.br/pdf/suspensao_tutela_antecipada_mabthera.pdf. Acesso em: 11 nov. 2008.

BRASIL. Supremo Tribunal Federal. Recurso extraordinário nº 150.764/PE. Recorrente: União Federal. Recorrida: Empresa Distribuidora Vivacqua de Bebidas Ltda. Relator: Ministro Marco Aurélio. Brasília, 16 dez. 1992c. Disponível em: http://www.stf.jus.br/portal/jurisprudencia/listarJurisprudencia.asp?s1=(150764.NUME.%20OU%20150764. ACMS.)&base=baseAcordaos. Acesso em: 25 jul. 2008.

BRASIL. Supremo Tribunal Federal. Recurso extraordinário nº 181.438-1/SP. Recorrente: Sindicato da Indústria de Artigos e Equipamento Odontológicos, Médico e Hospitalares do Estado de São Paulo. Recorrida: União Federal. Relator: Ministro Carlos Velloso. Brasília, 04 nov. 2004f. Disponível em: http://www.stf.jus.br/portal/jurisprudencia/listarJurisprudencia. asp?s1=(195192.NUME.%20OU%20195192.ACMS.)&base=baseAcordaos. Acesso em: 22 ago. 2008.

BRASIL. Supremo Tribunal Federal. Recurso extraordinário nº 207.732-MS. Recorrente: Estado do Mato Grosso do Sul. Recorrido: Marcos Augusto Viel. Relatora: Ministra Ellen Gracie. Brasília, 11 jun. 2002c. Disponível em: http://www.stf.jus.br/portal/inteiroTeor/pesquisarInteiroTeor.asp#resultado. Acesso em: 31 jul. 2008.

BRASIL. Supremo Tribunal Federal. Recurso extraordinário nº 223.151-9. Recorrente: Associação Nacional dos Fiscais de Contribuição Previdenciária – ANFIP. Recorrido: Instituto Nacional do Seguro Social _ INSS. Relator: Ministro Moreira Alves. Brasília, 06 ago. 1999b. Disponível em: http://www.stf.jus.br/portal/inteiroTeor/pesquisarInteiroTeor. asp#resultado. Acesso em: 13 out. 2008.

BRASIL. Supremo Tribunal Federal. Repercussão Geral no Recurso extraordinário nº 566.471/RS. Recorrente: Estado do Rio Grande do Norte. Recorrido: Carmelita Anunciada de Souza. Relator: Ministro Marco Aurélio. Brasília, 07 dez. 2007. Disponível em: http://www.stf.jus.br/portal/jurisprudencia/listarJurisprudencia.asp?s1=%28566471%2 ENUME%2E+OU+566471%2EPRCR%2E%29&base=baseRepercussao&url=http://tinyurl. com/hockxbn. Acesso em: 01 jun. 2019.

BRASIL. Supremo Tribunal Federal. Repercussão Geral no Recurso extraordinário nº 657.718/MG. Recorrente: Alcirene de Oliveira. Recorrido: Estado de Minas Gerais. Relator: Ministro Marco Aurélio. Brasília, 11 mai. 2012. Disponível em: http://www.stf. jus.br/portal/jurisprudencia/listarJurisprudencia.asp?s1=%28657718%2ENUME%2E+ OU+657718%2EPRCR%2E%29&base=baseRepercussao&url=http://tinyurl.com/y24ecn99. Acesso em: 01 jun. 2019.

BRASIL. Supremo Tribunal Federal. Repercussão Geral no Recurso Extraordinário nº 855.178/SE. Recorrente: União. Recorrido: Maria Augusta da Cruz Santos. Relator: Ministro Luiz Fux. Brasília, 16 mar. 2015. Disponível em: http://stf.jus.br/portal/jurisprudencia/ listarJurisprudencia.asp?s1=%28RESPONSABILIDADE+SOLIDARIA+SAUDE%29&base=baseRepercussao&url=http://tinyurl.com/yyztepa4. Acesso em: 30 ago. 2019.

BRASIL. Supremo Tribunal Federal. Suspensão de liminar em agravo regimental nº 558. Requerente: União. Requerido: Tribunal Regional Federal da 1ª Região e Tribunal Regional da 4ª Região. Relator: Ministra Cármen Lúcia. Brasília, 25 ago. 2017. Disponível em: http://portal.stf.jus.br/processos/downloadPeca.asp?id=312528270&ext=.pdf. Acesso em: 30 ago. 2019.

BRASIL. Supremo Tribunal Federal. Súmula 266. Brasília, 13 dez. 1963a. Disponível em: http://www.stf.jus.br/portal/jurisprudencia/listarJurisprudencia.asp?s1=266.NUME.%20 NAO%20S.FLSV.&base=baseSumulas. Acesso em: 05 out. 2008.

BRASIL. Supremo Tribunal Federal. Súmula 267. Brasília, 13 dez. 1963b. Disponível em http://www.stf.jus.br/portal/jurisprudencia/listarJurisprudencia.asp?s1=267.NUME.%20 NAO%20S.FLSV.&base=baseSumulas. Acesso em: 05 out. 2008.

BRASIL. Supremo Tribunal Federal. Súmula 405. Brasília, 01 jun. 1964b. Disponível em: http://www.stf.jus.br/portal/jurisprudencia/listarJurisprudencia.asp?s1=267.NUME.%20 NAO%20S.FLSV.&base=baseSumulas. Acesso em: 05 out. 2008.

BRASIL. Supremo Tribunal Federal. Súmula 429. Brasília, 01 jun. 1964. Disponível em http://www.stf.jus.br/portal/jurisprudencia/listarJurisprudencia.asp?s1=429.NUME.%20 NAO%20S.FLSV.&base=baseSumulas. Acesso em: 05 out. 2008.

BRASIL. Supremo Tribunal Federal. Súmula 632. Brasília, 24 set. 2003e. Disponível em: http://www.stf.jus.br/portal/jurisprudencia/listarJurisprudencia.asp?s1=429.NUME.%20 NAO%20S.FLSV.&base=baseSumulas. Acesso em: 05 out. 2008.

BRASIL. Supremo Tribunal Federal. Súmula vinculante 11. Brasília, 22 ago. 2008g. Disponível em: http://www.stf.jus.br/arquivo/cms/jurisprudenciaSumulaVinculante/ anexo/SumulasVinculantes_1_a_14.pdf. Acesso em: 16 fev. 2009.

BRASIL. Supremo Tribunal Federal. Suspensão de tutela antecipada nº 175. Requerente: Requerido: Relator: Ministro Gilmar Mendes. Brasília, 17 mar. 2010d. Disponível em: http://redir.stf.jus.br/paginador/paginador.jsp?docTP=AC&docID=610255. Acesso em: 11 fev. 2011.

BRASIL. Supremo Tribunal Federal. Suspensão de Tutela Antecipada nº 316. Requerente: União. Requerido: Tribunal Regional Federal da 4ª Região. Ministro Presidente Gilmar Mendes. Brasília, 16 abr. 2010e. Acesso em: 14 fev. 2011.

BRASIL. Suspensão de tutela antecipada nº 818. Requerente: União. Requerido: Tribunal Regional Federal da 1ª Região. Ministro Presidente Ricardo Lewandowski. Brasília, 02 ago. 2016. Disponível em: http://www.stf.jus.br/portal/jurisprudencia/listarJurisprudencia. asp?s1=%28%28STA+818%29%29+E+S%2EPRES%2E&base=basePresidencia&url=http:// tinyurl.com/y5mclz9e. Acesso em: 09 set. 2019.

BUCCI, Maria Paula Dallari. *Direito administrativo e políticas públicas*. São Paulo: Saraiva, 2002.

BUSTAMANTE, Thomas da Rosa de. *Argumentação contra legem*: a teoria do discurso e a justificação jurídica nos casos mais difíceis. Rio de Janeiro: Renovar, 2005.

BUSTAMANTE, Thomas da Rosa de. *Teoria do direito e decisão racional*: temas da teoria da argumentação jurídica. Rio de Janeiro: Renovar, 2008.

CALIXTO, Marcelo Junqueira. *A culpa na responsabilidade civil*: estrutura e função. Rio de Janeiro: Renovar, 2008.

CANOTILHO, José Joaquim Gomes. *Direito constitucional e teoria da Constituição*. 6. ed. Coimbra: Almedina, 2002.

CANOTILHO, José Joaquim Gomes. O direito constitucional como ciência de direcção: o núcleo essencial de prestações sociais ou a localização incerta da socialidade (Contributo para a reabilitação da força normativa da "constituição social"). *Revista de Doutrina da 4ª Região*, Porto Alegre, n. 22, fev. 2008. Disponível em: http://www.revistadoutrina.trf4.jus.br/artigos/edicao022/Jose_Canotilho.htm. Acesso em: 26 jun. 2019.

CAPPELLETTI, Mauro. *Juízes legisladores?*. Porto Alegre: Sergio Antonio Fabris, 1999.

CARVALHO FILHO, José dos Santos. *Manual de direito administrativo*. 28. ed. São Paulo: Atlas, 2015.

CASAGRANDE, Cássio. *Ministério Público e a judicialização da política*: estudo de casos. Porto Alegre: Sergio Antonio Fabris, 2008.

CASTRO JÚNIOR, Osvaldo Agripino. *A democratização do Poder Judiciário*. Porto Alegre: Sergio Antonio Fabris, 1998.

CASTRO, Guilherme Couto. *Responsabilidade civil objetiva no direito brasileiro*. Rio de Janeiro: Forense, 2000.

CASTRO, Henrique Hoffmann Monteiro de. Do direito público subjetivo à saúde: conceituação, previsão legal e aplicação na demanda de medicamentos em face do Estado-membro. *Jus Navigandi*, Teresina, ano 9, n. 698, 3 jun. 2005. Disponível em: http://jus2.uol.com.br/doutrina/texto.asp?id=6783. Acesso em: 28 out. 2008.

CAVALIERI FILHO, Sérgio. *Programa de responsabilidade civil*. 12. ed. São Paulo: Atlas, 2015.

CHAVES, Antônio. *O direito à vida e ao próprio corpo*: intersexualidade, transexualidade, transplantes. 2. ed. São Paulo: Revista dos Tribunais, 1994.

CINTRA, Antonio Carlos de Araújo; DINAMARCO, Cândido Rangel; GRINOVER, Ada Pellegrini. *Teoria geral do processo*. 24. ed. São Paulo: Malheiros, 2008.

CONSELHO FEDERAL DE MEDICINA. Desigualdade marca a distribuição geográfica dos médicos pelo País. 2018. Disponível em: http://www.portal.cfm.org.br/index.php?option=com_content&view=article&id=27501:2018-03-19-19-20-28&catid=3. Acesso em: 02 jun. 2019.

CONSELHO FEDERAL DE MEDICINA. Resolução nº 1.931, de 17 de setembro de 2009 – Código de Ética Médica. Brasília, 2010. Disponível em: https://portal.cfm.org.br/images/stories/biblioteca/codigo%20de%20etica%20medica.pdf. Acesso em: 09 set. 2019.

DALLARI, Sueli Gandolfi. A bioética e a saúde pública. *Revista Iniciação à Bioética*. Conselho Federal de Medicina, p. 205-216, 1998.

DALLARI, Sueli Gandolfi. A construção do direito à saúde no Brasil. *Revista de Direito Sanitário*, São Paulo, v. 9, n. 3, p. 9-34, 1 nov. 2008. Universidade de São Paulo Sistema Integrado de Bibliotecas ® SIBiUSP. http://dx.doi.org/10.11606/issn.2316-9044.v9i3p9-34. Disponível em: http://www.revistas.usp.br/rdisan/article/view/13128. Acesso em: 17 dez. 2018.

DALLARI, Sueli Gandolfi. Direito sanitário: fundamentos, teoria e efetivação. *In*: AITH, Fernando *et al* (Org.). *Direito sanitário*: saúde e direito, um diálogo possível. Belo Horizonte: Escola de Saúde Pública do Estado de Minas Gerais, 2010. Cap. 3. p. 43-72.

DALLARI, Sueli Gandolfi. Fornecimento do medicamento pós-estudo em caso de doenças raras: conflito ético. *Revista Bioética*, [S.l.], v. 23, n. 2, p. 256-266, ago. 2015. FapUNIFESP (SciELO). http://dx.doi.org/10.1590/1983-80422015232064. Disponível em: http://www.scielo.br/scielo.php?script=sci_arttext&pid=S1983- 80422015000200256&lng=pt&tlng=pt. Acesso em: 14 fev. 2019.

DAVI, Kaline Ferreira. *A dimensão política da Administração Pública*: neoconstitucionalismo, democracia e procedimentalização. Porto Alegre: Sergio Antonio Fabris, 2008.

D'ÁVILA, Luciana Souza; SALIBA, Graciane Rafisa. A efetivação do direito à saúde e sua interface com a justiça social. *Revista de Direito Sanitário*, v. 17, n. 3, p. 15-38, 9 mar. 2017. Disponível em: http://www.revistas.usp.br/rdisan/article/view/127772. Acesso em: 22 jan. 2019.

DECLARAÇÃO UNIVERSAL DOS DIREITOS HUMANOS, 1789.

DI PIETRO, Maria Sylvia Zanella. *Direito administrativo*. 31. ed. São Paulo: GEN, 2018.

DIAS, Jean Carlos. *O controle judicial de políticas públicas*. São Paulo: Método, 2007. (Coleção Professor Gilmar Mendes).

DIAS, José de Aguiar. *Da responsabilidade civil*. Atualizada por Rui Berford Dias. Rio de Janeiro: Renovar, 2006.

DIAS, Maria Tereza Fonseca. Controle jurisdicional de políticas públicas na jurisprudência do Tribunal de Justiça de Minas Gerais. *Revista do Tribunal de Contas de Minas Gerais*, Belo Horizonte, n. 01, 2008. Disponível em: http://200.198.41.151:8081/tribunal_contas/2008/01/-sumario?next=4. Acesso em: 02 fev. 2009.

DIDIER JR., Fredie; BRAGA, Paula Sarno; OLIVEIRA, Rafael Alexandria de. *Curso de direito processual civil*: teoria da prova, direito probatório, ações probatórias, decisão, precedente, coisa julgada e antecipação dos efeitos da tutela. V. 2. 10. ed. Salvador: Juspodivm, 2015.

DUARTE, Luciana Gaspar Melquíades. Outros fundamentos para a revisão do princípio da supremacia do interesse público sobre o privado. *Revista Eletrônica da Faculdade Metodista Granbery*, Juiz de Fora, n. 01, p. 01-27, 2006. Disponível em: http://re.granbery.edu.br/index.php?centro=resultado&lado=lado_home. Acesso em: 17 fev. 2009.

DUARTE, Luciana Gaspar Melquíades. A eficácia do direito social à saúde. *Revista Ética e Filosofia Política*, n. 16, v. 1, jun. 2013. Disponível em: http://www.ufjf.br/eticaefilosofia/files/2009/08/16_1_melquiades.pdf. Acesso em: 13 set. 2019.

DUARTE, Luciana Gaspar Melquíades. Revisitando o regime jurídico de Direito Público. In: DUARTE, Luciana Gaspar Melquíades. *Inovações no direito administrativo*: uma revisão dos alicerces teóricos do Direito Administrativo após os impactos do Pós-Positivismo Jurídico. Juiz de Fora: Editora UFJF, 2016. Cap. 1. p. 21-46.

DUARTE, Luciana Gaspar Melquíades. CALEGARI, Priscila de Oliveira. MARTINS, Mariana Colucci Goulart Martins. O direito administrativo sob a égide do pós positivismo. *Revista do Direito Público*, Londrina, v. 12, n. 2, p. 183-215, ago. 2017. DOI: 10.5433/1980-511X.2017v12n2p183.

DUARTE, Luciana Gaspar Melquíades; CARVALHO, Ecaroline Pessoa de. Análise do impacto das decisões dos tribunais superiores nas decisões do STF após a audiência pública da saúde de 2009. *Revista da Faculdade de Direito UFPR*, Curitiba, PR, Brasil, v. 58, dez. 2013.

ISSN 2236-7284. Disponível em: https://revistas.ufpr.br/direito/article/view/34866/21634. Acesso em: 12 set. 2019. doi:http://dx.doi.org/10.5380/rfdufpr.v58i0.34866.

DUARTE. Luciana Gaspar Melquíades; GALVÃO, Ciro di Benatti. *A lei do processo administrativo federal no contexto do Estado Democrático de Direito*. Curitiba: CRV, 2017a.

DUARTE. Luciana Gaspar Melquíades; GALVÃO, Ciro di Benatti. Direitos fundamentais, dominação estatal e democracia. *Revista Direitos Fundamentais & Democracia*. v. 22 n 3 (2017b). DOI: https://doi.org/10.25192/issn.1982-0496.rdfd.v22i31078

DUARTE, Luciana Gaspar Melquíades; GALIL, Gabriel Coutinho. Inovações pós-positivistas nos paradigmas do Direito Administrativo brasileiro. *Revista eletrônica do Curso de Direito da Universidade Federal de Santa Maria*. v. 12, n. 2 (2017). Disponível em https://periodicos.ufsm.br/revistadireito/article/view/23531/pdf. Acesso em 12 set 2019.

DUARTE, Luciana Gaspar Melquíades; IBRAHIM JÚNIOR, Márcio Antônio Deotti. Serviços públicos e direitos fundamentais. In: DUARTE, Luciana Gaspar Melquíades. *Inovações no direito administrativo*: uma revisão dos alicerces teóricos do direito administrativo após os impactos do pós-positivismo jurídico. Juiz de Fora: Editora UFJF, 2016.

DUARTE, Luciana Gaspar Melquíades; MAGALHÃES, Felipe Rocha. Ethical criteria for a scarce resource allocation in public health. *Fórum Administrativo [recurso eletrônico]: Direito Público*. Belo Horizonte, v. 18, n. 212, out. 2018.

DURÁN, Paulo Renato Flores; GERSCHMAN, Silvia. Desafios da participação social nos conselhos de saúde. *Saúde e Sociedade*, [S.l.], v. 23, n. 3, p. 884-896, set. 2014. FapUNIFESP (SciELO). http://dx.doi.org/10.1590/s0104-12902014000300012. Disponível em: http://www.scielo.br/pdf/sausoc/v23n3/0104-1290-sausoc-23-3-0884.pdf. Acesso em: 08 jun. 2019.

DWORKIN, Ronald. *A virtude soberana*: a teoria e a prática da igualdade. Tradução de Jussara Simões. São Paulo: Martins Fontes, 2005.

DWORKIN, Ronald. *Levando os direitos a sério*. São Paulo: Martins Fontes, 2002.

DWORKIN, Ronald. *O império do direito*. São Paulo: Martins Fontes, 2003.

ELSTER, Jon. *Local Justice*. New York: Russel Sage Foundation, 1992.

FAGUNDES, Seabra. *O controle dos atos administrativos pelo Poder Judiciário*. 5. ed. Rio de Janeiro: Forense, 1979.

FERRAZ, Sergio. *Manipulações biológicas e princípios constitucionais*: uma introdução. Porto Alegre: Sergio Antonio Fabris, 1991.

FIGUEIREDO, Mariana Filchtiner. Algumas notas sobre a eficácia e a efetividade do direito fundamental à saúde no contexto constitucional brasileiro. *Boletim do Instituto de Saúde*, v. 12, p. 220-226, 2010.

FIGUEIREDO, Mariana Filchtiner. O direito à saúde em perspectiva: o uso compassivo de tratamentos experimentais. Publicações da Escola da AGU: Direito, Gestão e Democracia, Brasília, v. 2, n. 35, p. 163-186, 2014. Disponível em: https://seer.agu.gov.br/index.php/EAGU/article/view/1258. Acesso em: 05 jul. 2019

FIGUEROA, García. *Princípios y positivismo jurídico*: el positivismo principialista en las teorías de Ronald Dworkin y Robert Aexy. Madrid: Centro de Estudios Políticos y Constitucionales, 1998.

FONTE, Felipe de Melo. *Políticas públicas e direitos fundamentais*: elementos de fundamentação do controle jurisdicional de políticas públicas no Estado Democrático de Direito. 2. ed. São Paulo: Saraiva, 2015.

FREITAS, Juarez. *O controle dos atos administrativos e os princípios fundamentais*. 8. ed. São Paulo: Malheiros, 2004.

GABARDO, Emerson. *Eficiência e legitimidade do Estado*. Barueri: Manole, 2003.

GADAMER, Hans-Georg. *Verdade e método II*. 2. ed. Petrópolis: Vozes, 2004.

GALDINO, Flávio. *Introdução à teoria dos custos dos direitos*: direitos não nascem em árvores. Rio de Janeiro: Lumen Juris, 2005.

GALVÃO, Ciro di Benatti; MELQUÍADES DUARTE, Luciana Gaspar. Direitos fundamentais, dominação estatal e democracia SUBSTANTIVA. *Revista Direitos Fundamentais & Democracia*, [S.l.], v. 22, n. 3, p. 109-129, 8 dez. 2017. Centro Universitário Autônomo do Brasil. http://dx.doi.org/10.25192/issn.1982-0496.rdfd.v22i31078. Disponível em: http://revistaeletronicardfd.unibrasil.com.br/index.php/rdfd/article/view/1078. Acesso em: 03 set. 2019.

GANTHALER, Heinrich. *O direito a vida na medicina*: uma investigação moral e filosófica. Tradução de Elisete Antoniuk. Porto Alegre: Sergio Antonio Fabris, 2006.

GARCÍA DE ENTERRIA, Eduardo; FERNÁNDEZ, Tomás-Ramón. *Curso de derecho administrativo II*. 9. ed. Madrid: Civitas, 2004.

GARCIA, Célio. *Psicologia jurídica*: operadores do simbólico. Belo Horizonte: Del Rey, 2004.

GASPARINI, Diógenes. *Direito administrativo*. 17. ed. São Paulo: Saraiva, 2012.

GLOECKNER, Ricardo Jacobsen; SCHWARTZ, Germano. *A tutela antecipada no direito à saúde*: a aplicabilidade da teoria sistêmica: (de acordo com a Lei 10.444/02). Porto Alegre: Sergio Antonio Fabris, 2003.

GONÇALVES, Carlos Roberto. *Responsabilidade civil*. 8. ed. São Paulo: Saraiva, 2003.

GORDILLO, Augustin. *Princípios gerais de direito público*. Tradução de Marco Aurélio Greco. São Paulo: Revista dos Tribunais, 1977.

GRAU, Eros Roberto. Despesa pública: conflito entre princípios e eficácia das regras jurídicas: o princípio da sujeição da administração às decisões do poder judiciário e o princípio da legalidade da despesa pública. *Revista Trimestral de Direito Público*, São Paulo, n. 2, p. 130-148, 1993.

GRAU, Eros Roberto. *O direito posto e o direito pressuposto*. 4. ed. São Paulo: Malheiros, 2002.

GÜNTHER, Klaus. *Teoria da argumentação no direito e na moral*: justificação e aplicação. Tradução de Cláudio Molz. São Paulo: Landy, 2004.

HABERMAS, Jurgen. *Direito e democracia entre facticidade e validade*. Rio de Janeiro: Tempo Brasileiro, 2003a. v. 1.

HABERMAS, Jurgen. *Direito e democracia entre facticidade e validade*. Rio de Janeiro: Tempo Brasileiro, 2003b. v. 2.

HACHEM, Daniel Wunder. Mínimo existencial y derechos económicos y sociales: distinciones y puntos de contacto a la luz de la doctrina y jurisprudencia brasilenãs. *Revista Europea de Derechos Fundamentales*, S.l., v. 25, p. 129-170, jan./jun. 2015.

HÄRBELE, Peter. *Hermenêutica constitucional*: a sociedade aberta dos intérpretes da Constituição: contribuição para a interpretação pluralista e "procedimental" da Constituição. Tradução de Gilmar Ferreira Mendes. Porto Alegre: Sergio Antonio Fabris, 1997.

HESSE, Konrad. *A força normativa da Constituição*. Tradução de Gilmar Ferreira Mendes. Porto Alegre: Sergio Antonio Fabris, 1991.

HESSE, Konrad. *Elementos de direito constitucional da República Federal da Alemanha*. Tradução de Luiz Afonso Heck. Porto Alegre: Sergio Antonio Fabris, 1998.

HESSE, Konrad. Significado de los derechos fundamentales. *In*: ERNST BENDA, Antonio López Pina *et al*. *Manual de derecho Constitucional*. Traduzido por Antonio Lopez Pina. Madrid: Marcial Pons, 1994.

HOLMES, Stephen; SUNSTEIN, Cass. *The Cost of Rights*: why Liberty Depends on Taxes. New York, London: W.W. Norton & Company, 1999.

HOUAISS, Koogan. *Enciclopédia e dicionário ilustrado*. Rio de Janeiro: Delta, 1997.

HUYARD, Caroline. How did uncommon disorders become 'rare diseases'? History of a boundary object. *Sociology Of Health & Illness*, [S.l.], v. 31, n. 4, p. 463-477, maio 2009. Wiley. http://dx.doi.org/10.1111/j.1467-9566.2008.01143.x. Disponível em: https://www.ncbi.nlm.nih.gov/pubmed/19397760. Acesso em: 27 mar. 2019.

JUSTEN FILHO, Marçal. *Curso de direito administrativo*. 12. ed. São Paulo: Revista dos Tribunais, 2016.

KELLER, Arno Arnoldo. *A exigibilidade dos direitos fundamentais sociais no Estado democrático de direito*. Porto Alegre: Sergio Antonio Fabris, 2007.

KELSEN, Hans. *O problema da justiça em Kelsen*. São Paulo: Martins Fontes, 2003a.

KELSEN, Hans. *Teoria pura do direito*. São Paulo: Martins Fontes, 2003b.

KILNER, John. F. *Who lives? Who dies?*: Ethical Criteria in Patient Selection. Yale: Yale University Press, 1990.

KLATT, Matthias; MEISTER, Moritz; COSTA NETO, João. A Máxima da Proporcionalidade: um elemento estrutural do constitucionalismo global. *Observatório da Jurisdição Constitucional*, [S.l.], v. 7, p. 23-41, 2014. Instituto Brasiliense de Direito Publico. http://dx.doi.org/10.11117/1982-4564.07.02. Disponível em: https://www.portaldeperiodicos.idp.edu.br/observatorio/article/view/960/650. Acesso em: 20 jun. 2019.

KOCH, H.-J. Die Begründung von Grundrechtsinterpretationen. *EuGRZ*, fasc. 11-12, 1986.

KRELL, Andréas J. *Direitos sociais e controle judicial no Brasil de na Alemanha*: os (des)caminhos de um direito constitucional "comparado". Porto Alegre: Sergio Antonio Fabris, 2002.

LAMOUNIER, Gabriela Maciel; MAGALHÃES, José Luiz Quadros de. *A internacionalização dos direitos humanos*. Disponível em: http://www.jurisway.org.br/v2/dhall.asp?id_dh=572. Acesso em: 28 out. 2008.

LASSALE, Ferdinand. *A essência da Constituição*. 6. ed. Rio de Janeiro: Lumen Juris, 2001.

LEIVAS, Paulo Gilberto Cogo. Princípios de direito e de justiça na distribuição de recursos escassos. *Revista Bioética*, n. 14, p. 9-15, 2006.

LEIVAS, Paulo Gilberto Cogo. *Teoria dos direitos fundamentais sociais*. Porto Alegre: Livraria do Advogado, 2006.

LIMA, George Marmelstein. *A hierarquia entre princípios e a colisão de normas constitucionais*. Disponível em: http://www.mundojuridico.adv.br. Acesso em: 31 jul. 2008.

LOCKE, John. *Ensaio acerca do entendimento humano*. Tradução de Anoar Aiex. São Paulo: Nova Cultural, 2000.

LOCKE, John. *Segundo tratado sobre o governo*. Tradução de Alex Marins. 2. ed. São Paulo: Martin Claret, 2006.

LONGO, Adão. *O direito de ser humano*. Rio de Janeiro: Forense Universitária, 2004.

LOPES, José Reinaldo de Lima. *Direitos sociais*: teoria e prática. São Paulo: Método, 2006.

MAGALHÃES, José Luiz Quadros de. *Direito constitucional*. 2. ed. Belo Horizonte: Mandamentos, 2002. t. I.

MAGALHÃES, Matheus; BEGHIN, Nathalie; DAVID, Grazielle. *Brasil*: recursos federais destinados à assistência farmacêutica em tempos de austeridade. Brasília: Inesc, 2018. Disponível em: https://www.inesc.org.br/wp-content/uploads/2019/03/inesc_medicamentos_portugues_v02_DB.pdf?x25436. Acesso em: 06 jun. 2019.

MANCUSO, Rodolfo de Camargo. *Interesses difusos*: conceito e legitimação para agir. 6. ed. São Paulo: Revista dos Tribunais, 2004.

MAQUIAVEL. *O Príncipe*: comentado por Napoleão Bonaparte. Tradução de Pietro Nassetti. São Paulo: Martin Claret, 2005.

MARINONI, Luiz Guilherme; ARENHART, Sérgio Cruz; MITIDIERO, Daniel. *Novo curso de processo civil*: tutela dos direitos mediante procedimento comum. 2. ed. São Paulo: Revista dos Tribunais, 2016. v. 2.

MARTINS, Ives Gandra da Silva *et al*. *Vida*: o primeiro direito da cidadania: a Ciência e a vida dos embriões humanos; a interrupção da gravidez; a situação dos fetos anencéfalos e as implicações médicas e psicológicas da mãe; as células-tronco e a sua utilidade na medicina. Goiânia: Bandeirante, 2005.

MEDAUAR, Odete. *Direito administrativo moderno*. 21. ed. Belo Horizonte: Fórum, 2018.

MEIRELLES, Hely Lopes. *Direito administrativo brasileiro*. 42. ed. São Paulo: Malheiros, 2016.

MEIRELLES, Hely Lopes. *Mandado de segurança*: ação popular, ação civil pública, mandado de injunção, *habeas data*. 21. ed. São Paulo: Malheiros, 2000.

MENDES, Gilmar Ferreira. Os limites dos limites. *In*: BRANCO, Paulo Gustavo Gonet; COELHO, Inocêncio Mártires; MENDES, Gilmar Ferreira. *Hermenêutica constitucional e direitos fundamentais*. Brasília: Brasília Jurídica, 2002.

MINAS GERAIS. Tribunal de Justiça de Minas Gerais. Agravo de instrumento nº 1.0000.19.023336-1/001. Agravante: Estado de Minas Gerais. Agravado: Noeme de Jesus Neres. Relator: Desembargador Peixoto Henriques. Belo Horizonte, 12 ago. 2019. Disponível em: https://www5.tjmg.jus.br/jurisprudencia/pesquisaPalavrasEspelhoAcordao.do?&numeroRegistro=3&totalLinhas=396&pagina

Numero=3&linhasPorPagina=1&palavras=irreversibilidade%20ente%20p%FAblico&pesquisarPor=ementa&pesquisaTesauro=true&orderByData=1&pesquisaPalavras=Pesquisar&. Acesso em: 28 ago. 2019.

MINAS GERAIS. Tribunal de Justiça de Minas Gerais. Apelação cível/remessa necessária nº 1.0414.18.000.141-7/001. Apelante: Município de Comercinho. Apelado: Eliete Campanha dos Santos representada por Inael Campanha Santos. Autoridade coatora: Secretário municipal de saúde de Comercinho. Relator: Desembargador Fábio Torres de Sousa (Juiz de Direito convocado). Belo Horizonte, 19 jul. 2019. Disponível em: https://www5.tjmg.jus.br/jurisprudencia/pesquisaPalavrasEspelhoAcordao.do?numeroRegistro=1&totalLinhas=1&palavras=mandado+seguran%E7a+medicamento+dila%E7%E3o&pesquisarPor=ementa&orderByData=2&codigoOrgaoJulgador=&codigoCompostoRelator=&classe=&codigoAssunto=&dataPublicacaoInicial=&dataPublicacaoFinal=&dataJulgamentoInicial=&dataJulgamentoFinal=&siglaLegislativa=&referenciaLegislativa=Clique+na+lupa+para+pesquisar+as+refer%EAncias+cadastradas...&numeroRefLegislativa=&anoRefLegislativa=&legislacao=&norma=&descNorma=&complemento_1=&listaPesquisa=&descricaoTextosLegais=&observacoes=&linhasPorPagina=10&pesquisaPalavras=Pesquisar. Acesso em: 28 ago. 2019.

MINAS GERAIS. Tribunal de Justiça de Minas Gerais. Mandado de segurança nº 1.0000.07.454511-2/000. Impetrante: Maria Nilza Rodrigues de Freitas. Impetrado: Secretário de Estado de Saúde de Minas Gerais. Relator: Desembargador Maurício de Barros. Belo Horizonte, 17 out. 2007b. Disponível em: http://www.tjmg.gov.br/juridico/jt_/inteiro_teor.jsp?tipoTribunal=1&comrCodigo=0000&ano=7&txt_processo=454511&complemento=000&sequencial=&pg=0&resultPagina=10&palavrasConsulta=. Acesso em: 12 out. 2008.

MINAS GERAIS. Tribunal de Justiça de Minas Gerais. Reexame necessário nº 1.0145.03.100728-2/001(1). Autor: Júlio César Barbosa. Réu: Município de Juiz de Fora. Relator: Desembargadora Vanessa Verdolim Hudson Andrade. Belo Horizonte, 23 out. 2007c. Disponível em: http://www.tjmg.gov.br/juridico/jt_/inteiro_teor.jsp?tipoTribunal=1&comrCodigo=0145&ano=3&txt_processo=100728&complemento=001&sequencial=&pg=0&resultPagina=10&palavrasConsulta=. Acesso em: 13 out. 2008.

MINAS GERAIS. Tribunal de Justiça de Minas Gerais. Remessa necessária nº 1.0378.15.003102-9/001. Autor: Álvaro Soares. Réu: Gestor de Saúde do Município de Lambari. Relator: Desembargador José Eustáquio Lucas Pereira. Belo Horizonte, 09 jul. 2019. Disponível em: https://www5.tjmg.jus.br/jurisprudencia/pesquisaPalavrasEspelhoAcordao.do?palavras=aus%EAncia+comprova%E7%E3o+sa%FAde+mandado+seguran%E7a&totalLinhas=1&pesquisarPor=ementa&pesquisaTesauro=true&orderByData=1&pesquisaPalavras=Pesquisar. Acesso em: 28 ago. 2019.

MONTESQUIEU. *Do espírito das leis*. Tradução de Jean Melville. São Paulo: Martin Claret, 2004.

MORAES, Alexandre. *Direito constitucional*. 34. ed. São Paulo: Atlas, 2018.

MORAES, Germana de Oliveira. *Controle jurisdicional da Administração Pública*. 2. ed. São Paulo: Dialética, 2004.

MOREIRA, Orlando Soares; SGRECCIA, Elio. *Manual de bioética*. São Paulo: Loyola, 1988.

MOUTINHO, Donato Volkers; DALLARI, Sueli Gandolfi. Financiamento do direito à saúde e novo regime fiscal: a inconstitucionalidade do Artigo 110 do Ato das Disposições Constitucionais Transitórias. *Revista de Direito Sanitário*, [S.l.], v. 19, n. 3, p. 68-90, 30 maio

2019. Universidade de São Paulo Sistema Integrado de Bibliotecas – SIBiUSP. http://dx.doi.org/10.11606/issn.2316-9044.v19i3p68-90. Disponível em: http://www.revistas.usp.br/rdisan/article/view/158499. Acesso em: 29 jun. 2019.

MULLER, Friedrich. *Quem é o povo?*: a questão fundamental da democracia. Tradução de Peter Naumann. 3. ed. São Paulo: Max Limonad, 2003.

NEVES, Maria do Céu Patrão. Alocação de recursos em saúde: considerações éticas. *Bioética*, n. 7, p. 155-163, 1999.

OMMATI, José Emílio Medauar. *A igualdade no paradigma do Estado Democrático de Direito*. Porto Alegre: Sergio Antônio Fabris, 2004.

PAINEL DE INDICADORES DO SUS. Brasília: Organização Pan-Americana da Saúde – OPAS; Ministério da Saúde, ano 1, n. 1, ago. 2006. Disponível em: http://portal.saude.gov.br/portal/arquivos/pdf/painel_%20indicadores_do_SUS.pdf. Acesso em: 27 out. 2008.

PAPA Francisco. *Audiência geral*. Vaticano, 17 de outubro de 2018. Disponível em: http://w2.vatican.va/content/francesco/pt/audiences/2018/documents/papa-francesco_20181017_udienza-generale.html. Acesso em 23 jun. 2019.

PAPA Francisco. *Discurso do Papa Francisco aos membros do Movimento Italiano pela Vida*. Sala Clementina, Vaticano, 11 de abril de 2014. Disponível em: http://w2.vatican.va/content/francesco/pt/speeches/2014/april/documents/papa-francesco_20140411_movim-per-la-vita.html. Acesso em: 23 jun. 2019.

PAPA Francisco. *Mensagem do Papa Francisco aos participantes no encontro regional europeu da World Medical Association (WMA)*. Vaticano, 7 de novembro de 2017. Disponível em: https://w2.vatican.va/content/francesco/pt/messages/pont-messages/2017/documents/papa-francesco_20171107_messaggio-monspaglia.html. Acesso em: 23 jun. 2019.

PAPA João Paulo II. *Encíclica evangelium vitae*. Roma, 1995.

PARANÁ. Tribunal de Justiça do Paraná. Agravo de Instrumento nº 0372589-1. Agravante: Juraci José Freire. Agravado: Estado do Paraná e Secretaria Estadual de Saúde – Central de Transplantes. Relator: Juiz convocado Albino Jacmel Guérios. Curitiba, 30 jul. 2007. Disponível em: http://www.tj.pr.gov.br/consultas/jurisprudencia/JurisprudenciaDetalhes.asp?Sequencial=1&TotalAcordaos=1&Historico=1&AcordaoJuris=606520. Acesso em: 02 out. 2008.

PERELMAN, Chaïm. *Ética e direito*. Tradução de Maria Ermantina de Almeida Galvão. São Paulo: Martins Fontes, 2005.

PESSINI, Leo. Dignidade humana nos limites da vida: reflexões éticas a partir do caso Terri Schiavo. *Bioética*, v. 13, n. 02, p. 65-76, 2005.

PIÇARRA, Nuno. *A separação dos poderes como doutrina e princípio constitucional*: um contributo para o estudo das suas origens e evolução. Coimbra: Almedina, 1989.

PINTO, Élida Graziane; XIMENES, Salomão Barros. Financiamento dos direitos sociais na Constituição de 1988: do "pacto assimétrico" ao "estado de sítio fiscal". *Educ. Soc. Campinas*, Campinas, v. 39, n. 145, p. 980-1003, out./dez. 2018. Disponível em: http://www.scielo.br/pdf/es/v39n145/1678-4626-es-39-145-980.pdf. Acesso em: 27 ago. 2019

PLATÃO. *A República*. Tradução de Pietro Nassetti. São Paulo: Martin Claret, 2004.

PRIGOGINE, Ilya. *O fim das certezas*. Tradução de Roberto Leal Ferreira. 3. reimp. São Paulo: UNESP, 1996.

PRONAP. Ciclo, n. 4. Bioética: questões associadas à criança e adolescente.

QUEIROZ, Cristina M. M. *Os actos políticos no Estado de direito*: o problema do controle jurídico do poder. Coimbra: Almedina, 1990.

RAWLS, Jonh. *Justiça como equidade*: uma reformulação. São Paulo: Martins Fontes, 2003.

RAWLS, Jonh. *Uma teoria da justiça*. Tradução de Jussara Simões. São Paulo: Martins Fontes, 2008.

RIANI, Frederico Augusto D'Ávila. *A vinculação do Chefe do Executivo à lei orçamentária no cumprimento das determinações constitucionais*. 2005. 244f. Tese (Doutorado) – Pontifícia Universidade Católica, São Paulo, 2005.

RIO DE JANEIRO. Tribunal de Justiça do Rio de Janeiro. Agravo de Instrumento nº 2006.002.17475. Agravante: Lélio Antônio dos Santos Correa. Agravado: Companhia Municipal de Limpeza Urbana – COMLURB. Relator: Desembargador Marco Antônio Ibrahim. Rio de Janeiro, 03 jun. 2008a. Disponível em: http://srv85.tj.rj.gov.br/ConsultaDocGedWeb/faces/ResourceLoader.jsp?idDocumento=000326565C96F88F14F0E20A2F8AF7E525DDAFC402035F19. Acesso em: 08 out. 2008.

RIO DE JANEIRO. Tribunal de Justiça do Rio de Janeiro. Agravo de Instrumento nº 2008.002.10472. Agravante: Evandro Lorega Guimarães. Agravado: Estado do Rio de Janeiro. Relator: Desembargador Sérgio Jerônimo Abreu da Silveira. Rio de Janeiro, 12 ago. 2008b. Disponível em: http://srv85.tj.rj.gov.br/ConsultaDocGedWeb/faces/ResourceLoader.jsp?idDocumento=00034B359F4C1F631F8D2BC2C0715D446EA02AC4020E2126. Acesso em: 06 out. 2008.

RIO DE JANEIRO. Tribunal de Justiça do Rio de Janeiro. Agravo de Instrumento nº 2008.002.26609. Agravante: Ministério Público do Estado do Rio de Janeiro. Agravado: Município de Teresópolis. Relator: Desembargadora Mônica Maria Costa. Rio de Janeiro, 03 set. 2008c. Disponível em: http://srv85.tj.rj.gov.br/ConsultaDocGedWeb/faces/ResourceLoader.jsp?idDocumento=000363268AD5D3C78C62CB93CCE2FAA1B82ED9C4020F2B1C. Acesso em: 07 out. 2008.

RIO DE JANEIRO. Tribunal de Justiça do Rio de Janeiro. Mandado de segurança nº 2007.004.01476. Impetrante: Grupo de pacientes artríticos do Rio de Janeiro em Petrópolis – GRUPARJ. Impetrado: Secretário de Estado de Saúde e Defesa Civil do Estado do Rio de Janeiro. Relator: Elton Leme. Rio de Janeiro, 30 de julho de 2007. Disponível em: http://www.tj.rj.gov.br/scripts/weblink.mgw?MGWLPN=DIGITAL1A&LAB=CONxWEB&PGM=WEBPCNU88&N=200700401476&protproc=1. Acesso em: 03 nov. 2008.

RIO DE JANEIRO. Tribunal de Justiça do Rio de Janeiro. Súmula nº 65. Rio de Janeiro, 05 de maio de 2003. Disponível em: http://www.nagib.net/arquivos/Smulas_do_TJ-RJ_-_atual._15.02.2006.doc. Acesso em: 01 ago. 2008.

RIO DE JANEIRO. Tribunal de Justiça do Rio de Janeiro. Súmula nº 116. Rio de Janeiro, 09 de outubro de 2006. Disponível em: http://www.tj.rj.gov.br/consulta/jurisprudencia/sumulas.htm#topo. Acesso em: 04 nov. 2008.

RIO GRANDE DO SUL. Lei 9.908, de 16 de junho de 1993. Dispõe sobre o fornecimento de medicamentos excepcionais para pessoas carentes e dá outras providências. *Diário*

Oficial do Estado do Rio Grande do Sul, 17 de junho de 1993. Disponível em: http://www.al.rs.gov.br/legis/. Acesso em: 22 maio 2008.

RIO GRANDE DO SUL. Tribunal de Justiça do Rio Grande do Sul. Agravo de Instrumento nº 70025395674. Agravante: Ministério Público do Rio Grande do Sul. Agravado: Município de Uruguaiana. Relatora: Desembargador Mara Larsen Chechi. Porto Alegre, 25 set. 2008a. Disponível em: http://www.tj.rs.gov.br/site_php/consulta/consulta_processo.php?nome_comarca=Tribunal+de+Justi%E7a&versao=&versao_fonetica=1&tipo=1&id_comarca=700&num_processo_mask=70025395674&num_processo=70025395674. Acesso em: 04 out. 2008.

RIVERO, Jean. *Direito administrativo*. Coimbra: Almedina, 1981.

RÖHE, Anderson. *O paciente terminal e o direito de morrer*. Rio de Janeiro: Lumen Juris, 2004.

SÁ, Maria de Fátima Freire de. *Direito de morrer*: eutanásia, suicídio assistido. 2. ed. Belo Horizonte: Del Rey, 2005.

SÃO PAULO. Tribunal de Justiça de São Paulo. Apelação nº 784.093-5/0-00. Apelante: Prefeitura Municipal de Osasco. Apelado: James Assaf. Relator: Desembargador Edson Ferreira da Silva. São Paulo, 10 set. 2008. Disponível em: http://cjo.tj.sp.gov.br/esaj/jurisprudencia/consultaSimples.do. Acesso em: 24 out. 2008.

SÃO PAULO. Tribunal de Justiça de São Paulo. Apelação nº 1000314-42.2015.8.26.0344. Apelante: Prefeitura Municipal de Marília. Apelado: Ministério Público do Estado de São Paulo. Relator: Desembargadora Flora Maria Nesi Tossi Silva. São Paulo, 14 fev. 2018. Disponível em: https://esaj.tjsp.jus.br/cjsg/getArquivo.do?cdAcordao=11163905&cdForo=0. Acesso em: 30 ago. 2019.

SARLET, Ingo Wolfagang. *A eficácia dos direitos fundamentais*. 4. ed. Porto Alegre: Livraria do Advogado, 2004.

SARLET, Ingo Wolfagang. Algumas considerações em torno do conteúdo, eficácia e efetividade do direito à vida na Constituição de 1988. *Revista Diálogo Jurídico*, Salvador, n. 10, jan. 2002. Disponível em: http://www.direitopublico.com.br. Acesso em: 10 fev. 2008.

SARLET, Ingo Wolfagang. *Dignidade da pessoa humana e direitos fundamentais na Constituição Federal de 1988*. 2. ed. Porto Alegre: Livraria do Advogado, 2002.

SARLET, Ingo Wolfgang. Direitos fundamentais a prestações sociais e crise: algumas aproximações. *Espaço Jurídico*: Journal of Law [EJJL] – Qualis A2, [S.l.], v. 16, n. 2, p. 459-488, 28 ago. 2015. Universidade do Oeste de Santa Catarina. http://dx.doi.org/10.18593/ejjl.v16i2.6876. Disponível em: http://editora.unoesc.edu.br/index.php/espacojuridico/article/view/6876. Acesso em: 26 jan. 2019.

SARLET, Ingo Wolfgang. Direitos fundamentais em espécie. *In*: SARLET, Ingo Wolfgang; MARINONI, Luiz Guilherme; MITIDIERO, Daniel. *Curso de direito constitucional*. 7. ed. São Paulo: Saraiva, 2018. Cap. 4. p. 407-797

SARLET, Ingo Wolfgang; FIGUEIREDO, Maria Filchtiner. Reserva do possível, mínimo existencial e direito à saúde: algumas aproximações. *In*: SARLET, Ingo Wolfgang; TIMM, Luciano Benetti (Org.). *Direitos fundamentais*: orçamento e reserva do possível. 2. ed. Porto Alegre: Livraria do Advogado, 2010. Cap. 1. p. 13-50.

SARLET, Ingo Wolfgang (Org.). *Jurisdição e direitos fundamentais*: anuário 2004/2005. Porto Alegre: Livraria do Advogado, 2005. Escola Superior da Magistratura do Rio Grande do Sul – AJURIS.

SARLET, Ingo Wolfgang; ROSA, Taís Hemann da. Breves notas sobre a dogmática do mínimo existencial no direito brasileiro / Brief notes on the dogmatic of the existential minimum in brazilian law. *Revista de Direitos e Garantias Fundamentais*, [S.l.], v. 16, n. 1, p. 217-248, 29 jun. 2015. Sociedade de Ensino Superior de Vitoria. http://dx.doi.org/10.18759/rdgf.v16i1.741. Disponível em: http://sisbib.emnuvens.com.br/direitosegarantias/article/view/741. Acesso em: 01 jun. 2019.

SARMENTO, Daniel. *Direitos fundamentais e relações privadas*. Rio de Janeiro: Lumen Juris, 2006.

SCHMIDT-ASSMANN, Eberhard. *La teoría general del derecho administrativo como sistema*. Madrid: Marcial Pons, 2003.

SILVA, Carlos Bruno Ferreira. Jurisdição constitucional procedimentalista. Disponível em: http//:www.revistadoutrina.trf4.gov.br/artigos/edição005. Acesso em: 15 jul. 2008.

SILVA, Ionara Ferreira da. *O processo decisório nas instâncias colegiadas do SUS no Estado do Rio de Janeiro*. 2000b. Dissertação (Mestrado) – Escola Nacional de Saúde Pública, Fundação Oswaldo Cruz, Rio de Janeiro, 2000.

SILVA, José Afonso da. *Aplicabilidade das normas constitucionais*. São Paulo: Malheiros, 1999.

SILVA, José Afonso da. *Curso de direito constitucional positivo*. 37. ed. São Paulo: Malheiros, 2014.

SILVA, Liana Deixe. *A Revolução Industrial na Inglaterra*. Disponível em: http//:www.webartigos.com.br. Acesso em: 10 jul. 2008.

SILVA, Sandoval Alves da. *Direitos sociais*: leis orçamentárias como instrumento de implementação. Curitiba: Juruá, 2007.

SIRAQUE, Vanderlei. *Controle social da função administrativa do Estado*: possibilidades e limites na Constituição de 1988. São Paulo: Saraiva, 2005.

STRECK, Lenio Luiz. *Hermenêutica jurídica e(m) crise*: uma exploração hermenêutica da construção do direito. Porto Alegre: Livraria do Advogado, 2003.

STRECK, Lenio Luiz. *Súmulas no direito brasileiro*: eficácia, poder e função: a ilegitimidade constitucional do efeito vinculante. 2. ed. Porto Alegre: Livraria do Advogado, 1998.

SUNDFELD, Carlos Ari. *Fundamentos de direito público*. 4. ed. São Paulo: Malheiros, 2000.

TAMER, Sérgio Victor. *Atos políticos e direitos sociais nas democracias*: um estudo sobre o controle dos atos políticas e a garantia dos direitos sociais. Porto Alegre: Sergio Antonio Fabris, 2005.

TEIXEIRA, Elenaldo Celso. *O local e o global*: limites e desafios da participação cidadã. São Paulo: Cortez, 2001.

TEPEDINO, Gustavo. A evolução da responsabilidade civil no Direito Brasileiro e suas controvérsias na atividade estatal. In: TEPEDINO, Gustavo. *Temas de direito civil*. 3. ed. Rio de Janeiro: Renovar, 2004.

THEODORO JÚNIOR, Humberto. *Curso de direito processual civil*. V. 1. 59. ed. Rio de Janeiro: Forense: 2018.

THEODORO JÚNIOR, Humberto. *Lei do mandado de segurança comentada*: artigo por artigo. 2. Ed. Rio de Janeiro: Forense, 2019.

TOLEDO, Cláudia. Justiciabilidade dos direitos fundamentais sociais e conflito de competências. *In*: TOLEDO, Cláudia (Org.). *O pensamento de Robert Alexy como sistema*. Rio de Janeiro: Gen, 2017. p. 278-292.

TOLEDO, Cláudia. MÍNIMO EXISTENCIAL ® A Construção de um Conceito e seu Tratamento pela Jurisprudência Constitucional Brasileira e Alemã. In: MIRANDA, Jorge et al. (Org.). *Hermenêutica, justiça constitucional e direitos fundamentais*. Curitiba: Juruá, 2016, p. 821- 834.

TORRES, Ricardo Lobo. A cidadania multidimensional na era dos direitos. *In*: TORRES, Ricardo Lobo. *Teoria dos direitos fundamentais*. Rio de Janeiro: Renovar, 1999.

TORRES, Ricardo Lobo. *Tratado de direito constitucional financeiro e tributário*. 2. ed. Rio de Janeiro: Renovar, 2000. v. 5. O orçamento na Constituição.

TOVAR, Leonardo Zehuri. O papel dos princípios no ordenamento jurídico. *Jus Navigandi*, Teresina, ano 9, n. 696, 1 jun. 2005. Disponível em: http://jus2.uol.com.br/doutrina/texto.asp?id=6824. Acesso em: 31 jul. 2008.

UNISINOS, Instituto Humanitas. PEC Teto dos Gastos: uma perda bilionária para o SUS em 2019. 2018. Disponível em: http://www.ihu.unisinos.br/78-noticias/583072-pec-teto-dos-gastos-uma-perda-bilionaria-para-o-sus-em-2019. Acesso em: 06 jun. 2019.

VIANNA, Luiz Werneck et al. *A judicialização da política e das relações sociais no Brasil*. Rio de Janeiro: Revan: 1999.

VIEIRA, Fabiana Sulpino. *Evolução do gasto com medicamentos do Sistema Único de Saúde no Período de 2010 a 2016*. Rio de Janeiro: Ipea, 2018. Disponível em: http://repositorio.ipea.gov.br/bitstream/11058/8250/1/TD_2356.pdf. Acesso em: 06 jun. 2019.

VIRGA, Pietro. *Diritto amministrativo*. 6. ed. Milano: Giuffrè, 2001. v. 2. Atti e ricorsi.

ZIPPELIUS, Reinhold. *Teoria geral do Estado* Tradução de Karin Praefke Aires Coutinho. Coordenação de Joaquim José Gomes Canotilho. Lisboa: Fundação Calouste Gulbenkian, 1997.